ସ୍ୱର୍ଦ୍ଧିତ ନାରୀ ସ୍ୱର

କାଳଜୟୀ ଓ ସମକାଳ ଓଡ଼ିଆ କବିତା

(ପଞ୍ଚଦଶ ଶତାବ୍ଦୀରୁ ୧୯୮୫ ମଧ୍ୟରେ ଜନ୍ମିତ କବିଙ୍କ କବିତା)

ସ୍ପର୍ଦ୍ଧିତ ନାରୀ ସ୍ୱର

କାଳଜୟୀ ଓ ସମକାଳ ଓଡ଼ିଆ କବିତା

(ପଞ୍ଚଦଶ ଶତାବ୍ଦୀରୁ ୧୯୮୫ ମଧ୍ୟରେ ଜନ୍ମିତ କବିଙ୍କ କବିତା)

ସମ୍ପାଦନା

ଡକ୍ଟର ସୁଜ୍ଞାନୀ କୁମାରୀ ସାହୁ

BLACK EAGLE BOOKS
2022

BLACK EAGLE BOOKS

USA address:
7464 Wisdom Lane
Dublin, OH 43016

India address:
E/312, Trident Galaxy, Kalinga Nagar,
Bhubaneswar-751003, Odisha, India

E-mail: info@blackeaglebooks.org
Website: www.blackeaglebooks.org

First International Edition Published by
BLACK EAGLE BOOKS, 2022

SPARDHITA NAREE SWARA
by Eminent Odia Women Poets
Edited by **Dr. Sugyani Kumari Sahu**

Copyright © **Black Eagle Books**

All rights reserved. No part of this publication may be reproduced, stored in a retrieval system, or transmitted, in any form or by any means, electronic, mechanical, photocopying, recording or otherwise without the prior permission of the publisher.

Cover & Interior Design: Ezy's Publication

ISBN-978-1-64560-260-6 (Paperback)

Printed in the United States of America

ସମସ୍ତ କାଳଜୟୀ ଓ ସମକାଳୀନ କବିପ୍ରାଣଙ୍କୁ...

ସୂଚିପତ୍ର

ନିହାତି କହିବାର ଥିଲା ୧୧

ଚକାନୟନ ହେ / ମାଧବୀ ଦାସୀ ୨୧
ଭିକ୍ଷା / ବୃନ୍ଦାବତୀ ଦାସୀ ୨୨
ପଦ୍ମାବତୀ ଅଭିଳାଷ (କାନନ ବର୍ଣ୍ଣନା) / ନିଶଙ୍କ ରାୟଙ୍କ ରାଣୀ ୨୪
ଶ୍ରୀବଡ଼ଦେଉଳ ରଚନା / ସୁଲକ୍ଷଣା ଦେବୀ ୨୫
ଶତଦଳ / ଅପର୍ଣ୍ଣା ଦେବୀ ୨୯
ପ୍ରଭାତ / ରେବା ରାୟ ୩୦
ଯୁଗଳଯାତ୍ରୀ / ଅନ୍ନପୂର୍ଣ୍ଣା ଦେବୀ ୩୧
ପୁରୁଣା ଓଡ଼ିଆ / କୁନ୍ତଳା କୁମାରୀ ସାବତ ୩୩
ତାଜମହଲ / ଦେବହୂତି ଦେଈ ୩୫
ଉପହାର / ସରଳା ଦେବୀ ୩୮
ଦିନାନ୍ତେ / ନିର୍ମଳା ଦେବୀ ୪୦
ଆତ୍ମସତ୍ତା / ହରିପ୍ରିୟା ଦେବୀ ୪୨
ବିଳାସ କଳ୍ପନା / ବିଦ୍ୟୁତ୍‌ପ୍ରଭା ଦେବୀ ୪୩
ସ୍ୱପ୍ନ-ମାତଙ୍ଗ / ତୁଳସୀ ଦାସ ୪୫
ବିଷୁବ ସଂକ୍ରାନ୍ତି / ରମାଦେବୀ ୪୬
ଲାଜକୁଳି / ଶରତ କୁମାରୀ ଦେବୀ ୪୮
ଓ଼ଲିବାର କବିତା / ନନ୍ଦିନୀ ଶତପଥୀ ୪୯
ହୃଦୟହୀନତା / ସ୍ନେହଲତା ତ୍ରିପାଠୀ ୫୧
ଏକ ଖେଦୋକ୍ତି / ବ୍ରହ୍ମୋତ୍ରୀ ମହାନ୍ତି ୫୩
ମନ ମୋର ବଗ ଏକ / ମନୋରମା ମହାପାତ୍ର ୫୪
ବିଧବା / ସ୍ୱର୍ଣ୍ଣପ୍ରଭା ଦେବୀ ୫୬
ଅତୃପ୍ତ ଆକାଙ୍କ୍ଷା / ସୁଜାତା ପ୍ରିୟମ୍ବଦା ୫୮
ଦୀର୍ଘଶ୍ୱାସ / ପୁଣ୍ୟପ୍ରଭା ଦେବୀ ୫୯

ନବମୀର ଜହ୍ନ / ବନଜ ଦେବୀ	୬୦
ତ୍ରିଶଙ୍କୁର ସ୍ୱର୍ଗ / ବିଜୟିନୀ ଦାସ	୬୨
ସ୍ୱପ୍ନାବତୀ / ସୌଦାମିନୀ ନନ୍ଦ	୬୩
ଧୂଆଁ / ଶକୁନ୍ତଳା ଦେବୀ	୬୫
ଅଗ୍ନି ପରୀକ୍ଷା / ସୀମା ମିଶ୍ର	୬୭
ସମୟ ସମୁଦ୍ର / ପ୍ରତିଭା ଶତପଥୀ	୬୯
ଛଦ୍ମବେଶ / ମମତା ଦାସ	୭୦
ଭିଡ଼ର ମୁହଁ / ଗିରିବାଳା ମହାନ୍ତି	୭୪
ବୋମା ବି ପାଲଟିଯିବ ଫୁଲଟିଏ / ମନୋରମା ବିଶ୍ୱାଳ ମହାପାତ୍ର	୭୬
ଶାଣିତ ହସ୍ତାକ୍ଷର / ସରୋଜିନୀ ଷଡ଼ଙ୍ଗୀ	୭୮
ପ୍ରତିମା ବିସର୍ଜନ / ଅମୀୟବାଳା ପଞ୍ଚନାୟକ	୮୧
ବର୍ଷା / ପ୍ରତିଭା ପଣ୍ଡା	୮୩
ଅବସୋସ / ବିନୋଦିନୀ ପାତ୍ର	୮୪
ଯୋଗିନୀ ଗୀତ / ଅପର୍ଣ୍ଣା ମହାନ୍ତି	୮୫
ସଚିତ୍ର ରତୁ / ଅନ୍ନପୂର୍ଣ୍ଣା ମହାନ୍ତି	୮୮
କବିର କପାଳ / ଅନ୍ନପୂର୍ଣ୍ଣା ନନ୍ଦ	୯୦
ତୁ ଥରେ ଛେର ହ' ତ କବି / କବିତା ପ୍ରତିହାରୀ	୯୨
ଯୁଦ୍ଧକ୍ଷେତ୍ର / ଶାନ୍ତି ମହାନ୍ତି	୯୪
ନବଗୁଞ୍ଜର / ରଞ୍ଜିତା ନାୟକ	୯୬
ସ୍ୱୟୟରା / ପ୍ରତିଭା ପରିଡ଼ା	୯୮
ଦୂତି / ମୀନାକ୍ଷୀ ଦେବୀ	୧୦୦
ଗାନ୍ଧି, ମହାମୁକ୍ତିର ମୁର୍ଚ୍ଛନା / ଦୀପ୍ତି ଦାସ	୧୦୨
ଶବ / ସୁକାନ୍ତି ନନ୍ଦ	୧୦୪
ସମୁଦ୍ରକୂଳ-୧୧ / ଜ୍ୟୋତିର୍ମୟୀ ସାହୁ	୧୦୬
ଆଦ୍ୟା / ଇନ୍ଦିରା ଦାଶ	୧୧୦
ପୋଷ୍ଟର / ସଂସ୍କୃତା ମହାନ୍ତି	୧୧୨
ଆଜିକାଲି / ଅନିମା ଦାସ	୧୧୪
ଅର୍ଥାନ୍ତର / ଇନ୍ଦୁ ମିଶ୍ର	୧୧୫
ତା' ସମୟରେ ଖୋଜିନି / ପ୍ରବାସିନୀ ମହାକୁଡ଼	୧୧୭
ଚହଟ ଚଂପା / ଜ୍ୟୋସ୍ନା ଦାସ	୧୧୯
ମାଲ୍ୟାଣୀ / ବୀଣାପାଣି ପଣ୍ଡା	୧୨୦
ଫଟୋଫ୍ରେମ୍ / ଜୟଚିକା	୧୨୨
ନୀରବ ପ୍ରାର୍ଥନା / ପ୍ରଭାତ ନଳିନୀ ମହାପାତ୍ର	୧୨୪
ଆକାଶିଏ ସ୍ୱପ୍ନପରି ଆଶା / ଭାରତୀ ମହାନ୍ତି	୧୨୬

ପବନ ତୋର ଶ୍ରୁତିକୁ / ଜୟନ୍ତୀ ରଥ	୧୨୭
ଜୀବନ ଗଜଲ / ସୁଷମା ମିଶ୍ର	୧୨୯
ଅସ୍ତୋଦୟ / ସ୍ୱୟୟରା ପଟ୍ଟନାୟକ	୧୩୧
ଖରାବେଳ / ଶୈଳବାଳା ମହାପାତ୍ର	୧୩୩
ଯୁଯୁସ୍ତ ଉବାଚ / ଚିନ୍ମୟୀ ମହାପାତ୍ର	୧୩୫
ମୃତ ସମୟ / ପ୍ରମିଳା ଶତପଥୀ	୧୩୮
ବିଶ୍ୱସ୍ତ ପାପ / ସୁଚିତ୍ରା ପାଣିଗ୍ରାହୀ	୧୪୦
ଦେବତୁଲ୍ୟା ନାରୀ / ମିନତୀ ମିଶ୍ର	୧୪୨
ନୂଆ ଓ ପୁରୁଣା / ଜୟଶ୍ରୀ ଦାଶ	୧୪୪
ଚେତନା ମୋ ଅନନ୍ତ ଆଧାର / ମୋନାଲିସା ଜେନା	୧୪୬
ସ୍ୱପ୍ନରେ ସ୍ୱପ୍ନରେ / ସୁନନ୍ଦା ତ୍ରିପାଠୀ	୧୪୯
ତୁମେ ମୋର ଶ୍ରେଷ୍ଠ ପରିଚୟ / ରୁମ୍‌ଝୁମ୍‌ ନାୟକ	୧୫୧
ପିଠି / ସୁଚେତା ମିଶ୍ର	୧୫୩
ରାଜଲେମା / ସୈରାଷ୍ଟ୍ରୀ ସାହୁ	୧୫୫
ଆରୋହ-ଅବରୋହ / ଭାଗ୍ୟଲିପି ମଲ୍ଲ	୧୬୦
ଗଣିକା / ରୁନୁ ମହାନ୍ତି	୧୬୨
ଖୁସି ଖୁସିରେ ଆସିଥିଲି / ଚିରଶ୍ରୀ ଇନ୍ଦ୍ରସିଂ	୧୬୪
ଦେଶ / ନବଜ୍ୟୋତି ରାୟ	୧୬୭
କବିର ଗାଁ / ପ୍ରଜ୍ଞାଶ୍ରୀ ରଥ	୧୬୯
ତସ୍କର / ରତ୍ନମାଳା ସ୍ୱାଇଁ	୧୭୧
ବିଶ୍ୱାସ ଥିଲା ବୋଲି / ଅଞ୍ଜୁମନ ଆରା	୧୭୩
ସାବିତ୍ରୀ-ସତ୍ୟବାନ / ଅସୀମା ସାହୁ	୧୭୫
ଶବ / ପଦ୍ମଜା ଶରଣ	୧୭୭
ନାରୀ ଯେବେ କଲମ ଧରେ / ଯୋଗ୍ୟଶ୍ରୀ ସାମଲ	୧୭୯
ଶୂନ୍ୟସଙ୍କ୍ୟା / ମୋନାଲିସା ମିଶ୍ର	୧୮୨
ପୁନରୁଦ୍ଧାର / ଆଦ୍ୟାଶା ଦାସ	୧୮୫
ଏଠି ଦିନେ ନଦୀ ଥିଲା / ବୀଣାପାଣି ଦେବତା	୧୮୭
ତୁମକୁ ଆସିବାକୁ ହେବ / ଓଁ ଈଶ୍ୱରୀ କବିକନ୍ୟା	୧୮୯
ଶ୍ରାପ / ମମତାମୟୀ ଚୌଧୁରୀ	୧୯୨
ମୁଖା / ଦେବଯାନୀ ତ୍ରିପାଠୀ	୧୯୪
'କ'ରୁ କୃଷକ / ସ୍ୱପ୍ନା ମିଶ୍ର	୧୯୭
ମନିକା : ବିଯୁକ୍ତ ବିଷାଦ / ମମତାରାଣୀ ବେହେରା	୨୦୦
ନାରୀଟିଏ ଯେତେବେଳେ କଲମ ଉଠାଏ / ମାଧୁରୀ ପଣ୍ଡା	୨୦୩
ଅନାବରଣ / ଶର୍ମିଷ୍ଠା ସାହୁ	୨୦୫

ଯୁଗାନ୍ତର / ଅଙ୍କୁରବାଳା ପରିଡ଼ା	୧୦୭
ଦେହ ଦରବାର / ଶୁଭଶ୍ରୀ ଲେଙ୍କା	୧୧୦
ଗ୍ରହଖୋଜା / ନର୍ମଦା ନୀଳୋତ୍ପଳା	୧୧୩
ମହାମନ୍ତ୍ର / ସସ୍ମିତା ଷଡ଼ଙ୍ଗୀ	୧୧୫
ପ୍ରିୟ ପୁରୁଷ / ସାବିତ୍ରୀ କବି	୧୧୭
ମୋ ଗାଆଁ ଏମିତି / ଲିପିକା ଦାସ	୧୨୦
ସାଆନ୍ତଙ୍କ ଦେଶ / ପ୍ରୀତିଧାରା ସାମଲ	୧୨୨
ବେଳ ବୁଡ଼ିଗଲା ପରେ / ପ୍ରୀତିଲେଖା ଦାସ	୧୨୫
ନିଷିଦ୍ଧ ଫୁଲ / ପ୍ରତୀକ୍ଷା ଜେନା	୧୨୭
ଦରୋଟି / ମାନମୟୀ ରଥ	୧୨୯
ଯଶୋଧାରା (୨) / ଇପ୍‌ସିତା ଷଡ଼ଙ୍ଗୀ	୧୩୦
ଭାଗ୍ୟର କି ବିଡମ୍ବନା! / ସୁଶ୍ରୀ ସଂଗୀତା ମିଶ୍ର	୧୩୨
କର୍ପୋରେଟ୍ ମଣିଷ ପାଇଁ ତିନିପଦ କବିତା / ମାନିନୀ ମିଶ୍ର	୧୩୪
ମୁହୂର୍ତ୍ତ / ସୁନୀତି ମୁଣ୍ଡ	୧୩୭
ଅବିଚ୍ଛେଦ୍ୟ / ମୌସୁମୀ ପରିଡ଼ା	୧୩୯
କେଣ୍ଡୁଆର ଜୀବନ / ସୁନନ୍ଦା ପ୍ରଧାନ	୧୪୧
ଉତ୍ତରାଧିକାରୀ / ସୁଜାତା ମହାପାତ୍ର	୧୪୨
ବ୍ୟତିରେକ / ଗୀତାଶ୍ରୀ ପ୍ରିୟଦା	୧୪୪
ଦେବୀପୀଠ / ଗାୟତ୍ରୀବାଳା ପଣ୍ଡା	୧୪୬
ଦ୍ବିତୀୟ ଜନ୍ମ / ବିଜୟଲକ୍ଷ୍ମୀ ପରିଡ଼ା	୧୪୮
କବିର ରାଜନୀତି / ମୁକୁଲ ମିଶ୍ର	୧୪୯
ସ୍ବର୍ଗଦ୍ବାର / ଶ୍ବେତା ରାଉତ	୧୫୧
ସ୍ତ୍ରୀ / ଶୁଭଶ୍ରୀ ଶୁଭସ୍ମିତା ମିଶ୍ର	୧୫୫
ସିନ୍ଦୁରୀ / ସଂଘମିତ୍ରା ରାଏଗୁରୁ	୧୫୭
ପୋଡ଼ାମାଟିର ମଣିଷ / ଲିପ୍‌ସା ପଟେଲ	୧୫୯
ବିଦ୍ରୋହ / ନିରୁପମା ବେହେରା	୧୬୧
ନୀଳ ସମ୍ମୋହନ / ତନୁୟୀ ରଥ	୧୬୪
କବି ପରିଚିତି	୧୬୭

ନିହାତି କହିବାର ଥିଲା

"ନିଜେ ନ ମଲେ ସ୍ୱର୍ଗ ଦେଖିହୁଏନି।"– ପ୍ରକୃତରେ କଥାଟି ସତ। ଏ ପୁସ୍ତକର ପାଣ୍ଡୁଲିପି ପ୍ରସ୍ତୁତ କଲାବେଳେ ମର୍ମେ ମର୍ମେ ଅନୁଭବ୍ୟ ମଧ୍ୟ। ଓଡ଼ିଆସାହିତ୍ୟରେ ନାରୀକବିମାନଙ୍କୁ ସଂକଳିତ କରିବାବେଳେ ସାହିତ୍ୟରୂପକ ସମୁଦ୍ରରୁ ନାରୀକବି ରୂପକ ଅମୃତର ରସ ଆସ୍ୱାଦନ କରିବା କଷ୍ଟସାଧ୍ୟ ହେଲେହେଁ ସମୁଦ୍ର ମନ୍ଥନରୁ ଅମୃତର ପ୍ରାପ୍ତି ହେଲାପରି ଓଡ଼ିଆସାହିତ୍ୟର ବିଶାଳ ସମୁଦ୍ର ଭିତରୁ ନାରୀକବି ଭଳି ମଣି-ମୁକ୍ତା-ମୋତି ସାଉଁଟିବାର ସ୍ୱର୍ଗ-ସୁଖ ଭୋଗିଛି ଓ ଦେଖିଛି; ନିଜ ଭିତରେ ପୁଲକିତ ମଧ୍ୟ ହୋଇଛି। ନିଜ ଉପରେ ରାଗ ବି ହୋଇଛି ଏଭଳି ଏକୁ ସୁଖ ଅନୁଭବିବା କେତେ ଯେ ବିଳମ୍ବ ହୋଇଗଲା! ଏପରି ଏକ କାର୍ଯ୍ୟ କରିବା ବେଳେ କେତେ କେତେ ପୁସ୍ତକ ପତ୍ରପତ୍ରିକା ସହ ଭେଟ ଯେ ହୋଇଗଲା ଯାହାକୁ ଦେଖିବାକୁ ସମୟ-ସୁଯୋଗ ମଧ୍ୟ ପାଇନି ଅତୀତରେ। କିଛିଦିନର ଏ ସମୟ ମଧ୍ୟରେ ସେମାନେ ସବୁ ବନ୍ଧୁ ପାଲଟିଗଲେ, ଯେଉଁମାନେ ମୋ ସ୍ମୃତିକୋଷରେ ସାଇତା ହୋଇ ରହିଲେ ସାରାଜୀବନ ଲାଗି।

ସଂଖ୍ୟା ଦୃଷ୍ଟିରୁ ଓଡ଼ିଆସାହିତ୍ୟରେ ନାରୀକବିଙ୍କ ସଂଖ୍ୟା କିଛି କମ୍ ନୁହେଁ; ମାତ୍ର କବିତା ଲେଖାରେ ବ୍ରତୀ ହେବା ଓ ଲେଖୁଲେଖୁ ଲେଖିଦେବା ଭିତରେ ଅନେକ ତଫାତ୍। ଅନେକ ଏ ଉଦ୍ଦେଶ୍ୟରେ କବିତା ରଚନା କରିଛନ୍ତି। ମାତ୍ର ଉକ୍ତ ସଂକଳନଟି ସେ ଦୃଷ୍ଟିରୁ ନିଆରା। କୌଣସି ନିର୍ଦ୍ଦିଷ୍ଟ ଆଭିମୁଖ୍ୟ ନଥାଇ ଓଡ଼ିଆସାହିତ୍ୟର ରାଶି ରାଶି କବିତା ଲେଖାଯାଇଛି, ଯାହା ଉନବିଂଶ ଶତାବ୍ଦୀର ପତ୍ରପତ୍ରିକାରୁ ଦୃଷ୍ଟିଗୋଚର

ହୁଏ। ତାହା ପୁଣି ପ୍ରାୟତଃ ଭଜନ, ଜଣାଣ, ଚଉତିଶା ଆଦି ମାଧ୍ୟମରେ ଲିଖିତ। ଏ ସମ୍ପର୍କୀୟ ଦୃଷ୍ଟାନ୍ତମୂଳକ ଉଦାହରଣ : କୁମ୍‌କୁମ୍ ଦାସୀଙ୍କ 'ରୁକ୍ମିଣୀ ଚଉତିଶା', କ୍ଷୀରୋଦ ମାଳିନୀ ଜେମାଙ୍କ 'ପ୍ରାଣବନ୍ଧୁ ଚଉତିଶା', ନନ୍ଦବାଈଙ୍କ 'ନନ୍ଦାବାଈ ଚଉତିଶା', ଭ୍ରମର ପ୍ରିୟାଙ୍କ 'ଚଉପଦୀ', ମୁକୁନ୍ଦ ଦେବରାଣୀଙ୍କ 'ମୁକୁନ୍ଦ ଦେବରାଣୀଙ୍କ ଶୋକ', ଲଳିତା ଦାସୀଙ୍କ 'ବୈଷ୍ଣବ ପଦାବଳୀ', ହରପ୍ରିୟା ଦେଈଙ୍କ 'କୃଷ୍ଣ ବିରହ ଚଉତିଶା' ଆଦି।

ସାହିତ୍ୟରେ ନାରୀକବି ବିଷୟକ ଆଲୋଚନା କଲାବେଳେ ପ୍ରଥମେ ତାତ୍‌କାଳିକ ସାମାଜିକ ବ୍ୟବସ୍ଥା ଅପ୍ରାସଙ୍ଗିକ ବୋଧହୁଏ ନାହିଁ। କାରଣ ସମାଜ ବ୍ୟବସ୍ଥା ପ୍ରତୀକୀତ ହୁଏ ସାହିତ୍ୟରେ। ତାତ୍‌କାଳୀନ ସାହିତ୍ୟରେ ସୀମିତ ସଂଖ୍ୟକ ନାରୀକବିଙ୍କ ଆବିର୍ଭାବ ପଶ୍ଚାତରେ ସ୍ୱାମୀ ତଥା ପୁରୁଷପ୍ରଧାନ ପାରିବାରିକ ଶୃଙ୍ଖଳ ମଧ୍ୟରେ ନାରୀ ସ୍ୱାଧୀନତା ଧୀରେ ଧୀରେ ପରାହତ ହୋଇପଡୁଥିଲା। ବିବିଧ ଅନ୍ଧବିଶ୍ୱାସ, ସାମାଜିକ କୁସଂସ୍କାର, ଧାର୍ମିକ ରୀତିନୀତି ତଥା ଅପହୃତ ସ୍ୱାଧୀନତା ନାରୀପ୍ରାଣରେ ଉଚ୍ଛ୍ୱସିତ ଆନନ୍ଦାନୁଭୂତି ପ୍ରଦାନ କରିବା ନିମନ୍ତେ ଆଦୌ ଅନୁକୂଳ ନଥିଲା। ପୁନଶ୍ଚ ସାମାଜିକ ବିଧିବ୍ୟବସ୍ଥା ମଧ୍ୟରେ ନିଷ୍ପେଷିତ ପ୍ରାଣର ହାହାକାରକୁ ଲିପିବଦ୍ଧ କରିବାର କୌଣସି ସାଧନ ମଧ୍ୟ ନାରୀ ନିକଟରେ ନଥିଲା। ଫଳତଃ କାନ୍ଦଣାଗୀତିର ଲହର ମଧ୍ୟରେ ନାରୀଜୀବନର ଯାତନାରାଜି ପ୍ରତିବିମ୍ବିତ ହୋଇଥିଲା। ପ୍ରାଚୀନ ସାହିତ୍ୟରେ ହାତଗଣତି କେତେଜଣ ନାରୀକବି ଆବିର୍ଭାବ ଘଟିବାର ତା'ର ସାମାଜିକ ଅବ୍ୟବସ୍ଥା ହିଁ ଦାୟୀ। ଏ ସମ୍ପର୍କରେ ମତ ଦେଇ ଡକ୍ଟର ଗୋପାଳକୃଷ୍ଣ ଶ୍ରୀଚନ୍ଦନ ତାଙ୍କ ଓଡ଼ିଆ ସାହିତ୍ୟରେ ନାରୀ ଲେଖିକା ପୁସ୍ତକରେ କହିଛନ୍ତି–

୧. ନାରୀ ସ୍ୱାଧୀନତାର ଅଭାବ, ବିଦ୍ୟା ଓ ଶାସ୍ତ୍ରାଧ୍ୟୟନ ଅପେକ୍ଷା ନାରୀମାନେ ଗୃହକର୍ମରେ ଭାରାକ୍ରାନ୍ତ ଭାବେ ନିୟୋଜିତା।
୨. ସେମାନଙ୍କ ମଧ୍ୟରୁ ଅଧିକାଂଶ ପାରମ୍ପରିକ ଶିକ୍ଷା ବିବର୍ଜିତା ଓ 'ଅସୂର୍ଯ୍ୟପଶ୍ୟା'; ନାରୀ ଶିକ୍ଷାର ଅଭାବ।
୩. ମୁସଲମାନ ଓ ମରହଟ୍ଟା ଆକ୍ରମଣ ଏବଂ ତଦ୍‌ଜନିତ ସାମାଜିକ ବିଶୃଙ୍ଖଳା; ବିଜାତୀୟ ଶାସନ।
୪. ବିଦ୍ୟାଳୟର ଅଭାବ
୫. ଅର୍ଥନୈତିକ ଦୁରବସ୍ଥା
୬. କୁ-ସଂସ୍କାରାଚ୍ଛନ୍ନ ସମାଜ କନ୍ୟାମାନଙ୍କୁ ଶିକ୍ଷା ଦେବାରେ ପରାଙ୍ମୁଖ।
୭. କନ୍ୟାମାନଙ୍କର ସାମାଜିକ ସ୍ଥିତିରେ ଦୃଢ଼ତାର ଅଭାବ, ସତେଯେପରି ସେମାନେ ପରାଙ୍ଗପୁଷ୍ଟ, ପରମୁଖାପେକ୍ଷୀ ଓ ପୁରୁଷର ଆଶ୍ରୟପ୍ରାର୍ଥିନୀ। ସନ୍ତାନ

ପ୍ରସବ ଓ ଘରକରଣା କାମ ଛଡ଼ା ସେମାନଙ୍କ ଜୀବନରେ ଅନ୍ୟ କିଛି ଲକ୍ଷ୍ୟ ବା କର୍ତ୍ତବ୍ୟ ନାହିଁ।

୮. ମନୁଙ୍କ ମତରେ ବିଦ୍ୟା, ସାହିତ୍ୟ, ସଙ୍ଗୀତ ଚର୍ଚ୍ଚା କରୁଥିବା ମହିଳାମାନେ 'କ୍ୱଚିତ ଗାନବତୀ ସତୀ'– ଏଇ ଅନ୍ଧ ଧାରଣା ନାରୀଶିକ୍ଷା ପ୍ରତି ଦୃଷ୍ଟି ଦେବାରେ ଓଡ଼ିଆ ସମାଜକୁ ନିବର୍ତ୍ତାଇଛି। କେବଳ ମନୁ ନୁହଁନ୍ତି, ମଧ୍ୟଯୁଗୀୟ ଭକ୍ତ କବି ଗୋସ୍ୱାମୀ ତୁଳସୀ ଦାସ ମଧ ନାରୀ ସ୍ୱାଧୀନତାର ବିରୋଧ ମତପୋଷଣ କରି ଲେଖିଛନ୍ତି, "ଢୋଲ ଗବାଁର ପଶୁ ନାରୀ, ୟେ ସବ୍ ତାଡ଼ନ୍ କେ ଅଧିକାରୀ।"

ଓଡ଼ିଆସାହିତ୍ୟରେ ନାରୀକବିଙ୍କୁ ଆଲୋଚନା ପରିସରଭୁକ୍ତ କଲାବେଳେ ପ୍ରଥମେ ଲୋକସାହିତ୍ୟ କଥା ମନକୁ ଆସେ। ଲୋକସାହିତ୍ୟରେ ନାରୀକବିଙ୍କ ଭୂମିକା କିଛି କମ୍ ନଥିଲା। ସେ କାନ୍ଦଣା ଗୀତ ହେଉ କି ଓଷାଗୀତ, ବ୍ରତକଥା ହେଉ କି ଢଗଢମାଳି ମୁଖ୍ୟତଃ ଏହି ପଲ୍ଲୀ ରମଣୀମାନେ ହିଁ ସେହି ଲଳିତ ମୌଖିକ ରଚନାବଳୀକୁ ରୂପ ଦେବାରେ ଅଗ୍ରଗଣ୍ୟ ଭୂମିକା ଗ୍ରହଣ କରିଥିଲେ। ଯୁଗ ଯୁଗ ଧରି ଏହା ପରମ୍ପରାକ୍ରମେ ପରିବର୍ତ୍ତିତ ତଥା ପରିବର୍ଦ୍ଧିତ ହୋଇ ନୂତନ ରୂପଧାରଣ କରିଛି। ଲୋକସାହିତ୍ୟକୁ ଏହି ନାରୀକବିଙ୍କର ଦାନକୁ ଅସ୍ୱୀକାର ମଧ କରାଯାଇପାରେନା। ଆପଣାର ଗୃହ ଜଞ୍ଜାଳର ନିଅଣ୍ଟ ସମୟରୁ ସ୍ୱଳ୍ପ ସମୟ ହେଉପଛେ ବାହାର କରି ସେଥିରେ ଆପଣାର ସ୍ମୃତି ଅନୁଭୂତିକୁ ଆଉଟି କେତେ ଦରଦୀ, କବିତାର ଝରଣା ବୁହାଇଛି ସତରେ! ଓଡ଼ିଆଙ୍କ 'ବାରମାସରେ ତେର ପର୍ବ'ର ମୁଖ୍ୟ ପରିବାହକ ହେଉଛନ୍ତି ନାରୀ। ତେଣୁ ବିଭିନ୍ନ ପର୍ବପର୍ବାଣିର ଅବସରରେ ବିଭିନ୍ନ କଥାବସ୍ତୁ ଗୀତିକା ଆକାରରେ ଝରିଯାଇଛି। ଏ ସଂପର୍କରେ ଡକ୍ଟର ସାବିତ୍ରୀ ରାଉତ କହନ୍ତି, "ବିଶେଷତଃ ନାରୀମାନଙ୍କ ଦ୍ୱାରା ରଚିତ ନାନାବାୟା ଓ ଶିଶୁଗୀତିକା, କାନ୍ଦଣା, ଢଗଢମାଳି, ବିଭିନ୍ନ ପର୍ବପର୍ବାଣି ଓ ଅନୁଷ୍ଠାନମାନଙ୍କର ଗାନ କରାଯାଉଥିବା ଗୀତିକା ଓ ବୋଇତର ସମୁଦ୍ର ଯାତ୍ରା କରିବାର ସଂଗୀତଗୁଡ଼ିକ ବର୍ତ୍ତମାନ ସୁଦ୍ଧା ଓଡ଼ିଆ ସାହିତ୍ୟରେ ଆଦି ନାରୀ ସାହିତ୍ୟର ବା ସମଗ୍ର ଓଡ଼ିଆସାହିତ୍ୟର ସମ୍ପତ୍ତି ରୂପେ ସୁରକ୍ଷିତ ହୋଇଛି।"

ଅନୁରୂପ ଭାବରେ ଊନବିଂଶ ଶତାବ୍ଦୀ ପର୍ଯ୍ୟନ୍ତ ପ୍ରାୟତଃ କାବ୍ୟ କବିତାମାନ ହିନ୍ଦୀ ତଥା ପ୍ରାନ୍ତୀୟ ଭାଷାରେ ରଚିତ ହେବାର ଦୃଷ୍ଟିଗୋଚର ହୁଏ। ଏହାର ପ୍ରକୃଷ୍ଟ ଉଦାହରଣ ହେଉଛନ୍ତି ମାଧବୀ ଦାସୀ। ଇତିହାସକୁ ଅନୁଧ୍ୟାନ କଲେ ସ୍ପଷ୍ଟ ପ୍ରତୀତ ହୁଏ ପ୍ରାଚୀନ ଭାରତରେ ଲିଖିତ ସାହିତ୍ୟ ଭାବେ ସଂସ୍କୃତ ଭାଷାରେ ହିଁ କାବ୍ୟ ରଚନାର ସାର୍ବଜନୀନ ସମ୍ଭ୍ରାନ୍ତୀୟ ଭାଷା ଥିଲା କାରଣ ଏତେବେଳେ ସାହିତ୍ୟ କେବଳ ଉଚ୍ଚ ବଂଶଜମାନଙ୍କର

ଆଧିପତ୍ୟ ଲାଭ କରିଥିଲା; ପରବର୍ତ୍ତୀ ପର୍ଯ୍ୟାୟରେ ଧର୍ମକୁ ଭିତ୍ତିକରି ସାହିତ୍ୟ ମଧ୍ୟ ହୋଇଛି ଗଣାଭିମୁଖୀ। ଏ ସମ୍ପର୍କରେ ଡକ୍ଟର ଗୋପାଳକୃଷ୍ଣ ଶ୍ରୀଚନ୍ଦନ ମତ ଦେଇ କୁହନ୍ତି, "ଭକ୍ତିବାଦ ବା ବୈଷ୍ଣବଧର୍ମ କାଳକ୍ରମେ ବୌଦ୍ଧଧର୍ମର ସ୍ଥାନ ଅଧିକାର କରି ଗଣଧର୍ମରେ ରୂପାନ୍ତରିତ ହେଲା। ମୁସଲମାନ ଧର୍ମରେ ମଧ୍ୟ ସୁଫିବାଦ ପ୍ରବେଶ କଲା ବୈଷ୍ଣବୀୟ ଭାବଧାରାର ପ୍ରଭାବରେ। ତେଣୁ ସର୍ବସାଧାରଣଙ୍କ ବୋଧଗମ୍ୟ ହେଲା ପରି ସାଧାରଣ କଥିତ ଭାଷାରେ ଧର୍ମାଚାର୍ଯ୍ୟମାନେ ଧର୍ମପ୍ରଚାର କଲେ। ଏହାଦ୍ୱାରା ଆଞ୍ଚଳିକ ଭାଷାଗୁଡ଼ିକର ଅଭିବୃଦ୍ଧି ଘଟିଲା।" ଏହି ଧର୍ମାଚାର୍ଯ୍ୟମାନଙ୍କ ମଧ୍ୟରେ ଅଗ୍ରଗଣ୍ୟ ଭୂମିକା ଗ୍ରହଣ କରିଥିଲେ ଶ୍ରୀଚୈତନ୍ୟ ଦେବ, ନାନକ ଦେବ ଓ ଶଙ୍କର ଦେବ ପ୍ରମୁଖ। ଇତିହାସର ରୋମନ୍ଥନ କଲେ ହେତୁ ହୁଏ ଏହି ସମୟ ଥିଲା ଇସଲାମ୍ ପ୍ରଭାବିତ ସମୟ। ତେଣୁ ଏହି ପ୍ରଭାବରୁ ହିନ୍ଦୁ ଧର୍ମକୁ ରକ୍ଷା କରିବା ହେତୁ ହୁଏତ ବହୁ ଧାର୍ମିକ ନାୟକମାନଙ୍କର ଆଗମନ ଘଟିଥିଲା ଶ୍ରୀକ୍ଷେତ୍ରକୁ। ଯାହାଙ୍କ ପ୍ରଭାବରେ ପ୍ରଭାବିତ ହୋଇଥିଲା ଓଡ଼ିଆ ଜାତି। ପରିଣତିସ୍ୱରୂପ ବୈଷ୍ଣବ ଧର୍ମର ପ୍ରାବଲ୍ୟତା ଛୁଟିଛି ଏବଂ ଏହି ସମୟରେ ଧର୍ମକୁ ଭିତ୍ତିକରି ସାହିତ୍ୟମାନ ସୃଷ୍ଟି ହୋଇଛି ଯହିଁରେ ମୁଖ୍ୟ ଉପଜୀବ୍ୟ ହୋଇଛନ୍ତି ବୈଷ୍ଣବୀୟ ଦେବଦେବୀ; ଯେପରି ରାଧା-କୃଷ୍ଣ, ସୀତା-ରାମ। ଏପରିକି ଉଚ୍ଚବଂଶଜ ନାୟକନାୟିକାମାନେ ମଧ୍ୟ ଏଥିରେ ସ୍ଥାନିତ ହୋଇଛନ୍ତି। ଏଭଳି ଏକ ସନ୍ଧିକ୍ଷଣରେ ଗୁରୁତ୍ୱପୂର୍ଣ୍ଣ ଭୂମିକା ଗ୍ରହଣ କରିଛନ୍ତି ନାରୀକବି ମାଧବୀ ଦାସୀ, ବୃନ୍ଦାବତୀ ଦାସୀ, ନିଶଙ୍କ ରାୟଙ୍କ ରାଣୀ।

ଶ୍ରୀଚୈତନ୍ୟଙ୍କ ଓଡ଼ିଶା ଆଗମନ ଓଡ଼ିଶାର ସାହିତ୍ୟାକାଶକୁ ବହୁଳଭାବେ ପ୍ରଭାବିତ ଓ ପରିପୁଷ୍ଟ କରିଥିଲା। ଏହା ପୂର୍ବରୁ ସାରଳା ଓ ପଞ୍ଚସଖା ସମୟର ସାହିତ୍ୟରେ ନାରୀକବିଙ୍କ ସମ୍ପର୍କରେ ବିଶେଷ ବିବରଣୀ ଦୁଷ୍ପ୍ରାପ୍ୟ। ଅନୁମିତ ୧୫୦୦ ଖ୍ରୀଷ୍ଟାବ୍ଦରୁ ୧୮୦୦ ଖ୍ରୀଷ୍ଟାବ୍ଦ ପର୍ଯ୍ୟନ୍ତ ମୋଟାମୋଟି ଭାବେ ଓଡ଼ିଆ କାବ୍ୟ ସାହିତ୍ୟରେ ଯେଉଁ ନାରୀକବିମାନେ ଆସିଥିଲେ ସେମାନେ ମୁଖ୍ୟତଃ ଉଚ୍ଚବଂଶ ସମ୍ଭୂତା ଅଥବା ବୈଷ୍ଣବୀ (ଦାସୀ)। ପ୍ରେମ-ଭକ୍ତି ଧର୍ମପ୍ରବର୍ତ୍ତକ ଶ୍ରୀଚୈତନ୍ୟଙ୍କ ପ୍ରଭାବରେ ପ୍ରଭାବିତ ହୋଇ ପ୍ରେମ ଭକ୍ତିଭାବକୁ ଭଜନ, ଜଣାଣ, ଚଉତିଶା, ଚଉପଦୀ, ଲୀଳାଗୀତିକା ଆଦି ମାଧ୍ୟମରେ ପ୍ରକାଶିତ କରିଛନ୍ତି। ଯେଉଁଥିରେ ପରକୀୟା ପ୍ରେମତତ୍ତ୍ୱ ସମ୍ବଳିତ "ଶ୍ରୀରାଧାକୃଷ୍ଣ" ମୁଖ୍ୟ ବିଷୟକ ଭାବେ ଆଧାରିତ। ସେ ଯାହାହେଉ ପଛେ ସାହିତ୍ୟରେ ଓଡ଼ିଆ ନାରୀକବିଙ୍କ ପାଇଁ ଶୁଭଙ୍କର। ଫଳସ୍ୱରୂପ ଓଡ଼ିଆ ଗ୍ରାମ୍ୟ ନାରୀସାହିତ୍ୟ / କଥିତସାହିତ୍ୟ / ଅଲିଖିତସାହିତ୍ୟରୁ ଲିଖିତସାହିତ୍ୟର ମର୍ଯ୍ୟାଦା ହାସଲ କଲା ଏବଂ ସେଦିନ ନାରୀକବିର ମୋହର ବାଜିଥିଲା ମାଧବୀ ଦାସୀଙ୍କଠାରୁ।

"ଚକାନୟନ ହେ ଜଗୁ ଜୀବନ ଶ୍ରୀହରି
କାତରେ ଜଣାଣ କରୁଛି ଛାମୁରେ
ଶୁଣ ପ୍ରଭୁ ଶ୍ରୁତି ଡେରି ।
କେତେ ସଙ୍କଟୁ କାହାକୁ ରଖିନା ହେ
ଦୟାଳୁ ସାରଙ୍ଗଧାରୀ
ତା ବର୍ଣ୍ଣି ବସିଲେ ପୋଥିକର ପାଠ
କି ବର୍ଣ୍ଣିବ ଏ ପାମରୀ ।"

ପରମ୍ପରାକ୍ରମେ ବୃନ୍ଦାବତୀ ଦାସୀ (କବି ସମ୍ରାଟ ଉପେନ୍ଦ୍ର ଭଞ୍ଜଙ୍କ ସମକାଳୀନ) ନାରୀକବି ଭାବେ ସ୍ୱୟଂଙ୍କୁ ପ୍ରତିଷ୍ଠିତ କରାଇଛନ୍ତି । ବୃନ୍ଦାବତୀ ଦାସୀଙ୍କର ଶଶୁର, ସ୍ୱାମୀ ଏବଂ ପୁତ୍ର ଭୀମଦାସ ସମସ୍ତେ କବି ଭାବେ ପ୍ରସିଦ୍ଧି ଅର୍ଜନ କରିଥିଲେ । ବିଦିତ ଅଛି 'ପୂର୍ଣ୍ଣତମ ଚନ୍ଦ୍ରୋଦୟ' କାବ୍ୟରେ ସେ କବି ଭୀମ ଦାସଙ୍କ ମାତା ବୋଲି ପରିଚୟ ପ୍ରଦାନ କରିଛନ୍ତି । ପୂର୍ବରୁ କହିଅଛି ଯେ ଏ ସମୟରେ ପରକୀୟା ପ୍ରୀତି ସମ୍ବଳିତ କୃଷ୍ଣତତ୍ତ୍ୱ କାବ୍ୟମାନ ରଚିତ ହୋଇଛି । ଏଥିରୁ କବି ବୃନ୍ଦାବତୀ ଦାସୀ ମଧ୍ୟ ବାଦ୍ ଯାଇନାହାନ୍ତି । ଯଦିଓ ତଥାକଥିତ ସମାଜ ଚକ୍ଷୁରୁ ଶରବ୍ୟ ନହେବା ହେତୁ ନିଜ ପକ୍ଷରେ ମତ ଦେଇ 'ପୂର୍ଣ୍ଣତମ ଚନ୍ଦ୍ରୋଦୟ'ର ୯ମ ଅଧ୍ୟାୟରେ କହିଛନ୍ତି–

"ମୁଁ ତ ସ୍ୱଭାବେ ନାରୀଜନ । ଧୈର୍ଯ୍ୟ ବିରୋଧ ମତିହୀନ ॥
କହନ୍ତେ ଚରିତ କୃଷ୍ଣର । ସାତ୍ତ୍ୱିକ ହୋଇଲା ମୋହର ॥
ତୁମ୍ଭେ ତ କହିବ ବିଚାରି । ଏ ତ ଅଟଇ କୁଳନାରୀ ॥
କୁଳ ନାରୀଙ୍କର ଲକ୍ଷଣ । ପର ପୁରୁଷ ରୂପଗୁଣ ॥
କହିବା ନୋହଇ ସୁନ୍ଦର । ଏ କୁଳନାରୀଙ୍କ ବେଭାର ॥
ସୁଜନେ ଶୁଣିବା ଯୁକତେ । କହୁଛି ତୁମ୍ଭର ଅଗ୍ରତେ ॥
ସେ ମୋର ନୁହଇ ଯେ ପର । 'ପତିଙ୍କ ସଖା ପ୍ରଭୁ ମୋର' ॥
ସେ ଘେନି ପତିଙ୍କ ସମାନେ । ଧ୍ୟାନ କରଇ ତାଙ୍କୁ ମନେ ॥
ତେଜି କୁଟୁମ୍ବ ବନ୍ଧୁଗଣ । ଗୃହ ସମ୍ପତ୍ତି ଧନଜନ ॥
ଭଜିଲେ ଚରଣ ତାଙ୍କର । ବନ୍ଧୁଙ୍କୁ ଦେଖିଣ ସୁନ୍ଦର ॥

ଯଦିଓ ବୃନ୍ଦାବତୀ ଦାସୀ ଉପେନ୍ଦ୍ର ଭଞ୍ଜ ତଥା ଦୀନକୃଷ୍ଣଙ୍କ ସମକାଳୀନ ମାତ୍ର ପୂର୍ବଜ କବି ତଥା ସାହିତ୍ୟସାଧକ (ବୈଷ୍ଣବ କବିମାନଙ୍କ) ଦ୍ୱାରା ଅନେକାଂଶରେ ପ୍ରଭାବିତ । ତେଣୁ କବି ବୃନ୍ଦାବତୀ ବୈଷ୍ଣବୀୟ ଭକ୍ତିଭାବ ତଥା ଶ୍ରୀକୃଷ୍ଣଙ୍କ ପ୍ରେମତତ୍ତ୍ୱ ସମ୍ବଳିତ ରଚନାରୁ ବିମୁଖ ହୋଇପାରିନାହାନ୍ତି ।

ମାଧବୀ ଦାସୀ ଓ ବୃନ୍ଦାବତୀ ଦାସୀଙ୍କ ପରି ନିଶଙ୍କ ରାୟଙ୍କ ରାଣୀ ମଧ୍ୟ ସମକାଳୀନ ସମାଜରେ ନାରୀକବିଙ୍କର ମର୍ଯ୍ୟାଦା ଲାଭ କରିଛନ୍ତି। ଫରକ୍ ଏତିକି ମାଧବୀ ଦାସୀ ଓ ବୃନ୍ଦାବତୀ ଦାସୀ ବୈଷ୍ଣବ ଧର୍ମର ମୂଳାଧାର ରାଧାକୃଷ୍ଣଙ୍କ ପରକୀୟା ପ୍ରେମ ଉପରେ ଗୁରୁତ୍ୱ ପ୍ରଦାନ ନକରି (ସମସାମୟିକ ସମାଲୋଚନାରୁ ନିଜକୁ ନିବୃତ୍ତ ରଖିବାକୁ ଯାଇ) ରୀତିଯୁଗୀୟ ସାହିତ୍ୟର ପରମ୍ପରାକୁ ପ୍ରାଧାନ୍ୟ ଦେଇଛନ୍ତି। କାଳ୍ପନିକ କଥାବସ୍ତୁ ମୁଖ୍ୟ ଆଧାର ପାଲଟିଛି। ଉପେନ୍ଦ୍ର ଭଞ୍ଜ, ଦୀନକୃଷ୍ଣ, ଲୋକନାଥ ବିଦ୍ୟାଧର, ଭୂପତି ପଣ୍ଡିଙ୍କ ପରି ବିଦଗ୍ଧ ପଣ୍ଡିତ ତଥା କବିମାନଙ୍କ କାବ୍ୟ ତାତ୍‌କାଳିକ ରାଜଦରବାର ମଣ୍ଡନ କରିଥିଲା। ଏହି ସମୟରେ ମଧ୍ୟ ବିଶେଷ କରି ରାଜପରିବାରମାନଙ୍କର ପାଟମହିଷୀମାନେ ବିଭିନ୍ନ ଶୃଙ୍ଗାର ରସାତ୍ମକ ଆଳଙ୍କାରିକ କାବ୍ୟମାନ ରଚନା କରିବାରେ ମନୋନିବେଶ କରିଥିଲେ। ତନ୍ମଧ୍ୟରୁ ଅନ୍ୟତମ ଥିଲେ ଘୁମୁସର ରାଜା ଶ୍ରୀକର ଭଞ୍ଜଙ୍କ ସୁଯୋଗ୍ୟା ତନୟା ନିଶଙ୍କ ରାୟଙ୍କ ରାଣୀ। 'ପଦ୍ମାବତୀ ଅଭିଳାଷ' ନାମରେ ଏକ ଶୃଙ୍ଗାର ରସାମୃତ ଆଳଙ୍କାରିକ କାବ୍ୟ ରଚନା କରିଥିଲେ। ମାତ୍ର ଶ୍ୟାମସୁନ୍ଦର ରାଜଗୁରୁ ନିଶଙ୍କ ରାୟଙ୍କ ରାଣୀଙ୍କ ସମ୍ପର୍କରେ 'ଉତ୍କଳ ସାହିତ୍ୟ' ପତ୍ରିକାରେ ମତ ଦେଇ କହିଛନ୍ତି "ନିଶଙ୍କ ରାୟଙ୍କ ରାଣୀ ଗଞ୍ଜାମ ଜିଲ୍ଲା ଅନ୍ତର୍ଗତ ଜରଡ଼ା ଜମିଦାରୀର ରାଜା ବାସୁଦେବଙ୍କର କନ୍ୟା ଏବଂ ସେ ବୁଢ଼ାରସିଙ୍ଗି କ୍ଷୁଦ୍ର ରାଜ୍ୟର ରାଜା ଗୌରଚନ୍ଦ୍ର ନିଶଙ୍କ ରାୟଙ୍କର ରାଣୀ ଥିଲେ। ନିଶଙ୍କ ରାୟଙ୍କ ସହିତ ତାଙ୍କର ବିବାହ ଆନୁମାନିକ ଭାବେ ଖ୍ରୀ. ୧୭୮୮ ବେଳକୁ ହେଇଥିଲା।" ଏ ସମ୍ପର୍କରେ 'ପଦ୍ମାବତୀ ଅଭିଳାଷର' କବି ନିଜ ସମ୍ପର୍କରେ ସୂଚିତ କରିଥିବାର ସୂଚନା ନିମ୍ନୋକ୍ତ ପଦମାନଙ୍କରୁ ମିଳେ–

"ଜରଡ଼ା ଦେଶ ଅଧୀଶ ଯେ ବୀରବର
କବି ପଣେ ଦ୍ୟୁତୀ ସରସ୍ୱତୀ-କୁମର।
ଗଙ୍ଗ ବଂଶାବଧି-ସମ୍ଭବ ପୀୟୂଷକର,
ଶ୍ରୀକ୍ଷି ମଣି ମାହାରାଜ୍ୟେ ଅଧୀଶ୍ୱର।
ବୀରାଧିବୀର ଶ୍ରୀ ଗଜପତି ନୃପତି,
ଭୂପକୁଳ ଦୀପ ଯେ ପ୍ରତାପୀ ଅତି।
ତାହାଙ୍କ ଅଂଶ ଉତ୍ପତ୍ତି ଖ୍ୟାତି ମୋର ପ୍ରିୟ,
ଶ୍ରୀରାମଚନ୍ଦ୍ର ଦେଉଙ୍କର ଯେ ତନୟ।
ବୁଢ଼ା-ସିଂଘି ଦେଶ ଦ୍ୟୁତୀ ତ୍ରିଦଶାଳୟ,
ଶକ୍ର ସମେ ତହିଁ କରିଛନ୍ତି ବିଜୟ।
ରୂପେ କାମ ଧୀବନ୍ତେ ଯେ ଗୀଷ୍ପତି ସରି,

ଦିଶେ ଦିଶେ ଯାହାଙ୍କ ଯଶ ପ୍ରସରି ।
ଦୟାଶୀଳ, ଦାତା, ବଳୀ ସମରେ ଯେଉଁ,
ଭୀମ ପରାକ୍ରମେ ପରେନ୍ଦୁ ରାହୁ ।
ସଦାସର୍ବଦା ଯେ ବିଚକ୍ଷଣ ସମାଜେ,
ଶ୍ରୀକାଳୀ ଦେବୀଙ୍କର ବରପୁତ୍ର ଯେ ।
ନାମ ଶ୍ରୀ ଗୌରଚନ୍ଦ୍ର ନିଶଙ୍କ ରାୟ,
ଦେଉ ପଦ ଯାହାଙ୍କ ସୁଗୁଣାନୀୟ ।
ଅଟଇ ତାଙ୍କର ସୁପ୍ରିୟ ଜାୟା,
ଶ୍ରୀ ଦୁର୍ଗାମାଧବ ମୋତେ କରନ୍ତେ ଦୟା ।
ପଦ୍ମାବତୀ-ଅଭିଳାଷ ନାମେ ପ୍ରବନ୍ଧ
ପ୍ରକାଶ କଲି ଅଠତିରିଶ ଛନ୍ଦ ।

ନାରୀକବି ନିଶଙ୍କ ରାୟଙ୍କ ରାଣୀଙ୍କ ଦ୍ୱାରା ଲିଖିତ 'ପଦ୍ମାବତୀ ଅଭିଳାଷ'ର ପଂକ୍ତିଗୁଡ଼ିକୁ ଅନୁଧ୍ୟାନ କଲେ ଉପେନ୍ଦ୍ର ଭଞ୍ଜଙ୍କ ଦ୍ୱାରା କବି ପ୍ରଭାବିତା ହୋଇଥିବା ସହଜେ ଅନୁମେୟ । ଏ ପ୍ରକ୍ରିୟା ସ୍ୱାଭାବିକ ମଧ୍ୟ । କାରଣ ପ୍ରତ୍ୟେକ ସାହିତ୍ୟ ସାଧକ ସେମାନଙ୍କ ଅଗ୍ରଜ / ପୂର୍ବଜଙ୍କ ଦ୍ୱାରା ପ୍ରଭାବିତ ହେବା ସ୍ୱାଭାବିକ । ତେଣୁ ବିଷୟ ବର୍ଣ୍ଣନା, ପ୍ରକୃତି ବର୍ଣ୍ଣନା, ବିବାହ ବର୍ଣ୍ଣନା, ସରୋବର ଜଳକ୍ରୀଡ଼ା ଆଦିର ବର୍ଣ୍ଣନା ଉପେନ୍ଦ୍ର ଭଞ୍ଜୀୟ ଶୈଳୀ ପରି ସ୍ପଷ୍ଟ ପ୍ରତୀୟମାନ । ନିମ୍ନରେ ତୁଳନାତ୍ମକ ଭାବେ ବର୍ଣ୍ଣନା କରାଗଲା–

ନାରୀକବି ନିଶଙ୍କ ରାୟଙ୍କ ରାଣୀଙ୍କ 'ପଦ୍ମାବତୀ ଅଭିଳାଷ'ର କିୟଦଂଶ–

"ନୀଳ ଶାଢ଼ି ରଙ୍ଗ ଧଡ଼ିରେ ହଂସାବଳୀ ଶୋଭନ ।
ମହୀ ମହିଳା ବିସ୍ତାରିବା ପ୍ରାୟେ ଦିଶେ ରଞ୍ଜନ ।।
ପଦ୍ମ କୁମୁଦ କୋକନଦଙ୍କର ସୁବାସ ଘେନି ।
ଭ୍ରମରେ ଭ୍ରମରେ ଭ୍ରମନ୍ତି କରି ହରଷେ ଧ୍ୱନି ।।
ଦୀପଦଣ୍ଡୀ ମଣ୍ଡି ସୁନ୍ଦର ସାରସ ଚକ୍ରବାକ ।
ହଂସମରାଳି ସଙ୍ଗେ କେଳି କରୁଛନ୍ତି ଡାହୁକ ।।"

କବିସମ୍ରାଟ ଉପେନ୍ଦ୍ର ଭଞ୍ଜଙ୍କ 'ଲାବଣ୍ୟବତୀ'ର କିୟଦଂଶ–

"କି ନୀଳ ଶାଢ଼ି ହଂସାବଳୀ ରଙ୍ଗଧଡ଼ି ହୋଇଛି
ଅବନୀ-ବନିତା ବିସ୍ତାରେ କିବା କିଣିବା ଇଛି ।
ପାବଚ୍ଛ ସ୍ୱଚ୍ଛ ସ୍ଫଟିକରେ ନୀର ତୀର ପ୍ରତୀତ
ସୁବେଶୀ ପରଶ ଭାବି କି ତହିଁ ତ୍ରିବେଣୀ ଖ୍ୟାତ ।

ଦୀପଦଣ୍ଡୀ ହେରି ମରାଳପନ୍ତି ଦିଏ ଭଉଁରୀ
ବଡ଼ ବଡ଼ଭୀକି ବେଢ଼ିକି ଶୋଭା ପୂର୍ଣ୍ଣ-ଚଉଁରୀ।"
(୬ଷ୍ଠ ଛାନ୍ଦ – ଲାବଣ୍ୟବତୀ)

ନିଶଙ୍କ ରାୟଙ୍କ ରାଣୀଙ୍କ ପରି ରାଜପରିବାରର ବିଭିନ୍ନ ନାରୀମାନେ ମଧ୍ୟ କବିଭାବେ ଲେଖନୀ ଚାଳନା କରିଛନ୍ତି। ସେମାନଙ୍କ ମଧ୍ୟରେ 'ଚକ୍ରମାଳି ଜେମାଦେଈ', 'ଶିବପ୍ରିୟା', 'ମନୋରମା ଜେମାଦେଈ', 'କୃଷ୍ଣପ୍ରିୟା ଜେମାଦେଈ' ଆଦି।

ଶ୍ରୀଚୈତନ୍ୟଙ୍କ ଦ୍ୱାରା ଦୀକ୍ଷିତ ହୋଇ ଗୌଡ଼ୀୟ ପ୍ରେମ-ଭକ୍ତି-ଧର୍ମ ମାର୍ଗରେ ପରିଚାଳିତ ହୋଇ ମାଧବୀ ଦାସୀଙ୍କଠାରୁ ବୃନ୍ଦାବତୀ ଦାସୀଙ୍କ ପର୍ଯ୍ୟନ୍ତ ନାରୀକବିମାନେ ଯଦିଓ ଶ୍ରୀରାଧାକୃଷ୍ଣଙ୍କ ପରକୀୟା ପ୍ରେମ-ଭକ୍ତିର ଦିବ୍ୟ ଲୀଳାକୁ ଅପ୍ରାକୃତ ପ୍ରେମ ଭାବେ ଉପଜୀବ୍ୟ କରି କାବ୍ୟ-କବିତାମାନ ରଚନା କରିଛନ୍ତି ମାତ୍ର ସବୁଠି କେନ୍ଦ୍ରରେ ରହିଛନ୍ତି ଉତ୍କଳର ଆରାଧ୍ୟ ଦେବତା ଶ୍ରୀଜଗନ୍ନାଥ। ଉପରୋକ୍ତ ଆଲୋଚନାରୁ ଅନୁମିତ ହୁଏ ଯେ ମାଧବୀ ଦାସୀଙ୍କଠାରୁ ନିଶଙ୍କ ରାୟଙ୍କ ରାଣୀଙ୍କ ପର୍ଯ୍ୟନ୍ତ ନାରୀକବିମାନେ ମଧ୍ୟ ପୂର୍ବଜ ତଥା ଅଗ୍ରଜ କବିମାନଙ୍କ ପରି ବୈଷ୍ଣବୀୟ ପ୍ରେମଭକ୍ତି ଭାବଦ୍ୱାରା ପ୍ରଭାବିତ ହୋଇ ରାଧାକୃଷ୍ଣ, ରାମ-ସୀତା, ରାଜକୁମାର-ରାଜକୁମାରୀ ତଥା ଅଳଙ୍କାର ପ୍ରୟୋଗ କରି ରୀତିଯୁଗୀୟ ସାହିତ୍ୟର ପୃଷ୍ଠଭୂମିକୁ ସମୃଦ୍ଧ କରିଥିଲେ।

ଊନବିଂଶ ଶତାବ୍ଦୀ ଏକ ହସ୍ତରେ ଆଶୀର୍ବାଦ ଓ ଅନ୍ୟ ହସ୍ତରେ ଅଭିଶାପ ତଥା ଏକ ହସ୍ତରେ ଅମୃତ ଓ ଅନ୍ୟ ହସ୍ତରେ ହଳାହଳ ନେଇ ଓଡ଼ିଶାର ସାହିତ୍ୟାକାଶକୁ ଆଚ୍ଛନ୍ନ କରିଥିଲା। ଆଶୀର୍ବାଦ ସ୍ୱରୂପ ଶିକ୍ଷାର ପ୍ରସାର, ଯୋଗାଯୋଗ ବ୍ୟବସ୍ଥା, ମୁଦ୍ରାଯନ୍ତ୍ରର ପ୍ରତିଷ୍ଠା ଆଦି ଥିବାବେଳେ ଅନ୍ୟପକ୍ଷରେ ଅଭିଶାପ ସ୍ୱରୂପ ଇଂରେଜ ଶାସକ ଶୋଷକ ସଂଗୀନ ମୁନରେ କରୁଥିଲେ ଶାସନ। ଭାଷା ସଂକଟ, ଅବକ୍ଷୟମୁଖୀ ସଂଗ୍ରାମରତ ଓଡ଼ିଆଜାତି ନିଜର ଅସ୍ମିତା ପାଇଁ ସଂଘର୍ଷ କରୁଥିବା ସମୟରେ ଯେଉଁ ଯୋଗଜନ୍ମା (ଫକୀରମୋହନ ସେନାପତି, ରାଧାନାଥ ରାୟ, ମଧୁସୂଦନ ଆଦି) ପୁରୁଷମାନେ ବିଶେଷ ଭୂମିକା ଗ୍ରହଣ କରୁଥିଲେ। ସେହି ସନ୍ଧିକ୍ଷଣରେ ଓଡ଼ିଆ ନାରୀକବିମାନେ ମାତୃଭୂମିର ଗରିମା ତଥା ଆତ୍ମସ୍ୱାଭିମାନ ବଜାୟପୂର୍ବକ ଅଣ୍ଟା ଭିଡ଼ିଥିଲେ। ସେମାନଙ୍କ ମଧ୍ୟରେ ଥିଲେ ସୁଲକ୍ଷଣା ଦେବୀ, ରେବା ରାୟ, ଅନ୍ନପୂର୍ଣ୍ଣା ଦେବୀ, ସରଳା ଦେବୀ ଆଦି ନାରୀକବିଗଣ। ଅତ୍ୟଧିକ ନାରୀକବିଙ୍କର ପ୍ରଶସ୍ତିଗାନରେ ଭାରାକ୍ରାନ୍ତ କରିବା ଉଦ୍ଦେଶ୍ୟରେ ଆଲୋଚ୍ୟ ଆଲେଖ୍ୟଟି ନୁହେଁ; ଅଧିକନ୍ତୁ ସେମାନେ ଥିଲେ ଅଦୃଶ୍ୟ ପ୍ରେରଣାର ସ୍ରୋତ। ଯାହା ଅନ୍ତଃସଲିଳା ଫଲ୍‌ଗୁ ପରି ପ୍ରତିନିୟତ ପ୍ରବାହିତ ଉତ୍ତରଦାୟାଦଙ୍କ ଶୋଣିତ

ସ୍ୱାକ୍ଷରରେ । ଉକ୍ତ ପୁସ୍ତକରେ ସଂକଳିତ କବିତାଗୁଡ଼ିକ ନାରୀକବିର ମୋହର ଓ ପ୍ରତିଷ୍ଠାର ପରିଚାୟକ ।

ପ୍ରାଚୀନ ଓଡ଼ିଆସାହିତ୍ୟରେ ନାରୀକବିଙ୍କ ସଂଖ୍ୟା ସୀମିତ । ମାତ୍ର ସୁଖର କଥା ଯେ ଆଧୁନିକ ଯୁଗରେ ନାରୀଶିକ୍ଷାର ପ୍ରସାର ଘଟିବା ଫଳରେ ନାରୀକବିମାନଙ୍କର ସଂଖ୍ୟାରେ ବୃଦ୍ଧି ଘଟିଛି ଏବଂ ସେମାନଙ୍କର ଅବଦାନ ମଧ୍ୟ ଅବିସ୍ମରଣୀୟ । ଏଥିନିମନ୍ତେ ଊନବିଂଶ ଶତାବ୍ଦୀର ପତ୍ରପତ୍ରିକା ଏକ ପ୍ରଶସ୍ତ ମାର୍ଗଟିଏ ପ୍ରସ୍ତୁତ କରିଛି । ସାଂପ୍ରତିକ ସମୟରେ ଯଦିଓ ସୋସିଆଲ୍ ମିଡ଼ିଆ ଏକ ପ୍ରମୁଖ ଭୂମିକା ଗ୍ରହଣ କରିଛି ମାତ୍ର ପ୍ରକାଶନ ଜଗତର ଅବଦାନ ମଧ୍ୟ କିଛି କମ୍ ନୁହେଁ । ଉକ୍ତ ସଂକଳନରେ ପଞ୍ଚଦଶ ଶତାବ୍ଦୀରୁ ୧୯୮୫ ମସିହା ମଧ୍ୟରେ ଜନ୍ମିତ କବିମାନଙ୍କର କବିତାକୁ ସଂକଳନ ପରିସରଭୁକ୍ତ କରାଯାଇଛି । ସଂପ୍ରତି ନାରୀକବିଙ୍କର ସଂଖ୍ୟା ଆଦୌ ଗୌଣ ମନେହୁଏନା; ଯାହା ଓଡ଼ିଆ ସାହିତ୍ୟ ପାଇଁ ଅତ୍ୟନ୍ତ ଶୁଭଙ୍କର । ଏ ଦିଗରେ ଆଉ ପାଦେ ଆଗକୁ ଯାଇ ବିଦେଶୀ ମାଟିରେ ଥାଇ ନିଜ ଭାଷା ଓ ସାହିତ୍ୟ ନିମନ୍ତେ କୌଣସି ପ୍ରତିଦ୍ୱନ୍ଦ୍ୱିତାମୂଳକ ମନୋଭାବ (ପ୍ରକାଶନ ଶିଳ୍ପରେ) ନ ରଖି ନିଜସ୍ୱ ଉଦ୍ୟମରେ ବିଶ୍ୱବ୍ୟାପୀ ଭାଷା ଓ ସାହିତ୍ୟର ପ୍ରଚାର ଓ ପ୍ରସାରରେ ମନୋନିବେଶ କରିବା କ'ଣ କମ୍ ବଡ଼ କଥା ? ଏ ଉଦ୍ୟମ ନିମନ୍ତେ ଶ୍ରୀ ସତ୍ୟ ପଟ୍ଟନାୟକଙ୍କୁ ସାଧୁବାଦ । ଉକ୍ତ ପୁସ୍ତକଟି ଗବେଷକ, ଛାତ୍ରଛାତ୍ରୀ ତଥା ପାଠକୀୟତା ହାସଲ କଲେ ଅନୁଗୃହୀତ ହେବି ।

ପରିଶେଷରେ ପ୍ରକାଶନ ସମୟର ସ୍ୱଳ୍ପତା, ଯୋଗାଯୋଗ ବିଚ୍ଛିନ୍ନତା ତଥା କୋଭିଡ-୧୯ ପରି ବୈଶ୍ୱିକ ମହାମାରୀ କାଳରେ କାର୍ଯ୍ୟଟି ଆରମ୍ଭ କରି ଶେଷ କରିବା ମଧ୍ୟରେ ଅନେକ ନାରୀକବି ହୁଏତ ଦୃଷ୍ଟି ଆଢୁଆଳରେ ରହିଯାଇପାରନ୍ତି, ମାତ୍ର ଏହା ଆଦୌ ଉଦ୍ଦେଶ୍ୟ ପ୍ରଣୋଦିତ ନୁହେଁ; ଅଧିକନ୍ତୁ ରଚନା ଅପ୍ରାପ୍ତିଜନିତ ଓ ଅଜ୍ଞତାବଶତଃ । ତେଣୁ ପରବର୍ତ୍ତୀ ସଂସ୍କରଣରେ ସ୍ଥାନିତ କରିବାର ଦାୟିତ୍ୱ ନିର୍ବାହନର ପ୍ରତିଶ୍ରୁତି ସହ ତ୍ରୁଟି ମାର୍ଜନା ନିମନ୍ତେ ପ୍ରାର୍ଥନାରତ ।

- ସୁଜ୍ଞାନୀ କୁମାରୀ ସାହୁ

ଚକାନୟନ ହେ

ମାଧବୀ ଦାସୀ

ଚକା-ନୟନ ହେ ଜଗୁଜୀବନ ଶ୍ରୀହରି
କାତରେ ଜଣାଣ କରୁଛି ଛାମୁରେ
ଶୁଣ ପ୍ରଭୁ ଶ୍ରୁତି ଡେରି ।

କେତେ ସଂକଟୁ କାହାକୁ ରଖିନାହଁ
ଦୟାଳୁ ସାରଙ୍ଗଧାରୀ,
ତା ବର୍ଣ୍ଣି ବସିଲେ ପୋଥିକର ପାଠ
କି ବର୍ଣ୍ଣିବ ଏ ପାମରୀ ।

ଜୀବନୀ ପିଙ୍ଗଳା ଆଦି ବାରବଳା
ସଂସାରୁ ଗଲେ ନିସ୍ତରି
ଅପାର ମହିମା କେତନ ଉଡ଼ାଇ
ରଖିଛ କୀରତି ଶିରୀ ।

ମୁଁ ଛାର ନିର୍ମାଖୀ ତୁମ୍ଭର ସେବକୀ-
ପଣକୁ ଅଯୋଗ୍ୟ ନାରୀ,
କରୁଛି ଦୟିନୀ ଯୋଡ଼ି କର ବେନି
ଶୁଣ ମାଧବୀ ଗୁହାରି ।

■

ଭିକ୍ଷା

ବୃନ୍ଦାବତୀ ଦାସୀ

କି ଆଉ କହିବି ପ୍ରିୟ !
କହିବାକୁ କି ଅଛଇ ?
ହୃଦୟେଶ ! ସବୁ ଜାଣୁଛ
ହୃଦ ମଧ୍ୟରେ ଥାଇ ॥୧॥

ଜୀବନ-ସାଗରେ ତରୀ ମୁଁ
ତୁମ୍ଭେ ମୋ ଧ୍ରୁବତାରା,
ମରୁ ମୁଁ, ତହିଁରେ ତୁମ୍ଭେଟି
ତରୁ ବିଷାଦ ହରା ॥୨॥

ମୁଁ ଅଶ୍ରୁ, ତୁମ୍ଭେହିଁ ଅଞ୍ଚଳ
ବ୍ୟଥା-ମୁକ୍ତି-ଅଗାର,
ମୁଁ ପୂର୍ଣ୍ଣ-ପାତକ-ପୀଡ଼ିତ
ତୁମ୍ଭେ ଜାହ୍ନବୀ-ଧାର ॥୩॥

ମୁଁ କଣ୍ଠ, ତୁମ୍ଭେ ହେ ତହିଁରେ
ଚିର-ପ୍ରେମାଲିଙ୍ଗନ,
ଅଧର ମୁଁ ଶୁଷ୍କ, ନୀରସ
ତୁମ୍ଭେ ସ୍ନିଗ୍ଧ-ଚୁମ୍ବନ ॥୪॥

ମୁଁ ଅନ୍ଧାର ତୁମ୍ଭେ ତହିଁଟି
ସୁଆନନ୍ଦ-ବର୍ତ୍ତିକା,
ମେଘାଛନ୍ନ-ନଭଃ ମୁଁ ତୁମ୍ଭେ
ତହିଁ ବିଦ୍ୟୁତ ଶିଖା ॥୫॥

ମୁଁ ଅତୀତ ସ୍ମୃତି ତୁମ୍ଭେ ହେ
ସଦ୍ୟ ଆନନ୍ଦ, ଉତ୍ସ
ଚିର-ପ୍ରୟୋଜନ ତୁମେ ହେ
ମୁହିଁ ଅସୀମ-ତୁଚ୍ଛ ॥୬॥

ମୋହକର-ସ୍ୱପ୍ନ-ବିକାଶ
ମୁଁହି ନିଷ୍ଠୁର-ଦୁଃଖ,
ତୁମ୍ଭେ ତହିଁ ପ୍ରାୟ ! ଜାଗ୍ରତ–
କାଳେ ପ୍ରତ୍ୟକ୍ଷ-ସୁଖ ॥୭॥

ଅସ୍ଥିର ଚପଳ ମନ ମୋ
ତୁମ୍ଭେ ସ୍ମୃତି-ଅର୍ଗଳ
ଚିର ସଫଳତା ତୁମ୍ଭେ ହେ
ମୁଁହି ଚିର-ବିଫଳ ॥୮॥

ତୁମ୍ଭେ ଜ୍ୟୋତିର୍ମୟ-ଜ୍ୱଳନ
ମୁଁ ତହିଁରେ ପତଙ୍ଗ
ତୁମ୍ଭେ ବଂଶୀ ଧ୍ୱନି ମୁଁ ତହିଁ
ମୋହାଚ୍ଛନ୍ନ-କୁରଙ୍ଗ ॥୯॥

ମୁଁ ବିଚ୍ଛେଦ, ତୁମ୍ଭେ ହୃଦେଶ !
ସୁଖ-ପୂର୍ଣ୍ଣ-ମିଳନ,
ତୁମ୍ଭେ ସ୍ୱାମୀ ମୁହିଁ ସେବା ହେ
ମୋର ହୃଦଗତ-ମନ ॥୧୦॥

ଚିର-ବିତାଡ଼ିତ ମୁହିଁ ହେ
ତୁମ୍ଭେ ଚିର-ଶରଣ,
ବିସ୍ମୃତ ମୁଁ ଜୀବେଶ !
ଦିଅ ଦିଅ ଶ୍ରୀଚରଣ ॥୧୧॥

■

ପଦ୍ମାବତୀ ଅଭିଳାଷ (କାନନ ବର୍ଣ୍ଣନା)

ନିଶଙ୍କ ରାୟଙ୍କ ରାଣୀ

କୁସୁମ ସମୟ ହୋଇଛି ଉଦୟ ପଲ୍ଲବିତ ତରୁଲତା
ବୃକ୍ଷ ଡାଳେଡାଳେ ଲାଗଣ ବହଳ ବିଭା କି ବରବନିତା ?

ସର୍ବ ତରୁଗଣେ ବରଜାତି ପଣେ କରନ୍ତି ବିଭା ସମ୍ଭାର,
ବରକନ୍ୟାଙ୍କୁ କି ଯଉତୁକ ଦେବେ ବଢ଼ାଇ ଅଛନ୍ତି କର।

ଫଳ ପୁଷ୍ପ-ଭରେ ତରୁଲତାମାନେ ଦିଶନ୍ତି ଏ ଅଧ୍ୟାହାର,
ବନ୍ଧୁଗଣ ଲଇ ଫୁଲବେଶ ହୋଇ ବେଦିରେ ଯେମନ୍ତ ବର।

ପଲାଶ ଲତା ପଲାଶ ଦୂର କରି ପୁଷ୍ପେ ହୋଇଛି ସୁବେଶ,
ହୋମ ଅନଳ ଜ୍ୱଳିବା ପରା ଦିଶେ ବରକନ୍ୟାଙ୍କ ପାଶ।

ପୁଷ୍ପ ମଧୁ ଦହି ଘୃତ-ଧରା ସେହି ବିଯୋଗୀ ଯେ କାଷ୍ଠ ରାଶି,
ନାମ ବ୍ରାହ୍ମଣ ଫୁଲ-ଶର ଛେଦିଣ ହୋମ କରୁଛି କି ବସି।

କେଉଁ ତରୁଗଣ ଲତା ବେଷ୍ଟି ତେଣେ ଦିଶେ ଏହି ଶୋଭାବନ,
ଶିର ପରବାସ ତେଜି କି ପୁରୁଷ କାନ୍ତା ଅଙ୍ଗେ ଆଲିଙ୍ଗନ।

ଦର ବିକାଶ କୁସୁମ କି ମନ୍ଦ-ହାସେ ମନ ମୋହୁଅଛି,
ଯୁଝୁଛି ମକରନ୍ଦ ଛଳେ ରଖି ଦ୍ୱନ୍ଦ୍ୱ ରାମାଙ୍କି ଅଶ୍ରୁ ତେଜୁଛି।

ଉଚ୍ଚ ଡାଳରୁ ଝଡ଼ି ପୁଷ୍ପ-ପାଖୁଡ଼ି କୁସୁମ-ବରଷା ପ୍ରାୟେ,
ପ୍ରବଳ ବାତେ ବଲ୍ଲରୀଗଣ ଚଳି ଆଲଟ ଢଳନ୍ତି କିଏ ?

ବିବିଧ ପକ୍ଷୀ କୋଳାହଳ ନାଦ ଚୟ ହୁଳହୁଳି କିଏ ମଣି,
ନାନା ମୃଗଗଣ ଆତଯାତ ଗୁଣ ଚରଚ୍ଚ ଲୋକରେ ଜାଣି।

■

ଶ୍ରୀବଡ଼ଦେଉଳ ରଚନା

ସୁଲକ୍ଷଣା ଦେବୀ

ସତେ ଯିବି ସତେ ଯିବି ମହାପ୍ରଭୁ
ସିଂହଦ୍ୱାରେ ମୁଁ ହୋଇବି ।
ପତିତ ପାବନ କରିଣ ଦର୍ଶନ
ମନରେ ଆନନ୍ଦ ହେବି ॥୧॥

ବାଇଶି ପାବଛ ଚଢ଼ି ଯିବି ଉଛ
ଗରୁଡ଼ ପଛେ ରହିଁବି ।
ତିନିମୂର୍ତ୍ତି ଉଭା ଦିଶନ୍ତି କି ଶୋଭା
ପାପ ନୟନେ ଦେଖିବି ॥୨॥

ନାନା ରଙ୍ଗେ ଚିତ୍ର ମାନ ଯେ ହୋଇଛି
ନେତ୍ର ପୂରାଇ ଦେଖିବି ।
ସେ ପୁର ଶୋଭାକୁ ଉପମା ଦେବାକୁ
ଖୋଜିଲେ କାହୁଁ ପାଇବି ? ॥୩॥

ଦେଉଳ ରଚନ କରିବାକୁ ମନ
ହେଉଅଛି ମୋର ତ୍ୱରା ।
ଦୟାନିଧି ଯେବେ ଦୟା ନ କରିବେ
ବୁଡ଼ିଲା ମୋ ପସରା ॥୪॥

ବ୍ରହ୍ମା ଶଙ୍କର ଗ- ଣେଶ ଆଦି ଦେବେ
ନ ପାଇଲେ ଯାହା ଭେଦ
ମୋ ଛାର ପାମରୀ ହୀନ ମାୟାଧାରୀ
ସମ୍ପାଦି ପାରେ କି ପଦ ? ॥୫॥

ବଡ଼ଦେଉଳକୁ ଉପମା ଦେବାକୁ
ଦିଶୁନାହିଁ ମୋତେ ବୁଦ୍ଧି
କୋଟି ବ୍ରହ୍ମାଣ୍ଡରେ ତା ଶୋଭାଗୁଣରେ
ରଚନା ନ କଲା ବିଧି ॥୬॥

କ୍ଷୀରସିନ୍ଧୁ ମଧ୍ୟେ ଲକ୍ଷ୍ମୀଙ୍କ ମନ୍ଦିର
ଚଉରିପାଖେ କୁଞ୍ଜବନ ।
ଯେତେବେଳେ ଦେବୀ ଉଭା ହୋଇଥାନ୍ତି
ଦିଶୁଥାଏ ଶୋଭାବନ ॥୭॥

ହୀରା ନୀଳା ମୋତି ବଇଦୁର୍ଯ୍ୟ ଜ୍ୟୋତି
ମର୍କତ ସ୍ତମ୍ଭ ସୁନ୍ଦର ।
ନାନା ଜାତି ଚିତ୍ର ପତାକା ଉଡ଼ଇ
ଦିଶୁଥାଏ ମନୋହର ॥୮॥

ସେ ପୁରକୁ ଉପ- ଲକ୍ଷ ଦେବା ପାଇଁ
ରଚନା କରୁଛି ମୁହିଁ ।
ଲକ୍ଷ୍ମୀଙ୍କ ଭୁବନ ଦେଉଳ ମଣ୍ଡନ
ଉପମା ଦେଉଛି କହି ॥୯॥

ନାନା ଜାତି ଚିତ୍ର ହୋଇଛି ବିଚିତ୍ର
ସମାନ ଦେବାକୁ ନାହିଁ
ସୁଧାକର ସୁଧା ବୃଷ୍ଟି କଲା ପ୍ରାୟ
ନେତ୍ରକୁ ରୁଚୁଛି କହି ॥୧୦॥

ସୁବର୍ଣ୍ଣର ଖମ୍ବ ପୋୟଳାର ଶ୍ରେଣୀ
ହୀରା ବଇଦୁର୍ଯ୍ୟ ଜ୍ୟୋତି ।
ମଣିମାଣିକ୍ୟ; ପ- ରାଗ ମର୍କତରେ
ମୁକୁତା ଯେ ପେନ୍ଥିପେନ୍ଥି ॥୧୧॥

ପଞ୍ଚବର୍ଣ୍ଣ ହିଙ୍ଗୁ-   ଳରେ ପୁରମାନ
ଦିଶୁଅଛି ଶୋଭାବନ।
ବ୍ରହ୍ମା ଶଙ୍କର ଦେ-   ବତାମାନଙ୍କର
ମୋହୁଅଛି ପଞ୍ଚମନ ॥୧୨॥

ରତ୍ନ ସିଂହାସନ   ଯାହାକୁ କହନ୍ତି
ଅତି ଶୋଭାବନ ସେହି।
ଅଷ୍ଟରତ୍ନ ଜ୍ୟୋତି   ଉପମା ଦେବାକୁ
ତିନିପୁର ମଧ୍ୟେ ନାହିଁ ॥୧୩॥

ନୀଳଚକ୍ରରେ ଯେ-   ଉଁ ବାନା ଉଡୁଛି
ପାପୀଙ୍କି ଡାକୁଛି ସେହି।
ଆସ ଆସ ଜନେ   ଶରଣ ପଶିବ
ଶମନକୁ ଭୟ ନାହିଁ ॥୧୪॥

ଛତିଶ ନିଯୋଗ   ସେବା ଖଟୁଛନ୍ତି
ପ୍ରଭୁ ପାରୁଶରେ ରହି
ମୋ ଛାର ପାମରୀ   ଜଣାଣ କରୁଛି
ପ୍ରଭୁ ଶ୍ରୀମୁଖକୁ ଚହିଁ ॥୧୫॥

ଭାରତ ଯୁଦ୍ଧରେ   ସୈନ୍ୟ ସମୁଦ୍ରରେ
ନନ୍ଦିଘୋଷ ଚଳୁଥାଇ।
ନୀଳଗିରି ପରେ   ଦେଉଳ ସୁନ୍ଦର
ସେହିମତି ବିରାଜଇ ॥୧୬॥

କୁହୁଡ଼ିରେ ସୂର୍ଯ୍ୟ   ଉପଲକ୍ଷ ଦେବା
ଏହି ତ ନୋହିବ ସମ।
ଉଆଁସ ନିଶାରେ   ଚନ୍ଦ୍ର ଆକାଶରେ
ନୋହିବ ଏ ମନୋରମ ॥୧୭॥

ପୁଷ୍କରିଣୀ ଜଳ   ସ୍ୱାଦୁ ନିରିମଳ
ପଦ୍ମ ଦିଶେ ଢଳଢଳ ।
ବିଚିତ୍ର ମନ୍ଦିର   ଘେରିପାରୁଶରେ
ନୀଳଗିରିରେ ଦେଉଳ ॥୧୮॥

ତାରାଗଣ ମଧ୍ୟେ   ଚନ୍ଦ୍ରମା କୋଳରେ
ରୋହିଣୀ ଦିଶେ ସୁନ୍ଦର ।
ଏ ଉପମା ଦେଲେ   ଭକ୍ତ ଜନମାନେ
ହୋଇବେ ବହୁ କାତର ॥୧୯॥

ଶୁଣ ସୁଜ୍ଞଜନ   ହୋଇ ଏକମନ
କହୁଅଛି ଯେଉଁ ବାଣୀ ।
ପଲଲହଡ଼ାରେ   ଥାଇ ଦାମୋଦର
ଯାହା ଲେଖିଥିଲା ପୁଣି ॥୨୦॥

ବଙ୍ଗଳାଶ୍ରୀ ରାଗେ   ଦେଉଳ ରଚନା
କରିବୁଟି ମାତା ତୁହି ।
ନୂଆ ଚିତ୍ର ହୋଇ   ଚୂନ ଦିଆ ହୋଇ
ଶୁଣିବାକୁ ଶ୍ରଦ୍ଧା ପାଇ ॥୨୧॥

ସୁଲକ୍ଷଣ ଭଣି   ଆହେ ଭକ୍ତ ପ୍ରାଣୀ
ମନେ ନ ଧରିବ ଦୋଷ ।
ପୁତ୍ର ମନବ୍ୟଥା   ହରିବାକୁ ଶ୍ରଦ୍ଧା
ସମ୍ପୂର୍ଣ୍ଣ କଲି ଏ ରସ ॥୨୨॥

ଶତଦଳ

ଅପର୍ଣ୍ଣା ଦେବୀ

ଚିହ୍ନିଛି ପ୍ରଭୋ, ଚିହ୍ନିଛି
ଚିହ୍ନାଇବା ପାଇଁ ଆଉ ଲୋଡ଼ାନାହିଁ
ଚିହ୍ନି ଚିହ୍ନି ମନ ମାନିଛି ॥୦॥

ମାୟାପୁରେ ଥିଲା ଯେତେ ମୋହକରୀ
ସବୁତ ଦେଖିଛି ତନ୍ନ ତନ୍ନ କରି
ମହାକାଳ ଫଳ ସେସବୁ କେବଳ
ଚେଙ୍ଗ ଦେଇ ଚିଲ ଭଣିଛି ।

ଚିନ୍ତାପୁରେ ଯେତେ ତାଲକ ପଡ଼ିଛି
ସବୁ ଗୋଟି ଗୋଟି ଗୋପନେ ଫେଇଛି
ଖାଲି ଉହଡହ ତପତ ପ୍ରବାହ
ବୋଲି ତା ନିକର ମଣିଛି ।

ଅନ୍ତଃପୁରେ ଥିଲା ଯେତେ ଯେତେ ସ୍ଥାନ
ସବୁ ଶକ୍ତି ମତେ କରିଛି ସନ୍ଧାନ
ହାହାକାର ପୂର୍ଣ୍ଣ ବିକଟ ନିସ୍ୱନ
ଭରା ତହିଁ ବୋଲି ଜାଣିଛି ।

କର୍ମପୁର ଥିଲା ଯେତେକ ଭଣ୍ଡାର
ବାଛି ବାଛି ତାଙ୍କୁ ଖୋଜି ବାରମ୍ବାର
ଅସାର ସଂସାର ସାର ହେ, ତୁମର
ମହିମା ମାଳିଟି ଘେନିଛି ।

■

ପ୍ରଭାତ

ରେବା ରାୟ

ଉଠ ଉଠ ଜାଗ ବାଳକେ ଦେଖ ଫେଡ଼ି ନୟନ,
ପାହିଛି ଅନ୍ଧାର ରଜନୀ ଧୀରେ ଉଇଁ ତପନ;
ନବୀନ ଆଶାର ଆଲୋକେ ଆଙ୍କି ନୂତନ ରବି
ପ୍ରକାଶେ ବିଭୁଙ୍କ ମହିମା ସେହି ପରମ କବି।

ବିହଙ୍ଗ ମଧୁର କଣ୍ଠରେ ମୋହି ହୃଦୟ ମନ
ଡାକଇ ଆଦରେ "ବାଳକେ ଜାଗ ଜାଗ ବହନ,"
ପ୍ରଭାତ-ସମୀରେ ଦୋହଲି ମଲ୍ଲି, ଗୋଲାପ, ଯୂଇ
ସୁରଭି-ଆଘ୍ରାଣେ ଡାକନ୍ତି ଜାଗ ଭଗିନୀ ଭାଇ।

ଗାଇ ଜାଗରଣ ଗୀତିକା ଡାକେ ଦୀନ ଭିଖାରୀ,
ଉଠ ସ୍ମରି ସେହି ପ୍ରଭୁଙ୍କୁ ସର୍ବ ସନ୍ତାପହାରୀ।
ନିଜ ନିଜ କାର୍ଯ୍ୟେ ବାଳକେ ଏବେ ହୁଅ ତତ୍ପର,
ଦେଖ ସ୍ରୋତସ୍ୱିନୀ ବେଗରେ କାଳ ଧାଇଁଛି ଖର।

ଏହି ରୂପେ ପ୍ରତି ପ୍ରଭାତେ ତବ ଜୀବନ ମନ,
ନିଜ ନିଜ କାର୍ଯ୍ୟେ ବାଳକେ କର କର ଅର୍ପଣ।

ଏହି ରୂପେ କରି ସମ୍ବଳ ଜ୍ଞାନ, ପୂଣ୍ୟ-ବିଭବ,
ଅକ୍ଷର ସମ୍ପଦ ସମ୍ପାଦ ନିଜ ଜୀବନେ ତବ।

ଯୁଗଳଯାତ୍ରୀ

ଅନ୍ନପୂର୍ଣ୍ଣା ଦେବୀ

ନୟନେ ସାକ୍ଷାତ ଘଟିଲା ଯେ ଦିନ
ପରସ୍ପର ପ୍ରେମ ମିଳନେ
ଅନାଇ ରହିଣ ଚାହିଁଲି ଶ୍ରୀମୁଖ
ପୁଲକ ଉଠିଲା ଜୀବନେ ।

ପୁଲକେ ପୁଲକ ପୁଲକପାଇ
ପ୍ରେମକୁ ଆଣିଲା ପ୍ରେମ ନଚାଇ,
ତରତର ହୋଇ ସାଗର ତରଙ୍ଗ
ଉଚ୍ଛୁଳି ଉଠିଲା କୂଳକୁ ଧାଇଁ
ନିଜର ଜାଗ୍ରତେ ରହିଲି ଚାହିଁ ।

ଦେଖୁ ଦେଖୁ ସେହି ଅପରୂପ ଗୋଟି
ବିଦ୍ୟୁତ ଆଲୋକେ ବିସ୍ତାର
ଆଲୋକେ ଆଲୋକ ଉଠିଲା ପ୍ରଜ୍ଜ୍ୱଳ
ସୁନ୍ଦର ସୁନ୍ଦର ଆକାର,
ଦେଖି ସେହି ମୂର୍ତ୍ତି ହେଲି ହରଷ
ଅନ୍ତର ଖେଳିଲା ପ୍ରେମ ସରସ
ବିନ୍ଦୁ ବିନ୍ଦୁ ଅଶ୍ରୁ ଖସିଲା ନୟନୁ
ଅଙ୍ଗରେ ବାଜିଲା ସେହି ପରଶ
ଜୀବନେ ଆଣିଲି ପୂର୍ଣ୍ଣ ସନ୍ତୋଷ ।

ପଲକେ ପଲକ ହେଲା ଭେଟା ଭେଟି
ନୟନେ ଶରମ ଚାହାଁଣି
ଲଜ୍ଜା ଆଗମନେ ସଲଜ୍ଜ ବଦନ
ଲେଉଟି ଚାହିଲା ଧରଣୀ,
ଆଳାପ କଳାପ ଦେଲା ଭସାଇ

ଭାବର ଭାବନା ଆସେ ରସାଇ,
ଅନୁରାଗ ସଙ୍ଗେ   ଅପୂର୍ବ ଛବିଟି
ରଖିଲି ହୃଦୟ ପୁରେ ଲୁଚାଇ
ପ୍ରେମର ସୁମନ ମଣ୍ଡିବା ପାଇଁ।

ଆସିଲେ ପ୍ରକୃତି   ଧରି ନବ ମୂର୍ତ୍ତି
ନବୀନ ଆଳାପେ ଭୁବନେ,
ବାହି ବୁକ ବୀଣା   ଦେଲ କି ରାଗେଣୀ
ଗାନ ନେଲା ତାନ ଯତନେ,
ନବ ନବ ଗାନେ ଝଙ୍କାରି ସ୍ୱର
ମିଶାଏ ମୂର୍ଚ୍ଛନା ମଧୁ ପ୍ରେମର
ଝରିଆସେ ଧାରା   ପୂର୍ଣ୍ଣ ହୁଏ ପ୍ରାଣେ
ସେହି ପ୍ରେମ ଗଲା ମିଶି ଅନ୍ତର
ମୁଗ୍ଧେ ମୁଗ୍ଧ ଚିତ୍ତ ହେଲା ସୁନ୍ଦର।
ଆସିଲା ମନକୁ   ଟାଣିଲା କୌଶଳେ
ଗାଇ ତାର ଜୟ ଗୀତିକା,
ମଧୁର ମିଳନେ ଜଳଇ ବତି
ଜଗାଇ ସମ୍ମୁଖେ ଆପଣା ଗତି
ଢଳି ଢଳି ଢଳି   ଡାକିଲା ଅଭୟ
କହିଲା ତୁମ୍ଭେ ଯୁଗଳ ଯାତ୍ରୀ
ପ୍ରେମେ ଖେଳି ହୁଅ ଆଜନ୍ମ ସାଥୀ।

■

ପୁରୁଣା ଓଡ଼ିଆ

କୁନ୍ତଳା କୁମାରୀ ସାବତ

(କ)

ଭଗ୍ନ କୁଟୀରେ ହେ କୃଷକ ଭାଇ
ଅର୍ଦ୍ଧମୃତ ତୋର ପରିବାର,
ନିତି କ୍ଳାନ୍ତି ନିତି ଖଟଣୀ ସାର ତୋ'
ନମିଳଇ ପୂର୍ଣ୍ଣ ଆହାର।
ନଈବଢ଼ି ପାଣି ଧୋଇଦେଲା ତୋ'ର
ଯତ୍ନ କର୍ଷିତ କେଦାର,
ନଗର ନିବାସୀ ନବୁଝିଲେ କେହି
ଲୁଟି ନେଲେ ତୋ'ର ଭଣ୍ଡାର।
ଦିନ-ଖରା-ରାତି-କାକର ସହି ତୁ
ବିଲେ କେତେ କାମ କରିଚୁ
ମହାଜନ ଦାଉ ଟିକସ ଜ୍ୱାଳାରେ
ନିତି ନିତି ଆୟୁ ସାରିଚୁ।
ଦୀର୍ଘ ହତାଶ ନିଃଶ୍ୱାସ ତୋ'ର
ଆଉ ନମିଶିବ ମାଟିରେ
ଦେଢ଼ କୋଟି ଆଜି ଉଠିବେ ଓଡ଼ିଆ
ଜଡ଼ତାର ମୋହ କାଟିରେ।

(ଖ)

ହେ ଦୀନ ଶିଳ୍ପି ! କୁଟୀରେ ତୁମରି
ଅସ୍ତ୍ର ପଡ଼ିଚି ଅଳସେ
ବିଦେଶୀ ବିଳାସ ବ୍ୟସନେ ସାରିଲୁଁ,
ଧନ ଆମ ବୃଥାରେ ଭାସେ।
ନ ସ୍ମରିଲୁ ତୋ'ର ପୂରବ ଗୌରବ
ନ ଚାହିଁଲୁ ଦୀନ ଦଶା,

ଆପଣା ଚରଣେ ହାଣିଲୁଁ କୁଠାର
ଜଗତେ କି ଲୋକହସା !
ଭୟ ନାହିଁ ଭାଇ ଜାଗିଲାଣି ଏବେ
ପୁରୁଣା ଓଡ଼ିଆ ପ୍ରାଣ,
ଶିବଶିରୀ କ୍ଷେତ୍ର ମହତ ବିଭବ
ମନ୍ଦିର ରଚିବା ଟାଣ ।

ଚହା ବଗିଚର କୁଲିଗିରି ଆଉ
ନ ଡାକିବ ଆମ ସୁତେ,
ଆପଣା ଗୋଡ଼ରେ ଛିଡ଼ା ହେବେ ସେହି
ଉଚ୍ଚ ହେବେ ନିଜ କୃତେ ।
ନିଜ ହାତେ ନିଜେ ହେବେ ସେ ମଣିଷ
ନଚହିଁବେ ପର ଦୁଆରେ,
ମୁକ୍ତି ତରଣୀ ଭାସିବ ଏଥର
ରକ୍ତର ପାରାବାରେ !

(ଗ)

ହେ ବୀର ବନ୍ଦି ! କାରାଗାର କୋଣେ
କଳଙ୍କିତ ତବ ଅସି,
(ଏବେ) ଝଳେ ନବ ଜ୍ୟୋତିଃ ଅୟସ ଫଳକେ
ଲିଭିଯାଇ ଅଛି ମସି ।
କିଏ ହସି ହସି ଦେବ ପ୍ରାଣ ଭାଇ
ବିଶ୍ୱ ଡାକୁଛି କାହାକୁ;
କିଏ କାନ୍ଦି କାନ୍ଦି ଗାଇବ ଗୀତଟି
ଆଗୁସାର ସବୁ ଦେବାକୁ ?
କିଏ ବହିନେବ ଛିନ୍ନ ପତାକା
ଉଠାଇବ ବୀର-କେତନ
ଆସ ଅଗ୍ରେ ଆସ ତରୁଣ ତପସ୍ୱି !
କୋଟି କଣ୍ଠ ଡାକେ ସଘନ ।

ତାଜମହଲ

ଦେବହୂତି ଦେଈ

ଫୁଟିଥିଲା ଗରୁ- କାମିନୀ କୁସୁମ
ଯବନ ବେଗମ ମହଲେ
ଅସମୟେ ତାହା କ୍ରୂର କାଳକୀଟ
ପକାଇଲା ନିଜ କବଳେ।

ଜଗତର ଶ୍ରେଷ୍ଠ ସଉଭାଗ୍ୟବତୀ
ସ୍ୱାମୀ ସୋହାଗିନୀ ଧନ୍ୟ ଗୋ
ସୁଗୁଣ ସୌରଭେ ଭରି ପତି ମନ
ପୁର କରି ଗଲ ଶୂନ୍ୟ ଗୋ !

ବିଳାସେ ମଜ୍ଜିତ ଯବନ ସମ୍ରାଟ
ମନ ମୋହିଲ କି ମନ୍ତରେ
ତବ ବିନା ଧରା ଶୁଷ୍କ ମରୁ ପ୍ରତେ
ହୋଇଲା ବାଦଶା ଅନ୍ତରେ।

ଜଗତରେ ଶ୍ରେଷ୍ଠ ତବ ସ୍ମୃତି ଚିହ୍ନ
ରଖିବେ ମାନସେ ଭାଳି ଗୋ
ସମାଧି ଉପରେ ନିର୍ମାଇଲେ ତାଜ
ସ୍ମୃତି କରି ଜପାମାଳୀ ଗୋ।

ଯେଉଁ ଠାବେ ତବ ସୌନ୍ଦର୍ଯ୍ୟ ବିଭବ
ମିଶିଗଲା ମାଟି ସଙ୍ଗତେ
ସେହି ଠାବେ ରହିଁ ଛାଡ଼ିଲେ ବାଦଶା
ଦୀର୍ଘଶ୍ୱାସ ଅନବରତେ।

ଶାହାଜାହାନଙ୍କ ଦୀରଘ ନିଃଶ୍ୱାସ
ଉଠୁ ଉଠୁ ଊର୍ଦ୍ଧ୍ୱ ପଥରେ
ପରିଣତ ହେଲା ପରଶି ମଳୟ
ଅନିଳ ମର୍ମର ପୁଷ୍ପରେ ।

ଆଙ୍କି ଯାଇଥିଲ ପ୍ରାଣେଶ ମାନସେ
ଯେଉଁ ଗୁଣ କୋଟି କୋଟି ଗୋ
ପୁଷ୍ପରୂପେ ତାହା ଫୁଟିଲା ମର୍ମରେ
ଶିଳ୍ପୀ କରେ ଗୋଟି ଗୋଟି ଗୋ ।

ମର୍ମର ପାଷାଣେ ଖୋଦିତ କବିର
ମାନସ ମଧୁର କଳ୍ପନା
ସ୍ୱପ୍ନ ରାଇଜର ପୁରୀ ସେ ଯେ ଅବା
ସ୍ୱର୍ଗୀୟ ସ୍ୱରର ମୂର୍ଚ୍ଛନା ।

କିବା ତବ ନବ- ଯୌବନ ମଧୁର
ଭବିଷ୍ୟତ ଆଶାରାଶି ଗୋ
ରହିଥିଲା ଯାହା- ଅପୂର୍ଣ୍ଣ ଉଠିଲା
ଜଗତ ସମକ୍ଷେ ଭାସି ଗୋ ?

ସକଳ ହୃଦୟ- ବିଜୟିନୀ ଯେଉଁ
ଶୋଭା ସୁରପୁର କାମିନୀ
ସେ ଆଜି ପାଷାଣ ବିତଂସେ ତୁମର
ସ୍ମୃତି-ସୌଧକରେ ବନ୍ଦିନୀ ।

ଯେତେ ରୂପଗୁଣ ଧରିଥିଲ ଦେହେ
ଅୟି, ମମ ତାଜମହଲ !

ତହୁଁ ଶତଗୁଣେ ଉଭାହେଲା ତବ
ସ୍ମୃତି-ସୌଧ ତାଜମହଲ ।

ଭାତିଲା ଭାରତେ ଅପୂର୍ବ ପବିତ୍ର

ସ୍ୱର୍ଗୀୟ ପ୍ରେମର ଗୌରବ
ମୃଗ କରେ ଆଜି ମାନବ ମାନସେ
ପ୍ରଣୟ-କୁସୁମ ସୌରଭ।

ଆଗ୍ରା ବକ୍ଷେ ଉଭା ତାଜ ରୂପେ ତବ
ପ୍ରଳୟଲୀଳାର ମାଧୁରୀ
ଧନ୍ୟ ଭାଗ୍ୟବତୀ ନାରୀକୁଳ-ଶ୍ରେଷ୍ଠ
ପତି ସୋହାଗିନୀ ସୁନ୍ଦରୀ।

■

ଉପହାର

ସରଳା ଦେବୀ

ଯେତେ ଦେଖିଅଛି ଏ ପାପ ନୟନ ତୁମ୍ଭ ସରଳ ପ୍ରତିମା ।
ମୋ ହୃଦୟ କୁଞ୍ଜେ ଫୁଟିଛି ସରାଗେ ପ୍ରେମଭକ୍ତି ମନୋରମା ॥

ଅର୍ପିବ ସେଗୁଡ଼ି ଶ୍ରୀକର କମଳେ ବଳିଲା ମୋ ମନେ ଆଶା ।
ଉପାୟ ନପାଇ ଡାକିଲି ସମୀରେ କାଳେ ହେବି ଦୈବହସା ॥

ନିଅରେ ସମୀର ଉଡ଼ାଇ ସୌରଭ ପ୍ରାଣପ୍ରିୟ ପାଶେ ମୋର ।
ଅନ୍ତର ବାସନ ଅନ୍ତରେ ଯେପରି ଲୀନ ନହୁଏ ସହର ॥

(କେଉଁ) ଅଜଣା ରାଇଜୁ ଆସିଛନ୍ତି ପ୍ରିୟ ଏ ମର ମର୍ତ୍ତ୍ୟଧାମକୁ ।
ଗଗନର ତାରା ପଡ଼ିଛି କି ଖସି ଭୁବନ ମଣ୍ଡାଇବାକୁ ॥

ମନ୍ଦାକିନୀ ଧାରା ମର୍ତ୍ତ୍ୟେ ଖୋଜିବାକୁ ବଳାଇଲା କି ବାସନା ।
ସ୍ୱର୍ଗ ପାରିଜାତ ଖସିପଡ଼ିଛି କି ବିଞ୍ଚି ଦେବାକୁ ବାସନା ॥

କି ଶୀତଳ କାନ୍ତି ଧରି ପ୍ରାଣପ୍ରିୟ ବିଳସନ୍ତି ମନସୁଖେ ।
ଛାର ଉଲ୍‌କାଖଣ୍ଡ ସରି ହୋଇବ କି ଅପୂର୍ବ ଶଶୀ ମୟୁଖେ ॥

ଆଉଟା ସୁବର୍ଣ୍ଣ ଜ୍ୱଳକାନ୍ତି କିଣା ରୂପ ଅତି ମନୋହର ।
ରୂପ ଅନୁରୂପ ଗୁଣଟି ତାଙ୍କର ଭବ-ନଭେ ଅଗୋଚର ॥

ଫୁଟି ଉଠୁଅଛି ଅପୂର୍ବ ସୌନ୍ଦର୍ଯ୍ୟ କୁଞ୍ଚିତ ଘନ କୁନ୍ତଳେ ।
ଫୁଟିଛି କି ହୃଦ ମହନୀୟାକାଙ୍କ୍ଷା ଅଯତ୍ନ ଗୁଣ ବହୁଳେ ॥

ତାଙ୍କ ଦରଶନେ କ୍ଷଣିକ ସମ୍ଭୋଗେ ଜାଗେ ପୂର୍ଣ୍ଣାନନ୍ଦ ମନେ ।
ବସନ୍ତ ଆଗମେ ଯଥା ଅଳିରାଣ ଆତ୍ମା ହରାଏ ସୁମନେ ॥

ହତଭାଗିନୀ ମୁଁ କେଉଁ ଜନ୍ମାନ୍ତରେ କି ପାପେ ମଜ୍ଜିଲି ମୁହିଁ ।
ସେ କାରଣୁ ଅବା ତାଙ୍କ ସହବାସ ମୋ ଭାଗ୍ୟେ ଘଟିଲା ନାହିଁ ॥

କେତେ ଭାବରାଶି ଉଠୁଛି ଅନ୍ତରେ ସାଗରର ଊର୍ମି ପରି ।
ଯେଉଁଠି ଉଦୟ ସେହିଠି ତ ଲୟ ଭଜଇ ଆତ୍ମ ପାସୋରି ॥

ଏ ହୃଦକନ୍ଦରେ କେତେ କି ବାସନା ମରୁରେ ଯାଏ ମିଳାଇ ।
ବଣମଲ୍ଲୀ ଯଥା ଫୁଟି ଝଡ଼ିପଡ଼େ ଅବହେଳାରେ ସରଇ ॥

କି କୁହୁକ ଜାଣେ କି ଡୋରେ ବାନ୍ଧିଛି ଖୋଜେ ମୁହିଁ ଅବିରତ ।
ଖୋଜି ଖୋଜି ମୋର ମନ ଥକିଲାଣି ତେବେ ତ ନୁହେଁ ବିରତ ॥

କ୍ଷୀଣ ପ୍ରାଣ-ତନ୍ତ୍ରୀ ବାଜୁଅଛି ମୋର ବାଜୁଥିବ କାଳେକାଳେ ।
(ତାଙ୍କ) ସହ ଅନୁଭୂତି ଉଦାର ଅଙ୍ଗୁଳି ଚାଳନ ମଧୁର ବଳେ ॥

ଏତିକି କାତର ପ୍ରାର୍ଥନା ମୋହର ଜଣାଇବୁରେ ସମୀର ।
ପର ଦୁଃଖାତୁରା ଆସକ୍ତି-ବିହୀନା ନେବେ ପାଶକୁ ତାଙ୍କର ॥

ଦାବାନଳାତୁରା ବିଶୁଷ୍କ ଜୀବନେ ଢାଳ ଅମୀୟର ଧାରା ।
ସରସ ସଜୀବ କରନ୍ତୁ ଅଧମେ କୀର୍ତ୍ତି ଥିବ ପରମ୍ପରା ॥

■

ଦିନାନ୍ତେ

ନିର୍ମଳା ଦେବୀ

(ଅଣଷଠି)

ଶୀତର କୁହେଳି-ରାତି,
ବତୁରା ପବନେ ମାତି,
ମୋ ନିବୁଜ ଘରେ
ଫେରି ବାରେ ବାରେ
ଖୋଜଇ ଅଜଣା ସାଥୀ।

ନିଜ୍ଜନ କୁଟୀରେ ଏକା
ଯେବେ ଶୋଇଥାଏ ହୋଇ ଥକା
ଉଷୁମ ଛାତିରେ
ସେଇବେଳେ ଧୀରେ
ଲଗାଇଯାଏ କି ଦକା।

ନୀଳିମ ଗଗନ ପୁରେ
କିଏ ଡାକେ ବହୁଦୂରେ
ନିଥର ଆଲୋକେ
ଅନ୍ତର ପୁଲକେ
ସେ କାହା ଦରଦୀ ସୁରେ।

ତନ୍ଦ୍ରାଳସ ମୋର ମନ
କ୍ଷଣେ କରି ସଚେତନ
ମୋ ନୟନ ବାରି
ସରଜନା କରି
ତୁଟାଇଯାଏ ସପନ।

(ଷାଠିଏ)

ନିକଷ-ଚିକୁର ମେଲାଇଯାଏ କେ
    ଚିତ୍ରୋତ୍ପଳା ତୀରେ,
ପୁଣି କିଏ ଆସେ ହେମ-ରଂଜିତ
    କୁଙ୍କୁମ ଘେନି ଶିରେ ।

ପାଦପ ଲତିକା ଶାଖାରୁ ଲିଭାଇ
    ନିବିଡ଼ ତମସା ରେଖା,
ଆଙ୍କିଯାଏ କେ ହାଟକ ବରଣେ
    ସେ କେଉଁ ଚିତ୍ରଲେଖା ?

ଗତ ଯାମିନୀରେ ମୋ ଶୟନ-ପୁରେ
    ସୁରଭି ଚିକୁର ମେଲି,
ପଲକେ ଆସି ଯେ ସୁର ସୁକୁମାରୀ
    ଯାଇଥିଲା ପୁଣି ଫେରି ।

ସେହି କି ନୁହେଁ ସେ ଗଉରବମୟୀ
    ଯାହାର ଚରଣ-ଛନ୍ଦେ,
ଦିବସ ଯାମିନୀ ଯୁଗ ଯୁଗ ଧରି
    ଆକୁଳ ସୋହାଗେ ବନ୍ଦେ ।

ଆତ୍ମସତ୍ତା

ହରିପ୍ରିୟା ଦେବୀ

ଠିଆ ହୁଅ ବାଟୋଇରେ   ପୃଥିବୀର ବ୍ୟଥାଶୁଣ
ଶଇବାଳ ଝୁରେ ଯାହା   ଏହି ଶିଳା ଶିରେ ପୁଣ।

ପୃଥିବୀର ଦୁର୍ବାଦଳ   ନିଜ ଅଶ୍ରୁ ଛଳଛଳ
ସମ୍ମୁଖରେ ମରୀଚିକା   ନାହିଁ ଏଠି ଟୋପେ ଜଳ।

ଠିଆ ହୁଅ ବାଟୋଇରେ   ଶୁଣିଯାଅ ଇତିହାସ
ଶୁଣିଯାଅ ପୁରାତନ   ମଣିଷର ଅନୁପ୍ରାସ।

ଅତୀତର ଅନ୍ଧକାରୁ   ହୁଏ ଯେଉଁ ସୂର୍ଯ୍ୟୋଦୟ
ପ୍ରତି ରଶ୍ମି କଣା ତୁଳେ   ମିଳେ ଯେଉଁ ପରିଚୟ।

\ \ \ \

ଠିଆ ହୁଅ ଧୀର ଚିତ୍ତେ   ପୃଥିବୀର ପାନ୍ଥ ଥରେ
ଏଇ ପଥେ ଭୁଲିଯାଅ   ଭୁଲିଯାଅ ଆପଣାରେ।

ଅବିରଳ ଧାବମାନ   ଅବିରତ ଭାସମାନ
ଏହି ତା'ର ସେହି ଶେଷ ପ୍ରଶ୍ନ   ନାଇଁ କିରେ ସମାଧାନ।

ଆଜୀବନ ବ୍ୟସ୍ତରୁହ   ଠିଆହୁଅ ଆଜି କ୍ଷଣେ
ନିଜକୁ ତୁ ନିଜେ ଭୋଗ   ପୃଥିବୀର ଏହି କୋଣେ।

■

ବିଳାସ କଳ୍ପନା

ବିଦ୍ୟୁତ୍‌ପ୍ରଭା ଦେବୀ

ସପନ ରାଇଜେ ବିହର ତରୁଣ କବି
ଲେଖନୀରେ ଯେତେ ଫୁଟାଇଲ ଗୀରୁଛବି।
ତା ମଧୁଛନ୍ଦ, ପ୍ରାଣ-ବିମୋହନ ରସ
ବିଳାସୀ ହୃଦୟେ ନିମିଷକେ କଲା ବଶ।

ସଂଗୀତେ ତବ ନବ ଯେ ବନ ନିଶା
ଢାଳିଗଲା ଯେଉଁ ମୋହନ ମାଦକ ଦିଶା।
ଶ୍ରବଣେ କରି ସେ କଳ୍ପନା-ମଧୁପାନ
ବିଶ୍ୱେ ତୁମର ଦେଖାଇଲ ଅବଦାନ।

ଯେଉଁ ନାୟିକାରେ କାବ୍ୟରେ ଦେଲ ଧନ
କଣ୍ଠୁ ଝରେ ତା କିନ୍ନରୀ କଳଗାନ।
ମୂର୍ତ୍ତି କରିଲ ଯେ ଭୂଷଣେ ନାୟକରେ
କାମଦେବ ସମ ପଞ୍ଚବାଣ ସେ ଧରେ।

ମଳୟ ସଙ୍ଗେ ଲକ୍ଷ ଫୁଲର ବାସ
କଳ୍ପନା-ବନେ ଖେଳାଇ ଗଲାକ ରାସ।
ଲେଖନୀରେ ତବ ଛନ୍ଦର ମାଦକତା
ରୂପ ଦେଲା କୋଟି ଆକାଶରୁ ତୋଳି କଥା।

ସ୍ନିଗ୍ଧ ଶେଫାଳୀ, ଶୁଭ୍ର ଜୋଛନା ରାତି
କବି ଜୀବନର ହେଲ ତବ ପ୍ରିୟ ସାଥୀ।
ପ୍ରକୃତି ସ୍ନେହେ କହିଲା ତୁମରେ "ପ୍ରିୟ!
ସୋହାଗର ଶତ ଅର୍ଘ୍ୟ ମୋ କରୁଁ ନିଅ"।

ଡାକିଲା କୋକିଳ କାନନ ଉଆସରାଣୀ
ଶ୍ରବଣେ ତୁମର ଢାଳି କଳ ଲୋଳ ବାଣୀ
ବଉଳର ନୂଆ କଅଁଳ ସାଉଁଳା ବାସ
ଧାଇଁଲା ସହଳେ ଛାଏଁ ଛାଏଁ ତୁମ ପାଶ।

କଳ୍ପନା ତୂଳୀ ଧରି କେତେ ଦିନ କବି!
ଚିତ୍ରୁଥିବ ଏ କୁହୁକ-ରାଇଜ ଛବି ?
ଦେଖ ଦେଖ ଥରେ ଦୁଃସ୍ଥାରମଣୀ ଦିହ
ହେଲାଣି କେସନେ ଅନଶନେ ସୂତା ଖିଅ।

ବେଦନା ଦୈନ୍ୟେ ଶୀର୍ଣ୍ଣ ଯାହାର ମୁହଁ
ସିଏ କି ତୁମର ଯୋଗ୍ୟ ନାୟକ ନୁହଁ ?
ହଜିଅଛି ଓଠୁଁ ଚିରଦିନ ଯାର ହସ
ଭାବିଚ କି ଦିନେ କରୁଣ ତା ଇତିହାସ ?

ରକତ ଢାଳେ ଯେ ବିସୋରି ଆପଣା ସୁଖ
ତା ପାଇଁ ତୁମର ଲେଖନୀ ରହିଲା ମୂକ ?
ଦିନେ ତ ତାହାର ନୁଆଁଣି କୁଟୀରେ ରହିଁ
ଜନ ସମ୍ମୁଖ ପଦିଏ ଗାଇଲ ନାହିଁ ?

ଆମୋଦ ଢାଳର ତୁମରେ ଯେ ଝଡ଼ରାତି
ବିଦାରଇ ସେହୁ ଅଭାଗା ଶ୍ରମିକ ଛାତ।
ଶାରଦୀ ସ୍ୱପ୍ନ ନବ ଫାଲ୍‌ଗୁନୀ ରାସ
ଦେଖିବାରେ ତାର ନାହିଁ ଅବା ଅବକାଶ।

ତୁମେ କହ ଯାରେ ସ୍ୱପ୍ନିଳ ବାରବାଟୀ
ତା ନୟନେ ସେ ଯେ ରୁକ୍ଷ ଧୂସର ମାଟି।
ତୁମେ କହ ଯାରେ ମୂଢ଼ ଦୀନ ମଜୁରିଆ
ସେ ଭାବେ ତା ପାଇଁ ବଞ୍ଚିତ ଏ ଦୁନିଆଁ।

ମଣିଷ ମଧ୍ୟେ ଆତ୍ମା ରାଇଜ ଏକ
ନଥାଉ ପଛେ ତା ସମ୍ମାନ ଅବା ଟେକ।
ନିତ୍ୟ ଯେ ଦେଖେ ନିରାଶା ମରୁର ବାଲି
ରକତ ତାର ବି ତମରି ସମାନ ନାଲି।

ସ୍ୱପ୍ନ-ମାତଙ୍ଗ

ତୁଳସୀ ଦାସ

ସ୍ମୃତି କାନିତଳେ ଶୋଇ ମୁଁ ଆଘ୍ରାଣେ କୁସୁମ ସୁରଭି
ମୁଁ ହେରଇ ବାତାୟନେ ଚନ୍ଦ୍ରମାର ଅଦୃଢ଼ ଶରୀର
ମୁଁ ଶୁଣଇ କୁରରୀର ଛନ୍ଦ ଛିନ୍ନ ବାଣୀର ଝଙ୍କାର
ସ୍ୱପ୍ନର ମାତଙ୍ଗ ସାଥେ ଖେଳି ଖେଳି ହୁଏ ବି ଅସ୍ଥିର ।

ମୁଁ ପଢ଼ଇ ଏକଧ୍ୟାନେ ଧର୍ମ-ଶାସ୍ତ୍ର ବିଶ୍ୱର ସକଳ
ମୁଁ ଗଡ଼ାଏ ତନୁକୁ ମୋ' ସ୍ୱସ୍ତିହୀନ ତୁଳୀତଳ୍ପପରେ
ମୁଁ ବିହ୍ୱଳ ହୁଏ ପୁଣି ଜୀବନର ଜୟ କଳରୋଳେ
ସ୍ୱାହାଧନ୍ୟ ଆଦୃତିର ଯାଚି କରେ ମୁଁ ପ୍ରଣାମ କରେ ।

ମାତ୍ର ଯେ ଗୋଟିଏ କଥା ପ୍ରାଣ ବୃକ୍ଷେ ଫଳାଏ ସନ୍ଦେହ
ପ୍ରୀତି ଓ ପ୍ରତ୍ୟୟ ସତେ ଫେରିବନି ଆଉ ଏ ଧରାରେ ?
ଅହେତୁକୀ ମରଣ ସଂକଟ ବି ନହେବ ମୋଚନ
ଆଜିର ଜୀବନ ଆହା ସଢୁଥିବ ବିଭେଦ କାରାରେ ?

■

ବିଷୁବ ସଂକ୍ରାନ୍ତି

ରମାଦେବୀ

ପୁରାଣର ପ୍ରବାଦରେ
ତୁମ ପରିସୀମା
ପଞ୍ଜିକାରେ ଗଣନାରେ
ତୁମେ ଆମ ବର୍ଷର ପ୍ରଥମା ॥

ଆଜି ତୁମ ସ୍ୱନକ୍ଷତ୍ର
ମାସ ବର୍ଷ ତିଥି,
ତୁମେ ନୁହଁ ଏ ଭାରତେ
ଜାନୁୟାରୀ ଫାଷ୍ଟର
ପାଶ୍ଚାତ୍ୟ ଅତିଥି ॥

ତୁମେ ଆମ ନୂଆବର୍ଷ
ବିଷୁବ ସଂକ୍ରାନ୍ତି
ପୁଣି ତୁମେ ଆସ ଆଜି,
ନୂଆବର୍ଷ ସାଜି ॥

ପାଶ୍ଚାତ୍ୟ ସଭ୍ୟତା ଯେତେ
କରୁ ବା ଅସ୍ଥିର,
ବିଚିତ୍ର ସେ ଦଣ୍ଡ ଲିତା
ତୁମ ଗଣନାର ॥

ସର୍ବଦା ଜାଗ୍ରତ ତୁମେ
ତୁମେ କାଳଜୟୀ,
ଦିନର ଉଦାରେ ଅସ୍ତ
ପ୍ରଭାତ, ପ୍ରଦୋଷ
ସବୁଯାଏ ତୁମ ଅଙ୍ଗେ ବହି ॥

ଦିନ ବାର ବର୍ଷ ମାସ
ତୁମ ତନୁ କରୁଛି ମଣ୍ଡନ,
ଅକ୍ଷାଂଶ, ଦ୍ରାଘିମା, କ୍ରାନ୍ତି
ସବିତା ବିବିଧଗତ
ତୁମ ଅଙ୍ଗେ ହୁଏ ପ୍ରଚଳନ ॥

ବର୍ଷ ଯାଇ ବର୍ଷ ଆସେ
ତୁମେ ଏକ ପବିତ୍ର ମିଳନ,
ଜ୍ୟୋତିଶ୍ଶାସ୍ତ୍ରେ ତୁମେ ଅଟ
ବର୍ଷ ଆଦ୍ୟଦିନ ॥

ମାନବଧାରାର ଏକ ଶ୍ରେଷ୍ଠ ବିବର୍ତ୍ତନ
ଜନମିଲେ ଆଜି ମହାବୀର ହନୁମାନ
ଦିନୁ ଦିନ ବଢ଼ିଯାଏ ଗ୍ରୀଷ୍ମର ପ୍ରବାହ
ପଣାସଂକ୍ରାନ୍ତି ପଣାରେ ପ୍ରିୟାପ୍ରୀତି ଭାବ ॥

ପରିବେଶ ରକ୍ଷାର ପ୍ରତୀକ
ତୁଳସୀରେ ବସୁନ୍ଧରା ପୁଣି ଚନ୍ଦ୍ରାତପ
ତୁମେ ଏକ ଶ୍ରେଷ୍ଠ ଦିନ ଭାରତବର୍ଷର
ତୁମେ ଏକ ମହାଧ୍ୱନି ପବିତ୍ର ଓଁକାର
ସମୟର ସର୍ଜନାରେ
ଋତୁଚକ୍ର କରୁଥାଏ ସୂର୍ଯ୍ୟେ ନମସ୍କାର ॥

■

ଲାଜକୁଳି

ଶରତ କୁମାରୀ ଦେବୀ

(ଗୋଟିଏ ଛୋଟ ଲତା ବର୍ଷାଦିନେ ପଡ଼ିଆରେ ଉଠେ।
ଏହାର ପତ୍ରକୁ ଛୁଇଁଦେଲେ ବୁଜି ହୋଇଯାଏ।)

ଲାଜକୁଳି ଲତାଟି ଲୋ କାହିଁକି ତୁ ଝାଉଁଳୁ,
ଛୁଇଁଦେଲେ ଦେହ ତୋର ଲାଜେ କି ତୁ ମଉଳୁ? ॥୧॥

କି ଜିନିଷ ଦେଇ ତୋର ଦେହ କିଏ ଗଢ଼ିଲା,
ଲାଜ ଶଗଡ଼, ଅଖ କି ତୋ ପାଖରେ ଛଢ଼ିଲା ॥୨॥

ସରୁ ସରୁ ତୋ ପତର ଛୋଟ ଛୋଟ ନରମ,
ଜୀବନ ଦେଇଣ ତାକୁ କିଏ ଦେଲା ଜନମ ॥୩॥

ବରଷା ଆସିଲେ ଆସୁ, ଥାଉ କେଉଁ ରାଇଜେ,
ଶାଗୁଆ ଘାସ ବିଲରେ ରହୁ କେଡ଼େ ମଉଜେ ॥୪॥

କିଏ ବା ଚିହ୍ନୁ ନଚିହ୍ନୁ ପିଲାମାନେ ଚିହ୍ନନ୍ତି,
ବାଆ ବତାସ ନମାନି ତୋତେ ଖୋଜି ବୁଲନ୍ତି ॥୫॥

ଛୋଟ ଛୋଟ ପୋକ ଯେବେ ବସେ ତୋର ପତରେ,
ଧୀରେ ଧୀରେ ବୁଜିହୋଇ ରଖୁ ତାକୁ ଭିତରେ ॥୬॥

ନ ଦିଶେ ଚିହ୍ନଟି ତାର ମେଲିଲେ ତୋ ପତର,
ଶିକାରୀ ଲତାଟି ତୁ କି କରୁ ତାକୁ ଶିକାର? ॥୭॥

ଛୁଇଁଦେଲେ କଉତୁକେ ବୁଜିଦେଉ ନୟନ,
ଲାଜରେ ବୋହୂଟି ପରି ରହୁ ହୋଇ ମଉନ ॥୮॥

ଉଇଁଲେ ଗଗନେ ରବି ଦେଖୁ ଫେଡ଼ି ନୟନ,
ସଞ୍ଜ ହେଲେ ସେ ବୁଡ଼ିଲେ ତୁ ଲୁଚଇ ବହନ ॥୯॥

ସେ ଦେବତା ତୁ ଉଭିଦ ତୋର ତା'ର କି ପ୍ରୀତି,
ହଜିଯାଏ ବୁଦ୍ଧି ମୋର ଦେଖି ତୋର ଏ ରୀତି ॥୧୦॥

■

ଚାଲିବାର କବିତା

ନନ୍ଦିନୀ ଶତପଥୀ

ଏ ରାତିର ଛାତି ଚିରି ଚିରି
ଜଙ୍ଗଲକୁ କାଟିକାଟି
କଣ୍ଟା ସବୁ ସଫା କରି
ସରୁ ଗଳାବାଟଟିଏ ଖାଲି
କରିବାକୁ
ଚାଲ ପ୍ରୟାସ କରିବା,
ଠାଏ ଠାଏ ପାହାଡ଼ିଆ ନଈ
ଛୋଟ ଛୋଟ ପୋଲ ଗଢ଼ି
ପାରି ହେଉ ହେଉ
କେବେ କେବେ ବନ୍ୟା ବି ଆସିବ
ଉଠି ପଡ଼ି
ହାତଗୋଡ଼ ଭାଙ୍ଗି
ବହୁ କଷ୍ଟରେ
ଭାସି ଯାଉ ଯାଉ
ନିଜକୁ ସମ୍ଭାଳି ରଖିବା
ଏକା ଏକା, ପୁଣି ଏକ ସଙ୍ଗେ ।
ଥରେ ମାତ୍ର ଦେଖିବା ବୋଲି
ସକାଳର ସୂର୍ଯ୍ୟକୁ
ଏତେ ବାଧା ବନ୍ଧନକୁ ଅତିକ୍ରମ କରି
ଥକି ପଡୁ ପଡୁ
ଥରକୁ ଥର ଉଠି ପଡ଼ି ପୁଣି ଚାଲିବା ।

ମଝି ବାଟରେ
ବେଳେ ବେଳେ
ଆଲୋକର ଭ୍ରମ ହଜାଇ

ଉଡ଼ି ଆସିବେ ଫୁଲାଏ ଖଦ୍ୟୋତ
ଅଥବା
ଜଳି ଉଠିବ ଡାଆଣୀ ଆଲୁଅ
କେବେ ତାରାଟିଏ, ଅବା
ଚନ୍ଦ୍ରରୁ ଚେନାଏ
ଦେଖାଯିବ ।
ଆମେ କିନ୍ତୁ ବୁଲିଯିବା ନାହିଁ
ଅଟକିବା ନାହିଁ
ଆଗକୁ ଚାଲିବା ।
ଏଇ ସରୁ ଚଲାବାଟକୁ
ଯଦି ରାଜପଥ କରିବାକୁ ଚାହଁ
ଯଦି ଚାହଁ ରଚିବାକୁ
ତୁମ ଜୟଯାତ୍ରା
ଏହାରି ଉପରେ,
ତେବେ ଚାଲ
ଥକି ନ ଯାଇ
ହତାଶ ନ ହୋଇ
ସମସ୍ତେ ଚାଲିବା ।

ଚାଲୁ ଚାଲୁ
ହୁଏତ ଏ ବାଟ ଶେଷରେ
ସୂର୍ଯ୍ୟକୁ ଦେଖିବା
ଅଥବା ନିଜେ ହଜିଯିବା ।
ଖାଲି
ଚାଲିଥିବା ମଣିଷର ତାଲିକାରେ
ଯୁକ୍ତ ହେବ
ପୁଣି ତହିଁ
ଲୀନ ହୋଇଯିବା ।

ହୃଦୟହୀନତା

ସ୍ନେହଲତା ତ୍ରିପାଠୀ

ନିଜର ଖିଆପିଆ ନିଜ ତିଆର ।
ବିନା ବୁଝେନା ସ୍ୱାର୍ଥୀ ସୁବିଧା କା'ର ॥

ଆଶାହୀନତା କତି ଛଡ଼ା ବେଭାର ।
ହୀନ ପ୍ରକୃତି କେବେ ନକରେ ଦୂର ॥

ରାକ୍ଷସ ପ୍ରକୃତିରେ ହେଲେ ଜନମ ।
କରେ ସେ ବିପରୀତ କପାଳ ବାମ ॥

କାହିଁକି ଇଚ୍ଛେ ନର ଘର ସଂସାର ।
ଘର ସଂସାର କେଡ଼େ ଦାୟିତ୍ୱ ଘୋର ॥

ବୁଝି ପାରେନି ଛୋଟ ମସ୍ତିଷ୍କ ତାର ।
ଭାବିଥାଏ ସେ ପରା କଣ୍ଢେଇ ଖେଳ ॥

କୁଟୁମ୍ବ ଜଞ୍ଜାଳର ଦାୟିତ୍ୱ ଘୋର ।
ମୁଣ୍ଡାଇବାକୁ ଶକ୍ତି ନଥାଏ ତା'ର ॥

ଜାଣେନି ନିଜ ସୁଖ ସୁବିଧା ଛଡ଼ା ।
ଜାଣି ଈଶ୍ୱର କରନ୍ତି ଆଣ୍ଠୁକୁଡ଼ା ॥

ଜ୍ୟୋତ୍ସ୍ନାଲୋକରେ କେହି କାଟେନି ଦିନ ।
ଚାନ୍ଦିନୀ ରାତ୍ରି ସଦା ଭୋଗୁନି ଜନ ॥

ଭୋଗିବାକୁ ପଡ଼ଇ ଦିନେ ଅନ୍ଧାର ।
ଦିନେ ଘୋଟି ଆସେ ଘନ ତିମିରି ॥

ଅନ୍ଧକାରେ ଆଲୋକ ସର୍ବଦା ଚିନ୍ତି ।
ଜାଣି ପରମେଶ୍ୱର ଗଢ଼ି ଅଛନ୍ତି ॥

ସୁଖ ସର୍ବଦା ତୋର ରହିବ ନାହିଁ ।
ବଳ ପ୍ରୟୋଗ ତୋର ଯିବ ଉଭେଇ ॥

ସମୟ ଥାଉ କର କର୍ତ୍ତବ୍ୟ ତୋର ।
ମନୁଷ୍ୟ ଚିହ୍ନିବାକୁ ଉପାୟ କର ॥

ଜ୍ଞାନଚକ୍ଷୁ ଫେଡ଼ିଣ ଚାହାଁ ସଂସାରେ ।
ମନେ ଭାବୁଛୁ ଯାହା ଉଚିତ ତୋରେ ॥

ଲାଗିଛି ସ୍ରଷ୍ଟାଙ୍କର ସଂସାର ଲୀଳା ।
ସବୁରି ହୃଦୟରେ କରନ୍ତି ଖେଳା ॥

ଦୁର୍ବଳ ଦେଖି ସଦା ହେଉ ସବଳ ।
କରୁଛୁ ସଦା ତୁହି ଯେ ଅତ୍ୟାଚାର ॥

ବଳ ଭାଙ୍ଗିବ ଦିନେ ହେବୁ ନିଉନ ।
ଯଥା ସୂର୍ଯ୍ୟ ନଥିଲେ ମଳିନ ଦିନ ॥

ଆକାଶେ ତାରାପତି ଯଦି ଉଦୟ ।
ହୁଅନ୍ତି ନିଶା ରାତି ଭଜେ ବିଳୟ ॥

ସେହିଭଳି ତୁ କେତେ ବଳହୀନତା ।
ଭଜି ରହିବୁ କରି କୁତ୍ସିତ ଚିନ୍ତା ॥

ଖୋଲା ହୃଦୟେ ଡାକ ଲକ୍ଷ୍ମୀ ନୃସିଂହ ।
ପାପ ପଙ୍କିଳ ମନ କରିବ ଥୟ ॥

ହେ କରୁଣା ବାରିଧି କମଳାପତି ।
ଉଦ୍ଧାର ପାପୀଙ୍କି ହେ ଦେଇଣ ଗତି ॥

ଏକ ଖେଦୋକ୍ତି

ବ୍ରହ୍ମୋତ୍ରୀ ମହାନ୍ତି

ମୋତେ ତୁମେ ଖୁନ୍ କରି ପୁନରପି ଜୀବନ୍ୟାସ ଦେବାକୁ ଚାହୁଁଛ
ଆପଣାର ପ୍ରୟୋଜନେ, ଅଥଚ ମୋ ହତ୍ୟାଟାକୁ ସେଦିନ ମଣିଲ ତୁମେ ନିଜର କୃତିତ୍ୱ,
ମୃତ କି ଜୀବନ ପାଏ ? ଯଦି ପାଏ ପୁନଶ୍ଚ ମରଣ ଲାଗି କରୁଣ ଅପେକ୍ଷା,
ଉଦ୍ଦେଶ୍ୟର ସିଦ୍ଧ ପରେ ଉପସ୍ଥିତି ମୋର ତୁମେ ମଣିବ ଦୁଃସହ ।

ଏପରି ସଂପର୍କ କଣ ଆମ ମଧ୍ୟେ 'ପ୍ରେମ' ବୋଲି କୁହାଯାଇପାରେ ? ପ୍ରେମର ସମ୍ବନ୍ଧ
କଣ ବ୍ୟାକୁଳତା ଗୋଟିଏ ପକ୍ଷର, ଅନ୍ୟପକ୍ଷ ନିଷ୍କ୍ରିୟ ନିଷ୍ପନ୍ଦ, ସ୍ୱାର୍ଥର ଆଲୁଅ ଜାଳି
ସେ କରୁଛି ନିରୀକ୍ଷଣ ନିରଙ୍କୁଶ ନିଜର ସ୍ଥିତିକୁ,
ତ୍ୟାଗ କାହିଁ ? ସ୍ନେହ କାହିଁ ? ବ୍ୟସ୍ତ ସେ କି ନୁହେଁ ଆତ୍ମ ସମର୍ପଣ ପାଇଁ ।

ଆମ ଦୁହିଁଙ୍କର ସ୍ଥିତି ଯେବେ ହାସ୍ୟାସ୍ପଦ ଏପରି ବିଚିତ୍ର
ଅଯଥା ଲୋଡୁଚ କିମ୍ବା ଟାଣିଆଣିବାକୁ ମୋତେ ପୁନର୍ବାର ମୃତ୍ୟୁର ଅନ୍ଧାରୁ,
ତୁମ ମଧୁ ହତ୍ୟା ସ୍ପର୍ଶେ ମୁଁ ଶୋଇଛି ନିଦରେ,
ପୁନଶ୍ଚ ଜୀବନ ଦାହେ ଜାଳିବାକୁ ମୋତେ ତୁମେ କି ଲାଗି ଉନ୍ମୁଖ ?

ତୁମ ହତ୍ୟାଠାରୁ ତୁମ ପ୍ରାଣଦାନ ବେଶୀ ଭୟଙ୍କର
ମୃତ୍ୟୁକୁ ମୋ କର ନାହିଁ ଜୀବନ୍ୟାସେ ଯନ୍ତ୍ରଣା ମୁଖର ।

■

ମନ ମୋର ବଗ ଏକ

ମନୋରମା ମହାପାତ୍ର

ତମ ମନ ମୟୂରୀ ଯେ ପୁଚ୍ଛ ମେଲି ନାଚେ ଉଦ୍‌ମାଦେ
ଇନ୍ଦ୍ରଧନୁୟୁତ ରଙ୍ଗ ବେରଙ୍ଗର ଛାଇସବୁ
ଢଳି ଢଳି ଲୋଟି ପଡ଼େ
ଖାଲି ବର୍ଣ୍ଣ, ଖାଲି ରଙ୍ଗ, ମହା ସମାରୋହେ
ରଙ୍ଗୀନ ମନ ତମ ଦୋଳୁଥାଏ ଛନ୍ଦହୀନ ଛନ୍ଦେ
ନାହିଁ ମୋର ରୂପ ଛଟା, ଘନ ପ୍ରିୟା ନୁହେଁ ମୁ ମାନିନୀ,
ମୋ ମନର ପରସ୍ତରେ ରଙ୍ଗଣୀ ତଳୁକା,
ଆହା କେବେ ଅଜାଣତେ ବାରେ ବି ବାଜେନି,
ଖାଲି ସାଦା-ସଫେଦ ତୁଳିକା ।

ପରଶରେ ଜାଗି ଉଠେ– ବିଦଗ୍ଧ ମୋ ମନର ବଳାକା ।
ମନମୋର ବଗ ଏକ, ରଙ୍ଗହୀନ ମୁକ୍ତାକାଶଚାରୀ !
ଅନନ୍ତ ବିହାରୀ
ସାନ ସାନ ପର ତାର ଧୋବଲା ଧୋବଲା
ମନର ବଳାକା ମୋର ଉଡୁଥାଏ, ତଳେ ଥାଏ,
ଜଗତର ଅଶେଷ ମଇଳା ।

ଆକାଶର ତାରା ଛୁଇଁ, ସାଗରର ଧାରା ଛୁଇଁ
ମରମର କାରା ଛୁଇଁ
ଛୁଇଁ ଶତ ମଣିଷର ମନ ।

ମରମ ତଳାକା ମୋର, କାନେ କାନେ ଫୋଡ଼ି ଦିଏ
କଲମରେ ଇଡ଼ିଦିଏ, ବେଦନାର ଘନକାଳି
ତମସା କୁହେଳି ଘେରା
ଅୟୁତ ସ୍ୱପନ
ଡେଣା ମେଲି ଛୁଟିଥାଏ, ଏଇ ସାଧା ମନ ମୋର

ବାଧା ନାହିଁ ମାନେ
ଉଡ଼ିଯାଏ କେଉଁ ଆଡ଼େ ପାରେ ନାହିଁ ଜାଣି ।

ମାନୁଛି, ମାନୁଛି ମୁହିଁ; ସିଏ କିନ୍ତୁ ମୋ କଣ୍ଠରେ ଫୁଟାଇଛି ବାଣୀ,
ଆବେଗରେ ବହି ଆଣେ କିଟି କିଟି ଅନ୍ଧକାର
ବନସ୍ତ ସେ ଅଗନା ଅଗନି !
ଗହନ ସେ ମନ ବନ ଭେଦି
ଛପି ଛପି ଝରୁଥିବା କେତେ ମଧୁ ମାଳତୀ ସୁରଭି
ଅନାବନା କେତେ ମନୁ - ତୋଳି ଆଣେ ଲୋହିତ କରବୀ ।
ମୋ କଣ୍ଠରେ ଫୁଟାଏ ସେ ବାଣୀ
କେତେ ବୁକୁ ତଳୁ ଖୋଜି ବହିଆଣେ
ଅସୁମାରି ଥୋପା ଥୋପା ରକତରେ
ବୁଡ୍ଡୁବୁଡ୍ଡୁ ଗୋପନ କାହାଣୀ ।

ବୁଢ଼ୀ ଅସୁରୁଣୀ ଜୀବ ପରି ସତେ ଅଭିନବ
ସାତତଳ ପଙ୍କ ତଳେ ଛପି ଛପି ଜଳୁଥିବା
ନୀଳକାନ୍ତ ମଣି
ମୋ ଧୋବଲା ବଗ ଦିଏ ଆଣି ।

■

ବିଧବା

ସ୍ୱର୍ଣ୍ଣପ୍ରଭା ଦେବୀ

ଶ୍ରାବଣ ମେଘ ଆକାଶେ ଡାକେ
ଛପର ତଳୁ ନିଗିଡ଼େ ପାଣି
ଶୂନ୍ୟ ଏକ କୁଟୀର କୋଣେ
ବିଧବ ଛାତି ହୁଅଇ ହାଣୀ।

ଅନ୍ଧକାର ଗରଜେ ଝଡ଼
ମେଲାଇ ତାର ବଜ୍ର-ପାଟି
ଚିତ୍ତ ତଳେ ଚିନ୍ତା-ଝଡ଼େ
ଅଭାଗୀ ପ୍ରାଣ ପଡ଼ଇଫାଟି।

ସୁଖର ଦିନ ମାନସେ ଜାଗି
ବକ୍ଷ ଖାଲି ଲୋତକେ ଭାସେ
ସକଳ ସ୍ମୃତି ଝଲସି ଉଠେ
କ୍ଷଣିକ ସୁନା ବିଜୁଳି ହାସେ।

ପଶ୍ଚାତର ପ୍ରଣୟ-ରାସ
ଲାଗଇ ସାତ ସପନ ପରି
ଇମିତି କେତେ ବରଷା ଏଇ
ଦୁଆରେ ନାହିଁ ଯାଇଚି ଝରି।

ଯବନ ଦୋଳା ବରଷା ରାତି
ଧରି ଗୋ ସତେ ମାଳତୀ ଡାଲା
ଲଗାଇ ଆହା ନଥିଲା କେତେ
ଦୁଇଟି ପ୍ରାଣେ ପୀରତୀ-ଡାଲା।

ସେଦିନ ଆଜି ମରମେ ଜାଳେ
ବୈଶାଖର ଡହକ-ନିଆଁ
କି ଅପରାଧେ ଦାରୁଣ ବିଧି

ସନ୍ତୁଳାଏ ନରମ ହିଆ ।

ଅଦୃଷ୍ଟର କି ଅବିଚାର
ଜୀବନ-ଲୀଳା ନହୁଏ ବୁଝି
ତବଦ ହୁଏ ତରୁଣୀ ପ୍ରାଣ
ନୀରବେ ଓଦା ନୟନ ବୁଜି ।

କା' ଅଭିଶାପେ ଜୀବନ ତାର
ଧରାକୁ ହେଲା ବିଷମ ଭାର
ହାଇରେ ହାଇ କି ରୂପଶିରୀ
ଅକାଳେ ହେଲା କି ନାରଖାର ।

ବଦନେ ନାହିଁ ମଧୁର ଠାଣି
ଅଧରେ ଘେରା ମଦିର ହାସ
ଯଉବନରେ ନିଃସ୍ୱ କରି
ପଡ଼ିଚି ଝରି କାମନା-ବାସ ।

ପଥେ ମୁଁ ଭାଳେ ଭେଟିଲେ ତାକୁ
ଶୁଖିଲା ମୁଖେ, ରୁଖିଲା ଦହେ
ସ୍ରଷ୍ଟାର ସେ ମୂର୍ତ୍ତିମତୀ
କରୁଣ ଏକ କବିତାଟିଏ ।

■

ଅତୃପ୍ତ ଆକାଙ୍‌କ୍ଷା

ସୁଜାତା ପ୍ରିୟମ୍ବଦା

ଅର୍ଥ ଯଶ ପ୍ରତିପତ୍ତି ପରେ ମଧ
ଗୋଟିଏ ଶୂନ୍ୟତାବୋଧ
ରହିଯାଏ
ମଣିଷର ।

ଘୂର୍ଣ୍ଣି-ଝଡ଼ର ସମ୍ମୁଖରେ ଛିଡ଼ା ହୋଇ ଖାଲି
ଗୋଟିଏ ପ୍ରଶ୍ନ :
କାହାକୁ ଖୋଜୁଛି
କ'ଣ ବା ଖୋଜୁଛି !

କେହି କିନ୍ତୁ ଜାଣେ ନାହିଁ ପ୍ରତ୍ୟୁତ୍ତର ତା'ର ।

ଏଇ ସବୁ ଅସଂଲଗ୍ନ ଅନୁଭୂତିର
ଗୋପନୀୟତାରେ
ରନ୍ଧ୍ରେ ରନ୍ଧ୍ରେ କି ଭୀଷଣ ପ୍ରତିକ୍ରିୟା ମୋର
ଦି ହାତ ଶୂନ୍ୟକୁ ଟେକି ଆପଣ ଅଜ୍ଞାତେ
ବାର ବାର ହଜିଯାଏଁ
ଆପଣାର ଅସ୍ତିତ୍ୱ ଭିତରେ ।

ବାର ବାର ମନେ ହୁଏ
ସମସ୍ତ ଶରୀର ବ୍ୟାପୀ ଅତୃପ୍ତ ଆକାଙ୍‌କ୍ଷାର
ଗୋଟିଏ ଶଙ୍ଖଚିଲ ଉଡୁଚି,
ମେଘ ଆଉ ଖରା ଦେଖି ଚଞ୍ଚଳତା ତା'ର
ଅଥବା ବିଷାଦ
ଅଥବା ଅସଂପୂର୍ଣ୍ଣତା ପାଇଁ
ଅସମ୍ଭବ ଶୃଙ୍ଖଳା ଭୀତି ।

■

ଦୀର୍ଘଶ୍ୱାସ

ପୁଣ୍ୟପ୍ରଭା ଦେବୀ

ଭାବିଥିଲି ଯାକୁ ମଳୟ ବୋଲି, ତା' ହେରିଲି ଅଗ୍ନିଶିଖା
ନିର୍ଝର ବୋଲି ଧାଇଁଲି ଯା'ପଛେ ଦେଖିଲି ତା' ମରୀଚିକା।

ଫଳବତୀ ହେବା ଆଶାରେ ସପନ ଶସ୍ୟ ବୁଣି ଯେତେ
ଗଜାରୁ ହେଲା ତା' ମୃତ୍ୟୁ ଏ ମୋର ଜୀବନ ଊଷର କ୍ଷେତେ।

କଳପନା କରି ଉଡ଼ି ବୁଲୁଥିଲା ମାନସ-ହଂସ ମୋର
ବିକ୍ଷତ ହେଲା ପକ୍ଷ ହାୟରେ ପରଶି ଝଞ୍ଜା ଘୋର।

ଆଶାରେ ନିମିଷେ ଗଣ୍ଡରେ ମୋର ଦେଖା ଦେଇଥିଲା ହାସ
ଝରିଲା କରୁଣ ତପ୍ତ ଲୋତକ ଛାଡ଼ିଲି ଦୀର୍ଘଶ୍ୱାସ।

■

ନବମୀର ଜହ୍ନ

ବନଜ ଦେବୀ

ନବମୀର ଜହ୍ନ ଉଠେ, ଆକାଶରେ ପ୍ରଥମ ପ୍ରହରେ
ଆଉଟା ରୁପାର ସ୍ରୋତେ, ଜକଜକ ନୀଳ ବନରେଖା,
ମଲ୍ଲୀ ଫୁଲ ବିଛଣାରେ ନଦୀଟା କି ଅଳସୀ ପ୍ରେୟସୀ
ସ୍ରସ୍ତଚନ୍ଦ୍ରାହାର ସମ, କଟୀରେ ତା ଅସଂଯତ ଶୁଭ୍ରବାଲିରେଖା।

ଦ୍ୱିତୀୟ ପ୍ରହର ରାତ୍ରି ଏକାନ୍ତ ଏ ବିଜନ ପୁଳିନ
ଊର୍ଦ୍ଧ୍ୱେ ନୀଳାକାଶେ ଶୁଭ୍ର ଉତ୍ତରୀୟେ, ଗମ୍ଭୀର ଆବୃତ
ଚକ୍ରବାଳ ଘେରି ଏଇ ଶୁକ୍ଳାମ୍ବରୀ ନଦୀର ବିସ୍ତୃତି,
ରୂପମୟୀ ଏ ରାତ୍ରିର ସତେ ଅବା ଆବେଗ ଉଚ୍ଛ୍ୱାସ।

ନଦୀର କି ଏତେ ରୂପ ? ଏତେ ଭାବ ? ଭିନ୍ନ ରସଶବ୍ଦେ
କ୍ଷଣେକ୍ଷଣେ ଢେଉରେ ତା' ଇନ୍ଦ୍ରଜାଲ ମାୟାବୀ ଜହ୍ନର
ନଦୀଟା କି କମନୀୟ ! ନଦୀ ପାଇଁ ନବମୀର ଜହ୍ନ ?
ଅବା ଜହ୍ନରାତି ପାଇଁ ମାୟାବିନୀ ନଦୀ ?
କିଏ କାହାପାଇଁ ଏତେ ଐଶ୍ୱର୍ଯ୍ୟ ମଣ୍ଡିତ,
ମୁକୁଳା ଆକାଶ ତଳେ କିଏ ନିଏ କାର ଆଲିଙ୍ଗନ ?

ନିବିଡ଼ ନିଝୁମ ଲଗ୍ନ, ଏଣେତେଣେ କର୍ପୂରର ଧୂଳି
କିଏ ବା ବଜାଏ ବଂଶୀ, କେତେଦୂରେ ସେଇ ବଂଶୀଆଳ,
ଯୋଜନ ଯୋଜନ ଧରି ନୀରବତା ସେ ସୁରେ ଆଚ୍ଛନ୍ନ,
ଯୋଜନ ଯୋଜନ ଧରି, ମୁହୂର୍ତ୍ତ କି, ରସାଳ, ପ୍ରଗାଢ଼।

କିଏ ଦିଏ ପ୍ରତିଧ୍ୱନି, ମୋ' ଭିତରେ, ସେ ବଂଶୀ ଧ୍ୱନିରେ
ହାତଧରି ଡାକିନିଏ ଶୂନ୍‌ଶାନ ଦିଗନ୍ତ କିନାରେ
ନିଃଶବ୍ଦ ଆଳାପ ଜମେ, କି ଆକୁଳ, ଅଧୀର ଅସ୍ତିତ୍ୱ,
ମତେ କେ ବିଛେଇ ଦିଏ ରେଣୁ ରେଣୁ, ପରିପୂର୍ଣ୍ଣାଗକାର ବ୍ୟାପ୍ତିରେ।

ଏ କେଉଁ ଐଶ୍ୱର୍ଯ୍ୟ ପ୍ରାପ୍ତି, ହୃଦୟର ହୀରକ ଭୂଖଣ୍ଡେ

ଅନାସକ୍ତ ସୋହାଗର ଅନ୍ତରଙ୍ଗ ନିର୍ଲିପ୍ତ ସ୍ପର୍ଶଟି
ନିଭୃତ ଏ ବିନିମୟେ, ଏକୀଭୂତ ଘନିଷ୍ଠ, ଦୂରତ୍ୱ
ନିରତ ପ୍ରାପ୍ତିର ତଳେ, ଅନ୍ତହୀନ ପ୍ରତୀକ୍ଷାର ଗୀତି ।

ଏ କି ଉତ୍ତରଣ ପୀଠ ! ଜାଗତିକ ଜୀବନ ଊର୍ଦ୍ଧ୍ୱରେ
ଯେଉଁଠି ପରମ ତୃଷ୍ଣା, ନିଜ ସାଥେ ନିଜେ ହିଁ ନିମଗ୍ନ,
କିଏ ଏଠି ବଂଶୀ, କିଏ ବଂଶୀଆଳ, କାହିଁ ତାରତମ୍ୟ,
ମନେହୁଏ ସବୁ ତମେ, ତମେ ସ୍ୱପ୍ନ, ତମେ ପ୍ରେମ, ତମେ ଆଲିଙ୍ଗନ ।

ତୃତୀୟ ପ୍ରହର ରାତ୍ରି, ନବମୀର ଜହ୍ନ ଆକାଶରେ
ବିପୁଳ ଭୂଚିତେ ସୃଜେ, ନିର୍ବିକଳ୍ପ ଏ କି ମାୟାଲୋକ
ନିଜକୁ ହଜାଇ ଦେଇ, ଖୋଜିବାର ଅଧୀର ଆକାଂକ୍ଷା
କି ଆଶ୍ଚର୍ଯ୍ୟ ମୁଁ ଦେଖଇ, ମୋ ବୈକଲ୍ୟ-ଭୂମାରେ ବେଷ୍ଟିତ ।

■

ତ୍ରିଶଙ୍କୁର ସ୍ୱର୍ଗ

ବିଜୟିନୀ ଦାସ

ମାଗିଥିଲି ଲୁହର ଝରଣାଟିଏ –
ହସର ଅବିଭାଜ୍ୟ ସମୁଦ୍ର ନୁହେଁ।

ନିର୍ଜନତାର ଛୋଟିଆ ପଠାଟିଏ
ଯେଉଁଠି ଶ୍ୟାମଳୀ ଶସ୍ୟର ପଣତ
ଢାଙ୍କି ଦେବ ବେଦନାରେ ବିକ୍ଷତ ହୃଦୟ
(ମାଗିବାଟା ହୀନ ସିନା-ଦେବାଠାରୁ ପୂଣ୍ୟ ନାହିଁ ତୁମେ ତ ଜାଣିଚ ! !)
ମାଗିବାଟା ହୀନ ବୋଲି କ'ଣ
ଦାନେ ତୁମ ଏତିକି କାର୍ପଣ୍ୟ ?
ଦାନେ ତୁମ ମୁଁ ଆଜି ଦ୍ୱିତୀୟ ସ୍ୱର୍ଗରେ
ଅଷ୍ଟ ଅପ୍‌ସରା ଓ ରତ୍ନ ପାରିଜାତ ଐରାବତ ମଧ୍ୟେ ଇନ୍ଦ୍ରର ଆସନେ।

ଅମୃତମୟ ଏ ସ୍ୱର୍ଗ -
ଏଠି କ୍ଷୁଧା ନାହିଁ - ଶସ୍ୟର ଆବଶ୍ୟକ କ'ଣ ?
ତୃଷ୍ଣା ନାହିଁ - ଝରଣା ନିଷ୍ଫଳ।
ଆଲୋକରେ ଉଦ୍‌ଭାସିତ -
ମୁହୂର୍ତ୍ତ... ମୁହୂର୍ତ୍ତ... ଏବଂ କ୍ରମଶଃ ମୁହୂର୍ତ୍ତ...
ରାତ୍ରି ନାହିଁ... ଦିବସ ବି ନାହିଁ... ବ୍ୟବଧାନ ନାହିଁ ବିଚ୍ଛେଦ ବି ନାହିଁ -
ମନର ମଣିଷ ପାଇଁ ଶ୍ୱାସରୁଦ୍ଧ ପ୍ରତୀକ୍ଷା ବି ନାହିଁ।

ଅଭିମାନ ଅନୁରାଗ ଆବେଗର ଫୁଲସବୁ
ଛାଡ଼ି ଆସିଚି ମୁଁ ସେଇ ଶ୍ୟାମଳୀ ପୃଥ୍ୱୀରେ
ତାକୁ ବା ପାଇବି କାହିଁ ଏ ସ୍ୱର୍ଗରେ ଇନ୍ଦ୍ରର ଆସନେ
ଅବା ନନ୍ଦନବନରେ ? ?

■

ସ୍ୱପ୍ନାବତୀ

ସୌଦାମିନୀ ନନ୍ଦ

ଅପେକ୍ଷାରେ ଥିଲାବେଳେ ସେ ଆସିବ
ଏମିତି ତ କିଛି କଥା ନାହିଁ।
ବରଂ ମୁଁ ଜାଣିନି ସିଏ
ଆଗ୍ରହ ଓ ଉଦ୍‌ବେଗର ଉଚ୍ଛ୍ୱସିତ ବେଳାରେ ହିଁ
ଭଲପାଏ ଜୁଆରକୁ ଭଟ୍ଟା କରିବାରେ,
ଭଲପାଏ ଦେଖିବାକୁ ହଠାତ୍ କିପରି ଭାଙ୍ଗେ
ଆନିକଟେ, ଚକ ଚକ ରୂପାମାଛ
ରୁଦ୍ଧଶ୍ୱାସେ ବିବର୍ଣ୍ଣ ପାଲଟେ,

ପ୍ରତୀକ୍ଷାର ମାନେ କ'ଣ ଘୋରି ହେବା ସମୟ କାନ୍ଥରେ ?
ପଥରରେ ଚନ୍ଦନ ଯେପରି
ଅବା ନିଆଁରେ କର୍ପୂର ଭଳି,
ପବନରେ ତ୍ୱରାଗତ ଫୁଲର ମହକ ଭଳି
ରାତ୍ରି ଦେହେ ଅନ୍ଧାର ଯେପରି–
ପ୍ରତୀକ୍ଷାର ମାନେ କ'ଣ ମିଳାଇବା ଆତ୍ମ ବିସ୍ମୃତିରେ ?

ଏକଥା ସତ ଯେ ଦିନ ଗଡ଼ିଯିବ,
ସକାଳରୁ ବେଳବୁଡ଼ : ସଞ୍ଜଠାରୁ ପାହାନ୍ତାପହର
ପ୍ରତୀକ୍ଷାର କାନି ଲମ୍ବିଥିବ।
ଉହାଡ଼ରେ ମିଞ୍ଜି ମିଞ୍ଜି ଦୀପ ଜଳୁଥିବ,

ବୟସ ଖସିବ।
ଆଉ ଆଖିର ସବୁଜ ମୋହଧୂଆଁ ପାଲଟିବ
ଇତସ୍ତତଃ ପଦପାତ, ଶିଥିଳିତ ତନୁ
ତଥାପି ଯମୁନା ତଟେ ଉଚ୍ଚକିତ ଥିବ।

ଯମୁନା ତ ନଦୀ ମାତ୍ର ନୁହେଁ,
ନୁହେଁ ଆଖିର ନିଭୃତ ସ୍ୱପ୍ନ କେବଳ ବି କିଶୋରୀମନର
ନିଷ୍କଳଙ୍କ ବିହ୍ୱଳତା ତାରୁଣ୍ୟର,
ଆଶାହତ ଯୌବନର ସେ ଜଳତରଙ୍ଗ,
କେବଳ କାମନା ନୁହେଁ ଅନ୍ତରର
ହୃଦୟ ଦୀର୍ଘଶ୍ୱାସ, ବୁକୁତଳ ସ୍ପନ୍ଦିତ ଆବେଗ,
ବ୍ରଜରେ ମଥୁରା ମିଛ, ମିଛ ଦ୍ୱାରାବତୀ,
ମିଛ ଐଶ୍ୱର୍ଯ୍ୟର ଲୀଳା, ଅଷ୍ଟ ପାଟବଂଶୀ,
ମିଛ କୁରୁକ୍ଷେତ୍ର ମିଛ ଅର୍ଜ୍ଜୁନ ସାରଥି,
ସତ ଏକା ଯମୁନା ଓ ସେ ମୋହନ ବଂଶୀ,
ପଥର ପାଲଟେ ବାଲି ଯମୁନା ବୁକୁରେ
ପ୍ରତୀକ୍ଷାର ନିଷ୍ଫଳ ବ୍ୟଥାରେ,
ତଥାପି ସେ ବେଗବତୀ,
ଆପଣାର ଅନୁରାଗେ ଚିରନ୍ତନ ସ୍ୱପ୍ନାବତୀ ହୋଇ,
ଯମୁନାର ଜୀବନର ସ୍ୱପ୍ନଭଙ୍ଗ ନାହିଁ।

■

ଧୂଆଁ

ଶକୁନ୍ତଳା ଦେବୀ

ମୋର ଅବା ଭୁଲ୍ କ'ଣ ?
ଅନେକ ଦିନରୁ ମଧ୍ୟ ଦେଖି ସେଇ
ଲମ୍ବା, ଲମ୍ବା ପରିଚିତ ହାତ ଦୁଇଟିକୁ ।

ତଥାପି ମୁଁ ଡରିଯାଇ ଚମକି ପଡ଼ିଲି
କି' ଏକ ଅଜଣା ଭୟେ
ଆସ୍ତେ, ଆସ୍ତେ ଅନ୍ଧ ବାଟ ପଛେଇ ଆସିଲି ।

ଏମିତି ହୁଏନା କଣ—
ଆଶ୍ଚର୍ଯ୍ୟ ଘଟଣା କିଛି ଘଟିଯିବାର ପରେ
ଖରା ଦିନ ସକାଳରେ କୁହୁଡ଼ି ଓ କାକର ବିଛାଇ
ନିତିଦିନ ଚଲାରାସ୍ତା ହୋଇ ଏକ ସୁତାର ଅଡୁଆ
ଦୁଇପାଦ ଛନ୍ଦି ଦେଇ ନିଜ ମନ ଇଚ୍ଛା
ମୁଠା ମୁଠା ଧୂଳି ନାକ ଆଉ ଆଖି ତଳେ ଛାଟି ଦେଇଯାଏ ।

ଜଣାଶୁଣା ନିତି ଦେଖା ରାସ୍ତାକଡ଼ ପାନ ଦୋକାନ ବି
ମନେ ହୁଏ ବିଦୂପର ଥାକଥାକ ସଜଡ଼ା ପସରା ।

ମୁଁ କେମିତି ଜାଣିଲିନି ଅଭିଜ୍ଞ ଶିକାରୀ ହୋଇ
ଆପଣାର ପରିଚିତ ଜଙ୍ଗଲ ମଝିରେ
ଭୁଲିଲି କେମିତି ରାସ୍ତା
ନିଜର ସମସ୍ତ ଇଚ୍ଛା ଦିହୁଡ଼ି ଓ ମଶାଲ ସାଥିରେ ।

ପାରିଥାନ୍ତି ଫେରି ମୁଁ ତ ଆନାଟୋମି ଡିସକ୍ସନ ସାରି
ନିଜ ପାଇଁ ଆପଣାର ନିଜ ମନ ଧରି,
ଶରଧା ଓ ସରାଗର ବାଲିଘର ଭୁଶୁଡ଼ିଲା ପରେ
ଆଉ କଣ ମଜାଥାଏ ସମୁଦ୍ରର ହାୱା ପିଇବାରେ ?

ମତେ ବା' କେ କହିଥିଲା ସେ ହାତକୁ ଛାତିରେ ଲଗାଇ
ଜୀବନ୍ତ କରିବା ଲାଗି ଟୋପା ଟୋପା ରକ୍ତ ଏକ
ମୋ ଦେହର ସ୍ପନ୍ଦନ ଚଖାଇ।

ମୋ' ରକ୍ତର ଉଷ୍ଣତାରେ ଶିଥିଳ ସେ ଦୁଇ ହାତ
ଅଣ୍ଡାର ଖୋଳପା ଭାଙ୍ଗି ଖଣ୍ଡି ଉଡ଼ା ଦେଲା
ଆପଣାର ବସା ଭାଙ୍ଗି ଆକାଶର ନୀଳରେ ଭାସିଲା।

ତା'ପରେ ହୁଏତ ସିଏ ଆକାଶର ସାମିଆନା ଛିନ୍ନଭିନ୍ନ ଖଣ୍ଡଖଣ୍ଡ କରି
ଦୁଇ ହାତେ ଧରୁଥିଲା ମୋ ମୁଣ୍ଡକୁ ଭଲିବଲ୍ ପରି।

■

ଅଗ୍ନି ପରୀକ୍ଷା

ସୀମା ମିଶ୍ର

କହିଲ ଯେ...
ଅଗ୍ନି ପରୀକ୍ଷାର ସମୟ ଆସିଯାଇଛି !
ଆଉ କେତେ ବା ପରୀକ୍ଷା ନେବ !!
ତ୍ରେତୟାରୁ ଆଜିଯାଏ
ନାରୀଟିଏ ଠିଆ ହୋଇ ଆସିଚି...
ସମାଜର କାଠଗଡ଼ା ମଧ୍ୟରେ ।

କାଳେ କାଳେ ଦୁଃଶାସନ ମାନେ
ତାକୁ ବିବସ୍ତ୍ର କରିବାକୁ ଚେଷ୍ଟାକରି ଆସିଚନ୍ତି
ମହାନୁଭବ କର୍ଣ୍ଣଙ୍କ ପରି
ବାରମ୍ବାର ଆଘାତ ଦେଇ ଆସିଚନ୍ତି,
ଦୋଷୀ କରି ଠିଆ କରିଚନ୍ତି
ସମୟ ସାମ୍ନାରେ ।
ଆଉ କିଛି ଯୁଧିଷ୍ଠିରମାନେ
ବିନା ସଂକୋଚରେ ଦେଖି ଆସିଛନ୍ତି
ତା'ର ଯନ୍ତ୍ରଣା ଜର୍ଜରିତ ସମୟକୁ ।

ଫୁଲପରି ନରମ ମନରେ...
କିପରି ଯେ ଭରି ଦିଅନ୍ତି
କଣ୍ଟକର ଅଜସ୍ର କ୍ଷତରେ !!
ନାହିଁ ନାହିଁର
ଶାଣ ଦିଆ ତରବାରୀରେ
କ୍ଷତ ବିକ୍ଷତ କରିଦିଅନ୍ତି
ତାର ନରମ ପକ୍ଷକୁ ।
ଏକ ରକ୍ତ ଝରା କୋଠରିରେ
ସେ କି ବନ୍ଦିନୀ ଥିବ ଚିରକାଳ !!
ଅଶ୍ରୁର ଉଜାଣି ସ୍ରୋତରେ

ବହି ଯାଉଥିବ
ସୁକୁମାର ସ୍ୱପ୍ନସବୁ
କଳ୍ପନାର ଫୁଲସବୁ !!
ତାକୁ ତ ଚାଲିବାକୁ ମନା...
ଇପ୍ସିତ ରାସ୍ତାଟିଏ
କହିବାକୁ ମନା... ମନର କଥାଟିଏ।
ହୁଏତ ସ୍ୱପ୍ନ ଦେଖିପାରେ
ସ୍ୱପ୍ନକୁ ସାକାର ଦେଖିବାର
ଅଧିକାରରୁ ସେ ବଞ୍ଚିତ - ଚିରକାଳ।
କଥାକୁହା କଣ୍ଢେଇଟିଏ ପରି
ନାଚୁଥିବ - ଗାଉଥିବ
ତୁମରି ଇସାରାରେ।
ତେବେ - ଆଜି କାହିଁକି ପ୍ରଶ୍ନ ଉଠେ
ଅଗ୍ନି ପରୀକ୍ଷାର !!

ଅନ୍ତତଃ ତାକୁ ଘଡ଼ିଏ ସମୟ ଦିଅ
ମୁଠାଇ ଧରିଥିବା ସ୍ୱପ୍ନ ସବୁକୁ
ସଜାଇ ଦେଉ...
କେଉଁ ଦୂରାଗତ ବାସ୍ନାମାନଙ୍କୁ
ନିଜର କରିନେଉ...
ସାଉଁଟି ନେଉ... ସବୁ ସମ୍ଭାବନାର
କଅଁଳ କଳିମାନଙ୍କୁ।

ତା'ପରେ
ତୁମକୁ ହିଁ ନେଇ ଆସିବ
ସମ୍ରାଟ କରି...
ତା'ର ଆକାଂକ୍ଷିତ ସାମ୍ରାଜ୍ୟର
ଅଧୀଶ୍ୱର କରି...
ତା'ର ହୃଦୟ ରାଜ୍ୟର।

■

ସମୟ ସମୁଦ୍ର

ପ୍ରତିଭା ଶତପଥୀ

ସମୁଦ୍ରର ଜଳରାଶି ଦି'ହାତରେ ଦୁଇଭାଗ କରି
ତମେ ଯଦି ମଥାତୋଳି ଆଜିଥରେ ନୟନ ମେଲିବ
କ'ଣ ଦେଖିବ ସତେ, ଆଶ୍ଚର୍ଯ୍ୟର ସୀମା ରହିବନି
ସକଳ ବିଶ୍ୱସ୍ତ ଅବା ଝଡ଼ତଳେ ପରିବର୍ତ୍ତନର !

ଆକାଶେ ନଥିବ ନେଳି, ଧୂସରିତ ଚକ୍ରବାଳ ସୀମା
ସୂର୍ଯ୍ୟ, ଚନ୍ଦ୍ର ଜରାଗ୍ରସ୍ତ, ତରଂଗର ତଡ଼ିତ୍ ନଥିବ
ସେଦିନର ଝାଉଁବଣୁ ଶ୍ୟାମଶୋଭା ହଜିଥିବ ଦୂରେ
ବେଳାଭୂମି କାନ୍ଦୁଥିବ, ହଠାତ୍ ତୁମେ ଚମକି ଉଠିବ...

ସେଇ ବାଲିବନ୍ତ ଚୂଳ, ପ୍ରଣୟିନୀ ରୂପବତୀ ତୁମ
ଗଣୁଥିଲା ବସିବସି ସମୁଦ୍ରର ଲହଡ଼ି ଯେଉଁଠି
ତୁମେକି ରହିଁବ ନାଇଁ ଅଭିଳାଷେ ଅଭିଯୁକ୍ତ ହୋଇ
ତା' ଆଖିର ନୀଳିମାରେ ଖୋଜିବାକୁ ଅତୀତର ସ୍ୱପ୍ନ ?

ତୁମେ ବି ଭୁଲିବ ବାଟ ଆଜି ସେଠି ବାଲିବନ୍ତନାଇଁ
ସମାନ କରିଚି ସବୁ ସାମୁଦ୍ରିକ ଝଡ଼ର ସୂଚନା-
ସେଇଠାରେ ନିଦ୍ରାହତା ମୃତ ଏକ ମମୀର ଶରୀର
ସେ ଦିନର, ସେ ତନୁର ପଦ୍ମଗନ୍ଧ ଉଡ଼ି ବି ଯାଇଚି ।

ତଥାପି ଖୋଜିବ ଯଦି ଅତୀତର ସ୍ନେହ ସିକ୍ତ ମନ...
ଏ ବାୟୁର ସ୍ତରେ ସ୍ତରେ ସେ ହୁଏତ ଉଡ଼ି ବୁଲୁଥିବ
ଝୁରୁଥିବ ହୃତକେଉଁ ପ୍ରିୟସ୍ମୃତି ସଜଳ, ସୁନ୍ଦର
ସେ ତୁମର ପରିଚିତ ଲକ୍ଷଲକ୍ଷ ବରଷ ତଳର ।

ଛଦ୍ମବେଶ

ମମତା ଦାଶ

ଗୋପ ବାଳକ ଘେନି ସଙ୍ଗେ
ମିଳିଲେ ନଦୀ ତୀରେ ରଙ୍ଗେ
କୂଳେ ଦେଖିଲେ ବସ୍ତ୍ର ଅଛି
ପବନେ କହନ୍ତି ଆଶ୍ୱାସି
ଶୁଣ ପବନ ମୋର ବାଣୀ
ବସ୍ତ୍ର ତୁ ଥୁଅ ବୃକ୍ଷେ ଆଣି
ବସ୍ତ୍ର ଯେ ନଦୀ ତୀରେ ଥିଲା
ପବନ ଯୋଗେ ଉଡ଼ିଗଲା ।
କଦମ୍ବ ବୃକ୍ଷେ ପଡ଼େଯାଇ
ଦେଖି ହସନ୍ତି ଭାବଗ୍ରାହୀ । - ଶ୍ରୀମଦ୍ ଭାଗବତ, ଦଶମ ସ୍କନ୍ଧ

(୧)

ସବୁ ପାଣି ସମାନ ଭାବିହିଁ ପଶିଗଲି
ଏ ଉଚ୍ଛୁଳା ଆଶ୍ଚର୍ଯ୍ୟ ନଈ ଭିତରେ,
ହେଲେ ଏ ପାଣି କି ଅଲଗା ସତେ
ଦେହରେ ବାଜିବା ମାତ୍ରେ
କି ଗୋଟାଏ ଅତର୍କିତ ଖୁସି କେଉଁଠୁ ଆସି
ଜାବୁଡ଼ି ଧରିଲା ତାର ପ୍ରଗାଢ଼ ଆଲିଙ୍ଗନରେ ।

କି ପରିଷ୍କାର, ଯେମିତି ଜନ୍ମ ଜନ୍ମର ବିକାରସବୁ
ଧୋଇଗଲା ସେଇ ମୁହୂର୍ତ୍ତରେ !
ପାଣି ତ ନୁହେଁ କାହାର ନିବିଡ଼
ସ୍ନେହ ସରସର ହାତ
ଆଉଁସି ଦେଲା ମୋର ଝାଳ ନାଳ ଅସ୍ତିତ୍ୱ ।

ଭିତରକୁ ଟାଣି ନେଇ କହିଲା ମୋତେ ଚୁପ୍‌ଚୁପ୍
"ଯାଆ ନା– ରହି ଯା ଏଠି"।

ଗଛରିଆଡ଼କୁ ଗଛହିଁ ଦେଖେ ତ
ଦିଗ୍-ବଳୟରୁ ମାଟିଯାଏଁ
ଲଟେଇ ଆସୁଛି ଏକ ଚମତ୍କାର ସକାଳର ଆଭା,
ତା ଦେଖା ଦେଖି ମୋର ପ୍ରତି ଅନ୍ଧାରୁଆ
ଇଚ୍ଛାର ଫାଙ୍କରୁ ନମନୀୟ କମନୀୟ ନୀଳ କଇଁ,
ଫୁଟି ଉଠି କହିଲେ "ଯା' ନା
ରହିଯା ଏଠି"।

ମୁଁ ତ ତମମାନଙ୍କୁ ପଚାରି ନାହିଁ ପାଣି ପବନ
ଇଚ୍ଛା ଭାଷା ସକାଳ ମୋର
ତମେ ବଳେ ବଳେ କହୁଛ
ସେ ଆସିବେ ବୋଲି ଏତେ ଆଡ଼ମ୍ବର
କାହିଁକି,
ସେ ଏମିତି କିଏ କି ?

(୨)

ସେ ଏମିତି କିଏ ଯେ
ତାଙ୍କ ଆଗେ କାଳେ ଅଯୋଗ୍ୟ ଦିଶିବି ବୋଲି
ପବନ, ତୁ ଉଡ଼େଇ ନେଲୁଣି ମୋର ପୁରୁଣା ଲୁଗା
ସତ କହୁଛି ମୁଁ କାହାକୁ ଖୋଜିବାକୁ ଆସିନି ଏଠାକୁ
ଆସିଚି ଗାଧୋଇବାକୁ।

ଦେଖୁନୁ କୂଳରେ ଜଗି ବସିଛି
ଏକ ରୋକ୍‌ଠୋକ୍ ଜୀବନର ଶୃଙ୍ଖଳା ପଣ,
ଏଠୁ ଉଠିବା କ୍ଷଣି ସେ ମୋ ହାତ ଧରିବ ଜବରଦସ୍ତ
ଚଳେଇ ଚଳେଇ ନେବ ଘର ପର୍ଯ୍ୟନ୍ତ।
କେବଳ ତାକୁ ମାନିବି ବୋଲି କଥା ଦେଇଚି ମୁଁ,

ତା'ରି କଥାରେ ଦେହରେ ଲଦିଛି ମୁଁ
ଭଳି ଭଳି ଶାଢ଼ି ଅଳଙ୍କାର
ତା'ରି କଥାରେ ମିଛି ମିଛି ହସିଚି କାନ୍ଦିଚି
ଘୁଷୁରିଛି ଦିନଦିନ
ସଜାଡ଼ିଚି ମୋର ଘର, ବୟସ ଅୟସ
ଜୀବନର ବିପୁଳ ଉପଚ୍ଚର।
ମଜଭୁତ ତାଲା ଦେଇ ଲୁଚ୍ଚଇ ଦେଇଚି
ଗୋଳିଆ ମିଶା ନିଭୃତ ଅନୁଭବ ମୋର।
ଜାଣିଛି, ଆଉ କେହି ନାହିଁ କେଉଁଠି,
ଏହା ହିଁ ହୁଏତ ମୋର ସର୍ବସ୍ୱ, ପ୍ରାପ୍ୟ ଓ ଉପଯୁକ୍ତ।

(୩)

ମୁଁ ତ ପଚ୍ଚରି ନାହିଁ କିଛି,
ତମେମାନେ ବଳେ ବଳେ କହୁଚ
"ସେ ଆସିବେ, ସେ ଆସିବେ"।

କହୁଚ ମୋତେ ସଜାଇ ଦେବ ଏମିତି
ଅମୂଲ୍ୟ ବେଶରେ ଯାହାକୁ ଦେଖି
ସାରା ଜୀବନର, ସାରା ସଂସାରର
ସକଳ ଛଦ୍ମବେଶ ହୀନମନ୍ୟତାରେ
ଏ ନଈରେ ଝାସ ଦେବେ।

କିନ୍ତୁ ନା,
ଢେର୍ ଢେର୍ ହେଲାଣି ମୋ ଜଗିବା
ଢେର୍ ଢେର୍ ହେଲାଣି ମୋ ଖୋଜିବା
ଢେର୍ ଢେର୍ ହେଲାଣି ମୋର
ଛଟ୍‌ପଟ୍ ଭଉଁରି ଭିତରେ
ଘୁରି ବୁଡ଼ି ଉଠି ଆକ୍ତା ମାକ୍ତା ହେବା।

ପବନ,
ତୁ ଯାହାଙ୍କ ଆଦେଶରେ
ଉଡ଼ାଇ ନେଇଛୁ ମୋର ପୁରୁଣା ଲୁଗା
ତାଙ୍କୁ କହିଦେ ଯା',
ମୋ ନାଁରେ ତାଙ୍କର ଯିଏ ଥିଲା
ଏ ଜଣାଶୁଣା ପୃଥିବୀରେ
ସେ ଏଠି ଆଉ ନାହିଁ କେତେଦିନରୁ।

ଏକ ଆକାଶସ୍ପର୍ଶୀ ଅଭିମାନ ଆକୁଳ ହୋଇ
ଜଳୁଚି ଏବେ ଖାଲି ତା ଜାଗାରେ।

■

ଭିଡ଼ର ମୁହଁ

ଗିରିବାଳା ମହାନ୍ତି

ଭିଡ଼ ଭିତରେ ଏକୁଟିଆ ଜନତା
ଏକୁଟିଆ, ଦୈନ୍ୟ, ଅନଟନ
ମହଙ୍ଗା ପେଟପାଟଣା, ରୋଗ, ଶୋକର
ବୋଝର ଜଂଜାଳ
ଭିତରେ ଏକୁଟିଆ ଜନତା।

ଦେହ ଦେହର ଠେଲାପେଲା, ଅନ୍ତରଙ୍ଗ
ଝାଳ ଗନ୍ଧ, ବାଟ କାଟି ଚାଲିବାର ସଂଘର୍ଷ,
ଠେଲିପେଲି ଆଗେଇବାର
ପ୍ରବଳ ପ୍ରତିଯୋଗିତା,
ଗାଡ଼ି, ମଟର, ପେଁ ପାଁ, ଖଟ୍‌ଖାଟ୍
କୁହାଟ, ଚିତ୍କାର, ଗାଳି, ଶ୍ଲୀଳତା,
ଅଶ୍ଳୀଳତା, ଅସିହଷ୍ଣୁତା-
ଭିଡ଼ର ଭିଡ଼। ତାରି ଭିତରେ
ଏକୁଟିଆ ଜନତା ଏକୁଟିଆ।

ମହାମାନ୍ୟ ସହର, ଅହଂକାରୀ କୋଠାଘର,
ସମ୍ଭ୍ରାନ୍ତ ସଡ଼କ, ଉଦ୍ଧତ ନିଅନ ଆଲୁଅ,
ଧୂଳି, ହିଂସା, ରିରଂସା, ଜିଘାଂସା,
ଭିକାରୀ, କୁଷ୍ଠରୋଗୀ, ବେଶ୍ୟା, ମଦ୍ୟପ,
ପାନଶାଳା, ସମ୍ଭ୍ରାନ୍ତ ଦେହଜୀବୀ - ଦେହଜୀବ୍ୟା
ସବୁ ଭିତରେ ସବୁଠି
ଜନତା - ଏକୁଟିଆ ସହସ୍ରର ଭିତରେ
କେହି କାହାକୁ ନ ଚିହ୍ନିଥିବାର ବଡ଼ମ୍ବନା
ଭିତରେ ଏକୁଟିଆ ଜନତା।
ଏକ ପୁଞ୍ଜୀଭୂତ ଅଚିହ୍ନା ନିର୍ଜନତା।

ୟାରି ଭିତରେ ପୁଣି କବିତା !

ପାଗଳ ହେଲ ! !
କବିତା ଲେଖିଲେ ବିପ୍ଳବ ଆସିବ !
ସ୍ୱପ୍ନର ଭାତ ଥାଳିରୁ କ୍ଷୁଧା ନିବାରଣର
ଗ୍ୟାରେଣ୍ଟି ମିଳିବ ?
କବିତା ଚିହ୍ନା କରେଇଦେବ ଖାରବେଳ ନଗରର
ଏକୋଇଶି ନମ୍ବର ଘରର ମଣିଷକୁ
ବାଇଶି ନମ୍ବର ଘରର ଆତ୍ମାସହ ?
ଭିଡ଼ରେ ଜନତାର ମୁହଁ ସ୍ପଷ୍ଟ ହେବ ଯେ ?
ଇଏ ଯଦୁ, ଇଏ ଯାଦବ !
ମୋତେ ଲାଗୁନି !

■

ବୋମା ବି ପାଲଟିଯିବ ଫୁଲଟିଏ

ମନୋରମା ବିଶ୍ୱାଳ ମହାପାତ୍ର

ଆକାଶର ଚିତ୍ରିତ ଛାତିରେ ଅଙ୍କା
ବିସ୍ତୀର୍ଣ୍ଣ ଧାନର କ୍ଷେତ
ଧାଡ଼ି ଧାଡ଼ି ମହୁଲ ଓ କରଞ୍ଜ ଫୁଲର ବାସ୍ନା
ଲମ୍ବା ଲମ୍ବା ତାଳ ଆଉ ନଡ଼ିଆର
ସବୁଜ ପାହାଚ ।

ତାରି ଭିତରେ
ସରଳ ଗାଉଁଲି ମୁହଁଟିଏ
ଓଡ଼ିଶା ମୁହଁ
ଯିଏ ନିତି ଡିବିରି ଆଲୁଅ ତଳେ
ଭାଗବତ ପଢୁଥାଏ,
ସୂତାକୁ ରଙ୍ଗେଇ
ସ୍ୱପ୍ନଠୁ ସୁନ୍ଦର କରି
ସମ୍ବଲପୁରୀ ଶାଢ଼ିରେ
ତା ଇଚ୍ଛାକୁ ରଙ୍ଗ ଦେଉଥାଏ ।

ବେଳେବେଳେ
ଖରାବେଳେ ଧାନକ୍ଷେତ ପରି
ଅତିବେଶୀ ଉଦାସ ଓ ଏକୁଟିଆ
ସବୁ ଅନଟନ ଅଭାବକୁ
ପଣା କରି ପିଇ ଦେଉଥାଏ ।

ଯଦି କେବେ ଆସ ତମେ ଓଡ଼ିଶାକୁ
ଦେଖିବ କେମିତି
ଆକାଶ ନଇଁ ପଡ଼ିଥାଏ
ଆଲିଙ୍ଗନର ମୁଦ୍ରାର
ସବୁଜ ଧାନବିଲ ଉପରେ ।

ଭାବକୁ ନିକଟ ହୋଇ ଈଶ୍ୱର ଆସନ୍ତି,
ସାକ୍ଷୀ ଦେବା ପାଇଁ
ଭକ୍ତର ଡାକରେ ।

ଝୋଟି ଓ ମୁରୁଜ ଅଙ୍କା
ମଗୁଶିର ଗୁରୁବାର
ଶିଆଳିନଟାର ଡୋର
ସବୁଠାରେ ଓଡ଼ିଶାର ଅନ୍ତଃସ୍ୱର
ସବୁଠାରେ ଓଡ଼ିଶାର ମୁଗ୍ଧ ଉଚ୍ଚାରଣ ।

ମୁଁ ଭଲପାଏ ଓଡ଼ିଶାକୁ
ମାଆ ପରି ମହମହ ବାସେ ତାର ଦେହ
ସେ ବାସ୍ନାରୁ ବାରିହୁଏ
ଘେନାଘେନି ଭାବର ବଳୟ ।

ମୁଁ ତ ସାଇତି ରଖିଛି ପିଲାଦିନୁଁ
ମୋ ଚେତନାରେ
ଫକୀରମୋହନ ଆଉ ଗଙ୍ଗାଧର କବିତାର
ଉଜ୍ଜ୍ୱଳ ଅକ୍ଷର ।

ମୁଁ ଭଲପାଏ ମଣିଷକୁ
ଇଚ୍ଛାହୁଏ ବଢ଼ାଇ ଦିଅନ୍ତି ହାତ
ବିଶ୍ୱାସର ହାତ
ମଣିଷ ପାଖକୁ ।

ଫୁଲ ତୋରଣରେ ଯଦି ବୋମାଟିଏ ଖଞ୍ଜିଦିଅ
ଟୁକୁରା ଟୁକୁରା କରି ହତ୍ୟା କରିବାକୁ
ଓଡ଼ିଶା ଆତ୍ମାକୁ
ନିମିଷକେ ସେଇ ବୋମା
ପରିଣତ ହୋଇଯିବ ଫୁଲରେ
ସହୃଦୟତାର
ଏଇ ଓଡ଼ିଶାରେ ।

ଶାଣିତ ହସ୍ତାକ୍ଷର

ସରୋଜିନୀ ଷଡ଼ଙ୍ଗୀ

କେବେ କହିଥିଲି ତତେ
ତୁ ମୁଠାଏ ମଲ୍ଲୀଫୁଲ ବୋଲି ?
ତୁ' ତ' ବୈଶାଖର ରୌଦ୍ରତାପରେ
ଜଳିଜଳି ପାଲଟିଛୁ
ଆଂଜୁଳାଏ ଅଗ୍ନିଫୁଲ।
କେବେ କହିଥିଲି ତତେ
ତୁ ଶିଶିରଭିଜା ସକାଳର
ମୁଠାଏ ନରମ କାକର ?
ତୁ ତା ଶରତର ଶୁଭ୍ରତାରେ
ଭିଜି ଭିଜି ପାଲଟିଛୁ,
ହିମଗିରି ବରଫ ଶୀତଳ।
କେବେ କହି ତ' ନଥିଲି
ତୁ ଆଷାଢ଼ ଆକାଶରେ
ମୁକୁଳା ମେଘର ଏକ
ଗୋପନ ଅଭିସାର ?
ନା ଶେଷତମ ଶ୍ରାବଣର
ସ୍ନିଗ୍ଧ ମେଘ ଫୁଲ ?

ତୋ କଅଁଳ ଆଖିପତା
ତୋ ଭିଜା ପଲକଟିକୁ
ଛୁଇଁଗଲେ ନିଦପରୀ
ତତେ ମୁଁ ଶୁଣାଇ ନାହିଁ
ଝିଅ ମୋର, ନାନାବାୟା ଗୀତ
ତୋର ଅସଜଡ଼ା କେଶକୁ ମୁଁ

ସଜାଡ଼ି ଦେଇଛି ଝିଅ
ଶ୍ୟାମଳ ଶସ୍ତ୍ରରେ
ନରମ ରେଶମ ନୁହେଁ
ପିନ୍ଧାଇଛି ତୋ ଦେହରେ
ସମର ପୋଷାକ !

କେବେ ଦେଖିଛୁ ଝିଅ
ସେ ନିଆଁର ସ୍ଫୁଲିଙ୍ଗକୁ ?
କେବେ ଅନୁଭବ କରିଛୁ
ସେ ଅଙ୍ଗୀକାରର ଆଲେଖ୍ୟକୁ ?
ତୂଳୀ ନୁହେଁ
ନିରୁଦ୍ଧ ନାରୀତ୍ୱର ଚିତ୍ର
ଆଙ୍କିବା ପାଇଁ
ତୋ ହାତରେ ଦେଇଛି
ଝଂଜାର ପ୍ରଳୟ ଝଙ୍କାର
ରକ୍ତରେ କଲମ ବୁଡ଼ାଇ
ପ୍ରୀତିର କବିତା ନୁହେଁ
ଜୀବନର କବିତା ଲେଖିବାପାଇଁ
ତୋ ହାତରେ ଦେଇଛି
ତୋଫାନର ତୀକ୍ଷ୍ଣ ତଲୱାର ।
କଣ୍ଢେଇ ନୁହେଁ
କ୍ରୋଧର କୌମୁଦୀରେ
ଜଳିଜଳି
ତତେ ଧରାଇ ଦେଇଛି
ଶାଶ୍ୱତ ସତ୍ୟର
ଶାଣିତ ହାସ୍ତାକ୍ଷର !!

ଝିଅ ତୁ' କ୍ରାନ୍ତି ଓ କବିତାର
ଏକ ମିଳିତ ଇସ୍ତାହାର !

ତୁ ଯେ ଜୀବନ ଓ ଯନ୍ତ୍ରଣାର
ଏକ ଜ୍ୱଳଂତ ଯୁକ୍ତାକ୍ଷର !
ତୁ ଯେ ସଂଗ୍ରାମ ଓ ସାଧନାର
ଏକ ବିଚିତ୍ର ବିସ୍ଫୋରଣ ! !
କେବେ କହିଥିଲି ତତେ
ତୁ ମୁଠାଏ ମଲ୍ଲୀଫୁଲ ବୋଲି ?
ତୁ ତ ବୈଶାଖର ରୌଦ୍ରତାପରେ
ଜଳି ଜଳି ପାଲଟିଛୁ
ଆଂଜୁଳାଏ ଅଗ୍ନିଫୁଲ ! ! !

ପ୍ରତିମା ବିସର୍ଜନ

ଅମୀୟବାଳା ପଟ୍ଟନାୟକ

ମୁଁ ଦେଖୁଛି ଦର୍ପଣରେ ଆହା ସତେ
କାହା ପ୍ରତିବିମ୍ବ।
ବହୁଦିନୁ ବିସର୍ଜିତ ନିସର୍ଗ ପ୍ରତିମା ଏକ ବିଚିତ୍ର ସୁନ୍ଦର,
ଶୁଣୁଛି ମୁଁ ଅବଲୁପ୍ତ କାହା କଣ୍ଠସ୍ୱର।
ମନେହୁଏ ଆଜି ଏଇ କ୍ଷେଣେ ସତେ କେଉଁ ବେଦର ଓଁକାର ॥

ସେଇ ସତ୍ତା ମଧ୍ୟେ ଥିଲା ପ୍ରିୟ କେଉଁ ବାନ୍ଧବର ସଖ୍ୟ
ସେ ଏକ ନିସର୍ତ୍ତ ମୁହୂର୍ତ୍ତ ସମ୍ମୋହିତ କରିଥିଲା ମତେ
ସେ ଏକ ନିସର୍ଗ ସକାଳର ଆକର୍ଷଣ ବିଚିତ୍ର ବୈଶାଖ !!

ମୁଁ କଣ ସତରେ ଦିନେ ଦେଖିଥିଲି
ବୟସୀ ବସନ୍ତେ
ମୋ ଆତ୍ମାର ବିମଳ ଆଲୋକିତ ମୁଠାଏ ମହକ!
ହୃଦହୀନ ପୃଥିବୀରେ ଜିଣିଥିଲି କାରୁକାର୍ଯ୍ୟ କିଛି ପ୍ରତ୍ୟୟର
ଏବଂ ଅପେକ୍ଷା ମୁଁ କରିଥିଲି
ବିଶ୍ୱାସୀ ଓଠରେ ତା'ର
ଓଦା କରିଦେବ ମୋର
ଦୁଃଖ ଯନ୍ତ୍ରଣା ଗ୍ଲାନିର ଅଜସ୍ର ଅନ୍ଧାର!!
ବିପଦ ମୋ ଆଖି ଆଗେ ନାଚୁଥିଲା ଖାଲି
ଛାତିକୁ ପଥର କରି ବାଟ ଚାଲୁଥିଲି
ଏବଂ ମୁଁ ଏକ ନାରୀ ସୂର୍ଯ୍ୟମୁଖୀ ଥିଲି
ଅନାଗତ ଖୁସି କେତେ ଥିଲା ମୋର ସମ୍ମୁଖରେ।
ପ୍ରତୀକ୍ଷାର ନୌକାଟିକୁ ଏକା ଏକା ବାହି ନେଉଥିଲି
ଦିଗହୀନ ଅନ୍ତହୀନ ମହା ସମୁଦ୍ରରେ!!

ଆଉ କେବେ ଗାଉଥିଲି ଗୀତ
କ୍ଳାନ୍ତ ଶ୍ରାନ୍ତ ଜୀବନର ବିଚ୍ଛନ୍ଦ ସଂଗୀତ !!

ଆଜି ଆଉ ଫୁଲମାନ ଫୁଟେ ନାଇଁ
କଢ଼ି ମଉଳିଯାଏ
ପ୍ରେମର ପ୍ରସ୍ଥାନ ପର୍ବରେ।
ସମର୍ପୁଛି ମାନସିକ ଅର୍ଘ୍ୟ
ମୁଁ ନାରୀ ଓ ପ୍ରସ୍ତରୀ
ଡେଇଁ ସବୁ ବିପଦ ସଂକେତ।

■

ବର୍ଷା

ପ୍ରତିଭା ପଣ୍ଡା

ବର୍ଷା ମାଡ଼ି ଆସୁଛି
ମଦ୍ୟପ ସ୍ୱାମୀ ପରି
ରାତି ଅଧରେ,
କୁହାଟରେ ଥରିଯାଉଚି
କବାଟ, ଘର ଭିତର।
ନିଦ ଛାଡ଼ି ଯାଉଚି
କଅଁଳା ଛୁଆର ॥

କେତେ ଯେ ନିଷ୍ଠୁର...
ବର୍ଷା ଭାଙ୍ଗି ଦେଉଚି
ପିଲାଙ୍କର ବାଲିଘର
ସେମାନଙ୍କ ନରମ ମନରେ
ପିଟୁଚି ପ୍ରହାର ॥

ଦମକା ପବନ
ଦୁଲ ଦୁଲ ପାହୁଣ୍ଡରେ
ଆତଙ୍କିତ କରେ
ଦୁର୍ବଳ ଜୀବନ ॥

ବର୍ଷା ଅଛି ବୋଲି ତ କବିତା।
ବର୍ଷା ଅଛି ବୋଲି ତ ସଦିଚ୍ଛା।
ବର୍ଷା ଅଛି ବୋଲି ତ ଆଶା।
ନଚେତ୍ ଧୂ ଧୂ ମରୁଭୂମି
ସୌଦାଗରର ନଷ୍ଟା ଜୀବନ
ଖାଁ ଖାଁ ବିଲ ଓ ବାଡ଼ିରେ କାଉଳି ମନ
ଆଶଙ୍କା ଓ ଅସଙ୍ଗତିର ଅସୁମାରି ସ୍ୱପ୍ନ ॥

ଅବସୋସ

ବିନୋଦିନୀ ପାତ୍ର

ଥରେ ଖସିଗଲେ
ଓଠରୁ ଶବ୍ଦ
ଡାଳରୁ ପତ୍ର
ଦେହରୁ ସୌଷ୍ଠବ
ଫେରେନା ଆଉ କେବେବି।

ସେ ଶବ୍ଦରେ ପଛେ
ଥାଉ, କାମନା କି ପ୍ରାର୍ଥନା
ସେ ପତ୍ର ହେଉ ହରିତ କି
ହଳିଦିଆ।
ସେ ଦେହ ହେଉ
ଯୌବନରେ ପୁଷ୍କଳ କି
ବାର୍ଦ୍ଧକ୍ୟରେ ଆୟୁଷ୍ମାନ୍।

ଭାରି କଷ୍ଟ
ଯୋଡ଼ି ରଖିବା, ଯୋଡ଼ି ହେବା।
ଭାରି କଷ୍ଟ
ଜଗିବା କି ଜାଗିବା
ଭାରିକଷ୍ଟ
ଭୋଗିବା କି ଭୋଗ୍ୟ ହେବା।

ସବୁକିଛିରେ ଥାଏ
ଏକ ସଂତ୍ରସ୍ତ ଯାତନା ଇହପରର,
ପାପପୂଣ୍ୟର ହିସାବ ନିକାଶ ପାଇଁ ତର୍ଜମା,
ସଂପର୍କରୁ ଖସି
ଅସମ୍ପର୍କ ସହ ବାନ୍ଧି ହେବାର
ଅନାକାଂକ୍ଷିତ ସମ୍ଭାବନା।

■

ଯୋଗିନୀ ଗୀତ

ଅପର୍ଣ୍ଣା ମହାନ୍ତି

ଯୋଗିନୀ ବୁଝିପାରେ
ବାକ୍ ଚତୁରୀ ନୁହେଁ
ଆତ୍ମା ହିଁ ଆତ୍ମା ସହିତ
କଥା କହେ ପ୍ରେମରେ

ଆତ୍ମାର ସମର୍ପଣ ସହ
ସମସରି ହେବ ନାହିଁ
ଆଉ କେଉଁ ଜିଦ୍
ଆଉ କେଉଁ ବିଦ୍ରୋହ
ଆଉ କେଉଁ ଭବ୍ୟତା
ଆଉ କେଉଁ ସତ୍ୟ
ଆଉ କେଉଁ ଆନନ୍ଦ
ବୋଲି ତ,
ସେ, ସେଇ ସମର୍ପଣକୁ
ଲୋଡୁଥାଏ ଅହରହ
ବାହାରେ ଭିତରେ !

ଯୋଗିନୀ ଜାଣେ
ଏତେ ସହଜରେ
କାହାକୁ ମିଳେନାହିଁ
ସମର୍ପଣ ଏଇ
ମୁଗ୍ଧ ଅଧିକାର ।
ଯା'କୁ ତ
କେହି କାହାକୁ ଦିଏ ନାହିଁ
କେହି କାହାଠୁଁ ନିଏ ନାହିଁ

କେଉଁ ଆରୋହଣ
କେଉଁ ଅବରୋହଣରେ
ଏହା ସାବ୍ୟସ୍ତ କରିହେବ
ସେ ନିଷ୍ପତ୍ତି
କେବଳ ପ୍ରୀତିର...।

ଅନ୍ତର କନ୍ଦରେ
ଜଗାଇ ପ୍ରିୟତମର
ଅଲୟ, ଅଥୟ ମୂରତି
ନେତ୍ର କପାଟ ରୁଦ୍ଧ କରେ
ସ୍ତନକଗ୍ରେ କେଳି-କଦମ୍ବ
ଯୋନିରେ ସହସ୍ର ଦଳ
ପଦ୍ମଟିଏ ଫୁଟାଇବା ପରେ
ଯୋଗିନୀ କଣ୍ଠରୁ
ସ୍ୱତଃ ନିବସୃତ ହୁଏ
ଯେଉଁ ଅନବରତ, ଅର୍ଥଶୂନ୍ୟ
ସମ୍ଭୋଗ-ସମ୍ଭାଷଣ।

ସେଇ ତ
ଅଳି ଗୁଞ୍ଜନ
କୁହୁତାନ
ମେଘ ଗର୍ଜନ
ବଂଶୀସ୍ୱନ
ଆଉ ଆଦ୍ୟାନ୍ତ
ଓଁକାର...।

କେହି ବୁଝିପାରନ୍ତି ନାହିଁ
ଯୋଗିନୀର

ପ୍ରଗଲ୍‌ଭତା
ପ୍ରଗଲ୍‌ଭତାରେ କେତେ ନୀରବତା
ନୀରବତାରେ କେତେ ପ୍ରଗଲ୍‌ଭତା ।

କାହାର ଅଙ୍ଗୁଳି ଛୁଆଁରେ
ତା' ଦେହବୀଣାରେ
ଛାଏଁ ଛାଏଁ ସୁର ତୋଳେ
ଆତ୍ମ ମିଳନର
ଦିବ୍ୟ-ଅଶ୍ରୁତ-ଝଙ୍କାର... ।

ସଚିତ୍ର ଋତୁ

ଅନ୍ନପୂର୍ଣ୍ଣା ମହାନ୍ତି

ସବୁଦିନର ପ୍ରତୀକ୍ଷାରେ
ଦିନେ ଦିନେ ପୂର୍ଣ୍ଣଚ୍ଛେଦ ପଡ଼େ,
ଦେହକୁ ଲାଗି ଛିଡ଼ାଥିବା
ନିରାଶକୁ ଠେଲିଦେଇ
ସଜ କଅଁଳ ଆଶାଟେ
ଛାତିରେ ଥନ ଖୋଜେ।

ବିକ୍ଷିପ୍ତ ଚିନ୍ତା ଚେତନାକୁ
ଠୁଳୀକୃତ କରି
ଇଚ୍ଛା ଖୁନ୍ଦିହୋଇ
ଜଡ଼େଇ ଥରେ।

ତମ ସ୍ୱରରେ
ଏତେ ପୂର୍ଣ୍ଣତା ଥାଏ ବୋଲି
ବିଶ୍ୱାସ ହୁଏନା,
ବିଶ୍ୱାସ ହୁଏନା,
ଜାଣିଲା ପରେ
ମୁଁ ଆକାଶେ ଉଡ଼େ
ମେଘକୁ ଛୁଏଁ
ଭସା ବାଦଲରେ
ଲୁଚକାଳି ଖେଳେ
କାପାଳିକର ଇଚ୍ଛାପରି
ଯାହା ଚାହେଁ, କରେ।

ମୁଁ ଜାବୁଡ଼ି ଧରି ରଖିବି ସ୍ୱର
ଗୋଟେଇ ମୁଠେଇ ନେବି

ପିଛିଲା ଦିନର
ଧୂଳିଖେଳ, ମିଳାମିଶା
ଠେଲାପେଲା, ରାଗରୁଷା
ବେଣୀ ଝଙ୍କା, କାନି ଟଣା
ଏ ସୌଭାଗ୍ୟ କାହିଁ ମୋର ?

ଏମିତି ଖାଲି ତମେ
ଥରେ ଥରେ ଦିଶୁଥିଲେ
ଶୁଭୁଥିଲେ ତମ ସ୍ୱର
ଦୂରରୁ କି ଅଦୂରରେ
ଏଇପରି ନିର୍ଜନ ଖରାବେଳେ
ମୋ ସିନ୍ଦୂର ଜଳୁଥିବ
ମଥାରେ ତ
ପଣେତ ବାନ୍ଧିଥିବ
ତମର ଲମ୍ବା ଆୟୁଷ ବିଶ୍ୱାସରେ ।

ଆଉ କିଛି ଥାଉ କି ନ ଥାଉ
ଭୟ କ'ଣ ?
କିଏ ଏଠି କାହାକୁ ପଚାରେ !

■

କବିର କପାଳ

ଅନ୍ନପୂର୍ଣ୍ଣା ନନ୍ଦ

ଅନୁଭବର ଅନ୍ତଚିରି
ବେଦନାରେ ଜୁଡ଼ୁବୁଝୁ
ଶବ୍ଦ କେତୋଟି
ପଡ଼ିଲେ ଉତୁରି
ଚେତନାର ନାଭିକେନ୍ଦ୍ରରୁ
ସଜେଇ ଦେଇ
ଭାବ ଓ ଭାଷାରେ
ନିରେଖିଲି ତାର
ଅପୂର୍ବ ଛଟାକୁ
କିଛି ଗୋଟେ
ଛାଡ଼ିଗଲା ପରି
ଲାଗୁଥାଏ
ହାତରେ କଲମ ଧରି
ମନେ ମନେ
ଶବ୍ଦର ଭଣ୍ଡାରରୁ
ବାଛି ବାଛି କିଛି ଶବ୍ଦ
ଯୋଡୁଥାଏ
ଗଢୁଥାଏ, ଭାଙ୍ଗୁଥାଏ
ପୁଣି ଗଢୁଥାଏ;
ତୃପ୍ତି ନଥାଏ;
ଅଧାଗଢ଼ା ଦିଅଁ ପରି
ମୋ ଆଖିରେ ନାଚୁଥାଏ
ଆଉ ମୁଁ

ଅସହ୍ୟ ଯନ୍ତ୍ରଣାରେ
ଛଟପଟ ହୋଇ
ଆତ୍ମଗ୍ଲାନିରେ କବିର କପାଳକୁ
ନିନ୍ଦୁଥାଏ।

■

ତୁ ଥରେ ଫେର ହ' ତ କବି

କବିତା ପ୍ରତିହାରୀ

କ'ଣ ସେଇ କବି ସତରେ,
ଅପରୂପ ଭଙ୍ଗୀରେ ମେଲେଇଚୁ ନିଜକୁ ଆକାଶ ସାରା
କି ଅଭିନବ ଛନ୍ଦରେ ଖେଳେଇଚୁ ନିଜକୁ ନଈର ଗୀତରେ
କି ଅପୂର୍ବ ଶ୍ୟାମଳିମା ବିଛେଇ ଦେଇଚୁ ଶ୍ରାବଣ
କ୍ଷେତରେ !

କି ଗୀତ ଗାଏ ସେ ନଦୀ
କ'ଣ କହେ ସେ ଅସ୍ଥିର ଡେଣାର ପକ୍ଷୀ
ଯିଏ ଉଡ଼ି ଉଡ଼ି ଧୂସର ରଂଗର ଢାଲୁ ପାହାଡ଼
ପଛରେ ଲୁଚିଯାଏ, ଢେମାପଥର ସନ୍ଧିରୁ
ପ୍ରାଣପଣେ ବଞ୍ଚିଉଠୁଥିବା କଅଁଳ ପତ୍ର ମୁକୁଳର
ବ୍ୟାକୁଳ ଆକାଂକ୍ଷାରେ ।

ଏ କାହାର ଅତ୍ୟୁଜଳ ସ୍ନେହର ଆଲୋକ ମାଆ ପରି
ରେ କବି ? ଯିଏ ଆସ ସରାଗ କାନିରେ
ପୋଛିପାଛି ଦିଏ କ୍ଲାନ୍ତ ମୁହଁମାନଙ୍କୁ -
ଆଶ୍ୱାସିଯାଏ ମନ,
ପୂରି ଯାଉଥାଏ ପେଟ
ଉଛୁଳି ଉଠୁଥାଏ ହୃଦୟ ।

ଝରକା ସେ ପାଖେ ଏ କାହାର ଅପହଞ୍ଚ ହାତ
ରୋଗବାଧିକାରେ ପଡ଼ିଥିବା ଛୁଆପାଇଁ
ମଲାମାଆର ଅଦୃଶ୍ୟ ଆଶିଷ ପରି
ଛାତି ଅନୁଭବି ଯାଏ, ଛୁଇଁଛୁଇଁ ହୁଏ ନାଇଁ ପରା !

ଏ କେଉଁ ଶବ୍ଦର ଲୁଚକାଳି ଖେଳ !
ତୁ ଥରେ ଫେର ହ'ତ କବି

ଅସଲ ଶବ୍ଦକୁ ଖୋଜି ଦେଖେ
ଅସଲି ଭାବକୁ ପରଖିନେ
କାହା ବାଡ଼ିର କଅଁଳ କଖାରୁଡଙ୍କ ଆଗରେ
କି ଢେଙ୍କିଶାଳର ଅଧାକୁଟା ଚାଉଳ ବାସ୍ନାରେ
ପାଳଗଦା କଡ଼ର ବାଲିଛତୁର ଉଚ୍ଛବରେ
କି ଆଖୁକିଆରୀର ଗହଳ ନେଳି ରଂଗରେ
କାହା ପୁଅର ଦାଦନ ନ ଫେରିବା ବେଳ
କି କାହା ଝିଅର ଯଉତୁକ ନିଆଁ ଧାସରେ
ନଳିତା ଗଛର ଘନସବୁଜ ରଂଗର ବିଶ୍ୱାସରେ
କି ନଙ୍ଗର ଭିଡ଼ା ଆଶ୍ୱସ୍ତ ଡଙ୍ଗାର ପଛପଟ
ଧୋଇ ଛୁଇଁ ଯାଉଥିବା ଫେଣଫେଣ
ଲହରୀରେ ସେ ଲୁଚିଚି
ଧରି ଆଣ ତ ଥରେ !

ଯୁଦ୍ଧକ୍ଷେତ୍ର

ଶାନ୍ତି ମହାନ୍ତି

ମୁଁ ଜାଣୁଛି ଅମାପ ଲାଗୁଥିବା ସମୁଦ୍ର
ଏଠି ବିନ୍ଦୁ ହୋଇଯାଏ।
ଦିଶୁଥିବା ସବୁ ଶ୍ୟାମଳ ବିଶ୍ୱାସରେ
ବାଲି ଚରିଯାଏ।

ବେଳେବେଳେ ଅବାକ୍ ଲାଗେ
କେହି ଥିଲା ପରି ଦିଶେ
ଅଥଚ ଶବ୍ଦ ଶୁଭୁନାହିଁ,
କେଉଁଠି ସଂପର୍କ ହଜେଇ ଦେଲି
ଜାଣିପାରୁ ନାହିଁ
ନିଶୂନ୍ ଜହ୍ନରାତିର ଗାଲିଚରେ
ନା କଣ୍ଟାର ତୋରଣ ଏ ପାଖେ ?
ସବୁଠି ତ ତୁମେ ଥିଲ, ଜାଣିଥିବ।
ଖାସ୍ ମିଛ କିଛି ନଥିଲା ମୋ ଆସିବାରେ।
ତେବେ ଖାଲି ହାତ, ଖାଲି ପାଦ ଓ ଶୂନ୍ୟ କପାଳ,
ଦୁଇଟି ସୁନ୍ଦର ଆଖିରେ ମୁଁ ସବୁ ଦେଖିଥିଲି।

ଏପାଖରୁ ସେ ପାଖ।
ହିରଣ୍ମୟ ଏକ ସକାଳ ଓ
ଅନ୍ଧାର ଫେଣୋଉଥିବା ରାତି।
ତେବେ ବି ମୁଁ ବିସ୍ମିତ ଥିଲି
ମୋ ନିଜ ଇଚ୍ଛା ପାଇଁ
କାହିଁକି ସରିଯାଉଛି ସକାଳ
କାହିଁକି ଆସି ଯାଉଛି ରାତି ?
ଯେଉଁ ଦିନ ଅନାବଶ୍ୟକ ଅନ୍ଧାର ଖଳାରେ
ଝୋଟି-ପକା ଜହ୍ନର ପାହାଚ ଦେଖିଲି

ଭାବିନେଲି ଅନ୍ଧାର ରହିଲେ ଭଲ।

ସେତେବେଳକୁ ରିପୁମାନଙ୍କ ଷଡ଼ଯନ୍ତ୍ର
ଆରମ୍ଭ ହେଲାଣି।
ମୋ ଯୁଦ୍ଧ କ୍ଷେତ୍ରରେ ନିୟତି ନିରସ୍ତ୍ର ହେଲେ ବି
ମୋର ଦୁଃଖ ନ ଥାଏ।
ମୁଁ ଯେଣୁ ମନରେ ବଞ୍ଚିବାକୁ
ଶ୍ରେୟ ମଣୁଥାଏ।

ଏତେବେଳେ ଯାଏ ସବୁ ଠିକ୍ ଥିଲା
ସମସ୍ତେ ଯୁଦ୍ଧ କଳାପରି ଦିଶୁଥିଲେ।
ପ୍ରାୟତଃ ଉଭେଇ ଯାଇଥିଲା ପ୍ରେମ,
ମୃତ୍ୟୁକୁ ଆଲିଙ୍ଗନ କରିବାର ବିଭୋରତା
ସମସ୍ତଙ୍କୁ ଗ୍ରାସିଥିଲା ଯେଣୁ।

ଏତିକିବେଳେ ମୁଁ ଯୁଦ୍ଧ ନ କରିବାର
ନିଷ୍ପତ୍ତି ନେଇ ମଧ୍ୟସ୍ଥଳେ ଠିଆ ହେଲି।
ନିରସ୍ତ୍ର ନଥିଲି।
ପର୍ବତାକାର ଅଭୟ ମୁଦ୍ରାରେ
ଶାନ୍ତ ଦିଶୁଥିଲି,
ପୃଥିବୀର ସବୁ ବିନ୍ଦୁରୁ ଯଦି
ଶରବ୍ୟ ହେବାର ଶବ୍ଦ ଶୁଭୁଥାଏ
ତଥାପି ମୁଁ ଠିଆ ହେବି।

ପ୍ରେମର ସ୍ଫୁଲିଙ୍ଗ ନେଇ
ହୃଦୟରେ ବଞ୍ଚିବା ଶିଖିବି।

ନବଗୁଞ୍ଜର

ରଂଜିତା ନାୟକ

ଆଜି ପୁଣି
ଏ କେଉଁ ନୂଆ ରୂପ ତୋର
କେଉଁ ଭିନ୍ନ ବେଶ ?
ଅଚିହ୍ନା ଲାଗେ
ହାତ, ଗୋଡ଼, ପୁଚ୍ଛ, ଥଣ୍ଟ ଓ ମସ୍ତକ
ନଅଜଣଙ୍କର ରୂପ ନବଗୁଂଜର ।
କାହିଁକି ବା ଏ ଛଦ୍ମବେଶ ତୋର ?
କେଉଁଥିପାଇଁ ଏତେ ଧାର ଉଧାର
ଆକାଶରୁ ମାଟିଯାଏ ସଭିଙ୍କ ଦ୍ୱାରସ୍ଥ ।
କାହାର ଷୋଳ ଅଣା ଅଧିକାର
ସାବ୍ୟସ୍ତ କରିବାକୁ ଯାଇ
କେତେବେଳେ ଆଗେ ଆଗେ ତ
କେତେବେଳେ ପଛେ ପଛେ
କେବେ ପୁଣି କରେ କରେ ଚାଲୁଛୁ ତୁ
ସବୁ ଦେଖି ଅଦେଖା ଭାବରେ ।

କୁଞ୍ଚପକା ପାପର ପାହାଡ଼କୁ ଡେଇଁ
ଦରପୋଡ଼ା ଶାଳବତାରେ
ଏକୁଟିଆ ନାଚି ନାଚି ବୁଲୁଛୁ ତୁ
କହ କହ ସେ କେଉଁ ଅର୍ଜ୍ଜୁନ ପାଇଁ ?

ସେ କେଉଁ ଅର୍ଜ୍ଜୁନ ପାଇଁ
ମିଶିଯାଉଚୁ ଅନ୍ଧାରରେ ଅନ୍ଧାର ହୋଇ
ଗଛତଳର ଆଣ୍ଠିଏ ବହଳ ପତ୍ରରେ
ହଜିଯାଉଚୁ ଛୋଟ ମଂଜିଟିଏ ପରି ।

ଅନାବଶ୍ୟକ ଆଜି ସେ ସବୁ।
ଆଉ ନିଜକୁ ଲୁଚନା
ଫେରିଆ।
ସବୁ ଛଦ୍ମବେଶ
ଓ କଷଟି ପଥରକୁ ଫିଙ୍ଗିଦେଇ
ନିଜରୂପରେ ଉଭା ହୋଇଯାଆ
ସ୍ଥିର ହୋଇ ଦେଖ
ତୋ ସାମ୍ନାରେ
କେମିତି ଆସୁଛି ଢେଉ ଗୋଟି ଗୋଟି
ଓ ବେଳାଭୂମି ପାଦ ଚୁମି ଚୁମି
ବାରବାର ଫେରିଯାଉଚି
ସବୁକୁ ଅସ୍ୱୀକାର କରି
ନିଜସ୍ୱ ଭଙ୍ଗୀରେ।

■

ସ୍ୱୟମ୍ବରା

ପ୍ରତିଭା ପରିଡ଼ା

ମତେ ଛୁଅଁନି...
ଲାଜକୁଳୀ ଲତାଟେ ମୁଁ
ବେପଥୁ ରୋମାଞ୍ଚରେ...
ମତେ ଅଟକାଅନି,
କୂଳ ଲଙ୍ଘି ଧାଉଁଥିବା ପ୍ରଗଲ୍‌ଭା ନଦୀ ମୁଁ,
ବିଭୋର ସାରାକାଳ,
ଅନନ୍ତ ଆଲୋକର ଜୁଆରରେ...

ମାଟିର ଉଷ୍ମାକୁ ଆଲିଙ୍ଗନ କରୁକରୁ
ହଠାତ୍ ଫିଟି ପଡୁଛି ମୁଁ,
ଉଦ୍‌ଭିନ୍ନ ସମ୍ଭାବନାର ଐଶ୍ୱର୍ଯ୍ୟରେ-
ସକଳ ସଂଘାତ, ଦର୍ପକୁ ବିଦୀର୍ଣ୍ଣ କରି
ମୁଁ ସ୍ୱୟମ୍ବରା
ମୋ ଉଦାତ୍ତ ଔଦାର୍ଯ୍ୟରେ...
ତିତିକ୍ଷା ଆଉ ମଧୁର ପ୍ରେମକୁ
ରଙ୍ଗ ଦେବାର ନିଝୁମ ଉଲ୍ଲାସରେ
ମୁଁ ମହକି ଯାଉଛି ଆର୍ଦ୍ର ବିଶ୍ୱାସରେ-
ମୋ ଗର୍ଭରେ
ସାରା ବ୍ରହ୍ମାଣ୍ଡକୁ ସାଇତିବାର ଅଭିମାନର
ମୁଁ ତଲ୍ଲୀନ ହୋଇପଡୁଛି
ଏକ ଦିବ୍ୟ ଆବେଶରେ...

ମୋ ବରଦ ଅଭୟ ସ୍ପର୍ଶ
ଏ ପୃଥ୍ୱୀର ପ୍ରୀତିପର୍ବା ଅଧିବାସର-
ମୁଁ ଶିହରି ଉଠୁଛି
ସୃଷ୍ଟି ସମ୍ଭବା ଯନ୍ତ୍ରଣାର

ମୁଗ୍ଧ ଆର୍ତ୍ତନାଦରେ...
ଦେଖ !
ମୁଁ ସ୍ୱୟଂଭୂ ପାଲଟି ଯାଇଛି ଏବେ
ଏକ କୋମଳ ଅଙ୍ଗୀକାରରେ-

■

ଦୂତି

ମୀନାକ୍ଷୀ ଦେବୀ

ଅନାବଶ୍ୟକ ମନେ ହେଲେ ବି, ଅନେକଙ୍କ ପାଇଁ
ନାୟକ ନାୟିକା, ଖଳନାୟକ ଓ ଖଳନାୟିକା
ଅଥବା ମନୋରଞ୍ଜନର ସାଧନ ପ୍ରକାରେ
ମୁଁ କେତେବେଳେ ସଖୀ, ଦୂତୀ ଅବା ନଟନଟୀ
ମାନଭଞ୍ଜନରେ, ସମବେତ ନୃତ୍ୟରେ
ମୁଁ ପୁଣି ଲୋଡ଼ା ହେବି, ଏକ ନୁହେଁ, ଦୁଇ ନୁହେଁ
ପୁରାପୁରି ପଣେ। ଅର୍ଥାତ୍ ମଣ୍ଡପଟି ପୁରୁଥିବା ଭଳି।
କେଉଁ ଯୁଗରୁ ମୁଁ ନାହିଁ ? ବା ନଥିଲି ?
ବର୍ଷପରେ ବର୍ଷ ଅନେକ ବିତିଲା
ଯୁଗ ପରେ ଯୁଗ ଅନେକ କଟିଲା
ଦର୍ଶକର ଆଖି ଅବା ଚିତ୍ରଉତ୍ତୋଳନକାରୀ
ସେଇ କ୍ୟାମେରାଟି ମୋ ଦେହେ ସଦାବେଳେ
ତେରେଛା ପଡ଼ିଲା।

'ଶ୍ରେୟ' ସ୍ଥଳେ 'ହେୟ' ହେଲି
ଏଣୁ ଆଜି ବାଧ୍ୟ ହେଲି
ନିଜ ମୁଖା ନିଜେଇ ଖୋଲିବି
ପ୍ରଶଂସା ମୋ ନିଜ ମୁହେଁ ଗାଇ ଶୁଣାଇବି।

ହେ ନାଟ୍ୟକାର !
ହେ କାବ୍ୟକର ! କବି ଓ ଭାବୁକ !
ଏ ଭାବନା କିଏ ଦେଲା ?
ଏ ଶ୍ରେଣୀ, ମୋ ସ୍ୱରୂପ କେମିତି ଚିନ୍ତିଲ

ଲେଖନୀରେ ଫୁଟ ଦେଲ
କିନ୍ତୁ
ଚିରକାଳକୁ ଉପେକ୍ଷିତାର ମାଳାକୁ ପିନ୍ଧାଇ
ଏଇମିତି ମୋ ବପୁ ସଜାଇ
କ'ଣ ଅବା ବାହାଦୁରୀ ନେଲ ?

■

ଗାନ୍ଧି, ମହାମୁକ୍ତିର ମୂର୍ଚ୍ଛନା

ଦୀପ୍ତି ଦାସ

ଯଦି କେହି ଖୋଜୁଥିବ ଆଜି
ଅସ୍ତ ଜହ୍ନ ଆଲୁଅରେ
ଅସ୍ଥିର ଅସ୍ତିତ୍ୱ
ଢାଳିଦେଇ ମନର ମହମ
ଅତୀତର ଅଙ୍ଗାରକୁ ଆଉଟି ଆଉଟି
ମଶାଣି ମାଠିଆର ଶୂନ୍ୟ ମଣ୍ଡପରେ
ଶୂନ୍ୟବାଣୀ ହେଉଥିବ
ଫେରିଯାଅ ଫେରିଯାଅ ପାର୍ଥ
ତୁମରି ସାଥୀର ସାରଥି 'ଗାନ୍ଧି' ଆଜି
ଶାୟିତ, ସ୍ଥାପିତ ସମୟର ଶିଳାଲିପି
ଶିଆଳି ଲଟାର ସବୁଜ ରକ୍ତରେ
କେଉଁ ରକ୍ତ କେଉଁ ମାଂସ
କେଉଁ ମନ କିପରି ହୃଦୟ
କେଉଁ ଅସ୍ଥି ଧରିଥିଲା ତାଙ୍କୁ
ସତେଅବା ଆକାଶଟା ଭାଙ୍ଗିପଡ଼େ ସେ ଛାତିର
ପଞ୍ଜରା ହାଡ଼ରେ
ଖୋଲିଯାଏ ଗହନ ଗାନ୍ଧାରୀ ଗୁହା, ସହସ୍ର କବାଟ
ଗାନ୍ଧିବୋଲି ନିଃଶବ୍ଦ ଶବ୍ଦରେ
କେଉଁ ଯୋଗମାୟା କଳ୍ପତୂଳୀ
ଅମୃତ ସୃଜନୀ
ଜୀବନକୁ କରିଦେଲା
ଆଲୁଅର ଅନନ୍ତ ନିର୍ଝର, ପୁଣି
ଅନ୍ଧାରକୁ ଅମୃତ ଅନଳ
ସତେକି ସେ ଭରତ ଅବା

ନିଜେ ହିଁ ଭାରତବର୍ଷ
ତପୋବନେ ତାପସୀର
ମହାପୁଣ୍ୟ ଫଳ...।

ଯଦି କେହି ଖୋଜୁଥିବ ଆଜି
ସେ ଅସ୍ଥିର ଅସ୍ତିତ୍ୱ
ଦିନର ଅନ୍ଧାର ତଳେ
ଢାଳିଦେଇ ରକ୍ତର ଦୀପାଳି
ମଧୁଗଙ୍ଗା ଧରଣୀର ଧାରେ
ବିନ୍ଦୁ ବିନ୍ଦୁ ଗଙ୍ଗା ହିଁ ତ ଗାନ୍ଧି
ହିମାଦ୍ରିର ଗର୍ଭଗୃହ ଭେଦି
ଛଳଛଳ ଉଚ୍ଛଳ ଧାର
ମିଶିହୁଏ ମହାସିନ୍ଧୁ
ମାଟି ମନ୍ତ୍ରେ ନିୟତ ମନ୍ତ୍ରିତ
ଖଣ୍ଡ ଖଣ୍ଡ ଇଟାଖଣ୍ଡ ଇତିହାସ
ଭଙ୍ଗା ଭୂଗୋଳଥାଳ
ଶାନ୍ତି ଓ ସମତାରେ ଯୋଡ଼ିବାରେ
ମଧୁମନ୍ତ୍ରେ ନିୟତ ମନ୍ତ୍ରିତ...।

ଅହିଂସାର ଅକ୍ଷୟ ତୂଣୀର ଆଜି
ଅଭିମନ୍ୟୁ ପରି
ଅଭିଶପ୍ତ ଅପରାଧ ବନେ
ଚକ୍ରବ୍ୟୂହ ଭେଦପାଇଁ
ମହାତ୍ମାଙ୍କ ଧୋତି କୁଞ୍ଚ ଧରେ
ପୁଣି ଏକ ମହାମୁକ୍ତି ପାଇଁ
ସେ ଅସ୍ଥିର ଆତ୍ମା ଆଜି
ଭାରତର ଭାଗ୍ୟରେଖାପରେ
ତ୍ରିରଙ୍ଗାରେ ରଙ୍ଗାୟିତ କରେ...।

■

ଶବ୍ଦ

ସୁକାନ୍ତି ନନ୍ଦ

ଯେଉଁଦିନ ଶପଥ କଲି ପାଟି ଖୋଲିବିନି
ସେଇ ଦିନଠୁ ମୁଁ ମୂକ... !

ଶବ୍ଦ ମାନେ କବର ନେଲାବେଳେ ଖୁବ୍ କାନ୍ଦିଥିଲେ,
ପିଠି ଥାପୁଡ଼େଇ କହିଥିଲି, ଇଏ ବି ଗୋଟେ ମୋଡ଼
ମଉକା ମିଳିଛି, ଥରେ ତଉଲି ଦେଖ
ବଞ୍ଚିବା ପାଇଁ ଲୋଡ଼ା ନିରବତା ନା କୋଳାହଳ !

କାହାକୁ ବା ମୁଁ ଚିହ୍ନିଥିଲି,
ସବୁଶବ୍ଦ ଲୁହ ଦୀର୍ଘଶ୍ୱାସ ତ
ଛୋଟ ଛୋଟ ଅଂଶ ମୋ ପାଇଁ ଥିଲେ
ହେଉ ଶୂନ୍‌ଶାନ କି ହୋହଲ୍ଲମୟ,
ଅସନ୍ତୋଷର ବୃତ୍ତ ଭିତରେ ଘୂରି ଘୂରି
କାଳେ କାଳେ ରଚୁଥିଲି, ଏକା ଅଭିନୟ !

ପଚାରୁଥିଲି ଆତ୍ମାକୁ କାହିଁକି ଟେଳାଏ ମାଟିଭଳି
ଗଡୁଛି ମୁଁ ଏଠି ସେଠି
ବାର ଗୋଇଠା ଖାଇ ସହୁଛି ବୋଝ ବୋଝକଷ୍ଟ
ନିଜର କ୍ଷତର କ୍ଷରିତ ରକ୍ତ ନିଜେ ପିଇ
ଅସ୍ତ୍ର ଧରିପାରୁନି କେବେ ସହଜରେ,
କାହା ବିପକ୍ଷରେ !

ସ୍ପଷ୍ଟ କରି କହିପାରୁନି, ମତେ ଶୁଭ୍ର ସକାଳଟଏ ଦିଅ
ଅନ୍ଧାର ମତେ ଗୋଡ଼ଉଛି, ଏକ୍‌ଲା ଛାଡ଼ିଦିଅନା
ରାସ୍ତାକୁ
ପଛରେ ଭୋକିଲା ଆଖି ମାନଙ୍କର ଭିଡ଼,
କାଗଜ ଡଙ୍ଗାଭଳି ଭସେଇଦିଅନି ମତେ

ଓଳିତଳ ପାଣିରେ ଜାକିହେଇଯିବ
ମୋ'ର ଅବଶିଷ୍ଟ ଭାଗ୍ୟ !

କେତେ ସହିଥାନ୍ତେ ନିଉଛୁଣା ଭାବ
ବିଦାୟ ନେଲେ ନିର୍ଦ୍ଦେଶ ଶବ୍ଦମାନେ
କହିଲେ ମୁକ୍ତକର–
ଆମେ କରୁଛୁ ଆମ ନିଜ ଆତ୍ମ ସଂସ୍କାର ।

ଶୁଣିପାରୁନ, ଗର୍ଭଭିତରୁ
ସେମାନଙ୍କ ହୃଦଥରା କାନ୍ଦଣା,
କେଜାଣି ଏବେବି ହୁଏତ ଅତୃପ୍ତ ସେମାନେ
ଅକ୍ଷରକୁ ବାରୁଦ କରି
ଗୁପ୍ତରେ ତିଆରୁ ଥିବେ ବୋମା ।

■

ସମୁଦ୍ରକୂଳ-୧୧

ଜ୍ୟୋତିର୍ମୟୀ ସାହୁ

କୁହୁଡ଼ିରେ ସବୁ ଏକାପରି ଦିଶେ,
ବୁଭୁକ୍ଷୁ ଗେଣ୍ଡାଳିଆର ଖୋଲାପକ୍ଷ
କିମ୍ବା ବୁକୁଭରା କଳ ବୋହିଆଣୁଥିବା
ପ୍ରାଣୋଚ୍ଛ୍ୱାସ ଭରା ମେଘଖଣ୍ଡ :
ଅବା ହାତରେ ଭଙ୍ଗାକାତ ଧରି
ବେପରୱା ଧୀବରର ପିଲାଳିଆମି ।

ନାଲିରଙ୍ଗର ସ୍ୱାର୍ଥ କୁହୁଡ଼ି ଝଦରତଳେ
ନିଆଁ ଗଦାଏ ପରି ଚମକୁଥାଏ ଆକାଶରେ
ଧୂଆଁ ସଞ୍ଚରିଥାଏ ଦଶଦିଗ ।
ଧୂଆଁରେ ଆଦିଗନ୍ତ ଘୋଟିଘାଟି
ସଂସାରର ରାସ୍ତାଘାଟ ଅଦୃଶ୍ୟଦିଶେ
ଦୃଷ୍ଟିବନ୍ତ ଲୋକମାନଙ୍କ ସାମ୍ନାରେ ।

ଆମର ଜନ୍ମଜାତ କର୍ମ ସବୁ
ଏମିତି କୁହୁଡ଼ିଆ ପଛପଟୁ ।
ପିଲାଦିନେ ଝଟଶାଳୀ ନଯିବାକୁ
ଜିଦ୍‌କରି ଜ୍ୱରର ବାହାନା କରିବା,
ଅବା ଉନ୍ମାଦ କୈଶୋରରେ
ନଈକୂଳରେ ଲୁଚିବସି
ଷୋଡ଼ଶୀର ଗାଧୁଆ ଦେଖିବା;
ଏତେ ସବୁ ଅପ୍ରଚ୍ଛନ୍ନ କୁହୁଡ଼ିଆ କଥା
ଭୁଲ୍‌ଟାଏ ହୋଇଗଲା ପରି
ଜୀବନର ଅପରାହ୍ଣରେ ବସି
ବେଳାଭୂମିରେ ଖରା ପୋଉଥିଲାବେଳେ
ବିବ୍ରତ କରିପକାଏ ସାଆନ୍ତଙ୍କୁ ।

ଢେଉ ଚହଲାରେ ଫେରୁଥାନ୍ତି
ରାତିରେ ନିଖୋଜ ହେଇଥିବା
ଭଙ୍ଗାଦଦର ନାଆ ସବୁ
ଘନଘୋର କୁହୁଡ଼ିରେ
ଶେଷ ପାହନ୍ତିର ଫେରନ୍ତାତାରାକୁ
ବାଟ ମିଳେନି ଅଦୃଶ୍ୟ ଆକାଶର
ଧୂଳିମାୟାରେ ।

ଛିଣ୍ଡା କାଗଜ ଖଣ୍ଡେପରି
କଳୁଥାଏ ସମୟର ଦେହ
ସମୁଦ୍ରର ଡଷ୍ଟବିନ୍ ଦାଢ଼ରେ ।
ଧୂଆଁସବୁ ନୂଆ ବିଧବାର କୋହ ପରି
ଚକ୍କରକାଟି ଅସହାୟ ପୁଣି ଫେରିଆସନ୍ତି
ସମୁଦ୍ରର ପଣତ ଧାରକୁ ଭିଜେଇବା ପାଇଁ ।

ସମୟର ଝେରାବାଲିରେ ଗୋଡ଼ ପୋତି
ଏକେଲା ସମୁଦ୍ରର ଦୀର୍ଘଶ୍ୱାସର କୁହୁଡ଼ି
ସରଗରମ କରି ରଖିଛି ଦ୍ୱିପ୍ରହର
ଦୂର ଚକ୍ରବାଳର ଅଦୃଶ୍ୟ କୋଠରି କାନ୍ଥକୁ ।

ବୁଢ଼ା ଭ୍ରମଣକାରୀଟିଏ ପହଁରିବାକୁ
ଯାଇଥିଲା ପାଣି ଭିତରକୁ,
କୁହୁଡ଼ିରେ ବଣାହେଇ ଫେରନ୍ତା
ଲହରୀକୁ ଆଉ ଚିହ୍ନି ପାରିଲା ନାହିଁ ।
ଉଷ୍ଣଆର୍ଦ୍ର ସ୍ରୋତ ସବୁ ଦୁଃଖସୁଖପରି
ହାବୁକା ଖାଉଥିବା ପରମାୟୁର
ହିମଶୈଳ ଝରିପଟେ
ଚକ୍କର କାଟୁଥାନ୍ତି ଅହରହ;
ତାକୁ ବୁଲେଇଚଳେଇ ଆକ୍ତାମାକ୍ତା ପରି
ସମୁଦ୍ରର ତଳଭାଗରେ ଫିଙ୍ଗିଦିଅନ୍ତି
ଟୁକୁରା ଟୁକୁରାକରି

ସାର୍କଦାନ୍ତର ଭୟାବହ ଏରିଆକୁ।

ଦୁର ଦିଗନ୍ତ ସମତଳ, ଶ୍ୟାମଳ, ନୀଳାଭ
ଧୂସରିଆ କୁହୁଡ଼ିର ସିମେଣ୍ଟ ଢାଞ୍ଚାରେ,
ଆକାଶିଆ ସ୍ୱପ୍ନ ସବୁ ଚୁପ୍‌ଚାପ୍ ମୁଣ୍ଡଟେକି
ବେଳଜଗି ଡେଇଁଆସନ୍ତି ଦୃଷ୍ଟି ସାମ୍ନାକୁ
କୁହୁଡ଼ିଆ ହେମାଳ ପବନରେ
ତମ୍ବୁ ଜମିଯାଏ ଧୀବର ନାଆର
ଧୂଆଁର ଆସ୍ତରଣ ଜମିଥାଏ
ମଧ୍ୟାହ୍ନର ବାଲି ଉପରେ
ସଫେଦ ନିର୍ମୋକପରି
ଅଧାଜଳା ଅଧମୃତ ପୃଥିବୀର।

ଲୁହନାଳ ଜଡ଼ସଡ଼ ହୋଇ ଶୀତଋତୁରେ
ବୟସ୍କସମୁଦ୍ର କୁହୁଡ଼ି ଚଦରତଳେ
ସୂର୍ଯ୍ୟର ଉହ୍ଲେଇଟିଏ ଜାଳି
ସମୟର ଶିଶୁକୁ କୋଳରେ ଜାକି
ଗେଲ କରୁଥାଏ ବାକି ବେଳସାରା।

ଅବୋଲକରା ପାଣି ଲହରୀମାନେ
ଦୌଡ଼ାଦୌଡ଼ି କରୁଥାନ୍ତି
ଫାଙ୍କା ଦିନରାତ୍ରିପରି
ଆମର ଅଲୋଡ଼ା ଆୟୁଷକୁ
ଘନ କୁହୁଡ଼ିର ଆସ୍ତରଣ
ଘୋଡ଼େଇ ଆସିବା ବେଳେ।

ଦୂର ଦାହକଟା ଆସୁଥାଏ କି
ଫେରୁଥାଏ ସହରପାଖକୁ
କେହି କିଛି ବୁଝିପାରନ୍ତିନି
କୁହୁଡ଼ି ଜାଲରୁ ମୁକ୍ତହୋଇ
ସୂର୍ଯ୍ୟକିରଣ ଧାରେ

ବାଲିଦନ୍ତକୁ ଉକୁଟେଇଲା ବେଳେ,
ଲହଡ଼ି ଭାଙ୍ଗିବାକୁ ଯାଇଥିବା
ବୁଢ଼ା ଭ୍ରମଣକାରୀର ଅଥର୍ବଦେହ
ଶୋଇରହେ ପଛକରି ସୂର୍ଯ୍ୟଙ୍କୁ
ବାଲିରେ ତା ମୁହଁ ଲୋଟୁଥାଏ ।

■

ଆଦ୍ୟା

ଇନ୍ଦିରା ଦାଶ

ନାରୀଟିଏ ନିଜ ଅନିଚ୍ଛାରେ
ପାଲଟିଯାଏ ସୂତ୍ରଧର
ସବୁ ଘଟଣାର
ବଳିପଡ଼େ ସଭିଙ୍କ ଇଚ୍ଛାରେ
ପଶାକାଠି ହୋଇ ଗଡୁଥାଏ
ସତରଞ୍ଜରେ ।

ବରିନିଏ ଜାଣିଜାଣି
ଗଛର ଚେର ପରି ଜୀବନ
ଦେବାପାଇଁ ଭେଟି
ଡାଳଭରା ଫଳ
ବେତା ବେତା ଫୁଲ
ଭୁଲିଯାଇ ସୂର୍ଯ୍ୟ,
ପବନ ଓ ଆଲୁଅର ଖେଳ ।

ପଶିଯାଏ ଜାଣିଜାଣି
କଙ୍କରିଳ ମାଟି ଓ ଅନ୍ଧାର
ଜନ୍ମ ମୃତ୍ୟୁ ପରି ତା'ର ବଞ୍ଚିବାର ଶୈଳୀ
ସବୁ ବିନ୍ଧା ଅଦୃଶ୍ୟ ହାତରେ

ସେ ତ ଚିରକାଳ ଶିଷ୍ୟା
ଶିଖୁଥାଏ ପକ୍ଷୀଠାରୁ
ଭଙ୍ଗାନୀଡ଼ି ସଜାଡ଼ିବା ସୂତ୍ର
ଜହ୍ନପରି ଅନ୍ଧାରରେ ରହି
ପଢୁଥାଏ ଆଲୋକର ମନ୍ତ୍ର

ସାଗରଠୁ ଶୋଷ ନେଇ
ଏକା ଏକା ବଞ୍ଚିବାର କଳା
ନିଜେ ସହନର ମୂର୍ତ୍ତିମନ୍ତ ଶିଳା।

ଘଟଣାର ବୀଜଟିଏ
ଅଙ୍କୁରିତ ହେବାପାଇଁ
ଥରକୁ ଥର ପାଲଟିଯାଏ
କାହା ମନ୍ତ୍ରେ ଫୁଲମତୀ, ଲାଜବନ୍ତୀ
କାହା ଗହାଣୀରେ ଗର୍ଭବତୀ।
ପୁଣି ଅଭୀଷ୍ଟ ସିଦ୍ଧିର ପୂରିପୂର୍ଣ୍ଣ ପାଇଁ
ସାତୋଟି ଶବର କୋକେଇ ମୁଣ୍ଡେଇ
ନିଜେ ହୁଏ ଅଷ୍ଟମ ପ୍ରସୂତୀ।

ପଣତରେ ପାପପୂଣ୍ୟ ଧରି
ଲୁହରେ ଲୁହକୁ ଫେଣ୍ଟି
ଫିଙ୍ଗିଦେଇ ଅଲଣା ଜୀବନ
ନାରୀଟିଏ ଜନ୍ମ ନେଉଥାଏ ବାରମ୍ବାର
ଫୁଲ, ଫଳ, ବର୍ଷା ଓ ବଉଦର ଉପକୂଳୁ
ଚିରକାଳ ଲୋଡୁଥାଏ ଶବ୍ଦର ଆକାଶ
ଓଦା ମାଟି ପରି ମନ।

■

ପୋଷ୍ଟର

ସଂଯୁକ୍ତା ମହାନ୍ତି

ରାତି ନ ପାହିବା ଆଗରୁ କେଉଁ ଅଦୃଶ୍ୟ ହାତ
ଝୁଲାଇଦିଏ ପୋଷ୍ଟରଟିଏ
କନ୍‌ଭେଣ୍ଟ ସ୍କୁଲ ପାଚେରିରେ, ଡାକଘର କାନ୍ଥରେ
ଚା' ଦୋକାନର ମାଟିଲେପ ଭିତର କୋଠରିରେ
ସହରର ସବୁଠୁ ଉଚ୍ଚ ପାଣିଟାଙ୍କି ଉପରେ,
ସିନେମା ଛକର ଗୀତାଞ୍ଜଳି ରେଷ୍ଟୁରାଣ୍ଟର ପ୍ରବେଶଦ୍ୱାରରେ।

ସକାଳର ଖରା ଚହଲାଇଦିଏ
ନିଦ ସରସର ଝୋଲାମରା ସପନକୁ
ଛିଣ୍ଡା କୁରୁତାକୁ ଦେହରେ ଗଳାଇ
ଖାଲିପାଦରେ ଟିଣିଟିଣି ଘଣ୍ଟି ବଜାଇ
ରିକ୍‌ସାବାଲାଟିଏ ବାହାରି ଆସେ
ସହରତଳର ସନ୍ତସନ୍ତିଆ ଚାଳଘରୁ।

ସାମ୍‌ନାରେ ଝୁଲୁଛି ରଙ୍ଗିନ୍ ପୋଷ୍ଟର,
ଚାଳିଶ ସେଣ୍ଟିମିଟର୍ କନାର ବ୍ଲାଉଜ୍ ପିନ୍ଧି
ନାରୀ ଦେହଟିଏ, ଓଠରେ ଚେନାଏ ମଳା ହସ
ଆଖିରେ ଦ୍ରୌପଦୀର ନିରିମାଖି ଭାବ,
ରିକ୍‌ସାବାଲା ଭୁଲିଯାଏ ପେଟ ଭୋକ,
ବଜାର ଦର, ଗରାଖ ସାଙ୍ଗରେ ଭଡ଼ା ପାଇଁ
ଯେତେ କଷାକଷି, ତା' ସିଙ୍ଘାଣିନାକୀ ଭାର୍ଯ୍ୟାର
ଚାରିକୋଣିଆ ମୁହଁ, କଷ୍ଟା ଲୁଗା,
ଅପରଛନିଆ ଦେହ ଦଣ୍ଡକ ପାଇଁ।

ରାସ୍ତାରେ ଆରମ୍ଭ ହୋଇଯାଏ ଜୀବନର ଦୌଡ଼

ଜନ ସମୁଦ୍ରର ଜୁଆର ଭିତରୁ ଥକ୍‌କା ମାରି
ଠିଆହୁଏ ୟୁନିଫର୍ମ ପିନ୍ଧା ସ୍କୁଲଛାତ୍ର,
ଅଫିସର, ପିଅନ, କିରାଣୀ, ବଡ଼ବାବୁ,
ସହରର ମାନ୍ୟଗଣ୍ୟ ଯେତେ
ଜନତା ଓ କଂଗ୍ରେସ ଦଳର ନେତାମାନେ
ବିପତ୍ନୀକ, ବୃଦ୍ଧ, ଯୁବକ
ତୁଳସୀମାଳି ପିନ୍ଧିଥିବା ମାଳିର ପୂଜକ
କିଏ ବା ଆତ୍ମାକୁ ସାକ୍ଷୀ ରଖି କହିପାରିବ
ଧର୍ଷଣ କରିନି ସିଏ ଚତୁର୍ଦ୍ଦିଗରେ ଝୁଲୁଥିବା
ପୋଷ୍ଟର୍‌ର ବିବସନା ନାରୀର ଦେହକୁ ?

ସନ୍ଧ୍ୟା ଆସେ, ପୋଷ୍ଟର୍‌ର ନାରୀ କଣ୍ଠୁ
ଶୁଭିଯାଏ ଚାପା ଦୀର୍ଘଶ୍ୱାସ
କିଏ ସତେ ପ୍ରଥମେ ଟାଣିଲା
ଅଙ୍ଗବାସ ତାର ? କିଏ ? କିଏ ?
ପିତା, ସ୍ୱାମୀ, ଭ୍ରାତା ବା ସନ୍ତାନ ?

■

ଆଜିକାଲି

ଅନିମା ଦାଶ

ଆଜିକାଲି
ମନେ ରହେ ନାହିଁ
ଆଜିର ନିତ୍ୟ କର୍ମ
ସାରିଛି କି ନାହିଁ
କେଉଁଠାରେ ରଖି ଦେଲି
କାଳି ଓ କଲମ
ଲେଖିବାକୁ ଦୈନିକ ହିସାବ
ପହଞ୍ଚିବା ପାଇଁ ଏ ଘରୁ ସେ ଘର
ଆଗେଇଲି ଆଉ କେତେ ପାଦ

ମନେ ପଡ଼େ ନାହିଁ
ଶୂନ୍ୟରେ ଗୁଣିଲେ ଶୂନ୍ୟ
କେତେ ହୁଏ ଗଣିତ ଶାସ୍ତ୍ରରେ,
ଖୋଜି ହେଉଥାଏ ଆଲମିରା ଚାବି
ଭୁଲିଯାଏ ବହୁଦିନରୁ ମନେ ରଖିଥିବା
ପରିଚିତ ପୃଥିବୀ।

ଅନୁପାତ ରହେ ନାହିଁ
ଲୁଣ ଓ ତେଲର
ପୋଡ଼ିଯାଏ ସୁସ୍ୱାଦ ବ୍ୟଞ୍ଜନ
ଧୂଳି ଜମିଯାଏ ଫଟୋ ଅସଂପୂର୍ଣ୍ଣ।
ଆଜିକାଲି ଦିନ ଶେଷ ହୁଏ
ବୟସ୍କ ମଣିଷଙ୍କ ପରି
ନିଜ ଅବୟବ ଘୋଷାରି ଘୋଷାରି
ଡେଇଁଥାଏ ରାତି ମୋ ଭିତରେ
ଭବିଷ୍ୟତ ଅନ୍ଧାରି ଆଖିରେ।

■

ଅର୍ଥାନ୍ତର

ଇନ୍ଦୁ ମିଶ୍ର

ପାଗ ବଦଳିବାର ସୁଯୋଗରେ
ରଙ୍ଗ ବଦଳାଇଦିଏ ଆକାଶ
ଗଛରୁ ଝଡ଼ୁଥାଏ ପତ୍ର
ଖୋଜି ଖୋଜି ଆପଣାର ମୃତ୍ୟୁକୁ
ଭବାଷ୍ୟତର ଶୁଭ୍ରତାରେ
ପୁନଶ୍ଚ ଶୁଭୁଥାଏ ମର୍ମର
ଅଚ୍ଛନକ ତପସ୍ୟାର ସ୍ୱରପରି ।

ଆତଙ୍କ ଭରିଯାଏ
ଛାତିର ଅସ୍ଥିରତାରେ
ପଛକୁ ବୁଲିପଡ଼େ ଭୟସବୁ
ରାତିର ଜହ୍ନ ଆଲୁଅରେ
ଝାପ୍‌ସା ହେଇ
ସନ୍ତର୍ପଣର ପାଦ ପକାଇ
ମୁହୂର୍ତ୍ତକର ସତ୍ୟ ପହଁରିଯାଏ
ସମୟର ରକ୍ତନଦୀ କୂଳେ ।

ସେଠି ମୁଁ ଅଟକିଯାଏ
କାହାର ଇଚ୍ଛାରେ କେଜାଣି କେତେବେଳେ
ପୁରୁଣା ମାଟିରେ ପାଦଚିହ୍ନ ଥାଏ ।

ଗୋଟିଏ ମାତ୍ର ଉଦ୍ଦେଶ୍ୟ ଥାଏ
ଆଉ ଥରେ ସୂର୍ଯ୍ୟ ଉଠୁ ନ ଉଠୁଣୁ
ସଜାଇ ଦେବା ପାଇଁ
ଗଛର ନାଲି ଟୁକୁଟୁକୁ ପତ୍ର ଗୋଛାଏ
ଅନ୍ୟ କୌଣସି ସର୍ତ୍ତ ନଥାଏ
ସନ୍ଧି ବା ସମାସ ନଥାଏ

ଖାଲି ସହଜ, ସରଳ ଶବ୍ଦରେ
ସଜାଇ ଦେବା ପାଇଁ
ନିଛାଟିଆ ଦିନ ଦି'ପହର।

ନିଜସ୍ୱ ଭାଷାର ଆଶ୍ୱାସନ ପରି
ବର୍ଷଣୋନ୍ମୁଖ ମେଘର
ଶ୍ୟାମଳ ଆଶ୍ୱସ୍ତିରେ
ଏ ଯାଏ ସ୍ୱପ୍ନ ଦେଖୁଥିବା ଜୀବନ
ଅବାକ୍ ହୁଏ
ହାତ ପାପୁଲିକୁ ଛୁଉଁଥାଏ
ସ୍ୱପ୍ନମୟ ସମୟରୁ ଖିଏ
ଜୀବନଯାକର ଶୋଷ ମେଣ୍ଟିଯିବା ପରି
ବିପୁଳ ସମୟର ବନ୍ଧନୀ ମୁକୁଳିଯାଏ
ଆମ ପରିଚୟର ବାହାରେ ଥିବା
ସ୍ୱତନ୍ତ୍ର ସତ୍ତାରେ
ଭାସିଯାଉଥିବା ସ୍ମୃତି ସବୁ
ଅଜସ୍ର ସ୍ନେହ ଓ ସୌହାର୍ଦ୍ଦ୍ୟ ଭିତରେ
ଗଢ଼ିଦିଏ ମାନଚିତ୍ର
କଥାଭାଷାର କୁହୁଡ଼ି ଭିତରୁ
ବାଛି ନିଏ ରାସ୍ତା ନୂଆ ସୂର୍ଯ୍ୟଟିଏ।

■

ତା' ସମୟରେ ଖୋଜନି

ପ୍ରବାସିନୀ ମହାକୁଡ଼

ତାକୁ ତା' ସମୟରେ ଖୋଜନି
କୋଡ଼ିଏ ବର୍ଷ ତଳର ତା ଉଦାସୀ ମୁହଁ
କୋଡ଼ିଏ ବର୍ଷ ପରେ ବି ତା' ବୟସ୍କା ମୁହଁ
ସମୟକୁ ସେତିକି ଧରି ରଖିଛି
ଯେତିକି ଧରି ରଖିଲେ
ଗଛ ମୂଳଠୁ ଅଲଗା ହୋଇପାରେନି
ତା' ନିଜ ସମୟରେ
ସିଏ କେବେବି ନଥିଲା ।

କଅଁଳ ଚାରାକୁ ସେତିକି
ଆଦର ଯତ୍ନ କରେ
ଯେତିକି ଫୁଟନ୍ତା ଫୁଲକୁ, ଫଳନ୍ତା ଗଛକୁ
ତା' ଅସୁସ୍ଥତା ତା' ପାଇଁ ଡାକିଆଣେ
ଦେହ ଅପେକ୍ଷା ବେଶୀ
 ମାନସିକ କଷ୍ଟ
ପ୍ରେସ୍‌କିପ୍‌ସନ୍‌ରେ ଲେଖାଯାଇଥିବା
ଔଷଧ ଅପେକ୍ଷା
ଡକ୍ଟର ନାୟରଙ୍କ ମୁହଁ
ବେଶୀ ମନେରହେ ।

ନାରୀ ସିଏ
ନିଜ ଭିତରକୁ ଉଙ୍କିମାରେ
ଅଦୃଶ୍ୟ, ଅସ୍ପୃଶ୍ୟ ଛାଇଟେ ମାଡ଼ିଗଲା କି ?
ତା' ଓଠରେ ଝଲକାଏ ହସ ଫୁଟିଯାଏ
ତା' ଦିନ ସମୟକୁ ସିଏ
ସବୁବେଳେ ଅତିକ୍ରମ କରିବାକୁ
ଚାହିଁ ଆସିଛି ।

ସିଏ ନିଜ ସମୟଠୁ ଅନେକ ଆଗକୁ
ଚାଲିଯାଇଥିଲା
ଅଭିଜ୍ଞତାରେ ଯେତିକି
ଅସହାୟତାରେ ତା'ଠୁ ଅଧିକ।

ଯେବେ ସିଏ ନଥିବ ଏଇ ଦୁନିଆଁରେ
ପ୍ରିୟପାଠକଙ୍କ ପାଇଁ ଛାଡ଼ିଯାଇଥିବ
ଅନେକ କିଛି ନିଜ ଆତ୍ମଜୀବନୀରେ।

ସେତେବେଳେ ହୁଏତ
କେହି କେହି ଅବାକ୍ ହେବେ
ସତରେ ଏମିତି ନାରୀଟେ
ଆମ ସମୟରେ
ଏମିତି ଜୀବନ ଜୀଇଁଥିଲା ?

ତାକୁ ତା' ସମୟରେ ଖୋଜନି
ସିଏ ନିଜ ସମୟଠୁ କିଛି ଆଗରେ
ଓ ନିଜ ସମୟଠୁ କିଛି ପଛରେ
ଏକ ନିର୍ବାସୀତାର ଜୀବନ ଜୀଉଁଛି।

■

ଚହଟ ଚଂପା

ଜ୍ୟୋତ୍ସ୍ନା ଦାସ

କୁଆଡ଼େ ଥାଅ ତମେ
ବର୍ଷା ଆସିଲେ ନଈବଢ଼ି ପରି ଆସ
ତମ ଲମ୍ବା ବେଣୀରେ ଚହଟୁଥାଏ ଚିନି ଚମ୍ପା
ଆଖିରେ ମନ୍ତୁରା ସପନ କଜ୍ଜ୍ୱଳ ॥

ପୁରୁଣା ଢଙ୍ଗରେ ପିନ୍ଧିଥାଅ ଶାଢ଼ି
ପବନ ଉଡ଼େଇ ନିଏ ପଣତ
ଅଧା ଦେହ ଦୃଶ୍ୟମୟ
ଆଖିରେ ଆଖି ପଡ଼ିଗଲେ
ଚମକି ଉଠେ ମୋ ଦେହ ॥

ପୁରୁଷର ଆଖି ମାଟିରୁ ପାତଳାକୁ ଲମ୍ବିପାରେ
ପହଞ୍ଚିପାରେ ଦେହ ସମୁଦ୍ରରେ
ସବୁ ପହଞ୍ଚିବା ପରେବି
ଠାବ କରି ପାରେନି ତୁମ କୂଳ

କୁଆଡ଼େ ଥାଅ ପୁଣି ଉଭେଇ ଯାଅ...
ଯେମିତିକି ଶିଉଳି ଲଗା ପଥର ପାହାଚ
ଗୋଡ଼ ଥୋଇଲେ ଖସିଯିବାର ଭୟ
ତମ ଆଗରେ ଥାଏ କଇଁ ପୋଖରୀ
ରାଶି ରାଶି ଜଳ...
ପାଖ ଗାଡ଼ିଆ କୂଳରେ କାଶତଣ୍ଡୀର ଭିଡ଼...

ତମ ଯୌବନର ମହୁଲି ପବନ
ଥରୁଟିଏ ଛୁଇଥିଲା ବୋଲି
ତମପଛେ ଦୌଡୁଛି ଯେ ଦୌଡୁଛି
ସରାକାଳ... !!!

■

ମାଲ୍ୟାଣୀ

ବୀଣାପାଣି ପଣ୍ଡା

ଧଳାଫୁଲ କଳାଫୁଲ ଛୁଆଁଇ
ଦିନରେ ମେଣ୍ଢା ରାତିରେ ଭେଣ୍ଡା
କରିବାର ଯୁଗ କେବେଠୁ ଗଲାଣି,
ତଥାପି ବଞ୍ଚିଛି ମାଲ୍ୟାଣୀ।

ଏବେ ବି ସେ ବସି ବସି
ଯୁଇ, ଯାଇ, ମାଳତୀର ମାଳା ଗୁନ୍ଥୁଛି
କଇଁ ପାଖୁଡ଼ାରେ ଲେଖୁଛି ଚିଟାଉ,
ତୁଳସୀ ପତ୍ରରେ ଆଙ୍କୁଛି ଚିତ୍ରପଟ୍ଟ,
ନାୟକ ନାୟିକାଙ୍କ ନିଷିଦ୍ଧାଭିସାର ଲାଜ
ଉଜାଗର ସାରା ରାତି
ମୁକୁଳା ରଖି ସୁଡ଼ଙ୍ଗ କବାଟ।

ମାଲ୍ୟାଣୀ ତ ଅସଲ ବିନ୍ଧାଣି,
ପଥରକୁ ପାଣି କରିପାରେ
ସମୁଦ୍ର ମଝିରେ ବାନ୍ଧିପାରେ ବନ୍ଧ,
ଫୁଲର ପସରା ଭିତରେ
ରଖିପାରେ ଏକାସାଙ୍ଗେ ନିଆଁ ଓ ବାରୁଦ।
ଗୁନ୍ଥିପାରେ ଦୁଃଖ ସହ ଦୟଣାକୁ
କଷ୍ଟ ସହ କେତକୀକୁ
ବେଦନାର ବେଲପତ୍ର ଓ
ଅଶ୍ରୁର ଅଶୋକ ମଂଜରୀରେ
କରିପାରେ ପାର୍ବଣର ପ୍ରବନ୍ଧନ,
ସାତତାଳ ଦେଇପାରେ
ହଜିଥିବା ଅଶିଣର ଜହ୍ନ।

ସେ ଅଛି ବୋଲି
ମରୁଭୂମିରେ ଅଛି ମରୁଦ୍ୟାନ,
ଜଳଛତ୍ର, ଖଜୁରି ଗଛର ଛାଇ,
ରାତି ଅଧରେ ଗୀତ ଗାଉଛି ପଥର
ଜଳତରଙ୍ଗରେ ଉଛୁଳୁଛି
କୋଉକାଳୁ ନିଖୋଜ ନଈ।
ସେ ଅଛି ବୋଲି
ନିଆଁ ଘେରରୁ ଭାସିଆସୁଛି
ନିରବଚ୍ଛିନ୍ନ ବଂଶୀ,
ପାଉଁଶ ଗଦାରେ ପଦ୍ମ ଫୁଟୁଛି
ଆଠକାଳି ବାରମାସି।

ଗଭୀର ନିଶାର୍ଦ୍ଧରେ ନିଶାଚରୀ
ଯୋଗିନୀ ଭଳି ଭ୍ରମୁଛି
ଅଗମ୍ୟ ଦୁର୍ଗମ ଅରଣ୍ୟ କାନ୍ତାର,
ଅନ୍ୟର ଅଭୀଷ୍ଟ ସିଦ୍ଧି ଲାଗି
ତନ୍ତ୍ର ସାଧୁଛି ଯନ୍ତ୍ର ବେଦୀରେ,
ମଶାଣୀକୁ କରିଛି ମନ୍ଦିର।

ସେ ଦେବୀ ହୋଇପାରେ
ଦାନବୀ ବି
କେବେ ପୁଣି ନିଛକ ମାନବୀ
ପ୍ରୀତିର ପୂରବୀ ଓ ଭୀତିର ଭୈରବୀକୁ
ମୁକ୍ତିର ମନ୍ଦିରରେ ସାଧୁଥିବା
ପରମ ବୈଷ୍ଣବୀ।

■

ଫଟୋଫ୍ରେମ୍

ଜୟନ୍ତିକା

ଫ୍ରେମ୍‌ରେ ବନ୍ଧା ଅନେକ ଫଟୋଗ୍ରାଫ୍
ଘରକାନ୍ଥରେ ଏବେ ।
ସ୍ଥିର ମୁହୂର୍ତ୍ତମାନଙ୍କର ଅଦ୍ଭୁତ ଆକର୍ଷଣରେ
ସବୁ ଥର ପହଁରି ଯାଉଥାଏ ଆଖି
ଶୀତେଇ ଉଠୁଥାଏ ଦେହ ।

ଚିତ୍ର ସମ୍ଭାର ଭିତରୁ କେବେ
ଚେତନାର ସରହଦ ଡେଇଁ ଉଙ୍କୁଟି ଉଠୁଥାଏ
ଅସ୍ପଷ୍ଟ ମୁହଁଟେ
ଯିଏ ଜମା ନଥାଏ ସେ ଫ୍ରେମ୍ ଭିତରେ ।

ବେଗବାନ ମୁହୂର୍ତ୍ତର ପଟୁଆର
ଫେରିଆସେ ଉଜାଣିଆ ହୋଇ ପଛକୁ ପଛକୁ,
ଧପ୍‌କରି ଅଟକିଯାଏ ଏକ ନିର୍ଦ୍ଦିଷ୍ଟ ବିନ୍ଦୁରେ
ଯୋଉଠି ଝାପ୍‌ସା ଝାପ୍‌ସା କୁହୁଡ଼ିଆ ଆବେଶ ଭିତରୁ
ଛାଇଟିଏ ଉଭାହୁଏ,
ହାତ ଧରି ପାଛୋଟିନିଏ ସେଇ
ଅନ୍ଧାରିଆ ଘର ଭିତରକୁ ।

ନାକରେ ବାଜୁଥାଏ ଗୋଟେ ଅଦ୍ଭୁତ ଗମ୍ଭୁର ଗନ୍ଧ,
ପାଦ ତଳେ ଅସରନ୍ତି ଧୂଳିର ସାମ୍ରାଜ୍ୟ
ବନ୍ଦ୍ ହୋଇ ପଡ଼ିରହିଥିବା ଝର୍କା କବାଟ
ସବୁ ମିଶି ଏକ ଉଦାସ ଉଝୁଙ୍କୁରା ଭାବ
ଚରିଯାଉଥାଏ ଦେହ ମୁଣ୍ଡରେ ।

ସେଇ ଅବ୍ୟକ୍ତ ଅସହାୟତାକୁ ନେଇ
ମୁଁ ରଚନା କରୁଥାଏ କାବ୍ୟ

ଅସହ୍ୟ ଅପାରଗତା ସବୁ ସାଇତି ରଖୁଥାଏ
ସମ୍ପଦ କରି ହୃଦୟ ଭିତରେ ।

ଇଏ କେଉଁ ଅଦୃଶ୍ୟ ଅନୁଭବର କଥା
ଯାହା ଟୋପେ ଶୂନ୍ୟତା ଭିତରେ ବଞ୍ଚି ରହିପାରେ
ସ୍ୱଷ୍ଟ ହୋଇ ଜୀବନ୍ତ ରୂପରେ !
ପ୍ରେମରେ ବନ୍ଧା ଅନେକ ଫଟୋଗ୍ରାଫ୍
ଘର କାନ୍ଥରେ ଏବେ ।

■

ନୀରବ ପ୍ରାର୍ଥନା

ପ୍ରଭାତ ନଳିନୀ ମହାପାତ୍ର

॥ ୧ ॥

ତମକୁ ଦେଖି ହୁଏନା ଅନ୍ଧାରରେ
ହାତ ବଢ଼ାଇଲେ କିନ୍ତୁ ଅନୁଭବ ହୁଏ
ଏମିତି ସନ୍ଦେହପୂର୍ଣ୍ଣ ସ୍ୱପ୍ନଟିଏ ଦେଖିବାରେ ଲାଭ କ'ଣ ?
ଥରେ ଥରେ ଏଇ ପ୍ରଶ୍ନ ନିଜକୁ ପଚାରେ
ଅଜାଣତେ ଆକାଶର ଶୂନ୍ୟତାକୁ
ମୋ ଶୂନ୍ୟତା ସାଥୀ କରିନିଏ ॥

ତମକୁ ଦେଖି ହୁଏନା ଅନ୍ଧାରରେ
କରୁଣାସିକ୍ତ ହାତଟି ବେଳେବେଳେ ଆସି କିନ୍ତୁ
ପିଠି ମୋର ଥାପୁଡ଼ାଇ ଦିଏ,
ତମ ଅଦୃଶ୍ୟ ହାତର ମାଦକତା
କେମିତି ମୋ ଅଜାଣତେ
ମୋ ସ୍ୱପ୍ନର ସୁନାପୁଅ ନିଦ ଭାଙ୍ଗିଦିଏ ॥

ତମେ କିଏ କେତେବେଳେ ନିଜକୁ ପଚାରେ
ଏତେ ନିକଟରେ ତମେ
ଯେମିତିକି ମୋ ନିଜର ଛାଇ
ଅଥଚ ମୋ ଗୁଡ଼ି କିନ୍ତୁ
ତମ ଆକାଶକୁ ଯାଇ ଫେରିଆସେ
ଫେରି ଆସେ ଚୁପ୍‌ଚାପ୍
ତମକୁ ତମ ସତ୍ତାକୁ
ଯେହେତୁ ଛୁଇଁବା ପାଇଁ ହାତ ପାଏ ନାହିଁ ॥

ତମକୁ ଦେଖି ହୁଏନା ଅନ୍ଧାରରେ

ତମେ ଯେଣୁ ଅନହୁତି ରାତିର କାଳରେ
ଏମିତି ଏ ପ୍ରତୀକ୍ଷାରେ ଲାଭ କ'ଣ ? ?
ସନ୍ଦେହପୂର୍ଣ୍ଣ ସ୍ୱପ୍ନଟି କେବେ କ'ଣ
ରାତିର ପରିଧି ଡେଇଁ
ଶୁଣିପାରେ ସକାଳର ସ୍ୱର ॥

॥ ୨ ॥

ତମ ପାଖେ ହଜିଯାଏ ପ୍ରବୃତ୍ତିର କ୍ଷୁଧା
ଏବଂ ହାରିଯାଏ ସମୟର ହସ
ତମେ ଯେଣୁ ଅତିନ୍ଦ୍ରୀୟ ଚେତନାର
ବିରୋଳ ଆକାଶ ॥

ମୋ କାମନା ରୁଣୁଝୁଣୁ ନୂପୁରର ନିକ୍ୱଣରେ
ରୂପ ପାଏ ସ୍ମୃତିସିକ୍ତ ବିକ୍ଷତ ବସନ୍ତ
ଥରେ ତମେ ନୀଳାଚଳ ଶିଖରରୁ
ଆଖିମେଲି ଚାହିଁଦିଅ ମହାବାହୁ !
ଶେଷ ହୋଇଯାଉ ଆଜି
ଅଷ୍ଟପଦୀ ଯନ୍ତ୍ରଣାର ନାଗଫାଶ
ଶାନ୍ତ ହେଉ ଶ୍ରମକ୍ଳାନ୍ତ ସମୁଦ୍ରର ଢେଉ ଯେତେ
ଅସୀମ, ଅଶାନ୍ତ ! !

ଆକାଶିଏ ସ୍ୱପ୍ନପରି ଆଶା

ଭାରତୀ ମହାନ୍ତି

ଆକାଶର ଅସୀମ ଦେହରେ
ଛାଇ ମେଘ ଧାଡ଼ି ଧାଡ଼ି
ନୀଳିମାକୁ ଘୋଡ଼ାଇ ଦେଲେବି
ଆହୁରି ଅନେକ ବାକି
ଆକାଶର ଦୈର୍ଘ୍ୟ
ଯାହା ଦେଖି ହୁଏନାହିଁ
ସମୟର ଅସୀମ ଦେହରେ,

ଚିହ୍ନାପରା କିଛି ବର୍ଷ
ମଣିଷକୁ ଚିହ୍ନାଇ ଦେଲେବି
ଆହୁରି ଅନେକ ବାକି,
ସମୟର ଦୈର୍ଘ୍ୟ
ଯାହା ବୁଝି ହୁଏ ନାହିଁ,
ତଥାପି ଚେନାଏ ଜହ୍ନ
ଘଡ଼ିଏ ଦି ଘଡ଼ି ଆସି
ନେଇଯାଏ ଆକାଶିଏ ସ୍ୱପ୍ନ।

ପବନ ତୋର ଶ୍ରୁତିକୁ

ଜୟନ୍ତୀ ରଥ

ଆରେ ଅଝଟ ପବନ,
ଯେତେବେଳେ ଖୋଜିଥିଲି ତ ଆସି ନଥିଲୁ
ଆଉ ଆଜି କାହିଁକି ?

ଆଜି ଶେଯରୁ ଉଠିବାକୁ ବି ଶକ୍ତି ନାହିଁ ।
ଏଠି ସେଠି ପଡ଼ିଥିବା ମୋର କାଗଜ କଲମ ।
ଯେମିତି ସେମିତି ଆଙ୍କିଥିବା ମୋର ଚିତ୍ର କବିତା
ଉଡ଼ାଇ ନେ ନା !
ନେଇଯିବା ଲାଗି ତ ବହୁ ଉପାୟ ଅଛି
ବହୁ ଅବକାଶ ଅଛି
ଆଉ ଦେବା ଲାଗି ?
ଖୁବ୍ ସୁନ୍ଦର ଦିଶେ
ଯେବେ ଶୁଦ୍ଧ ନମ୍ର ମଣିଷଟିଏ ହସେ ।
କହରେ ଅଝଟ ପବନ,
ଯଦି ଦେଖିଚୁ କହ,
କେମିତି ଦିଶେ ମୋର ହସ ?

ମନେ ଅଛି,
ଥରେ ଘରୁ ଘରେ ଉଡ଼େଇ ନେଇଥିଲୁ
ଅଜାଙ୍କର ଅଧା ଭଙ୍ଗାପାନ,
ସେତେବେଳେ ରାଗିବା ବଦଳରେ ହସିଥିଲି ।

ଆଉ ଥରେ,
ସମୁଦ୍ର କୂଳରେ
ଉଡ଼େଇ ନେଇଥିଲୁ
ବେକରୁ ଓଢ଼ଣି

ଆଗ ପଛକୁ ନ ଋହିଁ ଦୌଡ଼ିଥିଲି
କେତେ ଲମ୍ବା ବାଟ।

ହସିଥିଲି କୌତୁକରେ
ହସିଥିଲି ହାରିବାର ପ୍ରତ୍ୟକ୍ଷ ସ୍ପର୍ଶରେ,
ଫେରେଇ ନ ଥିଲି ମୁହଁ
ଲେଉଟେଇ ନଥିଲି ମନ ତୋ'ଠାରୁ।

ଅବତରିଚୁ କେବେ ଧୀର ସମୀର ରୂପେ
ତ ଆଉ କେବେ ପ୍ରବଳ ପ୍ରଳୟ।
ଭୁଲି ନାହିଁ ତୋର ଆଲିଙ୍ଗନ
କି ଭୁଲିନାହିଁ ତୋର ପରାଭବ।

ବିଶ୍ୱାସ ହୁଏନି,
ଦିନେ ସଁପି ଦେଇଥିଲି ତତେ
ଯେତେ ସବୁପ୍ରିୟ ମୋ ସ୍ୱରହୀନ ସବୁଜ ଅକ୍ଷର।

ଆଜି କହୁଚି
ଅଳି କରୁଛି,
ଅଟକି ଯା ଅଟକି ଯା!
ଆଜି ସତରେ ବଡ଼ ଇତସ୍ତତ ଜୀବନ,
ଦେହ, ମନ
ଇଚ୍ଛା ସ୍ୱପ୍ନ
ସବୁ ଅବସନ୍ନ।

କାଁ ଭାଁ ଜିଣିବାର ହସରେ ବି
ଛାଏଁ ଛାଏଁ ଦିଶିଯାଏ
ଜ୍ୟାମିତିର ଚିହ୍ନ।

(ଆକାଶବାଣୀ କଟକ, ସାହିତ୍ୟ ପତ୍ରିକା କାର୍ଯ୍ୟକ୍ରମ ପକ୍ଷରୁ ପ୍ରସାରିତ।)

ଜୀବନ ଗଜଲ

ସୁଷମା ମିଶ୍ର

ଗଛର ବୁଜି ହୋଇ ଯାଇଚି ପତ୍ର
କଅଁଳ ନିଦରେ ମୁଦି ହୋଇଗଲାଣି
ବନାନୀର ଆଖିପତା
ଶେଷ ହୋଇଗଲାଣି ନିୟମିତ ନିୟମ।

ଶେଷ ପୁଣି କେମିତି ଆରମ୍ଭ ହୋଇଯାଏ
କିଏ ସେ ଉତ୍ତରିବ ତୁମ ବିନା
ମୁଁ ଏମିତି ପ୍ରଶ୍ନିଳ ସଦାକାଳେ
ମୁଁ ଏମିତି ଝୀନ ବସନଟିଏ ରୂପେଲି ଥାଳିରେ।

ଆଦି ପୁରୁଷ !
ସବୁ ଆଘାତରେ ତୁମରି ଇଙ୍ଗିତ
ସବୁ ଆରମ୍ଭ ଶେଷରେ ତୁମରି ସଂଗୀତ
ତୁମେ ଯୋଡ଼ି ଦେଉଛ
ଫୁଲକୁ ସୁରଭିରେ
ଜହ୍ନକୁ ଜୋଛନାରେ
କବିତାକୁ କବିର ଇଚ୍ଛାରେ।

ତୁମେ କ'ଣ ଘନନୀଳ ଦିଗ୍‌ବଳୟ ସୀମା ?
ସାରା ପୃଥିବୀ ଘୁମେଇ ପଡ଼ିଲେ
ତୁଟି ଯାଏ ତୁମ ଆଖିର ତନ୍ଦ୍ରା
ସାରା କୋଳାହଳ ଥମିଗଲେ
ତୁମେ ଗାଇଦିଅ ଜୀବନ ଗଜଲ୍।

ତୁମ ସାନିଧ୍ୟରେ
ମୁଁ ଯେମିତି ଘୂରି ଆସୁଛି
ପୃଥିବୀରୁ ଆକାଶ
ଆକାଶରୁ ତୁମ ପାଦ ଧୂଳି ପର୍ଯ୍ୟନ୍ତ ॥

ଅସ୍ମଦୀୟ

ସ୍ୱୟମ୍ବରା ପଟ୍ଟନାୟକ

ପୁରୁଷ ପୁରୁଷ ଧରି
ଉପରକୁ ଶାଖା ମେଲୁଥିବା ବରଗଛଟି
କେବେ ଯଦି ତଳମୁହାଁ ହୋଇଯାଏ
ତା ହେଲେ ମଧ୍ୟ
କେଉଁ ମାୟାକୁ ବା କାଟି ଦେଇହୁଏ !
କେଉଁ ସମ୍ପର୍କକୁ ବା ଆଖିବୁଜି ଦେଇହୁଏ
ଚଢ଼େଇ ଘର ହେଉ ବା ବସାଘର
କେଉଁ ଘରକୁ ବା ଭାଙ୍ଗି ଦେଇହୁଏ !

ମାଟିକୁ ଛୁଇଁବା ପରେ
କାହାର ଆୟତ ଥାଏ
ସ୍ୱାଭାବିକତାରୁ ନିଜକୁ
ଅଲଗା କରିନେବା ପରି
ସମ୍ମୋହିତ ଇସ୍ତାହାରରୁ
ନିଜକୁ ଦୂରେଇ ଦେବା ପରି
ଯଦି ସବୁ କିଛି ଆକର୍ଷିତ ଏଠି
ମାଧ୍ୟାକର୍ଷଣ ଶକ୍ତି ଭଳି ।

ଶୂନ୍ୟତାର ଇନ୍ଦ୍ରଧନୁକୁ
ମୁକୁଟ ଭାବି ପିନ୍ଧିବା ପରି
ସମସ୍ତିଙ୍କୁ ପିନ୍ଧିବାକୁ ହୁଏ
ସମ୍ପର୍କର ମୁକୁଟ,
ଅନୁଭବକୁ ଆତ୍ମାଭଳି
ସାଇତି ରଖିବା ସହ
ସାଇତି ରଖିବାକୁ ହୁଏ ଛାଇକୁ ମଧ୍ୟ ।

ନିଃଶ୍ୱାସର ଆଶ୍ୱାସନାର
ରାଗ ମହ୍ଲାରର ସ୍ୱର
ଗାଇବାକୁ ହୁଏ ସେ ପର୍ଯ୍ୟନ୍ତ
ମାଟି ଓ ଆକାଶ
ଏକାକାର ହୋଇଯିବାର
ମହାନୁଭବ ନିଜ ଭିତରେ
ହୋଇ ନଥାଏ ଯେ ପର୍ଯ୍ୟନ୍ତି।
ସେତିକି ତ ସଂସାର ଜଞ୍ଜାଳ
କିଛି ବ୍ରହ୍ମତତ୍ତ୍ୱ
କିଛି ମାୟାଜାଲ
କିଛି ଊର୍ଦ୍ଧ୍ୱଗାମୀ ଅଶ୍ୱତ୍‌ଥ ବୃକ୍ଷର ଡାଳ
କିଛି ଏବଂ ନିମ୍ନଗାମୀ ବରଓହଳ।

ନ ହେଲେ କାହିଁକି କିଏ ରେ କୁମର!
ତୋର ସବୁ କିଛି
ସାଇତା ହୋଇ ରହିଥିବା ବେଳେ
ତୁ ଯଦି ଅଦୃଷ୍ଟ ହୋଇଯିବୁ
ଉଡ଼ିଯିବା ଭଙ୍ଗୀରେ
କେଉଁ ସଂପର୍କର ପରିଧିରେ
ତୋ ନାଁରେ
ବିସର୍ଜି ଦେବ ଚଳୁଏ ଜଳ
ନିରଞ୍ଜନାର ନିରବଧି ପ୍ରବାହରେ।

■

ଖରାବେଳ

ଶୈଳବାଳା ମହାପାତ୍ର

ତୁମ ପାଇଁ ଏଇଟା ଏକ ନିଷିଦ୍ଧ ଇଲାକା !
ମୁଁ ନିଜେଇ ଜାଣି ପାରେନା
କାହିଁକି ତୁମକୁ ମନା ହୋଇଛି ଏ ଘରେ ପ୍ରବେଶ ପାଇଁ
ବୋଧହୁଏ ତୁମ ଉପସ୍ଥିତିରେ
ମୋ ଦେହର ଫୁଲଝରି ସବୁ
ଝରିଯିବେ ନିଆଁଝୁଲ ହୋଇ ଓ
ବିଶୃଙ୍ଖଳାରୁ ବଂଚିତ ଏ ଘର ଜଳିଯିବ
ଏବଂ ସରିଯିବ ଏମାନଙ୍କ ମନ ତଳ ସବୁ ତୃପ୍ତି, ଶାନ୍ତି ।

ଅଥଚ ତୁମେ କେମିତି ଚାଲିଆସ ଅତିକ୍ରମି
ଏତେ ସବୁ ଅଳିନ୍ଦ, ଶ୍ରେଣୀ ସୋପାନ
ତୁମ ପ୍ରୀତି ମଧୁର ମୁହୂର୍ତ୍ତ ସହିତ
ଛୋଟ ଏଇ ଅଂଧାରିଆ କୋଠରିକୁ
ଯେତେବେଳେ ମୁଁ ବାଂଧି ହୋଇଥାଏ ୟାଂକର ବାହୁରେ
ମୋ ରୂପ ଗୁଣର ତାରିଫ୍ ସହ ସେ ମୋତେ କହୁଥାନ୍ତି
କ'ଣ ଭାବୁଚ ଏତେ, କ'ଣ ଏତେଟା ଚିନ୍ତା
ତମର ସ୍ଥିର ଆଖି ଦୁଇଟାରେ ?

କ'ଣ ବା ଏତେ ଚିନ୍ତା, ଏତେଟା ଭାବନା, ମୁଁ ନିଜେଇ ଜାଣେନା
ବହିଷ୍କାର କରିବାର ଅନେକ ପ୍ରଚେଷ୍ଟା ସତ୍ତ୍ୱେ
ତୁମେ କେମିତି ରହିଯାଅ ତୁମ ସ୍ମୃତି ପ୍ରୀତିର ମୁହୂର୍ତ୍ତ ସହ
ଏଇ ନିଷିଦ୍ଧାଂଚଳେ ।

କାହିଁକି ବା ତୁମେ ଏତେ ମନେପଡ଼ !
ଅଫିସ୍‌ର ଫାଇଲ ଭିତରେ ଯେତେବେଳେ ବୁଡିଥାନ୍ତି ସିଏ
ଖରାବେଳେ ନିର୍ଜନିତ ନିଷ୍ଠୁର ଲଗ୍ନରେ ।

ଖରାବେଳ ଡହଳ ବିକଳ
ଛାଇ ଗଡ଼ିଗଲେ ଟିକିଏ ଆଶ୍ୱସ୍ତି
ଏବଂ ରାତି ହେଲେ ଶାଂତି ସହ ଅନେକ ଆନନ୍ଦ
ହେଉପଛେ ସେ ରାତି ଅମାବାସ୍ୟା ଘନ କଳିମାର
ଅବା ଜ୍ୟୋତ୍ସ୍ନାୟିତ ନିର୍ମଳ ଆଭାର !

ଅପରାହ୍ନ ଏବେ ପାଖେଇ ଆସିଲାଣି
ତଥାପି ମଧ୍ୟାହ୍ନଟା ନିହାତି ଅଭୁଲା
ସବୁ ସୁଖ, ଦୁଃଖ, ଆସ୍ୱସ୍ତ, ଆହ୍ଲାଦ ଭିତର
ସିଏ ଭାରି ମନେପଡ଼େ
ସୂର୍ଯ୍ୟାସ୍ତର ଅଂତିମ ଛଟାରେ ।

ଏଇମିତି ସୂର୍ଯ୍ୟାସ୍ତ ବି ହଜିଯିବ ଅଦୃଶ୍ୟର କଳାପଣତରେ
ସମୟର ଅଂଧାରୀ ଲେନ୍‌ରେ ତୁମେ ମଧ୍ୟ ହଜିଯିବ ସାଥୀ !
ତୁମେ, ମୁଁ ଏବଂ ସେମାନେ
ସେ ଏକ ଶାନ୍ତିଦ୍ୱାର / ମୃତ୍ୟୁ ଅନ୍ୟନାମ
ଆସିବାର ଦିନଠାରୁ ସବୁ ଅନୁଭୂତି
ବିଲୀନ ହୋଇବ ସେଠି ।

ଏସବୁ ଜାଣିବା ସତ୍ତ୍ୱେ
ଥରେ ଥରେ ଇଚ୍ଛାହୁଏ ପଢ଼ିବାକୁ ଯନ୍ତ୍ରଣା କବିତା
ଖରାବେଳ ଡହଳ ବିକଳ କଥା
ମଧ୍ୟାହ୍ନର ସ୍ମୃତିଟା ନଥିଲେ
କ'ଣ ବା ଥାଆନ୍ତା ସାୟାହ୍ନର ମଧୁର ସଂଗୀତେ
ଯନ୍ତ୍ରଣାର ପାଠିକା ନଥିଲେ
କ'ଣ ବା ଥାଆନ୍ତା ଜୀବନ ବହିରେ
ଏବଂ ପ୍ରାପ୍ତ ହେଉଥିବା ସୁଖ ମୁହୂର୍ତ୍ତରେ...

ଯୁଯୁତ୍ସୁ ଉବାଚ

ଚିନ୍ମୟୀ ମହାପାତ୍ର

ଶାନ୍ତ ହୁଅ ହେ ସମୁଦ୍ର !
ସ୍ତବ୍ଧ ହୁଅ ହେ ଆକାଶ !
ବନ୍ଦ କର, ଇନ୍ଦ୍ର ଦେବ !
ତୁମ ବଜ୍ର - ବିଦ୍ୟୁତ୍‌ର ବର୍ଷା ।
ଏଇ ଶୁଣ ହିମାଦ୍ରିର ଶୃଙ୍ଗେ ଶୃଙ୍ଗେ
ବିନ୍ଧ୍ୟାଚଳ ଗହ୍ୱରେ ଗହ୍ୱରେ
କି କରୁଣ ପ୍ରତିଧ୍ୱନି ଜାଗେ !
ଏଇ ଶୁଣ କୁମାରିକା ଅନ୍ତରୀପ ଧାରେ,
ଆରବସାଗର ଆଉ ବଙ୍ଗ ଉପସାଗରର
ଉର୍ମିରେ ଉର୍ମିରେ
କି କାରୁଣ୍ୟ ଲହରୀ ଉଚ୍ଛୁଳେ !
ଏଇ ଶୁଣ ରାଜପଥ ଧାରେ
ଅନ୍ତପୁରେ ଅନ୍ତପୁରେ
କ୍ରନ୍ଦନର ଚିତ୍ତଦାରୀ ରୋଳ ।
ଶୁଣ ଶୁଣ ଗାନ୍ଧାରୀ କାନ୍ଦୁଛି ପରା -
କାନ୍ଦୁଛି ଆମରି ମାଆ - ଜନନୀ ଆମର ।
ଶକୁନିର କୁମନ୍ତ୍ରଣା,
ଶକୁନିର କପଟ-ଛଳନା
ସୁମହାନ ଭାରତ - ଦାୟାଦେ ଆହା
କରିଛି ବିଭ୍ରାନ୍ତ । କରିଅଛି
ରକ୍ତ ଲିପ୍ସୁ
ଭୁଲାଇଛି ହିତ ଓ ଅହିତ ।
କିନ୍ତୁ
ଶକୁନି ଯେ ଚିରକାଳ ଶକୁନି -

ଅମଙ୍ଗଳ ଓ ଅଶୁଭର ଧ୍ୱଜାଧାରୀ
ଉଲୁକର ଜନକ ସେ, ହାତେ ତାର
ସର୍ବନାଶର ପଶାକାଠି ଗୋଟି ଗୋଟି
ଯାହା ନେଇ
ଖେଳାଇଛି
ଛଳାଇଛି
ତୁମକୁ ।
ହିତର ମୋହର ମରା ଶିଶି ଖୋଲି ପିଆଇଛି
ଅହିତର ବିଷମ ଓ ବିଷମୟ ନିଶା ।
କୁରୁକ୍ଷେତ୍ର ପ୍ରାନ୍ତରର ମାଟି
ସିକ୍ତ କରି ରକ୍ତ ଧାରେ
ତୁମେ ଯେ ଉନ୍ମତ୍ତ ଆଜି
ପୈଶାଚିକ ହିଂସା - ଜିଜ୍ଞାସାରେ;
କହି କି ପାରିବ, ଭାଇ !
ଏ ରକ୍ତ କାହାର ?
ଚିହ୍ନ, ଭଲକରି ଚିହ୍ନ
ଏ ରକ୍ତ ଯେ ତୁମରି ଭାଇର
ଆଉ କିଛିଟା ତୁମର ।
ଶୁଣ, ଶୁଣ, ଭାଇ ମୋର !
ଏଇ ଶୁଣ ଜନନୀର ଆକୁଳ କ୍ରନ୍ଦନ ।
ସେ ବିଳାପେ ଦୀର୍ଣ୍ଣ ହୁଏ
ନଭଶ୍ଚର ବାଦଲର ବକ୍ଷ ପୁଣି
ସ୍ତବ୍ଧ ହୁଏ ଚଞ୍ଚଳ ପବନ ।
ଶୁଣ ଶୁଣ ହେ ନିଠୁର !
ଥରେ ହେଲେ କାନ ଡେରି ଶୁଣ -
କେତେ ବ୍ୟଥା - ବେଦନାର
କେତେ ମର୍ମ - ଯାତନାର
ଉଷ୍ମ ବାରି ଝାରି ଦିଏ
ଜନନୀର ଆକୁଳ କ୍ରନ୍ଦନ ।

ପଥଭ୍ରାନ୍ତ ମୋହଗ୍ରସ୍ତ ହେ ପଥିକ !
ଏବେ ହେଲେ ହୁଅ ମୋହ ମୁକ୍ତ ।
ସ୍ୱଧର୍ମ ପାଳନ ଲାଗି ଲୋଡ଼ା ଯଦି
ଆମର ରାଜତ୍ୱ, ସେବା ଓ କଲ୍ୟାଣ ପାଇଁ
ଲୋଡ଼ା ଯଦି ଗୋଟିଏ ଭୂଖଣ୍ଡ,
ହେଉ ସେ ହସ୍ତିନା ଅବା ହେଉ ଇନ୍ଦ୍ରପ୍ରସ୍ଥ–
ହେଉ ଖଲିସ୍ତାନ୍ ଅବା ହେଉ ହିନ୍ଦୁସ୍ଥାନ–
ଅଖଣ୍ଡ ଭାରତ ।

■

ମୃତ ସମୟ

ପ୍ରମିଳା ଶତପଥୀ

ରାସ୍ତାକଡ଼ରେ
ବହୁତ ଭିଡ଼
ଯାହା ମାଡ଼ିଆସିଛି
ରାସ୍ତା ଉପରକୁ ।

ଟ୍ରାଫିକ୍ ଜାମ୍
ଅଟକିଗଲା କାର
ଖୋଲିଦେଲି କାଚ ।

ଦୃଶ୍ୟ, ଦୃଶ୍ୟ ନଥିଲା, ଥିଲା
କରୁଣଭୋକର ବେହୋଶୀ ।

ଫାଳେସୂର୍ଯ୍ୟ ଛିଟିକିପଡ଼ିଲା
ମୋର ଛାତି ଭିତରକୁ
ଆଉ ଫାଳେ ପଶିଗଲା
ମୃତ ସମୟର ଓଠ ଭିତରକୁ ।

ଦଶହାତ ଛଡ଼ାରେ
ପୋତା ହୋଇଛି ଦୁଇଟି ଖୁଣ୍ଟ
ଯେପରିକି ନିର୍ଦ୍ଦୟତାର ବିଜ୍ଞାପନ,
ଏ ପାଖରୁ ସେ'ପାଖ ଖୁଣ୍ଟଯାଏ
ଭୋକର ଦଉଡ଼ିରେ ବନ୍ଧା ହୋଇଥିଲା
ପ୍ରାୟ ସାତ ଆଠ ମାସର
ଏକ ଫୁଙ୍ଗୁଳା ନକ୍ଷତ୍ର,
ସପନ ଝୁଲୁଛି ଚକ୍ରାକାର ହୋଇ ।

କାହା କାହା ଓଠରେ ସମ୍ପାତର ବାମ୍ପ,
ଚୁଲିକି ଯାଉ ତମର ଭୋକ,
ଟଙ୍କାନିଅ ଏବଂ
ବନ୍ଦ କର ଭୋକର କରୁଣ ନାଟକ।

ପିଲାଟି ଓଠରେ
ହସ ନ ଥିଲା କି କାନ୍ଦ, ଅବା ଭୟ
ଯେପରିକି ନିର୍ବିକାର ଈଶ୍ୱର
ଜୀବନର ସବୁରାସ୍ତାରେ ଅଭ୍ୟସ୍ତ।

ମୋର ମନେହେଲା
ସମ୍ରାଟମାନଙ୍କ ହାତରେ
ଖଣ୍ଡେଖଣ୍ଡେ ମେଘ,
ଆଖିରେ ଜଳୀୟଶୂନ୍ୟତା,
ଛାତିରେ ନିଳାଭ ବିସ୍ମୟ।
ଆମେ ବାହାରିଆସିଲୁ ଭିଡ଼ ଭିତରୁ।

ଯା' ପରେ
ମୁଁ ଯୋଉଠିକି ଚାହିଁଲି
ସବୁଠି ମୋତେ ଦେଖାଗଲା
ଭୋକର ବିକଳ ବିଶ୍ୱାସ।

■

ବିଶ୍ୱସ୍ତ ପାପ

ସୁଚିତ୍ରା ପାଣିଗ୍ରାହୀ

ତମାମ୍ ଆକାଶରେ ଶ୍ରାବଣର କଳାବାଦଲ ପରି
ମୋତେ ବେଢ଼ି ରହିଛି ମୋର ପାପ।
ମୁଁ ଯେତେବେଳେ ମଗ୍ନ ଥିଲି ଯଜ୍ଞାନୁଷ୍ଠାନରେ
ଦେବାର୍ଚ୍ଚନାରେ ଉପବାସର ଅସହ୍ୟ ପୀଡ଼ା ସହୁଥିଲି
ତା'ର ସକଳ ସୁଫଳ
ମୁଁ ଅକାତରେ ସମର୍ପି ଦେଉଥିଲି
ମୋର ସ୍ୱାମୀ ଓ ସନ୍ତାନ ମାନଙ୍କୁ,
ମୋର ପ୍ରିୟ ବନ୍ଧୁ ପରିଜନଙ୍କୁ
ସତ୍‌କର୍ମର ସମସ୍ତ ପ୍ରାପ୍ତିତ
ନିବେଦିତ ସେଇ ମାନଙ୍କୁ।

କିନ୍ତୁ ଆଜି ଯେତେବେଳେ ମୁଁ ମାତ୍ର ଗଣ୍ଡୁଷେ
ପାପର ଜଳ ଧାରଣ କରିଚି ମୋ ଅଂଜଳିରେ,
ନିର୍ଣ୍ଣୟ କରିପାରୁ ନାହିଁ-
କାହାକୁ ନିଷିକ୍ତ କରିବି ଏଥିରେ,
କାହାର ମସ୍ତକରେ ଏଥିରୁ ଟୋପାଏ ଦେଇପାରିବି,
କା'ର ତୃଷା ନିବାରଣ କରିବି
ପାପମୟ ଏ ଗଣ୍ଡୁଷେ ଜଳରେ,
ଅବା କାହା, ତାପଦଗ୍ଧ ପାଦରେ
ଏ ଜଳ ସ୍ପର୍ଶ ଦେଇ ଶୀତଳ କରିବି
କିଛି ସ୍ଥିର କରିପାରୁ ନାହିଁ।

କା' ହାତରେ ଟେକି ଦେବି
ମୋର ଏ ବିମ୍ବିତ ପାପର ପ୍ରତିମାମୟ ଜଳବିନ୍ଦୁକୁ
କେହିତ ପ୍ରସାରି ଦେଉ ନାହାନ୍ତି କରତଳ
ତେବେ ମୋର ଏ ପାପ ଥାଉ

ଏଇ ପରି ମସୀକୃଷ୍ଣ ମେଳମାଳ ପରି
ମୋର ସମସ୍ତ ମର ଶରୀରକୁ ଆଚ୍ଛନ୍ନ କରି
ଯେତେ ଦିନ ମୁଁ ବଂଚିଥିବି
ବଞ୍ଚିବ ଏଇ ମୋର ପାପର ସହୃଦୟତାରେ
ପାପ ମୋତେ ଆଶ୍ୱାସନା ଦେଉ
ଦେଉ ଆଶ୍ୱସ୍ତି
ମୋ ଚଉପାଶର ସମସ୍ତ ଶୂନ୍ୟତାକୁ
ତାର ନିବୁଜ ନିରନ୍ଧ୍ର ଛାୟାରେ
ଘେରାଇ ଦେଇ ମୋତେ ଆହୁରି ଏକାନ୍ତ କରୁ
ମୋର ବିଶ୍ୱସ୍ତ ପାପ ।

■

ଦେବତୁଲ୍ୟା ନାରୀ

ମିନତୀ ମିଶ୍ର

ଦେବତୁଲ୍ୟା ନାରୀକୁ କାହିଁକି
ତୁମେ ବେହାଲ୍ କର
ବିଚ୍‌ରାସ୍ତାରେ
ଶରବିଦ୍ଧ କରି ଶୁଆଇ ଦିଅ
ତମାମ୍ ଧମନୀରେ... ।

ନାରୀ କ'ଣ ଗୋଟେ
ପରିତ୍ୟକ୍ତା କୂଅ
ମନର ସବୁ ଆବର୍ଜନା ଭରିଦେବ
ସେଇ ଅଗଭୀର କ୍ଷତାକ୍ତ ଗାତ୍ରରେ
ଯେତେ ରାଗ,
ଯେତେ ହିଂସା, ଯେତେ କ୍ରୋଧ
ଅଜାଡ଼ି ପକାଇବ ସେଇ
ଭଙ୍ଗା କାନ୍ଥର ନିରବ ସ୍ୱପ୍ନରେ ।

ନାରୀ ତ ଏକ ସ୍ୱୟଂସିଦ୍ଧା
ଯେଉଁ ବୀଜରୁ ଜନ୍ମନିଏ
ମା', ମାଟି, ସାରା ବିଶ୍ୱ
କ୍ଷତାକ୍ତ ହୁଏନି ସେ
ଯୌନ ଲାଳସାରେ
ଦଂଶନ କରିପାରେନି
ବିଷ ଦନ୍ତର କ୍ଷୁଦ୍ଧ ପିପାସାରେ
ଜଳିଯାଏନି ଜଙ୍ଗଲରେ ମାଡ଼ିଥିବା
ତମାମ୍ ନିଆଁର ତାଣ୍ଡବରେ...

ଥରେ ତୁମେ ପରଖି ନିଅ

ନାରୀର ମନଟାକୁ, ଦେହଟାକୁ ନୁହେଁ
ଦେଖିବ, ପ୍ରେମର ସେ ଚରାଭୂଇଁର
ଅଜସ୍ର ତାରାଙ୍କର ମେଳଣ
ଆକର୍ଷଣଭରା ଚେହେରା ପଛରେ
ଭାବର ଉନ୍ମୁକ୍ତ ଦୁଆର
ସନ୍ତୁଳିତ ବିବିଧା ବହୁବର୍ଣ୍ଣା ପଦ ଆଉ ଶବ୍ଦ
ଉତୁରି ପଡୁଛନ୍ତି ଜାହିର୍ କରିବାକୁ
ନିଜର ଅସ୍ତିତ୍ୱ
ଦିବ୍ୟସତ୍ତାର ପ୍ରଗାଢ଼ ସ୍ୱରୂପ,
ଶୂନ୍ୟ ସ୍ଥାନର ଶ୍ୟାମବର୍ଣ୍ଣ।

ନାରୀ ଏକ ନୃତତ୍ତ୍ୱ, ଭୂତତ୍ତ୍ୱ
ଓ ମନସ୍ତତ୍ତ୍ୱର ସ୍ୱର୍ଦ୍ଧିତ ଆକାଶ
ସଜୁଥିବା, ଯୋଜୁଥିବା
ମହମହ ସଂପର୍କର ପରଶ
ଆଶାହୀନ, ନାମହୀନ, ନାମ୍ନୀ ସମାବେଶ
ଅଜଣା ପୁଲକ
ଅଜଣା ବିଶ୍ୱାସର ରନ୍ଧ୍ରବେଶ।

ଏ ସୃଷ୍ଟିର ଭିନ୍ନ ଭିନ୍ନ ସର୍ଜନାରେ
ନାରୀ ତ ବୈଚିତ୍ର୍ୟ
ତୋଳିପାରେ ଜହ୍ନର ଜ୍ୟୋତ୍ସ୍ନାକୁ
ନରମ ପାପୁଲିରେ
ପିଇପାରେ ଉନ୍ମାଦନାର ଗରଳକୁ
ମମତାର ଅମୃତରେ
ସେ ଏକ ଦୂରରୁ ଦୂରତମ ପୃଥିବୀ
ମୁହୂର୍ତ୍ତ, ମୁହୂର୍ତ୍ତର ଜନନୀ, ସ୍ଥିତିର ଜାହ୍ନବୀ।

ନୂଆ ଓ ପୁରୁଣା

ଜୟଶ୍ରୀ ଦାଶ

ନୂଆବର୍ଷ ଆସୁଛି ସିନା
ପୁରୁଣା ତ ସଦା ମୋର ପ୍ରିୟ
ଯାହା ସୁନା ପରି ଦିଶୁଥାଏ ଚିକ୍‌ଚିକ୍
ଦେଇଥାଏ ସ୍ମୃତି ଓ ଅନୁଭୂତିର
କେବେ ସୁଖ ତ ପୁଣି କେବେ ଦୁଃଖ ଭିତରେ
ମିଠାମିଠା ଦରଦଭରା ଅମୃତ ବ୍ୟଥା
ଯାହାକୁ ଭୁଲିହୁଏ ନାହିଁ,
ଭାବିଲେ ଝରିଯାଏ ଲୁହ
ଭିଜୁଥାଏ ପ୍ରେମରେ ଦୁଇ ଆଖି।

ଜୀବନର ଅର୍ଥ ସତେ କେତେ ବ୍ୟାପକ ଓ ପ୍ରସାରିତ
ଅସୀମ-ସସୀମ-ଅନନ୍ତ-ଅବ୍ୟକ୍ତ
ଯିଏ ନିର୍ଗୁଣ ସନାତନ ତାଙ୍କୁ କେବଳ ହାତଯୋଡ଼ି
ନିଜର ମନ ଭିତରେ ଥିବା ସମସ୍ତ ବେଦନା ଯନ୍ତ୍ରଣା
ଜଣାହୁଏ ଯଦି, ତେବେ ଦୁଃଖ ତ ଆପେଆପେ ଦୂର ହୁଏ
ସେ ତ ସୃଷ୍ଟିକର୍ତ୍ତା, ଯିଏ ଆମକୁ ଜନ୍ମଠାରୁ ମୃତ୍ୟୁଯାଏଁ
ଜୀବରୁ ଜଗତ ଭରି ଦେଇଛନ୍ତି ସକଳ ପ୍ରାକୃତିକ
ସୌନ୍ଦର୍ଯ୍ୟର ବୈଭବ।

ଯିଏ ଖୋଜିଛି ସିଏ ତ ପାଇଛି
ତା'ର ମନରେ ଥିବା ପ୍ରଶ୍ନ ଓ ଅର୍ଥ।

କେତେବେଳେ ମନ୍ଦିର ବେଢ଼ାରେ
ହାତ ବଢ଼ାଇ ମାଗୁଥିବା ଦୃଶ୍ୟ
ପୁଣି ଶୀତ କାକରେ ନଥାଏ ବସ୍ତ୍ର
ଖାଇବାକୁ ନପାଇ ଦିଶେ କଙ୍କାଳ

ପେଟପାଇଁ ନିତିଦିନ ସଂଘର୍ଷର କଥା।
ଯାହାକୁ ଦେଖିଲେ ଲୋମ ଟାଙ୍କୁରି ଉଠେ
ଯେଉଁ ଛବି ଭୁଲିହୁଏ ନାହିଁ ଜୀବନରେ।

ଈଶ୍ୱରଙ୍କୁ ଡାକୁଥାଏ ହେ ଦୀନବନ୍ଧୁ
ତୁମେ ହିଁ ବୁଝିବ,
କାରଣ ତୁମେ ହିଁ ସର୍ବବ୍ୟାପୀ
ତୁମର ଅନନ୍ତ ହାତ ଲମ୍ବିଛି ଅନନ୍ତ ଆକାଶକୁ
ପ୍ରଶସ୍ତ ଓ ପ୍ରସାରିତ
ଯାହା ଅନେକ ବ୍ୟଥାରୁ ଡାକିଲେ ମିଳେ ମୁକ୍ତି।

ଅନ୍ୟର ମୁହଁରେ ହସ ଫୁଟାଇବା ତ ମଣିଷର କର୍ତ୍ତବ୍ୟ
ସୁଖ-ଦୁଃଖ ବୋଲି କିଛି ନାହିଁ
ସବୁ କଥା ଗ୍ରହଣ କରିବାକୁ ହେବ
ଯାହା ସତ୍ୟ ତାହା ହସିହସି କରିବାକୁ ହେବ ସ୍ୱାଗତ;
ଆଜିବି ପୁରୁଣା ଦିନ ପୁରୁଣା ସ୍ମୃତି ରଖିଛି ସାଇତି
ଯାହା ଚିରନ୍ତନ ସତ୍ୟ।

ଭୁଲିହେବ କିପରି, ଯାହା ଅମୂଲ ଅମୂଲ
ନୂଆବର୍ଷରେ ସଭିଏଁ ମଉଜ ମଜଲିସ୍‌ରେ କାଟନ୍ତି ଦିନ
ହସଖୁସିରେ, କିନ୍ତୁ ସେ ଭାବୁଥିଲା ସେଦିନର ସେ
ଅଭୁଲା ମୁହୂର୍ତ୍ତ,
ଯାଇଥିଲା ଦେଖିବାକୁ ଦାରୁ
ନାଚୁଥିଲା ତା' ମନର ଗୋପନ ସ୍ଥାନରେ
ପୁରୁଣା ଠାକୁର ପାତାଳି ହେବେ, ନୂଆବସ୍ତ୍ର ପିନ୍ଧି
ନବକଳେବରରେ ପୁଣି ଦର୍ଶନ ଦେବେ ଭକ୍ତଙ୍କୁ
ସେ ଦେଖିବ ସେଇ କାଳିଆର ମନଲୋଭା
ଦୁଇଆଖିକୁ ମନ ଭରି,
ଯାହା ସଂସାରରେ ପରମ ସତ୍ୟ—

କିନ୍ତୁ ବ୍ରହ୍ମ ତ ଏକ, କାନରେ ଯେମିତି ବାରମ୍ୱାର
ଶୁଭୁଥିଲା ସେଇ କଥାପଦକ
ବ୍ରହ୍ମ ସତ୍ୟ ଜଗତ ମିଥ୍ୟା ।

ଚେତନା ମୋ ଅନନ୍ତ ଆତ୍ମାର

ମୋନାଲିସା ଜେନା

ହେ ଚିନ୍ମୟ, ତୁମରି ଚେତନା,
ମୋ ଦେହର ଅଣୁରେ ଅଣୁରେ
ଧମନୀର ଶୋଣିତ ଧାରାରେ
ତଡ଼ିତ୍ ପ୍ରବାହ ସମ ଛୁଇଁଯାଏ,
ଦପ୍‌କରି ଜଳିଉଠେ ବହ୍ନିଶିଖାସମ,
ସ୍ୱର୍ଯ୍ୟସ୍ନାତ କରି ମୋ ଅନ୍ତର।
ଶତସୂର୍ଯ୍ୟ ସମଦୀପ୍ତ ସେ ବହ୍ନି ଉତ୍ତାପେ
ଭସ୍ମହୁଏ କଳୁଷ କାମନା,
ଜଳିଯାଏ ଈର୍ଷା, ରୋଷା, ଦ୍ୱେଷ ଅଭିମାନ
କୌରବର ଜତୁଗୃହ ପରି।
ବହ୍ନି ତ ମାନେନା କିଛି କୋମଳ କଠୋର
ଶୁଷ୍କତୃଣ, କାଷ୍ଠ ଖଣ୍ଡ
କୋମଳ ପଲ୍ଲବ,
ଅବା ପୁଷ୍ପକଳି,
ଜାଳିଦିଏ ନିର୍ବିରେ ନିର୍ମମ ପରଶେ।
ବାଷ୍ପସମ ଉଡ଼ିଯାଏ ମମତା, କରୁଣା,
ଶୁଖିଯାଏ ଅନୁକମ୍ପା ଧାରା,

ଜଳିଯାଏ ସଂପର୍କରେ ସକଳ ସଂଯୋଗ,
ମୋ ପ୍ରାଣ ଊର୍ଦ୍ଧ୍ୱକୁ ଉଠେ ମେଲି ଦୁଇପକ୍ଷ,
ତୁମରି ଅନନ୍ତାକାଶେ, ତୁମରି ସନ୍ଧାନେ,
ବହ୍ନିର ପତଙ୍ଗ ପରି ଉଡ଼େ ଘୂରି ଘୂରି
ଲମ୍ଫ ଦିଏ ଜ୍ୟୋତିସ୍ନାତ ତୁମରି ବୁକୁରେ।

ଶେଷ ହୁଏ ସବୁ ଗୀତି,
ସବୁ ମୁଖରତା,
ଲିଭିଯାଏ ସକଳ ଯାତନା ।
ମହାକାଳ ବକ୍ଷେ ନୁଏଁ କୃଷ୍ଣ ଯବନିକା ।
ଚିତ୍ତ ସମାହିତ ।
ତେବେ ବି ତ ବାଜିଥିଲେ ଅନନ୍ତ ରାଗିଣୀ
ଦୁର୍ବିସହ ହୁଏ ନାହିଁ ଅସୀମ ଅନ୍ଧାର ।
ଜାଗିରହ ପ୍ରାଣେ ମମ ଧ୍ରୁବତାର ସମ,
ସ୍ଥିର, ଅଚଞ୍ଚଳ ।
ସତ୍-ଚିତ୍-ଆନନ୍ଦ ।

■

ସ୍ୱପ୍ନରେ ସ୍ୱପ୍ନରେ

ସୁନନ୍ଦା ତ୍ରିପାଠୀ

କିଏ ସେ ଆସିଥିଲା ମୋ ସ୍ୱପ୍ନରେ
ନମାନି ରାତି ଜଗୁଆଳିମାନଙ୍କର ବାଧା
ସକାଳ ହୁଅନ୍ତେ ଦେଖିଲି
କିଏ ସେ ଲେଖିଯାଇଛି
ମୁକୁଳା ମୋ ଦେହସାର ଶ୍ରୀରାଧା ଶ୍ରୀରାଧା ।

କିଏ ସେ ଛାଡ଼ି ଯାଇଛି
ହଂସୁଲୀ ମୋ ଶେଯପରେ ମୟୁର ଚନ୍ଦ୍ରିକା
କିଏସେ ବୁଣିଯାଇଛି ମୋ ଘରସାରା
ମିଠା ମିଠା ତମାଳ ଫୁଲର ବାସ୍ନା

କା ଲାଗି ଅଙ୍ଗେ ଅଙ୍ଗେ ମୋର
ଏବେବି ଅଜଣା ବେପୁଥ ।
ମୋ ନୟନ ପିଆଲାରୁ ଛଲକି ଯାଏ
କା ପ୍ରେମର ମଧୁ ।

ରାତିକ ଭିତରେ ମତେ
କିଏ ସେ ସଜାଇଲା ଏତେ ଉପଚାରେ
କିଏ ସେ ଜଗାଇଲା କାଉଁରୀ କାମନା ମୋ
କୁଆଁରୀ ଛାତିରେ ।

ଓଠରେ ମାଖିଦେଲା
କରବୀ ଫୁଲର ପାଖୁଡ଼ା
ଗାଲରେ ମୋ
ଲାଜର ଲାଲିମା ।

ଆଖିର ମୋ ଭରିଦେଲା
ଇନ୍ଦ୍ରଧନୁ ରଙ୍ଗ
ଚାଲିରେ ଚାଲିରେ ଦେଲା
ମତ୍ତ କରିଣୀର ଛନ୍ଦ।

କଂଠକୁ ମୋ ଇନ୍ଦ୍ରନୀଳ ମଣିହାର
କଟିକୁ କେୟୂର, ପାଦକୁ ତା'
ନାମର ନୂପୁର, ଅଙ୍ଗ ଲାଗି ଦେଇଗଲା
ମେଘରଙ୍ଗ ବସ୍ତ୍ରର ସଂଭାର ॥

କିଏ ସେ ଆସିଥିଲା
ମୋ ସ୍ୱପ୍ନରେ
କା ପ୍ରେମର ମହୁଆ ପିଇ
ମୁଁ ଆଜି ବାତୁଲୀ
ଝୁମି ଝୁମି ବାଟ ଚାଲେ କା ଲାଗି ମୁଁ
କାଖେ ଧରି ଛିଦ୍ରା କଳସୀ।

ଚୁମି ଯାଇ ଓଠ ମୋର
କିଏ ମୋତେ ଦଂଶି ଦେଇଗଲା
କା ଲାଗି ଦେହ ସାରା ମୋର
ଏ ଅନନ୍ୟ ବିଷ ଚରିଗଲା।

ଏ ବିଷଜ୍ୱାଳାରୁ କ'ଣ ବଳିଯିବ
ଆଉ କେଉଁ ନାଗୁଣୀର ବିଷ!!
ଆଣ ଆଣ ନଗ୍ରଜନେ
ସର୍ପଭରା ସହସ୍ର କଳସ
ତା' ଭିତରେ ଭରିଦେବି ହସ୍ତ।

■

ତୁମେ ମୋର ଶ୍ରେଷ୍ଠ ପରିଚୟ

ଝୁମ୍‌ଝୁମ୍ ନାୟକ

ତୁମକୁ ନଈକୂଳ ଭଲଲାଗେ ବୋଲି
ନିଛାଟିଆ ଆମ୍ବଗଛର
ବଉଳମାନଙ୍କୁ ଭଲପାଅ ବୋଲି
ଅଜଣା ସମୁଦ୍ରର
ଅଗଣିତ ଲହଡ଼ିମାନଙ୍କର
ଶେଷହୀନ ଆଶ୍ୱାସନାକୁ ଛାଡ଼ି
ତୁମଠୁ ଦୂରରେ
ତୁମ ଆତ୍ମୀୟତାର ନଈକୂଳେ
ଅଭିମାନ ଆଉ ବିହ୍ୱଳତାର
ଫୁଲଟିଏ ହୋଇ
ଏବେବି ଫୁଟିଛି ।

ପୂର୍ଣ୍ଣିମା ରାତିର
ଅଭିଶପ୍ତ ନକ୍ଷତ୍ରମାନଙ୍କ ପରି
ମୋ ଅତନ୍ଦ୍ର ରାତିର
ପହର-ମାନଙ୍କୁ ଗଣିଗଣି
ମୋ ଅସହାୟ ଆଖିର
ନିଃସ୍ୱତାର ତାତିରେ
ତୁମ ଭଲପାଇବାର ସୂର୍ଯ୍ୟମୁଖୀ
ଏବେବି ଅପେକ୍ଷା କରେ
ସେଇ ଅବିଶ୍ୱାସୀ ବୈଶାଖକୁ ।

ତୁମେ ଜୀବନ ସାରା
ଖାଲି ଲାଭକ୍ଷତିର ହିସାବ କରିଛ
ଓଜନ କରିଛ ମୋ ଆନ୍ତରିକତାକୁ
ସ୍ୱାର୍ଥପରତାର ନିକିତିରେ

ଶୈଶବର ଅନୁରାଗରୁ
ଯୌବନର ସିଢ଼ିରେ ଚଢ଼ି ଚଢ଼ି
ବିନ୍ଦୁଏ ବିଶ୍ୱାସ ବଦଳରେ
ଅବିଶ୍ୱାସର ରେଖାଟିଏ ପାଲଟିଗଲ।

ତୁମ ଜୀବନର
ଉତ୍ତରିତ ଲଗ୍ନରେ
ଭାଗ୍ୟର ଆକସ୍ମିକତାରେ
ମୋ ଚୂଆ ଚନ୍ଦନମଖା ଜୀବନର
ଦିନେ ପୂର୍ଣ୍ଣଚ୍ଛେଦ
ପଡ଼ିଯିବ।

ପ୍ରତିଷ୍ଠା ଆଉ ପ୍ରାଚୁର୍ଯ୍ୟର
ନିଘଞ୍ଚ ବନରେ ରହି
ତୁମେ
ନିଃସଙ୍ଗ କପୋତଟି ପରି
ଗୁମୁରି ଗୁମୁରି ଖୋଜୁଥିବ,
ତୁମ ସମ୍ପର୍କହୀନ ସମ୍ପର୍କର
ଶ୍ରେଷ୍ଠ ପରିଚୟକୁ।

■

ପିଠି

ସୁଚେତା ମିଶ୍ର

କିଛି ସମୟ ଆଗରୁ ଲାଗୁଥିଲା
ମୁଁ ଅନୁସରଣ କରୁଛି ତାକୁ
ହେଲେ ସତ କଥାଟି ହେଉଛି
ମୋର ସବୁ ଗନ୍ତବ୍ୟରେ
ସେ ହିଁ ଚାଲୁଛି ଆଗରେ
ଗୋଟେ ନିର୍ବସ୍ତ୍ର ପିଠି।

ଏତେ କଳା
ଏତେ ଚିକ୍କଣ
କେମିତି ହୋଇପାରେ ଗୋଟେ ପିଠି
ମୃତ ସ୍ୱପ୍ନ ସବୁ କଣ ଅନ୍ଧାର
କେତେ ସ୍ୱପ୍ନଙ୍କର ଶବ ବୋହିଛି
ତା ହେଲେ ଏ ପିଠି
ଭବ୍ୟ ଭବନ ଆଡ଼କୁ ଯାଉଥିବା
ଯେ କୌଣସି ରାସ୍ତାଭଳି ଏ ପିଠି
ସେଠି ମିଶିଛି କେତେ ପାଦଚିହ୍ନ (?)

ଏବେ ଏବେ ମୁଁ
ପିଲାଙ୍କୁ ପଢ଼େଇ ସାରି ଫେରିଛି
କ୍ଲାନ୍ତି କଥା
ମୋ ଆଙ୍ଗୁଳିରେ ଲାଖିଥିବା ଚକ୍ ଗୁଣ୍ଡକୁ
ଅପମାନରେ ବଦଳେଇ ଦେଉଛି
ବେଦାଗ କଳାପଟା ଭଳି ସମତଳ
ସେ ପିଠି।

ଏତେ ଦମ୍ଭ
ଏତେ କଠୋର ସହନଶକ୍ତି

କେମିତି ହୋଇପାରେ ଗୋଟେ ପିଠି
ସେ କଣ ଶାଳଗ୍ରାମ
କି ଗୋଟେ ପାହାଡ଼
ବହୁ ଦିନରୁ ମୋ ଭିତରେ କାନ୍ଦୁଥିବା
ଗୋଟେ ନଈକୁ କଣ ମିଶେଇ ଦେଇ ହେବ
ସେ ପିଠିରୁ ବହୁଥିବା
ଧାର ଧାର ଝାଳରେ।

କେତେ ରୋମାଞ୍ଚକାରୀ ସେ ପିଠି
ଗାନ୍ଧୀଙ୍କର ଖୋଲା ପିଠି ଠାରୁ ବି
ଅଧିକ ସତ୍ୟାଗ୍ରହୀ
ଗୋଟେ ଏକ୍ସରେ ପ୍ଲେଟ୍ କି
ବହୁ ସଂଖ୍ୟକ କମ୍ପାନୀର
ବହୁ ବିଜ୍ଞାପିତ ପୋଷାକ ପିନ୍ଧିଥିବା
ଗୋଟେ ସମାଜର ନଗ୍ନ ଛବି
ଫୁଟି ଦିଶୁଛି ସେ ପିଠିରେ।

ସେ ପିଠି ଲାଗି ନାଁ ଖୋଜିବା ନିରର୍ଥକ
ବର୍ଷ ବର୍ଷ ଧରି ସେ
ସମ୍ଭାଳିଛି ସୂର୍ଯ୍ୟ, ଚନ୍ଦ୍ର, ବିଶ୍ୱାସ, ନିସ୍ୱାର୍ଥକୁ
ଅପାର ସହନଶୀଳତା ନୁହେଁ
ସମର୍ପିତ ପ୍ରତିରୋଧ ବି ସେ ପିଠି
କେଉଁ ନା କେଉଁ କାରଣରୁ
ଆମ ଯେବେ ବି ଉଚ୍ଚାରିଛେ
ଯୁଦ୍ଧ ଓ ଈଶ୍ୱର
ସେ ପିଠି ସେତେବେଳେ ବି
କେବଳ ପିଠି ହୋଇ ରହିଛି
କେବେ ବ୍ୟକ୍ତି, ଧର୍ମ କି ଜାତି
ହେବା କଥା ଭାବିନି।

■

ରାଜଜେମା

ସୈରୀନ୍ଧ୍ରୀ ସାହୁ

ସବୁ ସ୍ୱପ୍ନ ସ୍ୱପ୍ନରେ ଥିଲା
ରାଜଜେମା, ରାଜାପୁଅ
ଲବଙ୍ଗ ଦ୍ୱୀପର କଥା ।

ରାଜଜେମା ପାଦରେ ବନ୍ଧା ସରିଥିଲା
ମନ ପବନର କଠଉ
ରଥରେ ଯୋଚା ସରିଥିଲା
କୁହୁକର ଘୋଡ଼ା
ଆଖିରେ ମାଖି ସାରିଥିଲା
ମାୟାଭେଦୀ ଅଞ୍ଜନ
ଯାହା ସାତତାଳ ପାଣି
ସାତ ତାଳ ପଙ୍କ ତଳେ ଥିବା
ସୁନା ଫରୁଆ ଭିତରର ଦୃଶ୍ୟ
ଦେଖିପାରିବ ଅନାୟାସରେ ।

ଏମିତିରେ ରାଜଜେମା ପଢ଼ିପାରେ
ଛାତି ତଳେ ଲେଖାଥିବା ଅଲେଖା ଅକ୍ଷର
ରାଜଜେମା ଶୁଣିପାରେ
ଅନୁଚ୍ଚାରିତ ଶବ୍ଦଙ୍କ ସ୍ୱର
ରାଜଜେମା ମାପିପାରେ
ହୃଦୟର ଗଭୀରତା
ରାଜଜେମା ବୁଝିପାରେ
ଆଖିତଳେ ଲୁଚିଥିବା
ଆଷାଢ଼ୀ ମୌନତା ।

କିନ୍ତୁ କିଛି ଭାବିବା ଓ ଘଟିବା ପୂର୍ବରୁ
ସରିଯାଇଥିଲା ସ୍ୱୟଂବର
ରାଜାପୁଅଟିକୁ ବୁଝିବା ଓ ଜାଣିବା ଆଗରୁ
ରାଜଜେମା ମୁଣ୍ଡରେ ବନ୍ଧା ସରିଥିଲା
ଦୋଳମୁକୁଟ,
ଖଞ୍ଜା ସରିଥିଲା ଜୀବନ ପାଇଁ
ରାଜ୍ୟ, ରାଜପଦ,
ଏବଂ ସଜା ସରିଥିଲା
ରାଣୀ ଅନ୍ତଃପୁର।

ଏବେ କାହାକୁ ଦୋଷ ଦେବ
ରାଜଜେମା ?
ନୀତକୁ ନା ନିୟତିକୁ ?

ରାଜଜେମା ଏକଦମ୍ ଏକେଲା।

ଅନ୍ଧାରକୁ ପଛକରି
ଆପଣେଇ ନେଇଥିଲା ରାଜଜେମା
ମିଛ ମିଛ ଧୂଳିଖେଳ
ଜୀବନର ପଶାପାଲି,
ଆଖିରୁ ପୋଛି ଦେଇଥିଲା
ସ୍ୱପ୍ନର ଅଞ୍ଜନ, ଖୋଲି ଦେଇଥିଲା ପାଦରୁ
କଠଉ ଏବଂ କୁହୁକରେ ଘୋଡ଼ା।

ରାଜଜେମା ସାମ୍ରାଜ୍ଞୀ ଏଣିକି।

ଆଜି ଆଉ ଅଧାଖରା ଅଧାଛାଇ
ଲୁଚକାଳି ଖେଳବେଳେ
ରାଜଜେମା ଲୋଡ଼େ ନାହିଁ
ଶେଫାଳି ସଂଜର ଗୀତ

ଜ୍ୟୋସ୍ନାଧୁଆ ଜହ୍ନରାତି
ଚୁଲ୍‌ବୁଲି ପ୍ରଜାପତି ଡେଣା,
ଲୁହଭର୍ତ୍ତି ଆକାଶର ଆଖି
ମେଘର ପଖଳା ମାଟି;
ସ୍ମୃତି ସବୁ ହୁଏ ବରଂ ବାଟବଣା
ରାଜଜେମା ପାଇଁ।

ରାଜଜେମା ସବୁ ଦେଖେ;
ସମ୍ରାଟଙ୍କ ପାଇଁ
ମନର ଅଳିନ୍ଦ ଭିତରେ
ସଜାଡୁ ସଜାଡୁ ମଲ୍ଲୀର ଗଜରା
ମଲ୍ଲୀମାଳା ବାସି ହୋଇଯାଏ
କିନ୍ତୁ ଅନ୍ତଃପୁରେ ଜଳୁଥାଏ ଜୀବନର
ନୁଖୁରା ସଳିତା।

ତାର ବା ଆଉ ଲୋଡ଼ା କ'ଣ ?
ସେ ଯେ ସମ୍ରାଟଙ୍କ ପାଟ ମହାରାଣୀ !

ଯିଏ ଜଳିପାରେ - ଜାଳିପାରେ ନାହିଁ
ଯିଏ କଳିପାରେ - କିଳିପାରେ ନାହିଁ
ଯିଏ ଦେଇପାରେ - ନେଇପାରେ ନାହିଁ
ଯିଏ ଦେଖିପାରେ - ଲେଖିପାରେ ନାହିଁ

ତା' ନାହିଁ ନାହିଁର କପାଳରେ
କିନ୍ତୁ ଉଆସ ଭର୍ତ୍ତି ଭଲ ପାଇବା !
ତା' ପାଦତଳେ ଶହଶହ ଦାସଦାସୀ
ତା' ହାତ ପାହାନ୍ତାରେ ଜହ୍ନର ରୋଷଣୀ
ତା' ପାଖରେ ପାରିଜାତ, ଉଚ୍ଚୈଶ୍ରବା
କାମଧେନୁ, ସେତ ସ୍ୱୟଂ ଇନ୍ଦ୍ରଙ୍କ ଇନ୍ଦ୍ରାଣୀ !

ହେଲେ ରାଜଜେମା ଆଜି ବି ଖୋଜୁଛି ସେଇ
ଶାନ୍ତ ସ୍ନିଗ୍ଧ ପବନର ସାରେଗାମା ସ୍ୱର
ମେଘ ଉହାଡ଼ରେ ଗୋଟେ ସ୍ମୃତିର ନଅର
ଅନୁରାଗେ ଭିଜିଥିବା ମୁଠାରେ ଅବିର
ଏବଂ ସବୁ ଅଭିମାନ ଧୋଇ ନେଉଥିବା
ଗୋଟେ ଉତ୍ତୁଙ୍ଗ ଜୁଆର ।

ରାଜଜେମା ଜାଣେ;
ଦୀପଟି, ଜଳିଲେ ଆଲୋକିତ ହୁଏ ପୃଥ୍ୱୀ
ଉଜୁଡ଼ି ଗଲାପରେ ସଜାଡ଼ି ହୋଇଯାଏ ପ୍ରକୃତି
ଏବଂ ଆଖି ବୁଜିଦେଲେ କଟିଯାଏ ଅମାରାତି
ଝିଲ୍‌ମିଲ୍ ଜୀବନର ଗତି ।

ଏଣିକି ରାଜଜେମା ବୁଝି ସାରିଲାଣି
ଛୁଇଁକି ବି ଛୁଇଁହୁଏ ନାହିଁ ଚଇତର ବାଆ
ଧରିକି ବି ଧରିହୁଏ ନାହିଁ ଜୀବନର ନାଆ ।

ତା'ର ବି ଆଉ ଲୋଡ଼ା କ'ଣ ?

ପୁତ୍ର, କନ୍ୟା, ଅଖଣ୍ଡ ଭୂଖଣ୍ଡ ତାର
ସ୍ୱପ୍ନର ପରିଧି
ନୀଳନୀଳ ନିଃସଙ୍ଗତା, ପ୍ରତ୍ୟାଖ୍ୟାନ, ପ୍ରବଞ୍ଚନା
ଆଜି ଆଉ ମାପେ ନାହିଁ ଜୀବନ ଅବଧି ।

ଲୁହରେ ଜୀବନର ଡଙ୍ଗା ଭାସେ
କିନ୍ତୁ ଜୀବନ ପାଇଁ ଲୁହକୁ ଲୁଚେଇ ଦେବାକୁ ହୁଏ
ସୁନା ଫରୁଆରେ ।

ରାଜଜେମା ଭଲକରି ଜାଣେ
ଖାଲି ଜୀଇଁବାକୁ ଚାହିଁଲେ

ଜୀଇଁହୁଏ ନାହିଁ ଜୀବନ;
ତା' ଜୀବନ ତ ଅଦେଖା ନିଆଁରେ ତିଆରି !
ଯାହା ଦିଶେ ନାହିଁ କାହାରିକୁ
ବରଂ ଜାଳୁଥାଏ - ଜଳୁଥାଏ ଅହରହ
ସୁନାମୁଣ୍ଡାପରି ।

■

ଆରୋହ-ଅବରୋହ

ଭାଗ୍ୟଲିପି ମଲ୍ଲ

ଯେଉଁଠୁ ଆରମ୍ଭ କରିଥିଲି
ଗୀତ... ପୁଣି ପହଞ୍ଚିଲି ସେ'ଠି
ହୁଏତ, ଅନେକ ଯୁଗ ପରେ।

ଗୋଟିଏ ସୁରର ହାତଧରି
ବାଟ ଚାଲିବା
ବଡ଼ କଷ୍ଟ ସତରେ।

କାହିଁକି ନା,
ସୁର ବଦଳୁଥାଏ,
ସବୁବେଳେ
ତା' ନିଜ ଇଚ୍ଛାରେ।

କେତେବେଳେ
ଧ୍ରୁପଦ ହୋଇ
କେତେବେଳେ
ବିଳମ୍ବିତ ହୋଇ
ପହଁରୁଥାଏ
ପବନରେ...

ନହେଲେ
ଲୁହ ହୋଇ
ବନ୍ଦଥାଏ
ଆଖିପତା ଭିତରେ...
ସୁର ସହ ଏତେ ଯୁଗ ଚାଲିବା
ବଡ଼ କଷ୍ଟ ସତରେ!

ଚଉଦ ବର୍ଷର ବନବାସ ସାରି

ଏତେ ଯୁଦ୍ଧ, ଘନଘଟା ସାରି,
ଏତେ ଘାଟିରାସ୍ତା ଡେଇଁ
ପରାସ ପାଦରେ...
ଯା' ହେଉ ମୁଁ ପହଞ୍ଚି
ପାରିଲି ପୁଣି
ସୁରର ଆରୋହରେ।

ୟା' ଭିତରେ
କେତେ କ'ଣ
ମିଶି ଗଲାଣି
ଜୀବନ ବଞ୍ଚିବାପରି
କେତେ ରଙ୍ଗ
କେତେ ବାସ୍ନା
କେତେ ହସ, କାନ୍ଦ
ପୁଣି ମୂଳ ରାଗରେ...
ସୁରକୁ ନେଇ ଚାଲିବା
ଓ ପୁଣି ମୂଳକୁ ଫେରିବା
କେତେ କଷ୍ଟ ସତରେ !

ଗଣିକା

ରୁନୁ ମହାନ୍ତି

କେଉଁ ଦେଶରେ ତାର ଘର ?
ତା' ପାଦରେ ଅଳତା,
ଭ୍ରୂରୁରେ କଜ୍ଜ୍ୱଳ,
ତା' ବେଣୀରେ ଯୁଇ ଫୁଲର ସରୁମାଳ।

ଅନେକ ଉପନଦୀ ମିଶିଚି ବୋଲି ତ
ତା' ସୁଅ ଏତେ ପ୍ରଖର।
ଅନେକ ଯୋଗୀ ଗୀତ ଶୁଣିଚି ବୋଲି ତ
ସେ ନିଜେ ଗୋଟେ ଲହର।

ଜାଲପରି ସେ ବାନ୍ଧିପାରେ କଥାରେ।
ସରୁ ଝରଣାଟେ ବହିଯାଏ
ତା' ଦେହର ପତଳା ସିଲ୍‌କ ଶାଢ଼ିତଳେ।

କଦମ୍ବ ଫୁଲ ଫୁଟିଥାଏ ତା' ଅଗଣାରେ
ସବୁ ଋତୁରେ।
ଜହ୍ନରାତିଟିଏ ଝରିପଡ଼ିଥାଏ
ସବୁ ସଂଜରେ।
ମେଘରେ ମେଘରେ ବିଜୁଳି ଖେଳେ
ବକ୍ରଭାଷାରେ ଭାବ ଯୋଡ଼େ
ହୃଦୟକୁ ତୀରମାରେ।

ମିଳନ ମହୋତ୍ସବ ରୂପାନ୍ତରିତ ନ ହେଉ
ବିୟୋଗ ପର୍ବରେ
ବୋଲି ସେ ପ୍ରାର୍ଥନା କରେ।

ବିଷଫୁଲରୁ ବି' ସେ ଅମୃତ ଆଣେ

ମହୁମାଛି ପରି।
ସେ ନିଜକୁ ଖଣ୍ଡବିଖଣ୍ଡିତ କରି ଧ୍ୱଂସ ବି'
କରେ ପ୍ରବାଳ ପରି।
ଲୁହା ପରି ସେ କଠିନ ନୁହେଁ
ସମାଧି ପରି ସେ କୃପଣ ନୁହେଁ।

ନାରୀ ନା ନାଗରୀ କିଏ ବେଶୀ
ମୁଗ୍ଧ କରିଥାଏ
ଦେହଟା ମିଶିବା କେବେ ପାପ ନୁହେଁ
ଗଣିକାକୁ ସିନା ଗଣାଯାଏ
ଅନ୍ୟକୁ ନୁହେଁ।

ଜୀବନ ପଛେ ସାତଖଣ୍ଡ ହୋଇଯାଏ
ପାଣି ସୁଅରେ,
ହେଲେ ଯୁଗେ ଯୁଗେ ବହୁ ପରାର୍ଥ ପଥିକକୁ
ଗଣିକା ହିଁ ତ୍ରାଣ କରେ।

ଖୁସି ଖୁସିରେ ଆସିଥିଲି

ଚିରଶ୍ରୀ ଇନ୍ଦ୍ରସିଂ

ଖୁସି ଖୁସିରେ ମୁଁ ଆସିଥିଲି ।

ଫୁଲପରି କଅଁଳ ଲାଗୁଥିଲା ନଈବାଲି
ପବନର ହାତରେ
ବୋଳି ହୋଇଥିଲା ଲହୁଣି
ଉଡ଼ି ଯାଉଥିଲେ ସଫେଦ ମେଘଙ୍କ ସହ
ହଂସମିଥୁନ ଆକାଶର ନେଳିରେ
କି ରାତି କି ଦିନ ।

କଷି ଧାନର ବାସ୍ନାରେ ମହକୁଥିଲା ଗୋଟା ଗୋହିରି
ବର୍ଷାରେ ଧୋଇ ଦେଇଥିଲା ପବନ
ଲିପି ଦେଇଥିଲା ଗଛତଳ, ତଥା ଖଳା ଘରିଆଡ଼ -
ଚହଟଚିକ୍କଣ କରି
ଚିକ୍‌ଚକ୍ ଜହ୍ନ ଆଲୁଅ
ଖୁସିଖୁସିରେ ମୁଁ ଆସିଥିଲି ।

ଆସିଥିଲି, ଜହ୍ନିଲଟା ବେଢ଼ା ଘରର ଛାଇରେ
ପୁଚି ଖେଳୁଥିବା ଝିଅଙ୍କୁ ଶିଖେଇଥା'ନ୍ତି
ଚନ୍ଦ-ବନ୍ଦାଣର ଗୀତ,
ଚିଟାଉ ଲେଖୁଥିବା କିଶୋର ପ୍ରେମିକଙ୍କୁ
ଦେଇଥା'ନ୍ତି କିଆଫୁଲ
ଜହ୍ନ ଆଲୁଅରେ ଶୁଖେଇଥା'ନ୍ତି
ମୋର ମୁକୁଳା କବରୀ
ମଞ୍ଜୁଆତିରେ ପଟେଇଥା'ନ୍ତି
ମୋର କଷି ପତ୍ରର ପାପୁଲି ।

ଥିରିଥିରି ପାଦପକେଇ ମୁଁ ଆସିଥିଲି

କାଳେ ବୋଲି ହୋଇଯିବ ଆକାଶର ନେଳି -
ଫରଫର ମୋର ପଣତରେ
କାଳେ ଚହଲିଯିବ ନଈର ନୀରବ ବାଙ୍‌ମୟତା
ମୋ ଝୁଣ୍ଟିଆର ଝୁମୁକାରେ
କାଳେ ମଉଳିଯିବ ଶିଉଳିର ଗହମ ନିଦ
ମୋର ଅସତର୍କ ପଦପାତରେ ।
ଖୁସିଖୁସିରେ ମୁଁ ଆସିଥିଲି
ଜାଣି ନଥିଲି ଚନ୍ଦ୍ରମଣ୍ଡଳ ତଳେ
ଲୁଚି ରହିଛି ଆଚମ୍ବିତ ଚିତ୍କାର
ଜାଣି ନଥିଲି ପଦ୍ମବନରେ
ଦେହ ଛପାଇ ଚେଇଁ ରହିଛି ସର୍ପ -

ବନ୍ୟ ମହିଷର ଆଖିରେ ଯାହାର
ମେଦମେଦିନୀର କ୍ଷୁଧା
ମାଂସପେଶୀରେ ଯାହାର
କେବଳ ଯୋନିଜଠରର ମୁଦ୍ରା
ଆସୁରିକ ପଞ୍ଝାରେ ଯାହାର
ଆଲିଙ୍ଗନର ମୁଦ୍ରା
ଅଚାନକ ତା'ର ଛାଇ ପଡ଼ିଗଲା ମୋ ଉପରେ
ବିବସ୍ତ୍ର ହୋଇଗଲି ଯୁବତୀ ଝିଅଟିଏ ମୁଁ
ତାର ଲୋଳଜିହ୍ୱ ଦୃଷ୍ଟିପାତରେ ।

ଖୁସିଖୁସିରେ ଆସିଥିଲି ମୁଁ
ଦେଖ ଏବେ
ଛିଟିକି ପଡୁଛି ରକ୍ତଛିଟା ତମାମ୍ ଚନ୍ଦ୍ର ସୂର୍ଯ୍ୟ
ଧୂଆଁରେ ଧୂଆଁରେ କୁହୁଳି ଉଠୁଛି ବିଶ୍ୱବ୍ରାହ୍ମଣ୍ଡ
ପଦପାତରେ ମୋର ଉତ୍‌ଥିତ ହେଉଛି ଧରିତ୍ରୀର ଲାଭା ।
ନିଃଶ୍ୱାସରେ ଉପୁଡ଼ି ପଡୁଛି ମହାଦ୍ରୁମର ଚେର
ଉତ୍ତାପରେ ମୋର ତରଳିଯାଉଛି
ଦୂର ନୀହାରିକାର ନକ୍ଷତ୍ର

ବଜ୍ରପାତରେ ଫାଟି ଫାଟି ଯାଉଛି ଅନନ୍ତ ।

ଆଉଥରେ ମାଣରେ ଭରିଦେବି ନରଙ୍କୁଶ
ଦେଉଳିଆ ଶସ୍ୟ
ପିଢ଼ାରେ ସଜେଇ ଦେବି
ପୋଥି, ଗୁଆ ଓ କଉଡ଼ି
ଖଳାରେ ଆଙ୍କିଦେବି
ଇନ୍ଦ୍ରଧନୁ ରଙ୍ଗର ମୁରୁଜ
ବାଢ଼ିଦେବି ଠାଆ ପକେଇ
ସଭିଙ୍କ ପାଇଁ ଭାତ
ଆଉଥରେ ରଙ୍ଗ, ରସ, ମହକ ଓ ମର୍ଯ୍ୟାଦାରେ
ସଜେଇ ଦେବି ସଂପର୍କମାନଙ୍କୁ
ଆୟୁଷ୍ମତୀ ପୃଥିବୀଙ୍କୁ ଫେରେଇଦେବି ମୁଁ
ଆକାଶ ଆକାଶ ସ୍ୱପ୍ନ
ମୋର ସର୍ଜନାର ଧର୍ମ ।

ତେଣୁ ସବାଶେଷ ଦୃଶ୍ୟପଟ ନୁହେଁ
ଏଇ ମୋର ରକ୍ତସ୍ନାତା ବିବସନା ଦେହ
କାରଣ ମୁଁ ହିଁ ଜାଣେ
କେଉଁପରି ଲିଭେ ମୋର ନିଆଁ ଲହଲହ
ମୁଁ ହିଁ ଢୋକିପାରେ
ମୋର ଯେତେ ନୀଳାଭ ନିର୍ଯ୍ୟାସ
ମୁଁ ହିଁ ଢାଙ୍କିପାରେ ଫରଫର ଶାରଦ ଶାଢ଼ିରେ
ମୋର ବିବସନା ଦେହ ।

ଖୁସିଖୁସିରେ ଆସିଥିଲି
ଦେଇଯିବି ସଭିଙ୍କୁ ମୋର ନୀଳଶ୍ୟାମଳ ହୃଦୟ ।

■

ଦେଶ

ନବଜ୍ୟୋତି ରାୟ

ମୋ ହେତୁ ହେଲା ଦିନୁ ମୁଁ ଯେମିତି ଦେଖିଛି
ସେ ସେମିତି ଅଛି
କେବଳ ବଦଳିଛି ରାସ୍ତାଘାଟର ଅବସ୍ଥା
ବଦଳିଛି କିଛି ବିଧିବିଧାନ ବ୍ୟବସ୍ଥା
ନଦୀନାଳ ଆଉ ସାଜୁନାହିଁ ବାଧା
ଯାତାୟତରେ
ଚିଠିପତ୍ର ଡାକରେ ନଆସି
ଆସୁଛି ଡିଜିଟାଲ୍ ଫର୍ମରେ
ପିଲାଏ ପଢ଼ିଆର ନୁହେଁ
ଖେଳୁଛନ୍ତି ସ୍ମାର୍ଟଫୋନରେ

ବାପାଙ୍କ ସାଙ୍ଗମାନେ ପେନ୍‌ସନ ନେବାକୁ ଯାଇ
କରୁନାହାନ୍ତି ଛୋଟକାଟିଆ ବନ୍ଧୁମିଳନ
ଟ୍ରେଜେରୀ ସାମ୍ନାରେ ଥିବା ପୁରୁଣା ହୋଟେଲ୍‌ରେ
ଯେବେଠୁ ପହଞ୍ଚିଲାଣି ପେନ୍‌ସନ୍ ଟଙ୍କା
ସିଧାସଳଖ ବ୍ୟାଙ୍କ୍ ଖାତାରେ

ଏବେ ଆଉ ଭୋଗନ୍ତିନି ଶ୍ୱାସ କଷ୍ଟ
ଶୁକୁଟା ବୋଉ କି ସୁଲି ନାନୀ
ଚୁଲି ମୁଣ୍ଡରେ ଏବେ ପରା
ଉଜ୍ଜ୍ୱଳା ଯୋଜନା ଘରେ ଘରେ

ଏବେ ବି ସୂର୍ଯ୍ୟ ଉଠେ ପୂର୍ବରେ
ପୁରା ଜହ୍ନ ପୁନେଇଁରେ
ଘାସ ଉପରେ କାକର ବିନ୍ଦୁ

ଏବେ କି ଆନମନା କରେ
କୋଇଲିର କୁହୁତାନ ।

କିନ୍ତୁ ଏକଥା ବୁଝିବାରେ ମୁଁ ସମ୍ପୂର୍ଣ୍ଣ ଅସମର୍ଥ
କାହିଁକି କିଛି ଲୋକଙ୍କୁ ଲାଗେ
ମୋ ଦେଶ ଅସୁରକ୍ଷିତ
ଯେମିତି ସେମାନେ ଶୁଣି ପାରନ୍ତି
ପବନର ଭୟର ସଂଗୀତ
ସେମାନଙ୍କୁ ଲାଗେ ବଡ଼ ଅସହାୟ
ତାଙ୍କର ଇଚ୍ଛା ହୁଏ
କରିବାକୁ ଆତ୍ମଦାହ

ସ୍ୱଭୂମିରେ ଆସ୍ଥା ନଥିଲେ
ଜୀବନ ସତେ କେଡ଼େ ଦୁର୍ବିସହ !

ବୋଧେ କିଛି ଲୋକଙ୍କ ପାଇଁ
ଦେଶ କେବଳ ଏକ ମାନଚିତ୍ର
ଅନେକଙ୍କ ପାଇଁ କିନ୍ତୁ ଦେଶ
ମା' କୋଳ ପରି ଉଷୁମ୍ ଓ
ସବୁ ତୀର୍ଥଠୁ ଅଧିକ ପବିତ୍ର ।

କବିର ଗାଁ

ପ୍ରଜ୍ଞାଶ୍ରୀ ରଥ

ଆଉସବୁ ଗାଁ ପରି
କବିର ଗାଁ ଶୁଏନାହିଁ ରାତି ସାରା...

ମେଘର ବହଳ ଶେଯରୁ
ଥିରିକିନା ଉଠେ କୁଆଁରୀ ଜହ୍ନ
ଆଲୁଅର ଓଠ ଖୋଲି ଚୁପି ଚୁପି ହସେ...
ନଡ଼ିଆ ବାହୁଙ୍ଗାର ହାତ ବଢ଼ାଇ
ତାକୁ ଟିକିଏ ଛୁଉଁ ଛୁଉଁ ଘୁଞ୍ଚିଯାଏ...
ଅନ୍ଧାରର ଓଢ଼ଣି ଟାଣି
କେବେ ଦେଖେ, କେବେ ଲୁଚିଯାଏ...

ଭୋର୍ ବେଳକୁ ଓଦା ସରସର କପାଳରେ
ଲେସି ହୋଇଯାଇଥାଏ ସ୍ୱର୍ଯ୍ୟକିରଣ
କବିର ଗାଁରେ ଖରା ବି ଅନ୍ୟମନସ୍କ...

କେତେବେଳେ ବିଲମାଳ ଉପରେ
ଛତାତୋଳି ଠିଆ ହୁଏ ତ
କେତେବେଳେ ଦଣ୍ଡିକିରି ମାଛପରି ଖେଳୁଥାଏ
ଅଣ୍ଓସାରିଆ ଜୋର ପାଣିରେ...

ଆମ୍ବତୋଟା ଭିତରେ କୋଇଲିର ଗୀତ ସହ
ଘୁଡୁଘୁଡୁ ଶୁଭୁଥାଏ
କୋଉ ଚନ୍ଦିଗାଈର ବାଉଁଶ ଘାଗୁଡ଼ି...
ତେଲ ପିଇଥିବା ପାଞ୍ଚଣ ବାଡ଼ି ହଲାଇ
ଶଗଡ଼ିଆ ବି ଅକାରଣେ ଗୀତ ବୋଲୁଥାଏ
ଦାଣ୍ଡ ମଝିରେ...

କଠଉ ପିନ୍ଧି ଗାଁ ଭିତରକୁ ପଶେ ଚକୁଳିଆ ପଣ୍ଡା
ଲାଉତୁମ୍ୱା ଭିତରେ ପଞ୍ଚୁବର୍ଣ୍ଣ ଚାଉଳ...
ତା’ ଗୀତ ଶୁଣିବାକୁ ଅଧାଖିଆରୁ ଉଠେ ବୁଢ଼ୀ ମା’...
ଆହା...
ଗଛପତ୍ର କାନ୍ଦି ସେ ଗୀତରେ...

କାହିଁକି କେଜାଣି
କବିର ଗାଁକୁ ସନ୍ଧ୍ୟା ଆସେ ଟିକେ ଡେରିରେ...

ସବୁଆଡ଼େ ରଙ୍ଗଣୀ ଫୁଲ ଫୁଟେଇ ସାରି
ସବୁ ଅଗଣାରେ ଘିଅ ସଳିତା ଜାଳି
ଗଳବସ୍ତ୍ର ହେଇ ଆଣ୍ଠେଇପଡ଼େ...

ମିଟିମିଟି ଆଖିରେ ତାରାମାନେ ଖୋଜନ୍ତି
ସେଇ ଛିଟଜାମା ପରି ଦିଶୁଥାଏ ଆକାଶ
ଅଳତାପଟା ପରି ସରିଯାଉଥିବା ଦିନର ଲାଲିମା
ବର୍ଣ୍ଣଖାଡ଼ିରେ ଲେଖା ହେଇଥିବା ଜୀବନ ଗୀତ...

କିଚିରି ମିଚିରି ହେଇ ଫେରନ୍ତି
ଦଳକୁ ଦଳ ନାଁ ଅଜଣା ଚଢ଼େଇ
କୋଉଠି ଅଟକିଥାଏ ଛିଣ୍ଡାଗୁଡ଼ିର ସୂତା ? ?
କୁଆଡ଼େ ବୋଲି ବ୍ୟାପି ଯାଇଥାଏ
ନିଘଞ୍ଚ ବରଓହଳର ନିବୁଜ ବ୍ୟାପ୍ତି ? ?

ପରଦେଶୀ ହେଇଯାଇଥାଏ ଛମ୍‌ଛମ୍ ପାଉଁଜି
କବିର ଗାଁ ହସୁହସୁ କାନ୍ଦି ପକାଏ
ସେଇ ଜଣକୁ ଝୁରିଝୁରି...

ତକ୍ଷକ

ରତ୍ନମାଳା ସ୍ୱାଇଁ

ମହକ ଭଳି ବିଷର ବି ବ୍ୟାପ୍ତି ଅଛି
ସାରା ଘରକୁ ଆବୋରି ନିଏ
ଜାଣି ହୁଏନା।

ମୁଣ୍ଡ କଟିଗଲା ପରେ ଜଣାପଡ଼େ ଯେ
ଗୋଟେ ଅଦୃଶ୍ୟ ନୀଳଚକ୍ର ବୁଲୁଛି
ମହୀପାଳଙ୍କ ହେତୁ ପାଇଲା ବେଳକୁ
ସାରାଘର କଟାମୁଣ୍ଡରେ ଭର୍ତ୍ତି।

ଘର କହିଲେ ମୁଁ ବୁଝେ
ମାନଚିତ୍ରର ଚଉହଦି ଭିତରେ
ଶହେ ତିରିଶ କୋଟି ଲୋକ ଏକାଠି ରହିବା
ପ୍ରେମରେ ଈର୍ଷାରେ ଓ ସବୁ ବିରୋଧାଭାସରେ।

ସୁରକ୍ଷାର ସବୁ ଯୋଜନା ଥାଇ ବି
କିଏ କ'ଣ ବଞ୍ଚିଲାଣି ଚିରକାଳ, ହେ ମହୀପାଳ ?
ଚିନ୍ତା ତ ଖାଲି ଏତିକି
ଯେବେ କାଟିବା ପୂର୍ବରୁ କଟିଯିବା ହୁଏ କାଳ।

ସୁରକ୍ଷା ପାଇଁ ଯେତେ ଗଢ଼ିଲେ ବି
ଉଚ୍ଚା ଉଚ୍ଚା ପାଚେରି
ତାଳଦେଇ ଲମ୍ବୁଥାଏ
ନିଧନକାରୀର ଗୋଡ଼।

ଯେତେ ନିରନ୍ଧ୍ର କୋଠରିରେ ରହିଲେ ବି
କାଳ ଆସିଲେ ସାପର ଚିତ୍ର
ତକ୍ଷକ ହୋଇ ଦଂଶେ ପରୀକ୍ଷିତକୁ

କେବେ ବି ସୁରକ୍ଷିତ ନୁହେଁ ଏ ଜୀବନ
ଏକଥା କିନ୍ତୁ ଖୁଉବ ଡେରିରେ ବୁଝନ୍ତି ମହୀପାଳ,

ଅସୁରକ୍ଷିତ ସଂସାର
ଅସୁରକ୍ଷିତ ଜୀବନ
ଅସୁରକ୍ଷିତ ପ୍ରେମ
ଅସୁରକ୍ଷିତ ସଂପର୍କ
ଅସୁରକ୍ଷିତ ନିଜେ ଈଶ୍ୱର
ଫୁଲ ଫୁଟି ଝରିଯାଏ ବୋଲି ତ
ସେ ଏତେ ସୁନ୍ଦର ।

■

ବିଶ୍ୱାସ ଥିଲା ବୋଲି

ଅଞ୍ଜୁମନ ଆରା

ପରିଦୃଶ୍ୟ ଜଗତରେ
ଯାହା ସାଇତା ହୋଇ ରହିଥିଲା
ଅସରାଏ ବର୍ଷା ଉଖାରି
ବତୁରାଇ ଦେଲା

ଭିଜା ବିଛଣାରେ ଖେଳୁଥିବା
କଅଁଳିଆ ଦୂବର ଜନ୍ମଦିନର ମେଳାରେ
ମନ ଉଲୁସିଯାଏ ଦେଖି
ସାଧବ ବୋହୂର ଲୀଳା

ଉଦ୍‌ବେଳିତ ପ୍ରାଣରେ
ପଣ୍ୟ ହୃଦୟର ଲଦି
ତୁମେ ଯାଇଥିବା ରାସ୍ତାରେ
ପାଦ ନ ବଢ଼ାଇବା ଯାଏଁ
ମୁକ୍ତିର ଦ୍ୱାର ବନ୍ଦ ଲାଗେ

ତଳେ ବହିଯାଉଥିବା
ପାଣିର ସୁଅ ଦେଖି
ପ୍ରତ୍ୟୟକୁ ଆଧାର କରି
ମାଡ଼ିଚାଲେ ଆଗକୁ
ଆଲୋକରେ ଦିଶେ ସୁନାହରିଣୀ
ଅନ୍ଧାରରେ ଆକାଶଦୀପ

ନିର୍ଦ୍ୱନ୍ଦ୍ୱରେ ମୁଁ ଭାସିଯାଏ
ଆଶାର ମହାସ୍ରୋତରେ
ରାତି ଅମୃତମୟ ହୋଇଯାଏ
ଅଜଣା ଭରସାରେ

ଥରଥର ବିଶ୍ୱାସକୁ
ଶୁଭେ ବଂଶୀ ସ୍ୱର
ବର୍ଷା ଛୁଆଁ ପବନରେ
ମୁକୁଳିତ ପଣତ ବାଟ ନୂଆ ଦେଖାଏ
ପ୍ରତିଧ୍ୱନି କେଉଁଠୁ କେଜାଣି
ମନରେ ମିଠା ଆଘାତ କରେ
ଲକ୍ଷହୀନ ଜୀବନ ନୌକାକୁ
ତୁମ ଆଶ୍ରୟରେ ଛାଡ଼ିଦେଲେ
କୂଳଟିଏ ଦେବାକୁ ତୁମେ ଆସିବ ଆଗେଇ

■

ସାବିତ୍ରୀ-ସତ୍ୟବାନ

ଅସୀମା ସାହୁ

ସବୁଥର ବ୍ରତ ଆସିଲେ
ତମେ କୁହ ଥଟାରେ ଥଟାରେ–
"ପଚାରିଲ ଧର୍ମକୁ ତମର
କେହି ଗୋଟେ ହେଲେ ସାବିତ୍ରୀ ଅଛି
ଏ ସଂସାରରେ ?
ଶାଢ଼ି ଆଉ ଗହଣାର ଆବରଣ ତଳେ
ଫଳ ଏବଂ ସ୍ୱାଦିଷ୍ଟ ପାନୀୟ ଜଳରେ
ସ୍ୱାମୀଙ୍କ ପଦସ୍ପର୍ଶ କରି
ସବୁପାପ ଧୋଇଦେବାର ବୃଥା ପ୍ରୟାସରେ
ଲୋଭୀ ସାବିତ୍ରୀ ମୁଖର
ଶତତ ତତ୍ପର ।।"

ଏଥର ସାବିତ୍ରୀ ବ୍ରତରେ
ଅଣ୍ଟାଳୁଥିବା ମନକୁ ସାକ୍ଷୀ ରଖି
ଧର୍ମକୁ ପଚାରିଲି
"ସାବିତ୍ରୀ କିଏ ?"
ଧର୍ମ କହିଲା
"ସ୍ୱାମୀସହ ଜୀବନ ତମାମ୍ ବନ୍ଧା
ସୁଖେ ଦୁଃଖେ ଛାଇ ପରି ଛନ୍ଦା
ସେ ହିଁ ସାବିତ୍ରୀ, ହଁ ଅଛନ୍ତି
ଏମିତି ବି କିଛି
ଏ ସଂସାରରେ ।।"

ପୁଣି ପଚାରିଲି, "ସତ୍ୟବାନ କିଏ ?"
ଧର୍ମ ଧୀରେ ହସି କହିଲା,
"ମଦ, ନାରୀ, ଜୁଆ, ଚୋରି

ବେପାରରେ ଜାଲ୍
ଉକିରିଆ, ଖଟିଖିଆ ସେମାନେ ବି ଭେଜାଲ୍
ବଧୂହତ୍ୟା, ଧର୍ଷଣ ଅବା ପରକୀୟା ପ୍ରୀତି
ନରମାୟା ଅବୁଝା... ଅଭେଦ୍ୟ
ନାହିଁ କା'ର ବୁଝିବା ଶକତି
ତେଣୁ ଏଠି କାହିଁ ସତ୍ୟ କାହିଁ କା'ର ବାନ୍
ନା, କେହି ନାହିଁ ଏ ସଂସାରେ
ଜଣେ ବି ତ ନାହିଁ ସତ୍ୟବାନ ॥"

ଏଥର ସାବିତ୍ରୀ ବ୍ରତରେ
ଏବେ ତୁମେ କୁହ ପ୍ରାଣେଶ୍ୱର
କେତେ ସତୀ... କେତେ ସତ୍ୟବାନ୍
ଅଛନ୍ତି ଏ ସଂସାରରେ... ???

■

ଶବ

ପଦ୍ମଜା ଶରଣ

ଆଗେ ଉଲଗ୍ନ ହୋଇ
ଚଢ଼ିଯିବି ଛାତିରେ
ପଛରେ କାମୁଡ଼ି ଦେବି ଜିଭ
ଗୋଟେ ଉଲଗ୍ନ ପଣରେ
ଶବକୁ ଶିବ
ଶିବଙ୍କ ସନ୍ତୋଷ କେତେ ସହଜ
ମୁଁ ଜାଣେ
ଜାଣେ ବୋଲିତ
ଅଳ୍ପ ପବନରେ
ଖସି ପଡୁଥିବା ଶାଢ଼ି ପିନ୍ଧେ
ଢିଲା କରିଦିଏ ଅନ୍ତବସ୍ତ୍ର
ତମେ କ'ଣ ବୁଝିପାର
ମୁଁ
ହୀନବୀର୍ଯ୍ୟ କରୁଥାଏ
ବାରମ୍ବାର ପ୍ରେମର ନାଁରେ...
ଇସାରାରେ ନେଉଥାଏ
ଅନ୍ଧାର ଆଡ଼କୁ
ଗୋଟେ ଅଧୈର୍ଯ୍ୟ ଆଦିମତ ଛଡ଼ା
କେଉଁ ବଡ଼ପଣ ତମର ?
କେଉଁଥିରେ ମଣ୍ଡିଦେବ
ମୋ ଭିତର ଫୁଲପରି କଅଁଳ ହୃଦୟ
ବିବର୍ଣ୍ଣ ମାଟିଧାରରୁ
କେଉଁ ରଙ୍ଗ ସାଉଁଟିବ
ଲଳିତ ମୋ ସ୍ୱପ୍ନ ପାଇଁ କୁହ

ଏଣିକି ଶାଢ଼ି ପରି
ଖସାଇ ଦେବି ଦେହ
ତମେ ଆଇଁଷଗନ୍ଧରେ
ବିଭୋର ହେଲାବେଳେ
ମୁଁ ଉଠିଯାଉଥିବି କାନି ଉଡ଼େଇ।
ଆଖି ତ ଖୋଲାଥିବ
ଦିଶୁନଥିବ କିଛି...

ନାରୀ ଯେବେ କଲମ ଧରେ

ଯୋଗ୍ୟଶ୍ରୀ ସାମଲ

ନାରୀ କଲମ ଧରେ ତ
ବଢ଼ିଯାଏ କଲମର ଟାଣ ପଣ,
ହେଲେ ସେ ହଜୁଥାଏ
ଅନ୍ୟମନସ୍କତାର ଅଥଳ ଭଉଁରୀରେ ।

କେବେ କ୍ଷୀର ଉତୁରି ଉଠୁଥାଏ
ଚୁଲିରେ, ଆଉ ସେ
ବତୁରୁ ଥାଏ ଶବ୍ଦରେ
ପବନରେ ଚହଟୁଥାଏ
ପୋଡ଼ା ତରକାରୀର ବାସ୍ନା ତ
ସେ ବିଭୋର ଥାଏ କବିତା ପଂକ୍ତିରେ,
ପନିକି ଓ ହାତର ଭୁଲ୍ ବୁଝାମଣାରୁ
ଝରୁଥିବା ବୁନ୍ଦା ବୁନ୍ଦା ଲାଲ ଉଷ୍ମତାରେ
ଭିଜୁଥାଏ ମାଟି ତ, ସେ ତଲ୍ଲୀନ ଥାଏ
ତା ଭାବର ବିମୁଗ୍ଧ ଭିଜାପଣରେ ।

ନାରୀ କଲମ ଧରେ ତ ହାତରେ କୁଟାଏ
ପୋଡ଼ା ଦାଗର ଚିତା,
ପିନ୍ଧେ ଅନେକ ଟିକ୍‌କା ଟିପ୍‌ପଣୀର
ତାରକସୀ ଗହଣା,
ହଜମ କରିନିଏ କିଛି ବିମୁଖ ଅଭିମାନ
କିନ୍ତୁ ମନରେ ଘୋଷି ଚାଲିଥାଏ
ସ୍ରୋତର ପ୍ରତିକୂଳରେ
ପହଁରିବାର ସୂତ୍ର ।

ସମସ୍ତ ପ୍ରଲୋଭନ ମୋହ
ପତ୍ରରେ ବର୍ଷା ବିନ୍ଦୁ ପରି
ନିଗୁଡୁଥାନ୍ତି ତା'ଠୁ
ଆଉ ସେ ନିବିଡ଼ ହେଉଥାଏ
କଲମ ସହ।

ନାରୀ କଲମ ଧରେ ତ
ସଜାଗ ହୁଏ କିଛି ଆଖି
ହୁଏତ ଉଦ୍‌ଘାଟିତ ହେବ
ଏମିତି କିଛି ସତ୍ୟ
ଯାହା ଦୁର୍ବିସହ କରିବ
ତାଙ୍କ ପୌରୁଷ, ପାରିଲା ପଣିଆ
କ୍ଷମତ, ପ୍ରତିପତ୍ତି ଓ ଆଧିପତ୍ୟ।

ସେମାନେ ଜାଣନ୍ତି...
ନାରୀ କଲମରେ ଭେଦିପାରେ ଛାତି
ଛିଣ୍ଡାଇ ପାରେ ଶୃଙ୍ଖଳର ଗଣ୍ଠି
ଓହ୍ଲାଇପାରେ ମହିମାମୟର ମୁକୁଟ
ଦୋହଲାଇପାରେ ସିଂହାସନ
ଧୂଳି ପରି ଝାଡ଼ି ଦେଇପାରେ
ସବୁ ପାପର ଆୟୁଷ।

ନାରୀ କଲମ ଧରେ ତ
ବାଟ କଢ଼େଇ ନିଏ
ନିଃସହାୟ ପୋଡ଼ାଗନ୍ଧକୁ
ଆଉ ଏକ ନ୍ୟାୟବନ୍ତ କଲମ ପର୍ଯ୍ୟନ୍ତ
ବର୍ଷ ବର୍ଷ ଧରି ମୂକ କରି ଦିଆ ଯାଇଥିବା
ଚିତ୍କାରକୁ ସେ ଦେଇଥାଏ ଶବ୍ଦ,

ସାକ୍ଷୀ ହେବାକୁ ଠିଆହୁଏ ମାଟି
ହାତରେ ଧରି ତା' ଦେହରେ
ଅଙ୍କା ଯାଇଥିବା ନିଷ୍ଠୁରତାର ଚିତ୍ର।

ନାରୀ କଲମ ଧରେ ତ
ଭୋକକୁ ମିଳିଯାଏ ନାଁ
ଶୋଷକୁ ଠିକଣା,
ଲୁହ ପାଲଟେ ନିଆ ଝୁଲ,
ଫୁଲସବୁ ତାଳିମାରି ନାଚିଉଠନ୍ତି
ବୃନ୍ତ ଚ୍ୟୁତ ନହେବାର ନିଶ୍ଚିତତାରେ
ସବୁ ନିଃସହାୟ ନାରୀମାନେ
ପାଲଟି ଯାନ୍ତି ଆଗକୁ ଥିବା
ଅନେକ ଅନ୍ଧାର ପାଇଁ ମଶାଲ।

ଶୂନ୍ୟସକ୍ତା

ମୋନାଲିସା ମିଶ୍ର

ମୁଁ ନୃତ୍ୟରତ...
ଅର୍ଥାତ୍, ମୁଁ ଆବଦ୍ଧ
ମୋ ଏକ୍‌ଲାପଣରେ

ମୋ ଠାରୁ ଅନେକ ଦୂରରେ
ନିର୍ଲିପ୍ତରେ ଶୋଯାଇଛି
ମୋର ଶେଯ,
ଅସମ୍ଭାଳ ମୁକ୍ତ ପଣତ ପରି
ତଳେ ଲୋଟି ପଡ଼ିଛି
ଏ ଦେହରେ ଚିତ୍ରିତ
ଟିପି ଟିପି ନାମ, ପରିଚୟ
ଆଉ ତା'ର ମନଲୋଭା
ବର୍ଣ୍ଣ ଆଉ ରଙ୍ଗ

ଏତେବେଳେ
ଝୁଲନ୍ତା ପରଦା ଆଡ଼େଇ
କିଏ ଜଣେ ଆସୁଛି
ସାଥେ ଧରି
ଅମାନିଆ ପବନର
ଅନାମ ସେ ଅଧୀର ତରଙ୍ଗ

ସୋରାଏ ମେଘ
ଆଉ ପାପୁଲିଏ ଜହ୍ନ ମିଶି
ଉତାରି ନେଉଛନ୍ତି

ସୁଖ ଦୁଃଖ
ଆଉ ଯେତେ ଏ ଦେହର
ପୁରୁଣା କ୍ଷତ !

ଏତେ ଦିନ ଧରି
ଥରୁଟିଏ ଅନ୍ଧାରରେ
ମତେ ଦେଖିବ ଦେଖିବ ବୋଲି
ବାସି ବଉଳମାଳ ପରି
ଶୁଖି ଯାଇଥିବା ଏଇ ଆଖିର
ଚିକ୍-ମିକ୍ ଆଲୁଅରେ
ଚୁରମାର୍ ହୋଇଯାଉଛି
ସାମ୍ନା ଦର୍ପଣ
ଅଣୁ ପ୍ରମାଣେ ଅସ୍ତିତ୍ୱର
ଅଜ୍ଞାନ ଅହମିକାର ଅଧୀଶ୍ୱର
ଅନାମିକା ଅଙ୍ଗୁଳି ଏ ମୋର
ଆକାଶୀ ମୁଦ୍ରାରେ ଠିଆ
ରୂପଦେବାକୁ
ଅବ୍ୟକ୍ତ ଆତୁରତା ଯେତେ
ଶୂନ୍ୟାସକ୍ତ
ଏ ଛାତି ଭିତରେ !

କେଜାଣି କିଏ ସେ
ଖଞ୍ଜୁଛି ତାଳ
କିଏ ସେ ତୋଳୁଛି ସୁର !
ରକ୍ତରେ ରକ୍ତରେ
ଝଣଝଣ, ଛମ୍ ଛମ୍
ନିଭୃତ ନିଃଶବ୍ଦ ନୂପୁର
ନିରବିତ ସ୍ନାୟୁଛନ୍ଦେ
ଅସ୍ତବ୍ୟସ୍ତ ତରଙ୍ଗାୟିତ ଚଉହଦ !

ଏଇତ !
ମୁଁ ଉତିଷ୍ଠିତ
ଅର୍ଥାତ୍‌, ମୁଁ ସୁପ୍ତ
ସମାନ୍ତରାଳରେ
ମୋ ନିର୍ମୋକ ସହିତ ।

ପୁନରୁଦ୍ଧାର

ଆଦ୍ୟାଶା ଦାସ

(୧)

ଶେଯରେ
ତାଙ୍କ ସହ, ଦେହ ଛୁଆଁ ଛୁଇଁ
ଶୋଇ ରହି,
ମୁଁ ଚିହ୍ନିଲି
ତାଙ୍କ ଭିତର-ବାହାର
ମୁଁ ପଢ଼ିଲି ତାଙ୍କ ଦେହର ଯେତେ ଗାର, ଲମ୍ବ ଓ ଓସାର, ଗଭୀର
ଏବଂ ମୁଖସ୍ତ କଲି ତାଙ୍କର ସ୍ଥିତି
ଗଣିଲି
ତାଙ୍କ ଆଖି କୋଣର ପ୍ରତିଟି କୁଂଚନ।
ମୁ ଜାଣିଲି ତାଙ୍କ 'ସତ'କୁ
ଜାଣିଲି ତାଙ୍କର ବିସ୍ମୃତିକୁ
ତାଙ୍କର ଅସ୍ତିତ୍ୱକୁ
ଏବଂ ସମଗ୍ର ସତ୍ତାକୁ।
ତାଙ୍କ ଭିତର ସନ୍ଦେହକୁ ମୁଁ ଚିହ୍ନିଲି
ଯେମିତି ଚିହ୍ନିଚି, ତାଙ୍କ ସାର୍ଟ ତଳର ମଇଳାକୁ, ତା ତଳର ନିର୍ମଳ ତ୍ୱକ୍‌କୁ
ଶେଜରେ ତାଙ୍କ ସହ ଦେହ ଛୁଆଁ ଛୁଇଁ
ଶୋଇରହି, ଗଛକୁ ଆବୃତ କରିଥିବା ଲତାପରି
ତାଙ୍କ ବକଳ ଭେଦି
ମୁଁ ଚିହ୍ନିଲି ତାଙ୍କୁ ପରସ୍ତ ପରସ୍ତ
ଜାଣିଲି ତାଙ୍କ ଗଭୀରତା, ସମର୍ଥତା ଓ ଅସମର୍ଥତାକୁ
ଠିକ୍ ସେଇପରି,
ସେ ଜାଣିଥିଲେ
ମୋର ଦୈର୍ଘ୍ୟ, ପ୍ରସ୍ଥ, ଉଚ୍ଚତା ଓ ଗଭୀରତାକୁ
ମୋର ସମର୍ଥତା – ଅସମର୍ଥତାକୁ

(୨)

ଶୁଣିଲି ସେମାନେ ପୁନରୁଦ୍ଧାର କରିଛନ୍ତି
ଏକ ଲୁପ୍ତ ସହରକୁ
ସମୁଦ୍ର ଗର୍ଭରୁ
ତା ସହିତ ଉଦ୍ଧାରିଛନ୍ତି
ରହସ୍ୟର ସ୍ତୁପ - ସମାଧିସ୍ଥ ଅସଂଖ୍ୟ ସ୍ମୃତି ଓ ପ୍ରତୀକ
ସବୁଜ - ସବୁଜ - ସ୍ୱର୍ଣ୍ଣ, ଭୂତମାନଙ୍କ ଦ୍ୱାରା ସୁରକ୍ଷିତ ।

(୩)

ମୁଁ ଶୁଣୁଛି
ତାଙ୍କ ନିଶ୍ୱାସ ପ୍ରଶ୍ୱାସର ଶବ୍ଦ
ଯଦିଓ ଅତୀବ ଚିହ୍ନା
ତାଙ୍କର ନିଦ୍ରିତ ସତ୍ତା
ଘୂରିବୁଲେ ଅତଳ ସମୁଦ୍ରରେ
ଭୌତିକ ଚନ୍ଦ୍ରାଲୋକରେ
ଖୋଜି ବୁଲୁଥାଏ
ଭୂତମାନଙ୍କ ଦ୍ୱାରା ସୁରକ୍ଷିତ
ସବୁଜ ସ୍ୱର୍ଣ୍ଣଭ ।

(୪)

ଶେଜରେ
ତାଙ୍କ ଦେହ ଛୁଆଁ ଛୁଇଁ
ଶୋଇରହି, ମୁଁ ପ୍ରଶ୍ନ କଲି
ତମେ ଫେରିଯିବ ?
ଉତ୍ତରରେ ତାଙ୍କର ତ୍ରିବାର ସତ୍ୟ,
'ତୁମ ସହ ଅବିଚ୍ଛେଦ୍ୟ ରହିବାକୁ
ମୁଁ ପୁନର୍ବାର ଆସିବି ଆସିବି'
ମୋର ବିଫଳ ଉତ୍ତର–
ମୁଁ ଜାଣେ ତୁମକୁ
ତୁମର ସତ୍ୟ ଓ ମିଥ୍ୟାକୁ'

■

ଏଠି ଦିନେ ନଦୀ ଥିଲା

ବୀଣାପାଣି ଦେବତା

ଏବେ ଯେଉଁଠି କବିତା ଅଛି
ସେଠି ଦିନେ ନଦୀ ଥିଲା
ଏବେ ସିନା ଧୂ ଧୂ
ପିଠି ଛାତି ଶୁଖିଲା ।

ଜଳମୟ ଗହଣୀ ତାର
ଛୋଟ ମାଛ ରଙ୍ଗୀନ୍ ପଥର
ହଜିଥିବା ଚୁଡ଼ି, ନାକଗୁଣା
ପାଉଁଜି କାହାର !

ମୁଁ ସେଇ ନଦୀର ଜାତିକା
ସ୍ଥଳଭାଗ ଜଳଭାଗ ଭେଦକାରୀଙ୍କ ସହ
ପରିଚୟ ନାହିଁ ମୋର
ତେଣୁ ବହୁଛି ଏମିତି
ଅଦୃଶ୍ୟ ଏକ୍ଲା ।

ମୁଁ ଦିନେ ଚମକାଉଥିଲି
କାହାର ଦର୍ପଣ ପରି ମୁହଁ
ଗରଭିଣୀ ପେଟ ପରି କ୍ଷେତ
ହିଡ଼ ମାଳିକାରେ ସଜାଡ଼ିଥିଲି
ବଗ ପରି ଅକ୍ଷରମାଳା ।

ଏକା ସାଙ୍ଗରେ ବର୍ଷା ଖରା
ବିକୁଥିବା ବଜାର
ମତେ ଚିହ୍ନିଲା ନାହିଁ ସିନା

ମୁଁ ପଥର ସନ୍ଧିରେ ସାଇତିଥିଲି
ନାଉରିଆର ଘରକରଣା
ସବୁ ରଙ୍ଗ ଶୋଷି ଶେତା ପଡ଼ିଯାଇଥିବା
ନଦୀର ଓଠ ପରି ଏ ପୃଷ୍ଠା।
ଯା' ଉପରେ ହିଁ ହାମୁଡ଼ି ପଡ଼ିଛି
ପାଣିରୁ କଢ଼ା ମାଛ ପରି
ଖାଲି ଦିଶୁଛି ସିନା କବିତା ପରି।

ତୁମକୁ ଆସିବାକୁ ହେବ

ଓଁ ଈଶ୍ୱରୀ କବିକନ୍ୟା

କେତେଦିନ
ଚେଇଁ ଚେଇଁ ଶୋଇଥିବ
ବହଳ ନିଦରେ
ବନ୍ଦୀଥିବ...
ମନ୍ଦିରରେ କି କାଚଫ୍ରେମ୍‌ରେ ?

ଧୈର୍ଯ୍ୟଧରି ଦେଖୁଥିବ...
ଦୁର୍ଯ୍ୟୋଧନମାନଙ୍କର ଦୁଃଶାସନକୁ
କେତେ ଅବା ଶୁଣୁଥିବ
କଂସର ଅଟ୍ଟହାସ୍ୟ
ରାବଣର ହୁଙ୍କାର
ଆଉ ଧର୍ଷିତା ଧରିତ୍ରୀର ବିକଳ ଚିତ୍କାର ?

କେବେ ଆସିବ ପ୍ରଭୁ ?
ରକ୍ଷା କରିବ...
ତୁମ କାଳିମାର କାଳନ୍ଦୀକୁ
କାଳୀୟମାନଙ୍କ କବଳରୁ ।

ପବନରେ ଭାସିବୁଲେ
ଅସହାୟା ଅବଳାର ଆର୍ତ୍ତନାଦ
ଶୁଣିପାରେନି ତୁମ କାନ ।
ପାପର ଭାରାରେ
ନଇଁଯାଏ ପୂଣ୍ୟର ନିକିତି
ତମେ, ସେଇମିତି ନିଥର, ମଉନ ।

କ'ଣ ଆଉ ବାକି ଅଛି ଯେ'
ତୁମର ଏ ଅପେକ୍ଷା ପ୍ରଭୁ !
କ'ଣ କ୍ଷତି ହୋଇଥାନ୍ତା
କୁରୁ ସଭାରେ ସରିଯାଇଥିଲେ
ଦ୍ରୌପଦୀର ସବୁଯାକ ବସ୍ତ୍ର ?
କ'ଣ ବା ହୋଇଥାଆନ୍ତ ଯେ
ସାଲବେଗ ପାଇଁ ବଡ଼ଦାଣ୍ଡରେ
ଅଟକି ନଥିଲେ ନନ୍ଦିଘୋଷ ?
ମଲେ ପଛେ ମରିଥାଆନ୍ତା
ଘୋରବନରେ ମୃଗୁଣୀ
କି ଗଭୀର ଜଳର ଗଜ ।

କ'ଣ ଦରକାର ଥିଲା ଦେଖେଇ ହବାରେ...
ବିଦୂରର ଶାଗଭଜା ଭିତରେ
ଚକାଡୋଳାର ଭେଳିକି ?
ଆଙ୍ଗୁଠିରେ ପାହାଡ଼ଟେକି
ମଣିଷକୁ ଜିଆଇବାର ସେ' ପାରିଲାପଣ ।

ବରଂ ଭଲ ହୋଇଥାଆନ୍ତା
ଚକ୍ରପେଶି
କି ଧର୍ମ, କି ପାପ
ସବୁ କିଛି ଶେଷ କରିଦେଇଥିଲେ ।
ତୁମେ ଯଦି ସତରେ ସତ୍ୟ
ଆଉ ସମୟ ନାହିଁ ପ୍ରଭୁ !
ଚାହୁଁଛି ତ ଉଜାଡ଼ି ଦିଅ
ତୁମର ଏ ମହାକାଳର ସ୍ଥପତି
ନୋହିଲେ ସଜାଡ଼ିନିଅ
ଆଉ କେଉଁ ଦେବକୀର ଗର୍ଭ ।

ଅଙ୍କୁରିତ ହୁଅ...

ପୃଥିବୀ ଓ ଆକାଶ ମଝିରେ
ବିଶ୍ୱାସର ବୀଜଟିଏ ହୋଇ।
ଶିଖେଇ ଦିଅ...
ସ୍ନେହ, ପ୍ରେମ, ଆତ୍ମୀୟତା
ଆଉ ମାଟି ସହିତ
ମାଟି ହୋଇଯିବାର
ମିଠାମିଠା ମୋହ।

ଶ୍ରାପ

ମମତାମୟୀ ଚୌଧୁରୀ

ହେ ବନଲତା, ହେ ପାହାଡ଼ି ଝରଣା,
ଆଶ୍ରମ ବାଡ଼ରେ ଡେଣା ହଲାଉଥିବା
ପ୍ରଜାପତି, ହେ ମୁଗ୍ଧ ଶ୍ୱାନଶିଶୁ!
ହେ ମୋର ଜପତପ
ମୋ କଟୀଦେଶ ବେଷ୍ଟିତ
ପର୍ଣ୍ଣବସନ,
ହେ ମୋର ସ୍ଥିତି, ସନ୍ନିଧାନ
ମୋ ସ୍ୱପ୍ନ, ବ୍ୟଭିଚାର
ମୋ କଳଙ୍କ, ମୋ ଆଚାର
ମୋ ବିରହ, ମୋ ଲୁହ
କମ୍ପିତ ତନୁ, ଓଠ
ରୁହ!

ଏବେ ଦୁଆର ଆଗରେ
ଗୈରିକ, ଅକ୍ଷମଣୀୟ, ତପସ୍ୱୀ
ପୁରୁଷ! ତପଶ୍ଚର୍ଯ୍ୟରେ ରକ୍ତିମ
ପୁଣ୍ୟରେ ପ୍ରଭାବାନ୍
କର୍ମରେ ଯୋଗୀ
ମାନରେ ଭୋଗି।
ଏବେ ତ ତାଙ୍କ ଆତିଥ୍ୟରେ
ସମର୍ପି ଦେବାକୁ ହେବ
କୁଆଁରୀ କଳ୍ପନାର ପ୍ରତିବିମ୍ବ
ଏବେ, ଗୋଟିଏ ଇଙ୍ଗିତରେ
ନାଚିବାକୁ ହେବ ସଖୀ କଣ୍ଢେଇ ପରି!

କଦଳୀପତ୍ରରେ ବାଢ଼ିଦେବାକୁ ହେବ
ଅନ୍ନ, ଯୌବନ, ସ୍ୱପ୍ନ,
ଲୋଟାରେ ଭରିଦେବାକୁ ହେବ
ଜଳ, ପଳ, ଲାଳ !
ପାଖରେ ବସି
ନିଜର ବସ୍ତ୍ରକୁ ବିଞ୍ଚଣା କରି
କରିବାକୁ ହେବ
ଅତିଥି ସତ୍କାର !
ମହାମହିମ, ମହାରଷି, ପୁରୁଷପୁଙ୍ଗବ
ଶ୍ରେଷ୍ଠ ନାରୀ ଆରାଧ୍ୟ
ଅତିଥି ମୋ କୁଡ଼ିଆରେ !
ବୋଧେ ବଚସ୍କର ହୋଇରହିବାରୁ
ମୁକ୍ତହୋଇ ସେ ଯାଇଛି
କେଉଁ ଉପବନ !

ଏତେବେଳେ ମୁଁ ଏକୁଟିଆ
ପାଳିତା କନ୍ୟା !
ବାଡ଼ଝାଡ଼ ଭିତରେ ମୋତେ
ଫିଙ୍ଗିଥିବା ପୁରୁଷ,
ଆଉଜଣେ ପୁରୁଷ ମୋତେ
ଦେଇଥିଲା ବାସ ! କେତେବେଳେ
କେଜାଣି କେଉଁ
ଅରୁଣିମାହୀନ ଉଦ୍ଦାମ ନିଶିରେ
ଭ୍ରୁଣହୋଇ ମୁଁ ହେଲି ଗର୍ଭସ୍ଥ !
ତପସ୍ୟା ଭାଙ୍ଗିବାକୁ ଆସିଥିବା ପରୀ
ନାରୀ, ଅପ୍‌ସରୀ
ପ୍ରେରଣ କରିଥିଲା କେହିଜଣେ
ଇନ୍ଦ୍ର ବୋଲି !

ଯାଏଁ
ତେଣେ ଦେଖେ
କମଣ୍ଡଳୁର କ୍ଷୁଦ୍ର କଣାରୁ
ଝରିପଡ଼ିଲାଣିକି ଅଭିମନ୍ତ୍ରିତ
ଅଭିଶାପର ଜଳ,
ଯାଏ,
ଦେଖେ,
ଏଥର ପଥର ନା ବସ୍ତ୍ରହରଣ
ବିସ୍ମୃତି ନା ଅଗ୍ନିପରୀକ୍ଷା,
ଦେଖେ,
ଏଥର ନାସାଚ୍ଛେଦନ
ନା ଅଭିଶପ୍ତ ଅରଣ୍ୟରୋଦନ !

■

ମୁଖା

ଦେବଯାନୀ ତ୍ରିପାଠୀ

ଏଠି ସବୁ ମୁହଁ ସମାନ
ହସର ଆଢୁଆଳରେ ଲୁହକୁ ଲୁଚଉଥିବା
ମୁହଁମାନଙ୍କର ଛାଇର ଭିଡ଼ରେ
ଲୁଚିଯାଉଥିବା ଯନ୍ତ୍ରଣା ବି ସମାନ

ଏଠି କାହାକୁ କେହି କିଛି କୁହନ୍ତି ନାହିଁ
ନିଜ ନିଜ ପାପୁଲିରେ ମୁହଁ ଲୁଚାଇ
ଚାଲିଥାନ୍ତି ବେଶ୍ ଆଡ଼ମ୍ବରରେ

ଦେହରୁ ଦେହକୁ ଡେଇଁଯାଏ ଅନୁଭବ
ସମୟର ଦେହରେ ଭାଙ୍ଗ ପଡ଼େ
କାନ୍ଥଘଣ୍ଟା ଟିକ୍‌ଟିକ୍ କରି
ଦରୋଟି ଭାଷାର କହି ଚାଲିଥାଏ
କେତେ ଅକୁହା କଥା !

କାହାକୁ କ'ଣ କିଛି କହିହୁଏନା
ବୁଝେଇ ହୁଏ ?
ଫଟାକାନ୍ଥରୁ ଝରଝର ଝରୁଥାଏ ପାଣି
ଛିଣ୍ଡାକନ୍ଥାର ଗମୁରା ଗନ୍ଧରେ ସାରା
ଘର ଦୁର୍ଗନ୍ଧମୟ;
ଧାପେ ଆଲୁଅକୁ ଚାହିଁ ବସିଥାନ୍ତି
ଅଳନ୍ଧୁଲଗା ଅନ୍ଧାରୁଆ କୋଣ
ତଥାପି ବାହାରେ ଝୁଲୁଥାଏ ଆମ୍ବପତ୍ରର
ତୋରଣ

ଲିପାକାନ୍ଥରେ ବେଶ୍ ସୁନ୍ଦର ଦିଶୁଥାଏ ଝୋଟି
ସବୁ ଠିକ୍‌ଠାକ୍ ଲାଗେ !
ଏତେ ପରେ ବି ବୋଧେ ସବୁ ଠିକ୍‌ଠାକ୍ ଥାଏ !
ମୁହଁରୁ ମୁଖା ଖସି ନଥାଏ !

■

'କ'ରୁ କୃଷକ

ସ୍ୱପ୍ନା ମିଶ୍ର

ଦେଖିଚ ପିଲାଏ
ଦେଖିଚ ତାକୁ
କାନ୍ଧରେ ହଳ ପକେଇ
ଆଣ୍ଠୁଲୁଚ୍ଚ ଧୋତିଖଣ୍ଡେ ପିନ୍ଧି
ଫୁଙ୍ଗୁଳା ଦେହରେ
ଯେ କ୍ଷେତ ଆଡ଼େ ଯାଉଥାଏ।

ବର୍ଣ୍ଣମାଳାର 'କ' ଅକ୍ଷରରେ
ଭେଟିଚ ତାକୁ।

ବଡ଼ବଡ଼ିଆ, ସହରିଆ, ନଗରିଆଏ ସିନା
ଦୋ ଦୋ ଚିହ୍ନା ହେବେ
ହେଲେ ରଙ୍ଗୀନ୍ ବହି ପୃଷ୍ଠାରେ
ଥରେ ଭେଟିଲାପରେ
ତମେ କି ଭୁଲିପାର,
କୋମଳ ମନ ଉପରେ ପରା ସେ
କାଟି ଦେଇଛି ଲୁହାର ଗାର,

'କ'ରୁ ବି ହୋଇପାରେ କୃତଜ୍ଞତା,
ପିଲାଏ ମନେରଖ,
କେତେ ସୁଖ ତାହାର କହି
କେମିତି ଭଣ୍ଡେଇ ଦେଲେ ବଡ଼ମାନେ,
ତମେ ଜିଦି କଲନି କିଆଁ ?
କାନ୍ଦି, ରଡ଼ି, ରନ୍ଥାଳି ପକେଇଲନି କିଆଁ ?

'କ'ରୁ କମ୍ପାନୀ
'କ'ରୁ କର୍ପୋରେଟ୍

'କ'ରୁ କଂସେଇ ବି ହୋଇପାରେ ବୋଲି
ତମେ ଜାଣିଲା ବେଳକୁ
ଖୁବ୍ ଡେରି ହେଇ ଯାଇଥିଲା ନା ?

ସେତେବେଳେ ତମକୁ ଧରେଇ ଦେଲେ
ଗୋଟେ ପ୍ରଶ୍ନପତ୍ର
ଭାରତ କେଉଁ ପ୍ରକାର ଦେଶ।
ଉତ୍ତରରେ ତମେ ଲେଖିଲ 'କୃଷିପ୍ରଧାନ'।
ଏଠି ଲୋକଙ୍କ ମୁଖ୍ୟ କାମ କଣ ?
ଲେଖିଲ 'ଚାଷ' !
କଣ ବେଶୀ ଅମଳକାରୀ ଫସଲ ?
ଉତ୍ତରରେ ଲେଖିଲ - 'ଧାନ ଗହମ'।

ନାଇଁରେ ପିଲେ
ମୁଖ୍ୟ ଓ ପ୍ରଧାନ ଶବ୍ଦ ଉପର
ଏତେ ଗୁରୁତ୍ୱ ଦିଅନା
ସତ୍ୟ ହୋଇଯିବ ଗୌଣ।

ପ୍ରତିଥର ତୁମ କୋମଳ ବିଶ୍ୱାସ
ଉପରେ ପଡ଼ିଛି ହାତୁଡ଼ି ଆଘାତ,
ମାଟି ସହ କଥା ହେଉଥିବା ଲୋକ
କାହାକୁ କହିପାରିବ ତା ଦୁଃଖ ?

ଧୀରେ ଧୀରେ ତୁମେ
ବଡ଼ ହେଉଚ ପିଲାଏ
ତୁମେ ଦେଖୁଚ ସକାଳୁ ସକାଳୁ ଉଠି
ନିର୍ଦ୍ଦିଷ୍ଟ ଡ୍ରେସ୍ କୋଡ୍‌ରେ
ସେ ଯାଉଚି କର୍ପୋରେଟ୍ ଅଫିସ୍ ବା
ଖାଦାନ ଆଡ଼େ,
କୋଉ ଦିନୁ ତା ଜମିକୁ
କିଣି ନେଇଛି କମ୍ପାନୀ,
ବଳଦ ଲୁହ ଗଡ଼ଉଚି କଂସେଇଖାନାରେ।

ଲହଲହକା ପତରବଙ୍କା କ୍ଷେତ ଉପରେ
ଟହଲୁଚି ସଂକଟର ପ୍ରେତାତ୍ମା,
କ୍ଷେତର ଚୁଆ ଭିତରେ ଲୁଚିଛି
ଭବିଷ୍ୟତର ମରୁଭୂମି।

ପୁଣି ତମେ ବଡ଼ ହେଉଯାଉଚ ପିଲାଏ
ଖୁବ୍ ଶୀଘ୍ର
ନିଜ ଆଖି, କାନ, ମନ ଉପରୁ
ହରେଇ ବସୁଚ ବିଶ୍ୱାସ।

କ୍ଷେତ ଆଡୁ, ଗାଁ ଆଡୁ ମୁହଁ ଫେରେଇ
ତମେ ଚାଲି ଯାଉଚ କେଜାଣି କୁଆଡ଼େ ?
ସୁଦାନ, ସୁରଟ୍, କି ସାଉଦି ଆରବ !

କୋଉ ଷ୍ଟେସନର ଚା ଷ୍ଟଲରେ
ଚା କପ୍‌ରେ
ବିତଉଚ ଆସନ୍ତା ଗାଡ଼ିର ଅପେକ୍ଷା
ମେଣ୍ଟାଉଚ ଗୋଟେ ରାତିର ଭୋକ।

ପାଉଁଶିଆ ଅନ୍ଧାର ଭିତରେ
ମଲା ଗେଣ୍ଡା ପରି ଦୋକାନର
ଟିଭି ପରଦାରେ
ଲାଖି ରହୁଚି ଆଖି।
ଯେଉଁଠି ଦେଖଉଚି
ବିଷ ପିଇ ମରିଥିବା ଜଣେ ଚାଷୀର ଖବର।

ଥରି ଉଠୁଚି ତୁମ ଛାତିର କଳିଜା
ଥମ୍‌କି ଯାଉଚି ଦୁକ୍‌ଦୁକ୍
ଏ କିଏ ?
ତୁମ ଗାଁରେ ହିଁ ତ ତାର ଘର !

■

ମନିକା : ବିଯୁକ୍ତ ବିଷାଦ

ମମତାରାଣୀ ବେହେରା

କାହିଁକି ଆସୁଛ ପ୍ରିୟ
ତମାମ ରାତିରେ ଦୀର୍ଘ ସପନରେ
ମହଲଣ ପଡ଼ି ଆସୁଥିବା
ଛାତିର କ୍ଷତକୁ ଚିରି ପକଉଛ
କୁହ ପୁଣି ଇଏ କେଉଁ
ନୂଆ ଦୁଷ୍ଟାମୀରେ ।

ଆଜିକାଲି ମୁଁ ଏମିତି
ଅନ୍ୟମନସ୍କ ଋତୁ ପାଲଟି ଗଲିଣି
ଫଗୁଣର ଆଡ଼ମ୍ବର
ମତେ ଆଉ କଲବଲ
ଜମା କରୁ ନାହିଁ ।

ଦର୍ପଣରେ ମୁହଁ ଦେଖି
କ'ଣ ହଜେଇ ଦେବାର ଗ୍ଲାନି
ନିଃଶ୍ୱାସର ପବନକୁ
ଖୁବ୍‌ବେଶୀ ରୁନ୍ଧି ହେଉ ନାହିଁ ।
ବୋଧହୁଏ ସଭିଙ୍କୁ ଶେଷରେ
ସମୟ ସାଥୀରେ ସାଲିସ କରିବା କଳା
ଶିଖିବାକୁ ହୁଏ ।

ସହଜେ ମୁଁ ତ ଗୋଟାଏ ନାରୀ
ଟିକିଏ ପବନରେ
ଦୋହଲି ଉଠୁଥିବା ଦେହଲତାକୁ ନେଇ
ଅଭ୍ୟାସ କରି ନେଲିଣି
ଅନେକ ଦିନରୁ,

ଅବ୍ୟକ୍ତ ଜ୍ୱାଳାକୁ ମାଳା ଗୁନ୍ଥି
ଗଳାରେ ଲମ୍ବାଇ
କେମିତି ସେ ବଞ୍ଚିବାକୁ ହୁଏ
ଆଖିର ଲୁହ ଛାତିରେ ଲୁଚେଇ
ବାୟାଣୀଟେ ପରି
ହସିବାକୁ ହୁଏ ।

ସ୍ୱପ୍ନଟିଏ ଯାହା, ସାତଗଣ୍ଠି କରି
ସାଇତି ମୁଁ ଥିଲି
ଏଇ ଅବେଳରେ
ଡାହାଣିଆ ଖରାକୁ ଅନେଇ
ଆଉ ଥରେ ଭାବିବାକୁ
ମନ ଲୋଡୁନାହିଁ
ସତକୁ ସତ ତୁମେ ଆସିବ ଆଉ ଦିନେ
ମାଗିବ ରାତିକୁ ଅନ୍ଧାର
କୋଳାହଳକୁ ନୀରବ ପ୍ରହର
ସମୟକୁ ବିଗତ କୈଶୋର
ଛୁଇଁବାକୁ ଓଠକୁ ଓଠରେ
ଧୋଇବାକୁ ଲୁହକୁ ଲୁହରେ,
ମୋ ଆଗରେ ଆଦି ଅନ୍ତ
କିଛି ଦିଶୁ ନାହିଁ ।

ହେ ମୋର ଅତୃପ୍ତ ହାହାକାର
ମୂର୍ତ୍ତିମନ୍ତ ପ୍ରିୟ
ତୁମକୁ କି ଦୋଷ ଦେବି
କ୍ଷମା ମୁଁ କରୁ ନାହିଁ
ନିଜେ ତ ନିଜକୁ ।

ଜାଣିଥିଲେ ସମସ୍ତ ସମୟ
ତୁମର ଅବର୍ତ୍ତମାନରେ
ମତେ କାଟିବାକୁ ହେବ ବୋଲି

ମୁଁ କ'ଣ ଏମିତି
କମ୍ପିତ ଅଙ୍ଗୁଳିକୁ
ତୃଷିତ ଓଠକୁ
ରିକ୍ତ ମୋ ପାପୁଲିରେ ନାଇଁ ନାଇଁ କରି
ସୁକୁମାର ପ୍ରାଣର ଇଚ୍ଛାକୁ
ମାରି ପାରିଥାନ୍ତି ।

ଏ ଦେହ, ଏ ହାତ
ମାଂସ, ରକ୍ତ କଣିକାକୁ
କେବଳ ମରଣ ଦିଗକୁ
ବାଟ କାଢ଼ି କାଢ଼ି
ମାଗୁଥାନ୍ତି, ଡହଳ ବିକଳ ହୋଇ
ଅଶବ୍ଦତାକୁ ଶବ୍ଦତାକୁ ଶବ୍ଦଟିଏ ଦିଅ
ମୋ ପ୍ରିୟ ଓଠର ଶବ୍ଦ
ମୋ ପାଖରେ ପହଞ୍ଚାଇ ଦିଅ
ସ୍ୱପ୍ନ ନୁହେଁ, ଆଖି ଖୋଲ
ବହୁ ଦୂରୁ ଦେଖ ମୁଁ ଆସିଛି
ମୁଁ ତୁମର ପ୍ରିୟ କବି
ମୁଁ ତୁମର ପ୍ରିୟ ।

■

ନାରୀଟିଏ ଯେତେବେଳେ କଲମ ଉଠାଏ

ମାଧୁରୀ ପଣ୍ଡା

ନାରୀଟିଏ ଯେତେବେଳେ
କଲମ ଉଠାଏ
ଗୋଟିଏ ସଭ୍ୟତା, ସଂସ୍କୃତି ଉପରେ
ମୋହର ବାଜେ ।

ଯୁଗଯୁଗର କଳଙ୍କି ଲାଗିଯାଇଥିବା
ଲୁହାର କବାଟ
ଧୀରେ ଧୀରେ ଖୋଲେ ।

ସେ' ଭିତରୁ ତୁମେ ଦେଖିନେଇ ପାର
କେତେ ଅଫୁଟା, ତତଲା ଶବ୍ଦ
ହଜାର ହଜାରବାର ଶବ୍ଦ ପାଲଟୁଥିବା
ସେଇ ଲୋରକୋର ଦେହ
ପୁଣି କିଛି ଶୁଖିଯାଇଥିବା ରକ୍ତର ଦାଗ

ଦେଖ ସେଇ ସ୍ତ୍ରୀ ଲୋକଟିକୁ
ଯିଏ ସବା ଆଗକୁ ମାଡ଼ି ଆସୁଛି
ଗହଳି ଠେଲି,
ସେ ଏବେ କିଛି
କହିବ କହିବ ହେଉଛି ।

ଯାହାକୁ ଭଲପାଇବା ମନା
ଏ ମାଟି, ପାଣି, ପବନ ମନା
ତୁମ ବିନା ସହମତିରେ
ନିଃଶ୍ୱାସ ନେବା ମନା,
ସେଇ ମାମୁଲି ସ୍ତ୍ରୀ ଲୋକଟି
ଅସଂଖ୍ୟ ଶୃଙ୍ଖଳ ଛିଣ୍ଡେଇ

ତୁମ ସାମ୍ନାରେ
ଆଖିକୁ ଅଖି ମିଳେଇବାକୁ ଆସିଯାଇଛି ।

ସେ କିଛି କରିବନି
ତାର ଔଜଲ୍ୟତାରେ
ତୁମ ମଥା ନଇଁ ଆସିବା ଆଗରୁ
ତୁମ ପୌରୁଷତ୍ୱ, ଦାମ୍ଭିକତାକୁ
କେବଳ ପ୍ରଶ୍ନଟିଏ ମାତ୍ର କରିପାରେ;
- ଏ ଯାଏଁ ମୋ' ଦେହରେ
ଭରପୁର ଐଶ୍ୱର୍ଯ୍ୟ, ଅଳଙ୍କାର
ବଦଳରେ
କଲମଟିଏ ଧରାଇବାର
ସାହସ କାହିଁକି କରି ନ ଥିଲ ?

■

ଅନାବରଣ

ଶର୍ମିଷ୍ଠା ସାହୁ

କିଛି ହେଲେ ଓହ୍ଲାଇ ହେଲା ନାହିଁ
ଏ ଦେହରୁ,
ରେଶମୀ ଓଢ଼ଣିକି ଲାଜ
କଣ୍ଟାପରି ଫୋଡ଼ିହେଲେ ବି
କାଢ଼ି ଫିଙ୍ଗି ହେଲା ନାହିଁ
ଆରୋପିତ ପାପପୁଣ୍ୟ,
ଡୁବିବାକୁ ବସିଲାଣି ଜହ୍ନ।

ନଈକୂଳ, ଶୀତଳ କୋଳ,
ପହଁରା ଛାଡ଼ି
କୂଳକୁ ଆସ ଏଥର,
ଓହ୍ଲାଇ ଦିଅ ଯାହା ପିନ୍ଧିଛି
ସେଇ ଆବରଣରୁ ତ ବୋହି ପଡୁଛି
ପ୍ରବଣତା।
ତୁଚ୍ଛାରେ ଭିଜୁଛି ମାଟି,
ପାରିବତ ସ୍ୱାର୍ଥ ପରି ନିର୍ବସ୍ତ୍ର ହୋଇ
ଆଲୋକ ବୁହାଅ
ଉତ୍ତାପ ଦିଅ ଏକଦମ୍ ନିରୁତା।
ଶୀର୍ଷ ଦୁଃଖରୁ ମୁଁ ବି ଏବେ
ଓହ୍ଲାଇ ଆସିଛି।

ଭାବ ଅଭାବର ଧାଡ଼ିଧାଡ଼ି
ଘାସଫୁଲ ମଝିରେ
ଏବେବି ଅପେକ୍ଷାରତ ପ୍ରେମ।
ଆତ୍ମଶୁଦ୍ଧି କରୁକରୁ
ବିତିଯିବ କି ଜନ୍ମ।

ତୁମେ କିମ୍ବା ମୁଁ
କେହି ତ ହେବା ଘଲ
ବର୍ଷା, ବିଜୁଳି, ଖରା କି ପବନ !
ଆବୃତ ହୋଇ କଣ
ଭୋଗିହୁଏ ବିପୁଳ ଜୀବନ !

ଯୁଗାନ୍ତର

ଅଙ୍ଗୁରବାଳା ପରିଡ଼ା

ଗୋଟେ ଅଛିଣ୍ଡା ଭଗ୍ନାଂଶର
ଅବଶିଷ୍ଟ କର୍ମଫଳ ହୋଇ
ବହୁ ଆଗରୁ ଲେଖା ସରିଥାଏ
ଆମକୁ ଭୋଗିବାକୁ ଥିବା ଭାଗ୍ୟ।

ଆଶୀର୍ବାଦରେ ହେଉ
କି ଅଭିସମ୍ପାତରେ
ସମୟ ବଦଳୁଥାଏ ତା ବାଟରେ।

ରନ୍ଧାହାଣ୍ଡିକୁ ମାଜି
କଳା ଛଡ଼େଇବା ପରି
ପାହେ ରାତି
ଆଉ ଗୋଟିଏ ନୂଆ ଦିନର ସ୍ୱପ୍ନ ହୋଇ
ଫୁଟୁଥାଏ ହାଣ୍ଡିଏ
ଧଳା ଫର୍ଫର ଭାତ।

ମୋ ଆଖିରେ ଭୋକରେ
ଆକାଶୀ ସ୍ୱପ୍ନ
ପର ମେଲି ଉଡ଼ିଲା ବେଳକୁ
ଖୁଦକଣିକାର ମୋହ ବିଞ୍ଚି
କେହି ଠିଆ ହୋଇଥାଏ ଭୂଇଁରେ।

ସବୁଥର ଏମିତି ହିଁ ହୁଏ।

ମୋ ସାମର୍ଥ୍ୟର ପ୍ରମାଣ ପର୍ବରେ
ମିଛକୁ ଛଳ କରି
ସେ ଛଡ଼ାଇ ନିଏ ମୋ ସାହସ,

ମୋର ସମସ୍ତ ପାରିଲାପଣର
ଧ୍ୱଜଭଙ୍ଗ ହୁଏ ଥରକୁ ଥର ।
ହାତରୁ ଖସିପଡ଼େ
ଶତ୍ରୁ ସଂହାରରେ ବାରହାତି ଖଣ୍ଡା,
ମହାକାଳ ହସୁଥାଏ ।

ଏଇ ଏଇ ପାଖେଇ ଆସୁଥିଲା
ଥାକଥାକ ବାଦଲର ପାହାଡ଼ କାଟି
ଗଢ଼ା ହଉଥିବା
ସ୍ୱର୍ଗ ନଗରୀର ସୁଉଚ୍ଚ ତୋରଣ,
ଦିଶି ଆସୁଥିଲା
ଜହ୍ନ ରାଇଜର ମନହଜା ଦୃଶ୍ୟ,
ଉତପ୍ତ ଗ୍ରହମାନେ ସବୁ
ଦୀପ ହୋଇ ଜଳୁଥିଲେ ମନ୍ଦିର ଶୀର୍ଷରେ,
କିଛି ନକ୍ଷତ୍ର ଫୁଲ ହୋଇ ଝରି ପଡୁଥିଲେ
ମୋ ଚଲାବାଟରେ ।

ଆଉ ଟିକେ ପରେ ହୁଏତ
ମୋ ଗର୍ବ ମୋ ଗୌରବ ହୋଇ
ଝଟକୁଥାନ୍ତା ମସ୍ତକରେ !
ଅଥଚ, ତୁମ ନିର୍ଣ୍ଣିତ ନିୟତିର ସ୍ୱର
ଏତେ ତୀବ୍ର ଯେ
ସହସ୍ର ତୀର ହୋଇ ମୁଁ
ଭେଦିଯାଉଛି ମାଟି
କଟିଯାଉଛି ମାଟିର ବନ୍ଧ୍ୟା ଦୋଷ,
ଶରତ ଆକାଶର ନିର୍ମଳତାରେ
ଗଙ୍ଗାଠୁ ଗୋଦାବରୀ ଯାଏଁ
ଜଳ ଆଇନାରେ ଦିଶୁଛି ଆମ ସଫା ମୁହଁ,
ପବନରେ ଟଙ୍ଗା ହେଲାଣି
ସ୍ୱଚ୍ଛତାର ଶ୍ୱେତବସ୍ତ୍ର ।

ଆହୁରି ନିକଟତର ହେଉଛି ସମ୍ବନ୍ଧ
ସଂପର୍କରେ ଫୁଟିଛି କିଆଫୁଲର ବାସନା,
ଆମେ ବାନ୍ଧି ହୋଇ ଯାଇଛେ
ଆକାଶ-ପୃଥିବୀ ପରି ପରସ୍ପର।

ଯୁଗ ବଦଳିବାର ଦୃଶ୍ୟ
ସବୁବେଳେ ଏମିତି
ବିଭୀଷିକା ହେଇ ଆସିବା ଥୟ,
ଆମେ ରହୁ କି ନ ରହୁ
ବଡ଼କଥା ନୁହଁ

ଦେହ ଦରବାର

ଶୁଭଶ୍ରୀ ଲେଙ୍କା

|| ଏକ ||

ହଳଦୀଗଣ୍ଠି ପରି ଗୋରା
ନା ଦୁଧଅଳତା ପରି ତୋଫା
ଗହମରଙ୍ଗ ନା କଇଁଫୁଲିଆ ଶ୍ୟାମଳ
ସିଂହକଟୀ, ରମ୍ଭାଉର, ଶୁଆ ନାକ
ନା ଜିରୋ ସାଇଜ ଫିଗର
କ'ଣ ଦରକାର କୁହନ୍ତୁ ସା'ବ
ମା' ରାଣ ! ଏଇ ରିଫ୍ୟୁଜି କ୍ୟାମ୍ପରେ,
ସବୁପ୍ରକାର ମାଲ ମିଳିବ !

|| ଦୁଇ ||

କଅଁଳ ଅଗିପତ୍ର ପରି ନରମ ଆଖି,
ପେନ୍ଥା ପେନ୍ଥା ଫୁଲର ତାଜା ସୁନ୍ଦରପଣ
କଷି ଫଳରେ ନଦା ବଢ଼ନ୍ତା ଶରୀର
ବୟସର ବର୍ଷା ଶ୍ରୀ ମାଖିଛି
ଆଖି ଫେରୁନି ସହଜରେ,
ଥୁଃ କରି ଛେପନଣ୍ଡେ ପକେଇଲେ,
ମା' ଝିଅର ଷୋ'ଳ ବର୍ଷକୁ !

|| ତିନି ||

ପାଦର ପଣ୍ଡୋଇ, ମଥାର ମୁକୁଟ
ଲକରର ସାଇତା ସୁନାମୋହର
ପ୍ୟାଣ୍ଟ ପକେଟରେ ଝଣଝଣ ରେଜା
ପୋର୍ସିଲେନ ଭେସ୍‌ର ଦାମୀ ଫୁଲ,
ବଗିଚାର ସଜମଲ୍ଲୀ, ତରାଟ

ଯେମିତି ଚାହିଁବ ସଜେଇବ ବଂଧୁ
ସବୁ ତମ ଇଚ୍ଛା ନିର୍ଭର !

॥ ଚାରି ॥

ଜାତୀୟ ରାଜପଥ କଡ଼ର
ସେଇ ଢାବାରୁ ଭାସି ଆସୁଛି
ରନ୍ଧା ଚାଲିଥିବା କୁକୁଡ଼ାର ସୁଆଦିଆ ବାସ୍ନା
ଆଉ ଟିକକରେ ପରଶାଯିବ ଥାଳିରେ
ବାବୁଭାୟଙ୍କର, ଅପେକ୍ଷା କରିଛନ୍ତି ।
କୋଳ ଛୁଆକୁ ଦବାପାଇଁ
କ୍ଷୀର ନାହିଁ ଥନରେ
ସନ୍ତର୍ପଣରେ ଅପେକ୍ଷା କରିଛି
ସ୍ତ୍ରୀ ଲୋକଟି, ପରଶିବାକୁ ନିଜକୁ ।

॥ ପାଞ୍ଚ ॥

ଆକାଶରେ କେତେ ତାରା
ସମୁଦ୍ରରେ ଏତେପାଣି
ଆଖିରେ ଭର୍ତ୍ତି ସ୍ୱପ୍ନ
ବୁକୁରେ ଠୁଳ ଦକ୍ଷତା ଓ ଯୋଗ୍ୟତା
ହେଲେ ଦେହରେ ଗୁଡ଼ା ସିଫନ୍‌ର ଶାଢ଼ି
କେତେବେଳେ ଖୋଲିଯିବ
ନତୁବା ଜଳିଯିବ
ତା' ସ୍ୱପ୍ନକୁ ରାତି କାହିଁ ?

॥ ଛଅ ॥

ମନ୍ଦିର ବେଢ଼ାରେ, ରଙ୍ଗତୁଳୀରେ
ବିଜ୍ଞାପନର କୋଳାହଳରେ
ସିନେମା ପର୍ଦ୍ଦାରେ, ସୁନ୍ଦରୀ ପ୍ରତିଯୋଗିତାରେ,
କବିତା ଛନ୍ଦରେ, ମଦିରା ପାତ୍ରରେ,
ଅତରର ମହକରେ, ଭିଡ଼ବସ୍‌ର ପାଖ ସିଟ୍‌ରେ

ହୁଏତ ଛାତିତଳ ବଖରାରେ ବି
ସେ ଅଛି ପାଖେ ପାଖେ ସବୁଠି
ହେଲେ ତା' ବିନା ତମେ ଅସଂପୂର୍ଣ୍ଣ
ସ୍ୱୀକାର କରିବ ତ ?

॥ ସାତ ॥

ଭୋକ ହେଲେ,
ସେ ତୁମକୁ ଖାଇବାକୁ ଦେବ
ନିଜ ଶରୀର ଦବ
ଘୋଡ଼େଇ ହେବାକୁ
ତମ ପିଲାଙ୍କୁ ପୃଥିବୀକୁ ଆଣିବ
ଦଧୀଚି ପରି ତା' ହଡ଼ରେ,
ଅସ୍ତ୍ର କରି ଯୁଦ୍ଧ କରିବ ତମେ
ସଂସାରର ରଣକ୍ଷେତ୍ରରେ,
ଦରକାର ପଡ଼ିଲେ ତା' କଟାମୁଣ୍ଡକୁ
ଥାଳିରେ ସଜାଡ଼ି ଦବ ସ୍ୱାଭିମାନ ପାଇଁ
ଦେବୀ ନୁହଁ, ଦାନବୀ ନୁହଁ
ସୁଦୁ ମାନବୀ ସିଏ !!

■

ଗ୍ରହଖୋଜା

ନର୍ମଦା ନୀଳୋତ୍ପଳା

ନଥିଲା କେବଳ ନିଆଁ
ଏକଦା ଏଇ ଗ୍ରହରେ ଆମର ମୋହ ଥିଲା, ଭାବଥିଲା।
ଜଙ୍ଗଲ, ପାଣି, ଶସ୍ୟ ଓ ପଶୁପକ୍ଷୀ ଇତ୍ୟାଦି... ଇତ୍ୟାଦି ଥିଲେ ଆମ ସାଂଗରେ।

ନିଆ ଆମ ହାତ ଓ ହୃଦୟରେ ପହଞ୍ଚିଗଲା ପରେ
ଆମେ ସବୁ ପୋଡ଼ିବାରେ ବ୍ୟସ୍ତ ହୋଇପଡ଼ିଲୁ
ପ୍ରାଚୀନ ସଭ୍ୟତା, ପ୍ରକୃତି ଓ ସ୍ୱଭାବକୁ ପୋଡ଼ି ପାଉଁଶ କରିଦେଲୁ।
ମାଟି ପୋଡ଼ିଲୁ, ଛାତି ପୋଡ଼ିଲୁ ମଧ୍ୟ।

ଆକାଶକୁ ଛାଡ଼ିଲୁ ନାହିଁ
ବାରମ୍ବାର ରକେଟ୍, କ୍ଷେପଣାସ୍ତ୍ର ନିକ୍ଷେପକରି
ପ୍ରଥମେ ଶତ୍ରୁ ଦମନ ପରି ତାକୁ କ୍ଷତାକ୍ତ କଲୁ।

ଆଉ କ'ଣ ଯେ ବଂଚେଇ ରଖି ପାରିଲେ ଆମେ ?
ସୁସ୍ଥ ଦେହଟିଏ ନା ସମ୍ଭାବନାମୟ ଯୁଗଟିଏ।

ବାରୁଦ ବଣରେ ବଣା ହେଉଥିବା ଆମେ
ଜଣେ ଜଣେ ଅତ୍ୟାଧୁନିକ ଅମଣିଷମାନେ।

ଏତେ ଦୂରକୁ ଆମେ ଚାଲି ଆସିଲୁଣି ଯେ,
ଏବେ ଏବେ ସୁନାର ଫସଲ ଦେହରେ
ନିଆଁ ଲଗେଇ ଦେଉଛୁ।

ନଦୀର ଆର୍ତ୍ତନାଦ ଶୁଭେନି ଆମକୁ,
ଝରଣାର ପୀଡ଼ା ସଂଗୀତ ସବୁଦିନ ଅପରିଚିତ ହୋଇଯାଇଛି।
ଜଙ୍ଗଲର ଚିତ୍‌କାର ଆବଦ୍ଧ ହୋଇଯାଇଛି ଅଟ୍ଟାଳିକାରେ

ଟପ୍ ଟପ୍ ବର୍ଷାର ପାଦଚିହ୍ନ
କଂକ୍ରିଟ୍‌ରେ ସମାଧି ନେଇଛି ।

ଯେଉଁ ଖାଦ୍ୟ, ଶସ୍ୟ, ପାଣି ପବନକୁ
ବିଷ ପିଆଇ କରିଥିଲୁ ଆମେ ଶକ୍ତିଶାଳୀ
ସେମାନେ ଜଣେ ଜଣେ ଏବେ
ଆମଠୁ ବି ବଳବାନ୍ ଆତ୍ମଘାତୀ ।

ପୁନର୍ବାର ଗୋଟେ ଗ୍ରହର ସନ୍ଧାନ ମିଳିଗଲା ଆମକୁ
ନବଗ୍ରହ ମଧ୍ୟରୁ ।

ଏଥର ଆମେ ପାଣି ଖୋଜିଲୁ
ନିଆଁ, ପଲିଥିନ୍, କଂକ୍ରିଟ, ଦୁଷ୍କର୍ମ
କଣ୍ଡମ, ମଲ୍, ଅଟ୍ଟାଳିକା
ଆପେ ଆପେ ପହଂଚିଯିବ ସେଠାରେ
ଜନ୍ମାରୁ ଭଲଲୋକ ନୋହୁ ଆମେମାନେ ।

ଏ ଗ୍ରହକୁ ବିଷରେ ଅଭିଷେକ କରି
ତା'ର ଅମଙ୍ଗଳ କରିସାରିବା ପରେ
ଯୋଜନା ପ୍ରସ୍ତୁତ କରିଦେଇଛୁ ଆମେ
ମଙ୍ଗଳ ଗ୍ରହକୁ ଯିବା ପାଇଁ ରାସ୍ତା ।।

■

ମହାମନ୍ତ୍ର

ସସ୍ମିତା ଷଡ଼ଙ୍ଗୀ

ଉତ୍ତାପର ଋତୁ ଏ
ବାହାରେ ଆଦିତ୍ୟଙ୍କ ଉନ୍ମତ୍ତ ରାହାସ
ମାଟି ପାଣି ପବନ ଗଗନ
ସବୁ ଟକ୍‌ମକ୍, ତରଳି ଯାଉଛି ତପୋଭୂମି
ହିମାଳୟ ଭଳି ଆକାଶ ଉନ୍ମୁଖୀ
ଶୁଦ୍ଧ ଚେତନା ସିଦ୍ଧ-ଯୋଗାଳୟ
ଦେହ ଦେବାଳୟ, ଚିତ୍ତରେ ଚିନ୍ତନରେ ଯୁକ୍ତହେଲାପରେ
ତମେ ଯୁବ ଯୋଗେଶ୍ୱର।

ହାଲ୍‌କା ଗୋଲାପି ରଙ୍ଗର
ପରଦା ଆଢ଼େଇ ଦେଇ ଝରକାରୁ ମୋର
ଅଣଋଷ ଗତିରେ ଅଭର୍ନିଶ ବହୁଛି ଫଗୁଣ
ବାହାରେ ସିନା ଧୂପ ଛିଣ୍ଡୁଛି
ଭିତରେ ସପ୍ତମ ଋତୁର ସୁରିଲା ସ୍ତୋତ୍ର
ବାବଦୂକ କଣ୍ଠରୁ ଝରୁଛି ରସକଲ୍ଲୋଳ।

ସହରୀ ରାସ୍ତାର ଦୁଇପାଖେ
ନଦିହେଇଛି ପେନ୍ଥା ପେନ୍ଥା - ଲାଲ ସଂଭାର
ଫରୁଆ ଫରୁଆ ସିନ୍ଦୂର, ଫଗୁ ପର୍ବର ଯେତକ ଲାଲିମା
ବୋଳି ଦେଉଛି କି ସବୁଜ ମହୀରୁହ !
ସହରଟା ସଜେଇ ହେଇଛି ବଧୂ ବେଶରେ
ଦିଶୁଛି ରୂପସୀ, ଲାଗୁଛି ପ୍ରୀତି ପ୍ରସୂନା
ଉତ୍ତାପ ଋତୁରେ ନୁହେଁ କି ଏ ଆଉ ଏକ ଗୁଢ଼ ବିଶେଷତ୍ୱ !
ତାରା ଫୁଲରେ ବେଣୀ ବାଂଧି ଶର୍ବରୀ ସଜାଉଛି
ତା' ଫିଟିଲା କବରୀ, ତରଳି ଯାଉଛି ମହମବତି

ଫୁଟିଲା ମନରେ ସାଜିଛି ଅଭିସାରିକା
ବିକଶିତ କଳି, ମନ ଓଳିତଳେ
ମୁହୁର୍ମୁହୁଃ ଅନୁରାଗର ବର୍ଷା ।

■

ପ୍ରିୟ ପୁରୁଷ

ସାବିତ୍ରୀ କବି

ମୁଁ ଆଉ ଆସିବି ନାଇଁ ଯା'ପରେ
ଏ ମନ୍ଦିର ବେଢ଼ାକୁ ଶୁଦ୍ଧପୂତ ହୋଇ
ଶହେ ଆଠ ବେଲପତ୍ର, କଞ୍ଚାକ୍ଷୀର, ଧୂପ ଓ
ନୈବେଦ୍ୟ ଧରି ଫୁଲ ଚଙ୍ଗୁଡ଼ିରେ।
ପ୍ରାର୍ଥନା କରିବି ନାଇଁ ଦିଅଁଙ୍କୁ
ପ୍ରଭୋ!! ମୁଁ ଯାହାଙ୍କୁ ଭେଟିଥିଲି
ଚଲୁଚଲୁ ସେଦିନ ରାସ୍ତାରେ
ତୋଫା ଜହ୍ନ ଆଲୁଅରେ ଯାହାଙ୍କର
ପ୍ରତିମୂର୍ତ୍ତି ଦିଶୁଥିଲା ଅବିକଳ ମୋର
ପ୍ରିୟ ଦେବତାଙ୍କ ପରି, ସେ ପରମ
ପୁରୁଷଙ୍କୁ ଆଉଥରେ ଦେଖାଅ ସ୍ୱପ୍ନରେ!

ମୁଁ କାହାକୁ କହିବି ଯେ ସେଦିନର
ସାକ୍ଷାତ ଥିଲା ତାଙ୍କ ସହ ପ୍ରଥମ ଓ
ଶେଷଥର ପାଇଁ,
ମୁଁ କାହାକୁ କହିବି ଯେ ଯାହାଙ୍କ
ଗଳାରେ ପିନ୍ଧେଇଥିଲି ବରଣମାଳା ମୁଁ
କେହି ଦେଖିପାରୁ ନଥିବା ହାତରେ।
ଯାହାଙ୍କର ଅପେକ୍ଷାରେ ଶହଶହ
ରାତି ବିତିଯାଉ ଓ ତାଙ୍କ ପାଇଁ
ଜନ୍ମ ଜନ୍ମାନ୍ତର ଲାଗି... ବସିଥାଏ ମୁଁ
କନ୍ୟା ବେଶରେ ବୋଲି ଈଶ୍ୱରଙ୍କୁ
ନିଉଛାଳି ହେଉଥିବା ପ୍ରିୟ ପୁରୁଷ
ଜଣକ ସେ ହିଁ!

ମୁଁ କାହାକୁ କହିବି ଯେ ଆଜିଯାଏ
ଯାହାଙ୍କର ପ୍ରତିମୂର୍ତ୍ତିକୁ ମୁଁ ତୋଳିଧରିଛି
ହୃଦୟରେ, ଯାହାଙ୍କୁ ମୁଁ ଦେଖିଛି
ଆଇନା ଭିତରେ, ମୋ ମୁହଁ ଦିଶୁ ନଥିବା
ଜାଗାରେ, ଆଜି ସବୁ ଶେଷଥର ପାଇଁ !

ଯା'ପରେ ମୁଁ ଆଉ ମନ୍ଦିର ଯିବିନି
ଖୋଜି ଖୋଜି ନଇପହଁରା ଜାଣି ନଥିବା
ସ୍ୱପ୍ନମାନଙ୍କୁ,
ଯା'ପରେ ମୁଁ ଆଉ ଖୋଜିବି ନାଇଁ
ବରଷାରେ ଭିଜିଭିଜି ଘରକୁ ଫେରୁଥିବା
ତରଳ ହୃଦୟର ସେ କାନ୍ଦୁରି, ଡରକୁଳୀ ଓ ଲାଜେଇ ଝିଅକୁ ! !

ମୁଁ ନିଇତି ପ୍ରାର୍ଥନା କରିବି
ଘିଅବତୀ ଜାଳି ଧ୍ୟାନରେ ବସିବି ଘଣ୍ଟା ଘଣ୍ଟା
ମୋ ମଥାର ସିନ୍ଦୁର ଓ ହାତର କାଚ
ବଜ୍ର ହେଉ ବୋଲି ଗଳ-ବସ୍ତ୍ର ହୋଇ
ମୁଣ୍ଡ ଜୋଡୁଥିବି ପଥରରେ, କାନ୍ଥରେ,
ଭୂଇଁରେ, ମୁଠା ମୁଠା ସୁଖଶାନ୍ତି
ତୋଳି ଆଣୁଥିବି ଦେବୀଙ୍କ ଭଣ୍ଡାର ଘରୁ
ଲୁହ ବଦଳରେ, ଅଥଚ
ମୁଁ ଯାହାଙ୍କୁ ଖୋଜୁଥିଲି ଆଜିଯାଏ
ତାଙ୍କ ସହ କୋଉଠି, କେବେବି
ଭେଟ ହେବନାହିଁ, ତାଙ୍କ ପରି
କେହି ଜଣେ ହେଲେ ସଚରାଚରରେ ।

ପ୍ରିୟ ପୁରୁଷମାନେ ଚିରକାଳ
ଅଦୃଶ୍ୟରେ ଦୃଶ୍ୟ ହେଉଥାନ୍ତି
ଅସରନ୍ତି ଲୋଡ଼ିବା ପଣରେ,

ସବୁ ଶୂନ୍ୟସ୍ଥାନମାନଙ୍କୁ ଏକ୍ଲା ମାଡ଼ିବସନ୍ତି
ଏକଛତ୍ରବାଦୀ ସମ୍ରାଟଙ୍କ ପରି
ସ୍ୱପ୍ନର ବଖରା ଭିତରେ ଆତଯାତ
ହେଉଥା'ନ୍ତି ଚେତନ ଓ ଅବଚେତନରେ।

ଅଥଚ ମୁଁ ମୁକୁଳିପାରେନି
ଜହ୍ନ ବନ୍ଦୀଥିବା ସହରର
ସୀମାନ୍ତରୁ, ସ୍ୱପ୍ନରୁ, ସତ୍ୟରୁ
ଆଖିକୁ ଦିଶୁନଥିବା ଅପାସୋରା ଆଲିଂଗନରୁ
ଦେହହୀନ ଦେହ ଭିତରେ ଢେଉ ଭାଙ୍ଗୁଥିବା
ନୀଳ ଅନ୍ଧାରରୁ, ମୋ ସାମ୍ନାରେ ମୋତେ ଚାହିଁ
ଚୁପ୍‌ଚାପ୍ ବସିଥିବା ଈଶ୍ୱରଙ୍କ
ଛାଇରୁ, ପ୍ରେମରୁ।

ମୁଁ କେମିତି ବାରମ୍ବାର ଆତ୍ମହତ୍ୟା କରେ
ଗୋଟେ ଗୋଲାପୀ ଚିଠିର ମୋହରେ
ମୁଁ କେମିତି ବାରମ୍ବାର ଆତ୍ମ-ଗୋପନ କରେ
କେବେ ବି କିଛିବି ମାଗୁ ନଥିବା ପ୍ରିୟପୁରୁଷଙ୍କ
ଥିବାପଣ ଓ ନଥିବାପଣରେ।

ମୁଁ କେମିତି ବାରମ୍ବାର ପୁନର୍ଜନ୍ମ ନେଉଥାଏ
କେହି ଜଣେ ମୋତେ ଖୋଜି ଖୋଜି କାନ୍ଦିକାନ୍ଦି
ଫେରିଯାଉଥିବା ମୁହୂର୍ତ୍ତରେ। ଯେଉଁଠି
ଅହରହ ଢେଉ ଭାଂଗୁଥାଏ ସେ ଗ୍ରହରେ
ଆକାଶର ଚୁପ୍‌ଚାପ୍ ନୀରବତା।

■

ମୋ ଗାଆଁ ଏମିତି

ଲିପିକା ଦାସ

ଆଃ, ପବନରେ ମଧୁ ପଦ୍ମବନର ବାସ୍ନା
ସଜଫୁଟା ଫଗୁଣର ଅୟୁତ ପ୍ରେମର ପୂର୍ବାଶା
ଝଲସୁଛି କାକର ବିନ୍ଦୁରେ ସକାଳ
ଆଉ କୋଇଲିର ମଧୁର ମୂର୍ଚ୍ଛନା
ମୁଁ ତେବେ ଏବେ ମୋ ଗାଆଁରେ।

ଭୋରକୁ ସୁରକ୍ଷିତ ଥାଏ କୁକୁଡ଼ାର ଡାକ
ନିରବ ନିଦ ଭାଙ୍ଗେ - ବୋଉ ହାତଚୁଡ଼ିର ଝଙ୍କାର।
ପୂଜା ଘରୁ ମହକିଲାଣି ଧୂପ ଆଉ ଝୁଣାର ମହକ
ଶୁଭୁଛି ଠଣ୍‌ଠଣ୍ ଘଣ୍ଟିର ଆବାଜ।
ନା, ଏଥର ଅଲୋଡ଼ା ଶେଯ।

ନଈର ପାଣି ବି ବେଶ୍ ମତୁଆଲା
ଏବେ ତ ଗାଧେଇ ଯିବାର ବେଳ।

ମୋ ଗାଆଁଟା ଏମିତି
ଧାନ କେଣ୍ଡାର ହସରେ, ଭାଉଜଙ୍କ ଲକ୍ଷ୍ମୀପୁରାଣ
ଭାଗବତ ଟୁଙ୍ଗୀର ମଙ୍ଗଳାଚରଣ
ଝକ୍‌ଝକ୍ ଦିଶୁଥାଏ ଝୋଟି ଅଙ୍କା ମାଟିକାନ୍ଥ
ସୁନା ସୋରିଷ ଫୁଲର ଗଜରା,
ଆଉ ନାଲି କୃଷ୍ଣଚୂଡ଼ାର ଓଢ଼ଣିରେ
ମୋ ଗାଆଁର ଅପୂର୍ବ ବେଶ।

ଆଈ ମାଆର କାହାଣୀ ଭିତରେ
ଜୀବନ୍ୟାସ ପାଏ ଗହନ ଆତ୍ମତୋଟାର ପ୍ରେତ
ରାତି ଅଧରେ ଡାହାଣୀ ଆଲୁଅ
ଚିହ୍ନାଚିହ୍ନା ଦୃଶ୍ୟରୁ ଆୟୁଷର ଦୁର୍ଘଟଣା
ସବୁକିଛି ସାଲିସ୍‌ର ଜୀବନ ।

ଏମିତି ମୋ ଗାଆଁ
ପାଦ ପକେଇଲେ ଇ ଏକ ସ୍ୱର୍ଗର ନକ୍‌ସା ।

ସାଆନ୍ତଙ୍କ ଦେଶ

ପ୍ରୀତିଧାରା ସାମଲ

(୧)

ରାସ୍ତା ଶୁନ୍‌ଶାନ୍
ଶଂକିତ ଗଛପତ୍ର
ଉତ୍କଣ୍ଠିତ ଗାଡ଼ିମଟର
ସ୍ଥିର ପବନ।

ସାଆନ୍ତେ ଆସିବେ,
ଚଢ଼େଇ ଉଡ଼ିବା ବନ୍ଦ କରନ୍ତି
ନୀରବ ହେଇଯାଆନ୍ତି
ସହରର ସବୁ ମୋବାଇଲ ଫୋନ୍,
ଝରଣା ଓ ନଈକୁ ନିର୍ଦ୍ଦେଶ ହୁଏ
ଗାଉଥିବା ଗୀତ ବନ୍ଦ କରିବାକୁ
ମଉନ କ୍ୟାମେରା ଆଖିରୁ
ଅସଂଖ୍ୟ ଦିଗ ଜଳିଉଠି ଲିଭିଯାଆନ୍ତି
ଦିନ ଆଲୁଅରେ।
ଖୁବ୍ ଘନୀଭୂତ ହେଇ ନୀରବତା
ଓହ୍ଲେଇ ଆସେ ତଳକୁ ତଳକୁ
ସଂଚରିଯାଏ ରାସ୍ତା ଦି'କଡ଼ର
ଅଟକିଥିବା ଗଣତନ୍ତ୍ର ଆଡ଼କୁ।

(୨)

ସାଆନ୍ତେ ଆସିବେ ବୋଲି ଈଶ୍ୱରଙ୍କୁ
ବି ବାରଣଥାଏ ରାସ୍ତାରେ ବୁଲିବାକୁ
କେଉଁ ଏକ ଗାଡ଼ି ଭିତରେ ଅସୁସ୍ଥ ବୁଢ଼ାଟିଏର

ଦେହରୁ ବାହାରିଯାଏ ପ୍ରାଣ,
ଅପେକ୍ଷାରେ ଅପେକ୍ଷାରେ ଆମ୍ବୁଲାନ୍ସରେ
ଯନ୍ତ୍ରଣାରେ ଛଟପଟ ଗର୍ଭବତୀ
ଜନ୍ମଦିଏ ଆଉ ଏକ ଈଶ୍ୱରଙ୍କୁ।

(୩)

ସାଆନ୍ତେ ଆସନ୍ତି
ରାସ୍ତା ପାଲଟିଯାଏ ସବୁ ଋତୁଙ୍କ
ସମାହାରରେ ତିଆରି ଫୁଲ ବଗିଚା
ଗୋଡ଼ି-ମାଟି-ବାଲି ସମବେତ ସ୍ୱରରେ
ଗାଆନ୍ତି ବନ୍ଦନା,
ଜୟ ଧ୍ୱନିରେ ପ୍ରକଂପିତ ଚାରିଦିଗ
ଦେବତା ପୁଷ୍ପବୃଷ୍ଟି କରନ୍ତି ସ୍ୱର୍ଗରୁ
ନୃତ୍ୟ କରନ୍ତି କିନ୍ନର
ଜଂଗଲର ପଶୁମାନେ ଶୃଙ୍ଖଳିତ ଛାତ୍ରପରି
ଧାଡ଼ିରେ ଆସି ପାଲଟି ଯାଆନ୍ତି
ଚକିତ ଦେଖଣାହାରୀ।

(୪)

ସାଆନ୍ତଙ୍କ ସହନଶୀଳ ଦେଶରେ
ସେଦିନ ରାସ୍ତା ବଦଳେଇଥାଏ ତା'ର ଦିଗ
ସୀମାନ୍ତରେ ଯବାନଟିଏ ମାଡ଼ଖାଇ ଫେରିଥାଏ
ବଳାତ୍କାରର ଶୀକାର ଝିଅମାନେ
ଲୁଚେଇ ଦିଅନ୍ତି ସବୁକ୍ଷତକୁ ପତଳା—
ଶାଢ଼ିର ଆଢୁଆଳେ।

ଡହ ଡହ ଖରାରେ ନିଜ ଚମଡ଼ା—
ଶିଝଉଥିବା ଲୋକେ ଜଳକାହୋଇ
ଦେଖୁଥାନ୍ତି,

ସାଆନ୍ତେ ଆସନ୍ତି ଓ ଯାଆନ୍ତି
ସାରାଦିନର ଅପେକ୍ଷା ସରିଯାଏ
ମୁହୂର୍ତ୍ତକରେ ।

ବେଳ ବୁଡ଼ିଗଲା ପରେ

ପ୍ରୀତିଲେଖା ଦାସ

ଖସିପଡ଼େ ତୂଣୀର
ଛିଟିକି ପଡ଼େ ଶିଖଣ୍ଡୀର ହସ
ପ୍ରତିଧ୍ୱନିତ ହୁଏ ଖାଲି
ପ୍ରଶ୍ନ ଆଉ ପ୍ରଶ୍ନ।

ବୁଝାପଡ଼େନି
ବେଳ ଗଡ଼ିଗଲାପରେ
କିଏ ଏଠି ବେତାଳ
ପୁଣି କିଏ ବିକ୍ରମାଦିତ୍ୟ।

କେବେ ବିସ୍ମୟ ତ
କେବେ ବିସ୍ଫୋରଣ
ରକ୍ତ ଫାଟି ପାଣି
ହାଡ଼-ମାଂସ ପୁଣି
ଥାକ ଥାକ ନିଆଁର ଛାଉଣୀ।

ତଥାପି–
କେଉଁଠି କେମିତି ନୋଳାଫାଟେ
ରକ୍ତଝରେ,
ନିଷ୍ଠୁର ସତ୍ୟଗୁଡ଼ିଏ ଧାଇଁବୁଲନ୍ତି
ଶୂନ୍ୟତାର ଆଗରେ ପଛରେ
ଠିକ୍ ବେଳ ବୁଡ଼ିଗଲା ପରେ,

ନିଃଶ୍ୱାସ ଯେତେ, ନର୍କ ସେତେ
ସେତେ ଦୋଦୋଚିହ୍ନାର ଦୂର୍‌ମାର୍।
ଏତେ ଏତେ ଭିଡ଼

ପୁଣି, ଅନ୍ଧାରର କେତେ ଆତୁରତା,
ବାଘର ହେଣ୍ଟାଳ ଅବା କୋଇଲିର କୁହୁ
ସବୁଥିରେ ଶୁଭେ ଖାଲି
ମୃତ୍ୟୁର ପ୍ରାର୍ଥନା।

ମଣିଷ ପଣିଆର ଜତୁଗୃହ
କିଏ ସ୍ୱୟଂ ଅନ୍ଧ ତ
ଆଉ କିଏ ବାନ୍ଧି ନେଇଛି ପଟି
ଆପଣାର ଇଚ୍ଛାରେ,
ଅକୁଳାଣ ଯନ୍ତ୍ରଣା କିନ୍ତୁ
କାହାକୁ ପଠାଏ ଜରାନିବାସକୁ
ଅଜ୍ଞାତବାସରେ ତ
କାହାକୁ ବାଧ୍ୟକରେ
ଅପେକ୍ଷା କରିବାପାଇଁ ମୃତ୍ୟୁକୁ
ଶରଶଯ୍ୟାରେ।

ଜହ୍ନ କି ଜହ୍ଲାଦ
କିଏ ଗାଏ ମଶାଣିର ଗୀତ
କାହାର କୋକେଇ ପୁଣି
କାହାର ସେ ଚିତା
ନିଜ ହାତେ ନିଜେ ବୁଣି
ଲୁହର ଖଇ ଓ କଉଡ଼ି
ଜଳେ ଏକାଏକା,

ଠିକ୍ ବେଳ ବୁଡ଼ିଗଲାପରେ।

■

ନିଷିଦ୍ଧ ଫୁଲ

ପ୍ରତୀକ୍ଷା ଜେନା

ତୁମରି ଇଚ୍ଛାନୁସାରେ
କାଢ଼ି ରଖିଛି ଦେହରୁ ପଦ୍ମଗନ୍ଧ
ଚମ୍ପାକଢ଼ି ଆଙ୍ଗୁଠି
ଘନକୃଷ୍ଣ କେଶର ମହକ ।

ଯୋଗିନୀ ବେଶରେ ବି'
କେଡ଼େ ତେଜୀୟାନ ଦିଶିପାରେ
ଅପରାହ୍ଣ ।

ଏ ଦେହ ଯୋଗ ଭୋଗର ନୁହେଁ,
ଦାନବ କି ଦେବତାର ନୁହେଁ ।
ଇଯେ ଗୋଟେ ଅରଣ୍ୟ,
ଜଳୁଥାଏ ଯେ ଜଳୁଥାଏ... ।

ରାତିଠୁଁ ଢେର୍ ଦୂରରେ,
ଶୂନ୍‌ଶାନ୍ ଥରୁଥାଏ ତାରାଟିଏ;
ମୋ ମୁହଁପରି ବିକଳ ଦିଶୁଥାଏ
ବେଳେବେଳେ ।

ସିଏ ବୁଝିପାରେ
ନାଲିନେଳି ବରଡ଼ାକୁ
ବରଡ଼ାରେ ଖଞ୍ଜି
ତିଆରିଥିବା ଖରାବେଳେ ସବୁ
କିପରି ହିମଖଣ୍ଡ ପରି
ମିଳେଇ ଯାଆନ୍ତି ।

ଠିକ୍ ମଝି ନଈରେ,
ସତରେ କ'ଣ ମାଗିପାର
ତୁମେ,
ଅରଣ୍ୟର ମିଠାରଙ୍ଗ।
ଫେରିଗଲା ବେଳେ,
ହୁଏତ ସାଥୀରେ ନେଇପାରିଥା'ନ୍ତ
କାଳିଜାଇ ପରି ଟିକିଏ କଳଙ୍କ।

ନିଅ,
ବିଞ୍ଛିଦେଇଛି
ସୋରିଷ କ୍ଷେତରେ
ସଂସାରର ନିରୀହତମ
ମିଛ।

ମୁଁ ନିଷାର୍ଦ୍ଧରେ ଫୁଟୁଥିବା
ସେଇ ନିଷିଦ୍ଧ ଫୁଲ
କୋଉ ଛୁଇଁପାରେ ଯେ
ସକାଳ।

■

ଦରୋଟି

ମାନମୟୀ ରଥ

ଥରକ ପାଇଁ ହେଲେ
ମେଘକୁ ଆଣି ପାରନ୍ତି କି
ମୋ ହାତକୁ !

ପରଖି ଦେଖନ୍ତି,
ଘର କରି ହେବ କି ନାହିଁ
ବାଦଲ ଦେହରେ ।

ଦିନକ ଲାଗି ହେଉ
ଘାସମାନଙ୍କୁ କୁହାଇ ପାରନ୍ତି କି କଥା
ଶିଖନ୍ତି ଅନ୍ତତଃ
ସେମାନେ କେମିତି ସତେଜ ଓ
ସବୁଜ ଲାଗନ୍ତି
ଏତେ ଦଳାଚକଟାରେ !

ପ୍ରଜାପତିମାନଙ୍କୁ ଲୋଭ ଦେଖେଇ
ବସେଇ ପାରନ୍ତି କି ମଡ଼େଲ କରି
ଖୋଜନ୍ତି ଏମିତି କେଉଁ ରଙ୍ଗ ଅଛି ତାଙ୍କଠି
ଯାହା ନାହିଁ ଆମମାନଙ୍କ ଭିତରେ !

ତାରାମାନଙ୍କୁ ଓଳେଇ ଜମା କରନ୍ତି କି
ଆମ ଅଗଣାରେ ଅନ୍ଧାର ରାତିରେ
ପଚାରନ୍ତି
ସେମାନେ ବି କଣ ମତେ ଦେଖନ୍ତି
ଯେମିତି ମୁଁ ଦେଖେ ସେମାନଙ୍କୁ ଅନ୍ଧାରରେ ?

ଥରକ ପାଇଁ ଏତିକି କର
ନ ହେଲେ ଯାଅ ସର୍ବ ଶକ୍ତିମାନ
ତୁମକୁ ବା କାହାର ଖାତର !

■

ଯଶୋଧାରା (୨)

ଇପ୍‌ସିତା ଷଡ଼ଙ୍ଗୀ

ଆମ ସଂପର୍କର ସବୁ ଅସ୍ଥିରତାକୁ
ସମର୍ପି ଦେଇଥିଲ
ଅଶ୍ୱତ୍ଥ ଗଛର ସେ ପତ୍ରସବୁକୁ
ମୁଁ ଜାଣେ ଶ୍ରମଣ ॥

ମାଟିଘଟରୁ ଶବ୍ଦ ଆସୁଥିଲା ତୀବ୍ର ॥

ଜାଣିଥିଲି ଖାଲି ଘଡ଼ି ତ
ଆଉ ପାଇବାପାଇଁ ରହିଁ ରହିବି କ'ଣ ?
ପ୍ରଶାନ୍ତି - କେବଳ ମୁହଁରୁ ପଡୁଥିଲା
ବିଚ୍ଛୁରିତ ସମଗ୍ର ବିଶ୍ୱକୁ ॥

କେବଳ ମୁଁ ହିଁ ପାଇପାରୁନଥିଲି
ମୋ ଅପାରଦର୍ଶୀ ଦେହ ଓ ମନରେ, ସିଦ୍ଧାର୍ଥ ॥

ଆଖିପତାରେ
ସ୍ୱପ୍ନ ଢଳଢଳ ଅବସ୍ଥାରେ ହିଁ
ତୁମେ ଅପସରି ଯାଇଥିଲ
ସମୟରୁ ମୋର ॥

ଆଭୂଷଣ ଉତାରିଦେଲି ଅଙ୍ଗରୁ
ପାଟଲୁଗା, ଜରିଲଗା ଅଙ୍ଗବସ୍ତ୍ରମାନ
ଶୂନ୍ୟତାକୁ ବସ୍ତ୍ର କରି ପିନ୍ଧେଇଲି ଦେହରେ
ମନକୁ - ବିଦ୍ରୋହ ଆଉ ଅଭିମାନର ବେହରଣ

ରଙ୍ଗସବୁ ବେଦାଗ ଉଡ଼ିଗଲେ
ହଂସ ପରି ଜୀବନରୁ ॥

ଏକାକୀତ୍ୱକୁ ମୋର
ଅବିଚାରକୁ ମୋ ଉପରର
ନାଁ ଦେଲେ ଲିପିକାରମାନେ–
କେବେ ପୂର୍ବଜନ୍ମରେ ମୁଁ ମାଗିନେଇଥିବା ଅଭିଳାଷ,
କେବେ ସ୍ଥାନ ଦେଲେ ନେଇ ମହାପୂଜିକାର,
କେବେ - ଅବଧୂତିକାର !

କାଳେ କାଳେ
ନାରୀ ଉପର ଅତ୍ୟାଚାରକୁ
ନାନା ଗପର
ପାଟକନାର ଆବରଣ ମିଳେ;
ମିଳେ ସେ ବଞ୍ଚିଥିବା ନିର୍କକୁ–
ସ୍ୱର୍ଗର ଭ୍ରମ, କେବେ
ପାଟଳ ରଙ୍ଗର ଅଙ୍ଗାର ପରି
ଟହକୁଥିବା ଯନ୍ତ୍ରଣାକୁ
ମିଳେ ମହନୀୟତା ପୌରାଣିକ ଆଖ୍ୟାନର ॥

ମୁଁ ଯଶୋଧାରା, ସିଦ୍ଧାର୍ଥ ।
ଦୁଃଖରେ ମୋର, ତୁମ ପ୍ରାସାଦର ଦୀପ ଜଳେ
ତୁମେ ଆଲୋକିତ ହୁଅ ମୋଅରି ଦହନରେ ॥

ନିଆଁରେ ମୋ ଜୀବନ ଗଢ଼ା
କି ଜୀବନ ପାଇଁ ଦହନ ଲୋଡ଼ା
ମତେ ଜଣାଅନା ସିଦ୍ଧାର୍ଥ
ମତେ ଜଣାଅନା ॥

■

ଭାଗ୍ୟର କି ବିଡମ୍ବନା !

ସୁଶ୍ରୀ ସଂଗୀତା ମିଶ୍ର

ପ୍ରମିଳା ରଥ
ଭାରି ସ୍ମାର୍ଟ, ମେଧାବୀ ଝିଅଟା
ଖୁବ୍ ଭଲ ଲେଖୁଥିଲା
ଭାଷଣରେ ଭାରି ତାର ନାଆଁ ଥିଲା ।
କିଏ ଜାଣେ କ'ଣ ହେଲା
ସମାଜର କେଉଁ ଚାପ ଆଗରେ ମୁଣ୍ଡ ନୁଆଁଇଲା
ସଂପର୍କର କେଉଁ ଋଣ ଶୁଝିବାକୁ ଯାଇ
ଆଜ୍ଞାକାରୀ ସନ୍ତାନଟେ ବନିଗଲା ।
କାହିଁକି ସତରେ
ପ୍ରଶାସନିକ ସେବା ପାଇଁ ପ୍ରସ୍ତୁତିକୁ ଅଧାଛାଡ଼ି
ପ୍ରଶାସନିକ ଅଫିସର ଘରଣୀଟେ ପାଲଟିଲା ।

ପୃଥିବୀକୁ ଘର ବୋଲି କହୁଥିବା
ମେଳାପୀ ଝିଅଟା ପାଇଁ
ପୃଥିବୀର ସଂଜ୍ଞା ବଦଳିଛି
ଏବେ ଏଇ ଚାରିକାନ୍ଥ ତା'ର ଘର
ଟି.ଭି. ଆଉ ଭି.ସି. ଆର
ଅନ୍ତରଙ୍ଗ ବନ୍ଧୁତାର
ରୋଷେଇ ଘର ଏବେ ତା ଈଶ୍ୱର ।

ଏତେ ବଡ଼ ବଂଲୋରେ
ଖୁବ୍ ବେଶୀ ଏକ୍ଲା ସତେ ବିଚାରୀ ଝିଅଟା
କହୁଥିଲା,
ନିଜ ଭିତରେ ନିଜକୁ ଆଉ ଖୋଜି ପାଉନି
ମାପି ପାରୁନି ନିଜର ମୁଖାଠୁ ମୁହଁର ଦୂରତ୍ୱ
ଆତ୍ମା ଏବେ ଏମିତି ଅଥର୍ବ

ଯେ ମୁଖା ଖୋଲି ଫିଙ୍ଗିବାକୁ
ନା ଅଛି ସାହସ, ନା ଅଛି ଆଗ୍ରହ।
ଭାଗ୍ୟର କି ବିଡ଼ମ୍ବନା !
ପୃଥିବୀକୁ ଆପଣେଇବା ଝିଅଟାର
କେହିନାହିଁ ଏତେ ଆପଣାର
ଯାହାଠି ସେ ହୃଦୟ ଖୋଲିବ
ପୁଞ୍ଜା ପୁଞ୍ଜା ଅଭିମାନ
ଓ ମେଞ୍ଚା ମେଞ୍ଚା ବିରକ୍ତିର ମେଘସବୁ
ଅଦିନରେ ବର୍ଷିଯିବ
"ବାଟ ନ ସରୁଣୁ ମୁଁ କେମିତି ସରିଗଲି'
ଏଇ ପ୍ରଶ୍ନ ଯାହାକୁ ସେ ପଚାରି ପାରିବ।

■

କର୍ପୋରେଟ୍ ମଣିଷ ପାଇଁ ତିନିପଦ କବିତା

ମାନିନୀ ମିଶ୍ର

ହଁ, ଅକ୍ସଫୋର୍ଡ଼ ଡିକ୍ସନେରିର
ଫୁଲାଏ ଶବ୍ଦ ତାର ଖୁବ୍ ନିଜର
ମଡ୍-ମାଡ୍, କଡ୍-କାଡ୍ କରି
ଭାଙ୍ଗି ଦେଇପାରେ ସେ ଅଦିନରେ
ଲକ୍ଷ୍ନାନୀ ଘରର ସଜାନଛୁଇଁର ଡାଳ

ରାଜରାସ୍ତାରେ ବିଞ୍ଚି ଦେଇପାରେ
କନ୍ଧମାଳ ମାଟିର ବାସ୍ନା
ତା'ପାଇଁ ତ ଲିଟ୍-ଫେଷ୍ଟର ଷ୍ଟେଜ୍ ଉପରେ
ରଟ୍‌ରଟ୍ କାମୁଡୁଥିବା ଜନ୍ଦାଭର୍ତ୍ତି ଝୁଡ଼ିରେ
ବସିଯାଏ ଚୁପ୍‌ଚାପ୍
ଗୋଟେ ଜଙ୍ଗଲବୋଳା ଅନୂଢ଼ା ଜହ୍ନ।

॥ ୨ ॥
ଆମ୍ବଟାକୁଆ କେମିତି ଡିସ୍‌ହୋଇପାରେ
ରାଜଧାନୀର ଗାର୍ଲଫ୍ରେଣ୍ଡ କମ୍ ଏକା-ଜର୍ଣ୍ଣାଲିଷ୍ଟ
ସ୍ମିତା
ପଚାରି ଦେଇଥିଲେ ତାକୁ।
ଅଫିସର୍ସ ଚଏସ୍‌ର ଗୋଟା ବୋତଲ
ସରିବା ପରେ ବି ଆଜି ତାର ନିଦ ଉଡ଼ନ୍ ଛୁ'
ଖଟସାରା ଆଉ ଦିଶିଲେନି ମେନକା କି ଉର୍ବଶୀ
ପିଲାବେଳ ସାଙ୍ଗ ନରି, ହେମୁ, ଜଗି
ଜାଉ ଖାଇ ରାତିସାରା ଭକ୍-ଭକ୍ କରୁଥିଲେ ବାନ୍ତି
ଗାଁ ମୁଣ୍ଡ ବରଗଛ ମୂଳ
କେଉଁ କାଳୁ ସେମାନଙ୍କ ସମାଧି।

॥ ୩ ॥

ଆଜି ଭାଲେଣ୍ଟାଇନ୍ ଡେ'ରେ
ତା' ଠୁଁ ଆଶା ରଖନା
ସେ ଦେବ ରକ୍ତ ଗୋଲାପ
କି ସହିଦ୍ ଦିବସରେ
ରାଉରକେଲାର ବିର୍ସାମୁଣ୍ଡା ଛକରେ
ଲାଲ ଝଣ୍ଡା ପୋତି ଛାତି ପିଟି କହିବ
ଏ ମାଟି, ପାଣି, ପବନ, ସବୁ ତା'ର।

ତଥାପି ଏ ଭିତରେ ସେ ପାଳିଛସ ମୋହ
ନିଜର ଉଡ଼ାଣଖୋର ନିଶା ସହ
ବାରବାର କରିଛି ଅଭିସାର
ଗଜୁରିଛି ଘା'
ଶହଶହ କିଲୋଭୋଲ୍ଟ ବିଜୁଳି ପହଁରିଛି
ତା' ଦେହରେ
ଆଉ ଝରିଛି ସେ ବୁନ୍ଦା ବୁନ୍ଦା ବର୍ଷା ହୋଇ
ପାହାଡ଼ର ଛାତିରେ।

ଆଉ କିଛି ବୁଝୁବୁଝୁ ଟାଇମ୍ ଆଉଟ୍
ତୁମେ କହିପାର ତାକୁ
ଏବେ ସେ ଗୋଟେ ଉଜୁଡ଼ା ପାହାଡ଼
ଏବେ ସେ ଗୋଟେ ବେନାମୀ ଦେହ
ଏବେ ସେ ଗୋଟେ
ମଲା ଝରଣାର ଗୋଡ଼ିପଥର
ଶଃ... ଚୁପ୍ ରୁହ।
କର୍ପୋରେଟ୍ ମଣିଷର ଷ୍ଟାମ୍ପବାଜିଯାଉ
ନିଶ୍ଚିନ୍ତରେ ସେ ଶୋଇଯିବ
କୁହୁଡ଼ିଭର୍ତ୍ତି କଫିନ୍ ପରା ତା'ର ଶେଷ ଘର।

■

ମୁହୂର୍ତ୍ତ

ସୁନୀତି ମୁଣ୍ଡ

ମାତ୍ର ଗୋଟିଏ ମୁହୂର୍ତ୍ତ ଆଣିଦିଏ
ସମୁଦ୍ରର ଗଭୀରତା
ମରୁଭୂମିର ବାଲୁକା
ଇନ୍ଦ୍ରଧନୁର ସପ୍ତରଙ୍ଗ
ପୃଥିବୀର ସମସ୍ତ ସବୁଜିମା
ଏବଂ
ବାୟୁମଣ୍ଡଳର ସୁଗଂଧରେ
ବିମୋହିତ ହେବାର କରୁଣ ଆହ୍ଲାଦ ।

ମାତ୍ର ଗୋଟିଏ ମୁହୂର୍ତ୍ତ
ଓଠରେ ତରଙ୍ଗ ଆଣେ
ଜୀବନକୁ ଚିହ୍ନାଇଦିଏ
ବଞ୍ଚିବାର ଲୋଭ ଜନ୍ମାଏ ।

ଏଠି ବଞ୍ଚୁଥିବା ତୃଣ,
ତା' ବୃଦ୍ଧିର ରହସ୍ୟ,
ସମୃଦ୍ଧିର ପରିସର ମାପିହୁଏ
ମାତ୍ର ଗୋଟିଏ ମୁହୂର୍ତ୍ତରେ ।

ସମୁଦ୍ରର ନୀଳତିମି ପରି
ଅରଣ୍ୟର ହେଂତାଳ ପରି
ଆମ୍ବ ବଉଳର କୋଇଲି ପରି
ଆଉ, ତା'ର ସୁମଧୁର ସୁରରେ
ସମ୍ମୋହିତ ହେବାକୁ
ମାତ୍ର ଗୋଟିଏ ମୁହୂର୍ତ୍ତ ଯଥେଷ୍ଟ

ଏଇତ ସେମାନେ ସମସ୍ତେ ଏଠି
ମୁହୂର୍ତ୍ତ ଖୋଜୁଥିଲେ
ତାକୁ ହାତର ପାପୁଲିରେ
ଆୟତ୍ତ କରୁଥିଲେ
ଆବଦ୍ଧ ପାପୁଲିରୁ ଖସିଯାଉଥିବା ଦେଖି
ପୁନଶ୍ଚ କରାୟତ୍ତ କରିବାର ଚେଷ୍ଟାରେ
ନିମଗ୍ନ ଥିଲେ
ତେବେ କି ସେମାନେ
ମୁହୂର୍ତ୍ତକୁ ରଖିପାରିଥିଲେ
ଛାତିରେ ଜାବୁଡ଼ି ଅନୁଭବ କରିଥିଲେ ।

ଏମାନଙ୍କୁ ବି ଦେଖ–
ଗୋଟିଏ ପୁରୁଣା ଜର୍ଜରିତ ଅନ୍ଧାରକୁ
ଅତିକ୍ରମୁଛନ୍ତି
ଆଉ, ମଂଚ ଧ୍ୱସ୍ତବିଧ୍ୱସ୍ତ ହେଇଯାଉଛି
ତେବେ ବି ସେହି ମୃତ ମୁହୂର୍ତ୍ତକୁ
ଜୀବନାୟିତ କରିବାକୁ
ଚେଷ୍ଟା ଚଳାଇଛନ୍ତି
ବୋଧେ, ମୁହୂର୍ତ୍ତ ଆୟତ୍ତକୁ ଆସିବ
କିନ୍ତୁ, ବିରାଟ ବନ୍ଦୀଟିଏ ସମୟ ସାମନାରେ ।

ଦୂରରୁ, ମୁହୂର୍ତ୍ତ ଖୋଜିବାକୁ ଆସୁଥିବା
ସେ ବିକଳ ପକ୍ଷୀଙ୍କୁ ଦେଖିଲି
ଆହତ ପ୍ରାୟ ସମସ୍ତେ
ସେମାନଙ୍କର ମୃତ୍ୟୁ ଘଟୁଥିଲା
ପ୍ରତି ମୁହୂର୍ତ୍ତରେ ।

ଆହାଃ, କି ସୁଖର ସମୟ
ମୁହୂର୍ତ୍ତକୁ ଚିତ୍ରଣ କରିବାକୁ
ପୃଷ୍ଠାଟିଏ ଧଳା କାଗଜରେ,

ତା' ଉପରେ ସିକ୍ତ ଭୂଗୋଳ
କିନ୍ତୁ କେଉଁକାଳୁ ଥିବା ଅଲୋଡ଼ ବୀଜ
ପାଣିର ସ୍ପର୍ଶରେ ନୂଆ ରୂପ ନିଏ
ମାତ୍ର ଗୋଟିଏ ମୁହୂର୍ତ୍ତରେ ।

■

ଅବିଚ୍ଛେଦ୍ୟ

ମୌସୁମୀ ପରିଡ଼ା

ଅତିଷ୍ଠ କଷ୍ଟରୁ ମେଲାଣି ନେବାକୁ ହେବ ଏଥର
ଅନ୍ଧାର କୋଠରିରେ ସେମାନଙ୍କୁ ତାଲାପକାଇ
ଚାବି କାଠି ହଜାଇ ଦେବାକୁ ପଡ଼ିବ ଗୋପନରେ
ଛାଡ଼ି ଦେବାକୁ ହେବ ନିଜକୁ ସ୍ଥିତି ସହିତ।

ତରଳି ଝରିଯାଉ ଲୁହ ହୋଇ ଅବା
ବାମ୍ଫ ହୋଇ ଉଡ଼ିଯାଉ ଠିକଣା ହଜାଇ
ଆଉ କେବେ ବେତାଳ ପରି
ବୋଝ ହେବାକୁ ଦେବିନି କାହାକୁ
ମୋ ଭିତରେ ରାଜୁତି କରିବାକୁ ଛାଡ଼ିବିନି
ବାଧ ବାଧକତାଠୁ ମୁକୁଳି ଆଗକୁ ବଢ଼ିବି।

ଯେତେ ସବୁ ସ୍ମୃତି ଅଛି ମୁକ୍ତା ପରି ଝଟକିବାକୁ
ଅଙ୍ଗାରମାନଙ୍କ ମେଳରେ
ତାରା ପରି ଝୁଲିବାକୁ ଆକାଶ ବୁକୁରେ...
ସେମାନଙ୍କୁ ସାକ୍ଷୀ ରଖି ଧାଇଁବି ଲକ୍ଷ୍ୟ ସହିତ...
ପ୍ରଶ୍ନ ସବୁକୁ ଗୋଟମ ପରି ଫିଙ୍ଗି
ଚାହିଁବି ଅସ୍ତାଚଳ ସୂର୍ଯ୍ୟଙ୍କୁ
ଗୋଟାଇବି ସମ୍ଭାବନାର ଲାଲିମା ନୂତନତାର।

ସଢ଼େଇରେ ଚୁଲିକରି ଦ୍ୱନ୍ଦ୍ୱମାନଙ୍କୁ ପୋତି
ମୁରୁଜ ପାରିବି।
ଅତୀତକୁ ମନ କୁଲେଇରେ ପାଛୋଡ଼ି
ଅଗାଡ଼ିମାନଙ୍କୁ ଅଲଗା କରୁକରୁ ଲୁହ ପୋଛିବି।
ହୀରା ମୁକ୍ତା କାଇଁଚଙ୍କୁ ଧରି ଫେରିବାବେଳେ

ଆବୋରି ବସିବ କିଛି ଛାଡ଼ି ଆସିବାର ଖାଲିପଣ
ଆବେଗ, ଅନୁରାଗ କିଛି ଲୁହ ଆଉ ମଧୁର ଦହନ।

କେଉଁଠି ରହିଗଲା ଅତି ନିଜର ଯନ୍ତ୍ରଣାତକ !
ବଂଚି ହେବ କି ତା' ବିନା, ନିଜକୁ ପଚାରିବି
ପୁରୁଣା ଡାଏରୀ ଉଣ୍ଡାଳି ମନ ଭିତରକୁ ଝାଙ୍କିବି
ମୋ ଭିତରର ସବୁ ଅଭାବପଣ
ଏକଜୁଟ ହୋଇ ବିସ୍ଫୋରଣ ଘଟାଇବା ପୂର୍ବରୁ
ଆକାଶକୁ ଚାହିଁବି
ଯେଉଁଠି ମଣିଷ ନିଜେ ନିଜର ଦୀର୍ଘଶ୍ୱାସ
ପାଲଟି ଯାଏ।

ଯେଉଁଠି ସେ ପ୍ରଶ୍ନ ହୋଇ ପାରାମାନଙ୍କ
ମେଳରେ ଉଡ଼ିଯାଏ
ରାତ୍ରିର ସେ ଧୃଷ୍ଟ ପ୍ରହରକୁ ଚିନ୍ତିବି ଯେବେ
ଶରୀର ଜଡ଼ ପାଲଟିଯାଏ...
ହାତରୁ ଖସିଯାଏ କାଗଜ କଲମ
ଆଖି ସାଜେ ବାଇ ଚଢ଼େଇର ବସାଘର
ଏଥର ଚାଲିବି ମୁଁ ଅବଶପଣକୁ ଜଡ଼ାଇ
ସାଉଁଟି ଆଣିବାକୁ ମୋ ଭିତରେ ଅଜସ୍ର କୋଳାହଳ
ଯାତନାର ପୁଷ୍ପତୀର।
ହଜେଇଥିବା ଚାବିଟିକୁ ଖୋଜୁଖୋଜୁ
ପାଲଟି ଯାଉଥିବି
ତତଲା ଦୀର୍ଘଶ୍ୱାସର ନିରବ ଝଡ଼।

କେଞ୍ଚୁଆର ଜୀବନ

ସୁନନ୍ଦା ପ୍ରଧାନ

ବହୁତ ଦିନ ହେଲା ନିଜ ଭିତରେ
ମୁଁ ନଥିଲି
ନିଜ ଭିତରର ନାରୀଟିକୁ ନିଃସଙ୍ଗ
କରି କ'ଣ ଯେ ଖୋଜୁଥିଲି ।
ନିଜ ସହ ଢେର ଦିନ
ହେଲା କଥା ହୋଇ ନଥିଲି ।

ମୋହରେ, ଅଭିମାନରେ
ନିଜକୁ ଅବହେଳା କରିଚାଲିଥିଲି,
ଆଜି ନିଜ ସହ ନିଜେ
କଥା ହେଲାବେଳେ
ବେଶ୍ ଭଲ ଲାଗୁଛି,
ଆଃ, ଏତେ ଦିନ ହେଲା
ନିଜ ସ୍ୱାଭିମାନକୁ ଭାଙ୍ଗିରୁଜି
କେଞ୍ଚୁଆର ଜୀବନ ବଞ୍ଚୁଥିଲି ।

■

ଉତ୍ତରାଧିକାରୀ

ସୁଜାତା ମହାପାତ୍ର

ଝିଅ, କଣ ବା ଦେଇପାରିବି ତୋତେ !!

ଦେଉଛି କିଛି ଲାଜ,
ଉତ୍ତରାଧିକାରୀ ସୂତ୍ରରେ
କିଛି କର୍ତ୍ତବ୍ୟ ମୋ'ଘରର,
ସଂସ୍କାର ନାଁ ରେ
ବହୁତ କିଛି ଆକଟପଣ
ମୋ ଦାୟିତ୍ୱର ଦାୟରେ...

ଶିଖେଇବି ତୋତେ,
ନିଗିଡ଼ା ଲୁହକୁ ପିଇ ତୃପ୍ତି ପାଇବାର ସୂତ୍ର,
ଦୁଃଖକୁ ଆଖିରେ କଜ୍ଜ୍ୱଳ କରି
ଓଠରେ ହସ ଫୁଟାଇବାର କଳା,
ନିଜକୁ ଚୁଲିରେ ସେକି
ଅନ୍ୟକୁ ଶୀତଳ କରିବାର ମନ୍ତ୍ର,
ଦେହ-ଦାହକୁ ସିଝେଇ ଅନ୍ୟକୁ ପରସିଦେବାର
ଶୈଳୀ...

ତୁ' ବୋହି ପାରିବୁ କି' ନାଁ ପଚାରିଲିନି କେବେ,
ବୋଧେ ଆବଶ୍ୟକ ବି ନ'ଥିଲା !!
ହେଲେ ଭାର ସବୁକୁ ଅଜାଡ଼ି ଦେଲି
ପରସ୍ତ ପରସ୍ତ କରି ତୋ' ଓଦା ଅଣ୍ଟିରେ

କିଛି ବାକି ରହିଗଲା କି' ଆଉ !!

ଯାହା ମୁଁ ପାଇଥିଲି ଯୌତୁକରେ
ମୋ' ମାଆ ଠାରୁ,
ସେ ଆଣିଥିଲା ତା' ମାଆ ଠାରୁ,
ଆଉ ସେ', ତା' ମାଆ ଠାରୁ...
ସେଇତକ ହିଁ ତ' ଥିଲା
ମୋ ପାଖରେ ତୋ' ପାଇଁ ସାଇତା ସମ୍ପତ୍ତି
ମୋ ଉତ୍ତରଦାୟିତ୍ୱର...

■

ବ୍ୟତିରେକ

ଗୀତାଶ୍ରୀ ପ୍ରିୟମ୍ବଦା

ଘାସ କାକର
କଣ୍ଟା ବରଗଛ
ନିଃଶବ୍ଦ ଝାଉଁ ଫାଙ୍କରୁ
ଖସିପଡ଼ିଛି
କସ୍ତୁରୀ,
ହାଣିଦେବାକୁ
ସରଳ, କଅଁଳ ମନ।

ବୁଝିପାରୁଛି ବୋଲିତ
ଅସହ୍ୟ ଲାଗୁଛି
ସଂଧ୍ୟା ଆଳତି
ଆଦ୍ୟ ଓଁକାର
ଘଣ୍ଟାର ଶବ୍ଦ
ଭଲପାଇଛ ବୋଲି
ତମେ କ'ଣ ବନ୍ଧା ପଡ଼ିଛ
ବ୍ୟାଧର ଜାଲରେ
ଖସଡ଼ା ଅତଡ଼ାତଳେ
ନୁହେଁ ନା,
ନିଆଁକୁ ଜାକି ଧରିବାର
ଆକଣ୍ଠ ଆଶା,
ପରିଶୋଧର
ଦୁର୍ବାର ଦ୍ୱିବିଧା
ଫୁଲ ନୁହେଁ, ବିଷ ଉଦ୍‌ଗାରିବ
ଫଣାର ଫୁତ୍କାର ଘେରିଯିବ
ଶାନ୍ତ ବଳୟରେ।

ବରଂ ଭଲ
ଲୁଣ ଦେଇ
ଜୋକକୁ ଜକେଇ
ମୁକ୍ତ ହୁଅ
ସାଇତା ଘିଅର ଗନ୍ଧରେ
ତରଳା ଯୂପକାଠ
ଅସହ୍ୟତାର
ବିଗୁଲ ଗାଇବା
ପୂର୍ବରୁ,
ସଂଚରି ଯାଉ
କର୍ପୂର
ଉକୁଟି ଉଠୁ ମଦାଳସା
ରୋମର ଏନ୍ତୁଡ଼ିଶାଳରୁ,
କଦମ୍ବ ଓଢ଼ଣାରେ
ମୁହଁ ପଖାଳୁ ପଖାଳୁ
ଆନମନା ଯମୁନା
ଶବ୍ଦତୋଳୁ
ଯେମିତି,
ମୋ ବ୍ୟତିରେକ
ତୁଳସୀମୟ
ସବୁଜ ସୁନ୍ଦର
ତୁମ ଅଗଣା...।

■

ଦେବୀପୀଠ

ଗାୟତ୍ରୀବାଳା ପଣ୍ଡା

ପାହାଚ ପରେ ପାହାଚ ଡେଇଁ
ମନସ୍କାମନା ହିଁ ପ୍ରଥମେ ପହଞ୍ଚିଯାଉଚି ସେଠି ।

ମୋର ଶୁଭ୍ର ଶାଢ଼ି, ପରିଚ୍ଛନ୍ନ ଶରୀର
ପ୍ରତିଥର ପଛରେ ପଡ଼ିଯାଉଛି
ଏଠି ସେଠି ଛିଟ୍‌କି ପଡ଼ିଥିବା ରକ୍ତ ଉପର
ପାଦ ଥାପି-ଥାପି ଗଲାବେଳକୁ
କାହିଁକି କେଜାଣି ମତେ କଷ୍ଟ ହେଉଛି ।

ବଧ୍ୟସ୍ଥଳରେ ଖୁଉବ୍ ଭିଡ଼, ଠେଲାପେଲା
ମତେ ଆଉ ଦିଶୁନି ସେଇ ନିରୀହମାନଙ୍କ ମୁହଁ
ଯୋଉମାନଙ୍କ ନିର୍ବିକାର ଅପେକ୍ଷିଛନ୍ତି
ନିଜର ମୃତ୍ୟୁକୁ
ଯୋଉମାନଙ୍କ ଅନ୍ତଃସ୍ଥଳରୁ ଓଟାରି ହୋଇଆସୁଛି କଲିଜା
ଆଖିକୋଣୁ ଚିପୁଡ଼ି ହେଇ ବାହାରି ଆସୁଛଇ
ଧାରେ ଲୁହ
ପାଟିରେ ଭାଷା ଥିଲେ ଅବଶ୍ୟ କହିଥାନ୍ତେ
ନିଅ, ଏଠୁ ଆମକୁ ନିଅ ।

ମତେ ଦିଶୁନି ସେମାନଙ୍କ ମୁହଁ
ଦିଶୁନି ଘାତକର ହାତ,
କୁରାଢ଼ୀ, ଭୁଜାଲି କି' ହତିଆର କିଛି
ମତେ କେବଳ ଲାଲ୍ ରଙ୍ଗ ଦିଶୁଛି
ବଳିର ରକ୍ତ, ରକ୍ତର ଲାଲ୍ ରଙ୍ଗ
ଆଉ ଲାଲ୍ ରଙ୍ଗଙ୍କ ମହୋତ୍ସବରେ ମୁଁ

ମୋର ମନସ୍କାମଙ୍କ ମେଳରେ ଠିଆ ହେଉଛି
ସହଜ, ଦର୍ପିତ ।

ଟିକକ ପରେ ମୁଁ ଏଠୁ ଫେରିବି ଘରକୁ
ସାଙ୍ଗରେ ନେଇଯିବି ସାରୁ ପୁଡ଼ିଆରେ
ବଳି ମାଂସରୁ କିଛି, ତଟକା ରକ୍ତରୁ କିଛି
ମୋ ପରିବାର, ମୋ ଆତ୍ମୀୟସ୍ୱଜନ
ଭାବ ବିହ୍ୱଳ ହେବେ
ସବୁରି ରକ୍ତରେ ମିଶିଯିବ ସେ ରକ୍ତର ବାସ୍ନା
ମନସ୍କାମ ପୂର୍ଣ୍ଣ ହେବାର ପୁଲକମୟ ତୃଷ୍ଣା ।

ମୋର ତମମ୍ ସ୍ୱପ୍ନ ଭିତରେ ଦିଶୁଥିବ ସେ ପୀଠ
ମୋ କାନରେ ଢୋଢ଼ୋ ବାଜୁଥିବ ପୀଠର ମାହାତ୍ମ୍ୟ
ମୋ ଖଟଦାଢ଼କୁ ଲାଗି ଠିଆ ହୋଇଥିବ
ସେଇ ନିରୀହ ଛେଳି
ଯାହାର ମାଂସରେ
ମୋର ମନସ୍କାମନା ପୂର୍ଣ୍ଣ ହେବାର ସମ୍ଭାବନା
ଯାହାର ଲୁହରେ
ମୁଁ ବିଜୟୀ ହୋଇ ପାରିଥିବାର ବିଜ୍ଞପ୍ତି
ଯାହାର ରକ୍ତରେ
ମୋର ଉଜ୍ଜ୍ୱଳ ଭବିଷ୍ୟତର ମହକ
ସେଇ ଛେଳି ମତେ ପଚାରୁଥିବ
ତମ ମହତ୍ତ୍ୱାକାଂକ୍ଷାର ରଙ୍ଗ କ'ଣ
ମୋ ରକ୍ତଠୁଁ ଆହୁରି ଗାଢ଼୍ !

■

ଦ୍ୱିତୀୟା ଜହ୍ନ

ବିଜୟଲକ୍ଷ୍ମୀ ପରିଡ଼ା

ରାତି ଶୁଏ, ମୋ ଦେହକୁ ଲାଗି
ସବୁ ଅଘିରାପୂର୍ଣ୍ଣମୀ ରାତିରେ
ପ୍ରେମ ହୁଏ ବୋଲି
ଗପକୁହେ ଅନ୍ଧାର ।

ମୋ ଭିତରୁ ମିଠା ଝରଟିଏ ସନ୍ଧାନରେ
ସ୍ୱପ୍ନସବୁ ଡେଇଁପଡ଼ନ୍ତି
ଆଖି ମୁହାଣକୁ
ପାହାନ୍ତି ତାରାର ଆଖି ମିଟ୍‌କାରେ
ଲାଜରେ ଭିଜେ
ମୋ କପାଳ କାନମୂଳ ।

ତା'ପରେ ଆଉ କ'ଣ !
କଅଁଳିଆ ପତ୍ରରେ ଦେହଟିଏ ଧରି
ଦାଣ୍ଡଦୁଆରେ ବସେ ସକାଳ ।

ସାରା ସହରରେ ଗୁଜବ,
କାଲି ରାତିସାରା ମୁଁ କୁଆଡ଼େ
ବୁଲୁଥିଲି କୁମ୍ଭୀର ପିଠିରେ,
ନଈ କଳଙ୍କ ଧୁଏନା ବୋଲି
ବାରମ୍ବାର ଧୋଉଥିଲି ପାଦ ।

ସେମାନେ ସବୁ କାନ୍ଦୁଥିଲେ
ପୁଣ୍ୟ ଭଳି ପାପଟିଏ
ଯୋଡ଼ିହୋଇ ନିଶ୍ଚିନ୍ତରେ
ଶୋଇଥିଲା ମୋ ଶବ ।

■

କବିର ରାଜନୀତି

ମୁକୁଳ ମିଶ୍ର

ଦେଶ ପାଇଁ ଆକ୍ରୋଶ ଓ ଆହ୍ୱାନର ଏ
କିଳିକିଳା ଚିତ୍କାର ବେଳକୁ
ମୋର ଏଠି, ଏମିତି
ତରଳ ପ୍ରେମ କବିତାଟେ ହୋଇ
ତମ ଭିତରେ ଭେଦିଯିବା କଣ ଠିକ୍ ?

ଅବଶ୍ୟ
ବନ୍ୟାଠୁ ମୁକୁଳି ବନ୍ଧ ବାନ୍ଧୁବାନ୍ଧୁ
ବନ୍ଧନ ଛିଣ୍ଡେଇ
ବହିଯାଏ ଯିଏ
ସେ ମୁଁ ନୁହେଁ

ଆବୋରି ଧରିବା ଜାଣେ
ବୋଲି ତ
ପ୍ରେମର ଅଜସ୍ର ଚେରରେ ଏଡ଼େ
ସଶକ୍ତ ଏ ମାଟି।

ସେମାନେ
ସତ୍ତାପାଇଁ ବାଡ଼ବତା
ଡେଇଁଗଲା ବେଳେ
ମୁଁ ଚୁମ୍ବନର ଚୁମ୍ବକରେ
ଏମିତି
ଯୋଡ଼ିଦେବା ଯୋଡ଼ିହେବା ହିଁ
ବୋଧେ ଦେଶଦ୍ରୋହ।

ରକ୍ତ ପୋଛି
ରସ ରୋପିଦେବାର ଏ ଦ୍ରୋହ
ପାଇଁ
ତୁମ ସମ୍ବିଧାନର
ଯେ କୌଣସି ଦଣ୍ଡ
ମଞ୍ଜୁର ମତେ ।

ପ୍ରତି ମୁହୂର୍ତ୍ତରେ
ନିଜ ବିକ୍ଷିପ୍ତ ସତ୍ତାକୁ
ନୂଆ କରି ଗଢୁ-ଗଢୁ
କାରିଗର ପାଲଟି ସାରିଥିବା
ମୋର
ମଧ୍ୟମ ବୟସ
ମଧ୍ୟମ ଉଚ୍ଚତା ଆଉ
ଥାଇରଏଡ୍ ଦେହ ସତ୍ତ୍ୱେ

ସୀମାନ୍ତ ସେପାଖରୁ ଆସିଥିବା
ଗୁଳିପାଇଁ
ଠିକ୍ ସୈନ୍ୟ ପରି ହିଁ ସଜିଲ୍
ମୋର ଲହୁ ମୋର ଛାତି
ମୁଁ କିଏ ବୋଲି ଆଉ ପଚାରନା
ଗୋଟେ କାନ୍ଧ ଓଢ଼ଣି
ଆର କାନ୍ଧରେ ତ୍ରିରଙ୍ଗାର ଦାୟ
ଗୋଟେ ହାତ ଧ୍ୱଜା
ତ ଆର ହାତେ ମୋର
ଶବ୍ଦର ଆଶ୍ରୟ ।

ଚିତ୍କାର ନୁହେଁ ସତ୍କାର ବୁଝେ ମୁଁ
ଆଖି ଦେଖି

ଭୋକ ମାପିବା ମୋର କଳା
ଶବ୍ଦ ଢାଳି ଦୂରତା ଲଂଘିବା
ମୋର ହବି
ମୁଁ କବି।

ସ୍ୱର୍ଗଦ୍ୱାର

ଶ୍ୱେତା ରାଉତ

ସ୍ୱର୍ଗଦ୍ୱାରର ପାହାଚରେ ବସି
ମୁଁ ଯେମିତି ହଜି ଯାଇଥିଲି ଅନନ୍ତ ଆକାଶରେ
ଆଖି ଆଗରେ ବିଶାଳ ମହାସାଗର ଦିଶୁଥିଲା
ମୋହଗ୍ରସ୍ତ ମଣିଷର ଅମାପ ଅହଂକାର ପରି।

ମୋ ପାଖଦେଇ ଚାଲୁଥିଲା
ଶବମାନଙ୍କର ଶୋଭାଯାତ୍ରା
ଠାଏ ଠାଏ ଜଳୁଥିଲା ଜୀବନର ଅନିବାର୍ଯ୍ୟ ସତ୍ୟ
କେହି ଜଣେ ବ୍ରାହ୍ମଣ ମୁଖାଗ୍ନି ଦେବା ପୂର୍ବରୁ କହୁଥିଲେ

"ହେ ପ୍ରଭୁ ଏ ପିଣ୍ଡରେ ଯଦି ପ୍ରାଣ ଥାଏ,
ତୁମେ ହିଁ ସାକ୍ଷୀ, ମୁଁ କେବଳ କ୍ରିୟାକର୍ମ କରାଉଛି"
ମୋର ନିର୍ବାକ ହୃଦୟରେ ଦୁହେଁ ସ୍ଥିର ହୋଇ ଯାଉଥିଲେ
ମୋହ ଆଉ କୋହ।

ଆଖି ଆଗରେ ପିଣ୍ଡ ପାଉଁଶ ପାଲଟି ଯାଉଥିଲା
ମୁଠେ ପାଉଁଶ ଭିତରେ
ମୁଁ ଖୋଜୁଥିଲି ସେ ଆଖିକୁ
ଯେଉଁ ଆଖିରେ ଖୁନ୍ଦି ହୋଇଥିଲା ସ୍ୱପ୍ନ।
ଖୋଜୁଥିଲି ସେ ଓଠକୁ
ଯେଉଁ ଓଠ କେବେ ମଧୁର ବାଣୀରେ
କାହାକୁ ନିଜର କରୁଥିଲା ତ କ୍ରୁରତାରେ କରୁଥିଲା ପର
ଯେଉଁ ଓଠରେ କେବେ ରାମନାମ ଥିଲା ତ କେବେ ବଦନାମ।

ଖୋଜୁଥିଲି ସେ ହୃଦୟକୁ
ଯେଉଁ ହୃଦୟ କେବେ ଶ୍ରଦ୍ଧାରେ ତରଳି ଯାଉଥିଲା ତ
କେବେ କାମନାରେ ଛନ୍ଦି ହୋଇ ଯାଉଥିଲା
ଖୋଜୁଥିଲି ସେ ହାତ ଦୁଇଟିକୁ
ଯେଉଁ ହାତ କେବେ ତଥାସ୍ତୁ ପାଇଁ ଉଠୁଥିଲା ତ
କେବେ କାହାର ବିନାଶ କରୁଥିଲା ।

ଖୋଜୁଥିଲି ସେ ଗର୍ଭକୁ
ଯେଉଁଠି ଦିନେ କାହାର ପ୍ରାଣ ସଞ୍ଚାରୁ ଥିଲା
ଖୋଜୁଥିଲି ସେ ପାଦଦ୍ୱୟକୁ
ଯିଏ ଜୀବନର ପଥ ଚାଲିଚାଲି
କେବେ କ୍ଷତାକ୍ତ ହେଉଥିଲା ତ
କେବେ ଉନ୍ନତି ପଥରେ ଚାଲି ଇମାରତ ଗଢ଼ିଥିଲା
ଏବେ ପାଦରେ ନ ଚାଲି ବି ସେ ପହଞ୍ଚି ଯାଇଥିଲା ସ୍ୱର୍ଗଦ୍ୱାର ।

ମୁଠେ ପାଉଁଶ ଭିତରେ ମୁଁ ଅନେକ କିଛି ଖୋଜୁଥିଲି
ଖୋଜୁଥିଲି ଦେହ ସହ ଦାହ ହୋଇଯାଇଥିବା ସମ୍ପର୍କମାନଙ୍କୁ
ଇର୍ଷା, ଦ୍ୱେଷ, ନିନ୍ଦା, କଳହ, ସ୍ନେହ, ତୃଷ୍ଣା, ସତ୍ୟ, ମିଥ୍ୟା
ଜୀବନ-ଯୌବନ ସବୁକିଛି ସ୍ୱାହା ହେବାର ଦିଶୁଥିଲେ
ଜୀବନର ଶେଷ ଯଜ୍ଞରେ ।

ଭାବୁଥିଲି, କୋଉଠି ଛାଡ଼ିଗଲା ଏ ଜୀବନ
ତା'ର ଜନ୍ମ ବୃତ୍ତାନ୍ତ, ସଂଘର୍ଷର ମହାକାବ୍ୟ
କାହିଁକି ସେ ଦହଗଞ୍ଜରେ ବି ଆଖିରେ ମାଖୁଥିଲା ସ୍ୱପ୍ନ
କେଉଁ ଅମର ଆଲୋକ ପାଇଁ
ଲଢୁଥିଲା ଅନ୍ଧାର ସହିତ ।

ମୋର ତମାମ୍ ପ୍ରଶ୍ନବାଚୀ ଧୀରେ ଧୀରେ
ନିର୍ବାକ ପାଲଟି ଯାଉଥିଲେ
ଯେମିତି ପାହାଡ଼ ପଛରେ ଧୀରେ ଧୀରେ

ଲୁଚି ଯାଉଥିଲେ ସୂର୍ଯ୍ୟ।
ଜୀବନର ଚିରନ୍ତନ ସତ୍ୟକୁ ଆଖି ପଲକରେ ବୋହି
ମୁଁ ପୁଣି ଫେରିଲି ମାୟା ସଂସାରକୁ
ମୋ ପୁଅ ଜିଜ୍ଞାସୁ ଆଖିରେ ଚାହୁଁଥିଲା
ମୋ ନୀରବ ମୁହଁକୁ
ଆଉ କହୁଥିଲା
ଆଗରେ ଢେଉ ଭାଙ୍ଗୁଥିବା ଦେଖି, ମା'
ତାକୁ ବି କୂଳ ଛୁଇଁ ଫେରିବାକୁ ପଡ଼େ
ଯିଁ'ଥରେ ଯେମିତି ଆମକୁ।

■

ସ୍ତ୍ରୀ

ଶୁଭଶ୍ରୀ ଶୁଭସ୍ମିତା ମିଶ୍ର

ମୁଁ ନାରୀରୁ ନଦୀ ହୋଇ ପାରିବିନି
ମୋତେ ଆତ୍ମସମ୍ମାନ ମନା,
ସେଠି ଦେବବ୍ରତର ଜନ୍ମ
ମୋତେ ମୁକ୍ତ କଲା
ଗାଙ୍ଗିର ଅପବାଦ ପରେ
ମୁଁ ଫେରି ପଡ଼ିଲି ଜଳକୁ
ପାବନୀ ଧାରାରେ ମୁକ୍ତ କରିଗଲି;
ବସୁଗଣର ପାପ ।

ହେଲେ ଏଠି ପରା
ଦସ୍ୟୁ ବସୁର ଜନ୍ମ ହିଁ ମୋର
ଶାପଗ୍ରସ୍ତ ହେବାର ବେଳ
ମୁଁ ଏଇଠି ହିଁ ଭୋଗେ
ମୋର ଅନ୍ତିମତମ ଶାପ ! !

ମାତୃତ୍ୱର ଗୌରବରେ
ଅଣ୍ଟା ସଳଖୁଣୁ
ମୋତେ ଶୁଣିବାକୁ ହୁଏ
ଗାଙ୍ଗି ହେବାର ଦୋଷାରୋପ ! !

ତା'ପରେ ବି ମୁଁ ଜଳି ଉଠେନା
ଶୀତଳ ଅଙ୍ଗାର ପାଲଟି ଯାଏ
ନିଜ ନିଷ୍କଳଙ୍କତାର କଳାକୁ
ଦେହରେ ମୁଣ୍ଡରେ ବୋଳି
ପାଟି ବୁଜିଦିଏ ।

ସ୍ତନ୍ୟଦାନ କରେ, ଶ୍ରମଦାନ କରେ

ଆୟୁଷ ଦାନ କରେ
ସୌନ୍ଦର୍ଯ୍ୟ ଦାନ କରେ
ଏଠି ଦାନର ପରିସରରେ
ଶରୀର ବି ଅନ୍ତର୍ଭୁକ୍ତ ।

ତା' ପରେ ବି
ମୋ କଳଙ୍କ ସରେନି
ଗାଙ୍ଗିର ଅପନିନ୍ଦାରୁ ନିସ୍ତାର ମିଳେନି

ମୁଁ ବି ନୀଳକଣ୍ଠ ପାଲଟେ
ଗମଗମ୍ ବିଷତକ
ଢୋକିଯାଏ ଉଦରସ୍ଥ କରି
ବେଶ କିଛି ବୋଳିଦିଏ; ଲଲାଟରେ
ଗଙ୍ଗାର ଅହଂକାରକୁ
ତ୍ୟାଗ ଦେଇଦେଲା ପରେ
ଗାଙ୍ଗିର ଅଭିମାନରେ
ବେଳ ସରିଯାଏ ।

■

ସିନ୍ଦୁରୀ

ସଂଘମିତ୍ରା ରାଏଗୁରୁ

ତୁମେ ସୂର୍ଯ୍ୟ ହୋଇ ଆସ
ଧାରେ ନଦୀ ପରି ମୁଁ ବିଛେଇଛି ଛାତ
ଅପେକ୍ଷାର ଫୁଲ ଯେତେ ମଉଳି ଗଲେଣି
ଘରିଆଡ଼େ ରାତି ଖାଲି ରାତି

ରାତି ଫରୁଆରେ
କେତେ କେତେ ସ୍ୱପ୍ନର ଶାମୁକା
ଶାମୁକାରେ ସଂସାରେ ମୋତି
ମୋତି କଥା ପଘରନା, ଆଉ !
ନୀରବତା ପିନ୍ଧିଥାଉ ଆଖି

ଆଖି ଅଗଣାକୁ
କେହି ଜଣେ ଯାଚିଛି ପଞ୍ଜୁରୀ
ପଞ୍ଜୁରୀରେ ଛଟପଟ ପକ୍ଷୀ
ପବନତ ସୁନାଠୁ ମହଙ୍ଗା
କିଏ କିଣେ କିଏ ଦିଏ ବିକି

ବିକା - କିଣା ଦୁନିଆଁ ଏ
ତୁମ ହାତର ଫସଲ
ବାକି ଖାତାରେ ଲେଖୁଛି ମୁଁ
ଡହଡ଼ହ ଭାବର ଜଙ୍ଗଲ
କ୍ଷତ-ବିକ୍ଷତ ହୃଦୟକୁ ଟୋପାଏ ମଲମ
ଭଲା ମିଳିବ କେଉଁଠି
ଟିକେ କହିବ କି ?...

ଛାଡ଼ !
କହିବା - ଶୁଣିବା ଊର୍ଦ୍ଧ୍ୱରେ
ପାର ଯଦି ଦିଅ ଟିପେ ସିକ୍ତ ଅନୁଭବ
ଶୁଖିଲା ମାଟିର ଓଠରେ
ଓଠ ଥାପି ଆଙ୍କିଦିଅ ବର୍ଷାର ବୈଭବ
ହଜିବ - ଖୋଜିବାର ବେଳ ବୋଧେ ଏ
ବୁନ୍ଦେ ରକ୍ତ ଦି ବୁନ୍ଦା ଝାଳ ହିଁ
ଅଣ୍ଟିରେ ମୋର
କୁହ ! ତୁମେ କ'ଣ ଲୋଡ଼ ।

ତୁମ ଲୋଡ଼ିବା ପଣକୁ
ମୁଁ ଆକାଶ କରିଛି
ଭଙ୍ଗା ତାରାଙ୍କୁ ଚୁମୁକି କରି
ମୋ ଚୁନୁରୀ ସିଇଁଛି
ପାହାଡ଼ି ସେପାରି ଗାଁକୁ
ଦେଇଚି ବଇନା
ଆଉ ପାଦରେ ତୁମ ପସନ୍ଦର
ଅଳତା ନାଇଛି
ଆସ ! ପୁରୁବ ସିନ୍ଥିରେ
ସିନ୍ଦୁରୀ ଅପେକ୍ଷାଟେ ବାକି ।

■

ପୋଡ଼ାମାଟିର ମଣିଷ

ଲିପ୍‌ସା ପଟେଲ

ଆଖି ଦୁଇଟି ଏମିତି ଖଞ୍ଜା ହୋଇଛି ଯେ
ସେଥିରେ ଟିକିଏ ବି ଜାଗା ନାହିଁ
ନିଜ ସ୍ୱପ୍ନର,
"ସ୍ୱପ୍ନ ନଥିଲେ ବଞ୍ଚିବ କେମିତି ?"
ପ୍ରଶ୍ନର ଉତ୍ତର ମିଳେ–
ଜଳଜଳ ରହିଁ ରହି
ଅନ୍ୟର ସ୍ୱପ୍ନକୁ କାନ୍ଧରେ ବୋହି
ଆଉ ମଲା ପରେ ଧୂଆଁ ଓ ପାଉଁଶ ହୋଇ
ପୁଣି ଅନ୍ୟର ସ୍ୱପ୍ନକୁ
ନିଜ ଭୋକ ଓ ଅଭାବର ଭାଟିରେ
ଜାଳି, ଜଳି ଶକ୍ତ କରିବୁ ।

ନିଜ ଜୀବନ ରାସ୍ତାରେ
ନାଆଁକୁ ହଜେଇ
ଅନ୍ୟ ପାଇଁ ସ୍ୱପ୍ନ ସାଉଁଟିବା
କଣ ଏତେ ସହଜ ?
ନିଜକୁ ଜାଳି, ଜଳି
ପ୍ରଖର ସ୍ରୋତକରି
କେତେ ଢଙ୍ଗରେ, କେତେ ରଙ୍ଗରେ
ଅନ୍ୟ ପାଇଁ ଶବ୍ଦ ସଜାଏ,
ସ୍ୱପ୍ନ ସଜାଏ,
ଅଜବ ଶିଳ୍ପୀ ସତରେ !

କାହା ବିରୁଦ୍ଧରେ ମୁହଁ ଖୋଲେନି,
ଚର୍ଚ୍ଚା କରେନି,

ପୋଡ଼ା ମାଟି, ପୋଡ଼ା ଗନ୍ଧରେ
କେବେ ବିଷ ଚରିଯାଏ
ତା' ସ୍ୱପ୍ନରେ ତ ପୁଣି କେବେ
ଦାଦନର ଫଳକ ଟଙ୍ଗାହୁଏ
ତା' କାନ୍ଧରେ,
ନିଜ ଗାଁ, ନିଜ ମାଟିକୁ
ମେଘଖଣ୍ଡରେ ଅଣ୍ଡାଳେ
'ଈଶ୍ୱର' ଶବ୍ଦ ତ
କେବେଠାରୁ ଧରିନି ତୁଣ୍ଡରେ
ଚିହ୍ନେ କେବଳ ଦାଦନର ମୁହଁ।

ବୁଡ଼ି ମରିବାକୁ ନୁହେଁ
ପିଇବାକୁ...
ବୁନ୍ଦାଏ ପାଣି ଯେଉଁଠି ଅଭାବ
କ୍ଷତକୁ ରକ୍ତ ସିଞ୍ଚି
ଇଟାଗଢ଼େ, ଗାଲିଚା ବୁଣେ
ଶକ୍ତ-ଶକ୍ତ ଇଟା,
ନରମ-ନରମ ଗାଲିଚା
ଟାଙ୍ଗି ଦେଇ ନିଜର
ସବୁ ଆଶା ଓ ଅଣଲେଉଟା ପାଦକୁ
ସେଇ ଝରିଝରି ଟିଣ କ୍ୟାବିନରେ
ଆଖିମାନେ ସେମିତି
ଖଞ୍ଜା ହୋଇଛି କାଚବାଟି ପରି
ଜୀବନ-ମରଣ ଯେଉଁଠି ସମାନ।

■

ବିଦ୍ରୋହ

ନିରୁପମା ବେହେରା

ପୁରୁଣାକାଳିଆ କହିଲେ କୁହ ପଛେ
ମୁଁ କିନ୍ତୁ ଭଲ ପାଇପାରେନି
ଚିତ୍ରପଟ୍ଟରେ ନାରୀର ନଗ୍ନ ଦେହ
ଖୋଲା ଛାତି, ବିବସ୍ତ୍ର ରୂପ
ଆପାଦ ମସ୍ତକ !

ଆମେ କାହିଁକି ଆଙ୍କୁ ନିଜକୁ
ପ୍ରତିଥର ଏମିତି ଲଙ୍ଗଳା କରି ?
କାହିଁ ଢାଙ୍କି ଦଉନା ଉନ୍ମୁକ୍ତ ବକ୍ଷ
ଲୁଗା ଖଣ୍ଡେରେ ଚିତ୍ରରେ ?
ପୁରୁଷଟେ କେତେଥର ଆଙ୍କିଛି ନିଜକୁ
ଏମିତି ଉଲଗ୍ନ କରି ?

ପ୍ରଦର୍ଶନୀରେ ଠିଆ କରିଚି
ତା' ଖୋଲା ଦେହ, ଚଉଡ଼ା ଛାତି
ନାଭି ତଳକୁ ଏକଦମ୍ ଖାଲି,
ଦେଖ ଥରେ ଗୁଗଲ୍‌ରେ–
କେତେ ଆଗୁଆ ଆମେ ଏ ଶ୍ରେଣୀରେ !!

କାହିଁକି ଆମେ ନିଜେ ସାଜୁ
ନିଜ ଲାଗି ଦୁଃଶାସନ ?
ପୁଣି ନିଜେ ଇ ଲଢୁ ନିଜ ହକ୍ ଲାଗି
ଖଣ୍ଡେ ଉତ୍ତରୀୟ ବୋଲି,
ଢାଙ୍କିବାକୁ ଲାଜ ଲଜ୍ୟା–
ସୁରକ୍ଷିତ ରଖିବାକୁ ଆମ ନାରୀପଣ !

ମନେପଡ଼େ ଅନେକ ଏଇବେଳେ
ଆମ ଅସ୍ତିତ୍ୱ, ମାନ, ମର୍ଯ୍ୟାଦା, ସମ୍ମାନ ଆମକୁ
ନହେଲେ ଖଣ୍ଡଯୁଦ୍ଧ, ରକ୍ତପାତ, ମହାଭାରତ,
ତାଣ୍ଡବ,
ଇଚ୍ଛାରେ ଆମରି ବାରମ୍ବାର ବାରମ୍ବାର
ବାଜିଉଠେ ଯୁଦ୍ଧର ବିଗୁଲ୍ ଘରେଘରେ ପୁରେପୁରେ

ଓଃ ସତରେ
କେତେ ଆଧୁନିକ ଆମେ ! !
ବାରହାତ ଶାଢ଼ିରେ ଅଣନିଃଶ୍ୱାସୀ
ଆଉ ମୁକ୍ତପକ୍ଷୀ ଆମେ ବିକିନୀରେ

ଆମେ କ'ଣ ଚିରକାଳ ଏମିତି ରହିବା ?
ଆଧୁନିକତାର ମୁଖା ପିନ୍ଧି
ଶେଷ ରକ୍ତବିନ୍ଦୁ ଯାଏଁ ?
ନିଜେ ନିଜକୁ ପରସ୍ତପରସ୍ତ ଉତାରି ଚାଲିଥିବା ?
କେଉଁ ଚିତ୍ରପଟ୍ଟରେ ? ଚଳଚିତ୍ର ପରଦାରେ ?
ଆମେ କ'ଣ ସବୁବେଳେ
ଭୋଗ୍ୟ ମାତ୍ର କା ଆଖିର ?

କାହା ଓଠରୁ ଏମିତି ଲାଳହେଇ
ଝରିବା କାଳକାଳ ?
କେଉଁ ଅଚିହ୍ନା ଆଖିର ସ୍ୱପ୍ନଟିଏ ମୁଁ
ତା' ବିଛଣାରେ କଡ଼ ଲେଉଟେଉଚି ବିନା ବସ୍ତ୍ରରେ ?

ଓଃ ଯନ୍ତ୍ରଣା ହୁଏ ଖୁବ୍ ସତରେ
ଖୁବ୍ ପୀଡ଼ା ଛାତିରେ
ଢାଙ୍କିଦିଅ କେହି ସେ ଚିତ୍ରର ଦେହ
ମୋ ବୋଉର ବୋଉର ଲାଗେ,
ଲାଗେ ମୋ ଝିଅର,

ଲାଗେ ମୋ ସଖୀ, ମୋ ବଉଳର
ପଡ଼ିଶାଘର ରୀତାଆଣ୍ଟି, ଲତାଭାଉଜ,
ମୋ ଅପା, ମୁଁ, ମୋ ସାନ ଭଉଣୀ।

ଠିଆ ହେଉଚୁ ସଭିଏଁ ଆମେ
କେଉଁ ଏଗ୍‌ଜିବିସନ୍ ହଲ୍‌ରେ
ନାମୀଦାମୀ ଲୋକଙ୍କ ଆସର
ନିଲାମ ହେଉଚି ଚିତ୍ରପଟ୍ଟରେ ଆମ ଦେହ
କାହା ଲିଭିଙ୍ଗ୍ ରୁମ୍ କାନ୍ଥ ପାଇଁ,
ବା ଝୁଲା ହେବ ବୋଲି
କାହା ବିଛଣା ସାମ୍ନାରେ।

■

ନୀଳ ସମ୍ମୋହନ

ତନ୍ମୟୀ ରଥ

ଏବେ ମୁଁ ପ୍ରେମରେ
ପ୍ରେମରେ ମରିଯିବାକୁ ଚାହେଁ
ଖୁବ୍ ନୀରବରେ ।
ସେତେବେଳେକୁ ତମେ ମୃଦୁ ବାରିପାତ ପରି
ପହଞ୍ଚି ସାରିବଣି ମୋ ପାଖରେ ।
ଧୀରେ ଧୀରେ ଦେବ ମୋର ଧୋଇ
ଅବୟବମାନଙ୍କୁ
ହାଡ଼ ଦି'ଖଣ୍ଡକୁ ଯୋଡ଼ି ଯୋଡ଼ି
ତିଆରି କରିଦେବ ମୋପାଇଁ 'କୁଇ' ଟେ
ତୁମର ସେଇ ଶ୍ୟାମଳ ପଦପାତକୁ ଧୋଇ ଦେବ
ମୋର ଯୁଗଯୁଗର ଅନାହୂତ ଅଶ୍ରୁରେ
ଜାଣିଛ ! ପ୍ରେମରେ ପଡ଼ିଛି ବୋଲି
ଏବେ ଯେତିକି ନିବିଡ଼ ଲାଗେ ମୃତ୍ୟୁ
ସେତିକି ମହମହ ବାସୁଛି ମୋ ଗାଁ ମଶାଣୀ
ମୁଁ ତୁମ ଯୋଗିଆଣୀ
ତୁ ମୋ ମୋ ଚିର ଯୋଗୀ ।
ତୁମର ସେଇ କୁଣ୍ଡଳିନୀର ଷଡ଼ଚକ୍ର ଭେଦ କରି
ସାଜିଚି ମୁଁ ସହଜ ସୁନ୍ଦରୀ ।

ହେ ମୋର ନିମଗ୍ନ ତପସ୍ୱୀ
ତମ ଚେହେରାରେ କିଆ ବେଳକୁ ବେଳ
ଏତେ ଉଜ୍ଜ୍ୱଳିତ ହେଉଛି ଦିଗ୍‌ବଳୟ ?
ସବୁ ତୁମ କୁଣ୍ଡଳିନୀର ପ୍ରଭାବ ନା
ତମେ ଇ ତ ମୋ 'ନୀଳ ସମ୍ମୋହନ'
ତମ ହାତ ଧରି ବାଟ ଚାଲିଲା ବେଳେ

କେତେ କଣ୍ଟାଝଟାରେ ବି
ମୁଁ ଲେଖିଛି ପ୍ରେମର ସଂଗୀତ,
କଣ୍ଠରୁ ଝରୁ ଥାଏ ପଦ
'ଗୀତ ଗୋବିନ୍ଦ'ର।
ଆଉ ମୋ ଆଗରେ ଖୋଲିଯାଏ ସହସ୍ରଦ୍ୱାର।
ରତି, କେଳି, ନୂପୁର - ନିକ୍ୱଣତାରେ ପ୍ରକଂପିତ
ଚଉଷଠି ବନ୍ଧର ଦ୍ୱାର
ତମ ପ୍ରେମରେ ତ ମୁଁ ଦେଖିପାରେ
ପଞ୍ଚ ମହାଭୂତର ପ୍ରକମ୍ପ ପ୍ରଳୟକୁ
ଚଉଷଠି ବନ୍ଧର ଦ୍ୱାର
ତମ ପ୍ରେମରେ ତ ମୁଁ ଦେଖିପାରେ
ପଞ୍ଚ ମହାଭୂତର ପ୍ରକମ୍ପ ପ୍ରଳୟକୁ
ପ୍ରେମରେ ତ ସବୁ ସୁନ୍ଦର
ରୂପ, ଦେହ, ଧନ, ମନ, ପାପ-ପୂଣ୍ୟ
ଜନ୍ମ-ମୃତ୍ୟୁ। ଏପରିକି ପ୍ରେମରେ
ଅଇଁଠା ବି ପାଲଟେ ମହାପ୍ରସାଦ

ସବୁ ଅମାବାସ୍ୟାର ଗହନ ଅନ୍ଧକାରେ
ତମ ପ୍ରୀତି ବଇଁଶୀର ସ୍ୱର ଶୁଭେ
ପାଦରୁ ଫିଟିଯାଏ ନୂପୁର
କଣ୍ଠରେ ମାଳି ମୋର ଗୁଣୁଗୁଣୁ ହୁଏ
ମୁଣ୍ଡର ଖୋସା, ଆଖିର କଜ୍ଜ୍ୱଳ ଆହୁରି
ଗାଢ଼ ଦିଶେ।
ଆସ ଏବେ ରଚିବି ନିବିଷ୍ଟ ଅଭିସାର
ମହା ଆଲିଙ୍ଗନର ଆସର
ଏଠି ଉଜ୍ଜୀବିତ ହୋଇସାରିଲେଣି
ସୂର୍ଯ୍ୟ, ଚନ୍ଦ୍ର, ସହସ୍ର ତାରା
ଆମେ ହଜିଯିବା ଦୂରଦିଗ୍‌ବଳୟରେ
ପାହାଡ଼ର ଶିଖରରେ...

ସମୁଦ୍ରର ନୀଳିମାରେ...
ସବୁଠି 'ଜୁଇ'ର ଦ୍ୱାରକୁ ଛୁଇଁ ଛୁଇଁ
ନୀରବରେ ହଜିଯିବା...।

କବି ପରିଚିତି

ମାଧବୀ ଦାସୀ (ପଞ୍ଚଦଶ ଶତାବ୍ଦୀ) : ଶ୍ରୀଚୈତନ୍ୟଙ୍କ ସମସାମୟିକ ମାଧବୀ ଦାସୀ ରାଜମହେନ୍ଦ୍ରୀର ବୈଷ୍ଣବ ସାଧୁ ରାୟ ରାମାନନ୍ଦ ତାଙ୍କର ସମ୍ପର୍କୀୟ ଭ୍ରାତା। ମାଧବୀ ଦାସୀ ବାଲ୍ୟ ବିଧବା ଥିବା ସତ୍ତ୍ୱେ ରାୟ ରାମାନନ୍ଦଙ୍କ ଦ୍ୱାରା ପ୍ରୋତ୍ସାହିତ ହୋଇ ଉଭୟ ଓଡ଼ିଆ ସଂସ୍କୃତ ସାହିତ୍ୟର ଶାସ୍ତ୍ର-ଗ୍ରନ୍ଥ-ପୁରାଣ ଆଦିରେ ପାଣ୍ଡିତ୍ୟ ଲାଭ କରିଥିଲେ। ମାଧବୀ ଦାସୀ ନିଜେ ମଧ୍ୟ ଭକ୍ତିମାର୍ଗର ଉପାସିକା ଥିଲେ। ଶ୍ରୀଚୈତନ୍ୟଙ୍କ ଶ୍ରଦ୍ଧାଭକ୍ତିରେ ଦୀକ୍ଷିତ ହୋଇ ସେ ବ୍ରଜବୋଲି, ବଙ୍ଗଳା ଓ ଓଡ଼ିଆ ଭାଷାରେ ପଦ୍ୟମାନ ରଚନା କରିଥିଲେ। ସଂସ୍କୃତ ଭାଷାରେ 'ପୁରୁଷୋତ୍ତମଦେବ ନାଟକମ୍' ମଧ୍ୟ ତାଙ୍କ ଦ୍ୱାରା ରଚିତ। ସୁକୁମାର ସେନ୍ ତାଙ୍କର 'A History of Brajabolli'ରେ ମାଧବୀ ଦାସୀଙ୍କ ସମ୍ପର୍କରେ ଉଲ୍ଲେଖ କରିଛନ୍ତି। ଏତଦ୍‌ଭିନ୍ନ ଶ୍ରୀଚୈତନ୍ୟଙ୍କ ସାଢ଼େ ତିନିଜଣ ଅନ୍ତିମ ରଙ୍ଗା ଭକ୍ତ ମଧ୍ୟରୁ ପୁରୀ ନିବାସୀ ଶିଖୀ ମହାନ୍ତିଙ୍କ ସେ ବିଧବା ଭଉଣୀ। ପୁରୀ ଜିଲ୍ଲା ଅନ୍ତର୍ଗତ ବ୍ରହ୍ମଗିରି ଅଞ୍ଚଳର ବେଣ୍ଟପୁର ଗ୍ରାମରେ ଏକ କରଣ ପରିବାରରେ ୧୫ଶ ଶତାବ୍ଦୀରେ ମାଧବୀ ଦାସୀଙ୍କର ଜନ୍ମ। ସଂସ୍କୃତ ନାଟକ ରଚନା କ୍ଷେତ୍ରରେ ମାଧବୀ ଦାସୀଙ୍କ ପାଣ୍ଡିତ୍ୟ ଓ ପରାକାଷ୍ଠାକୁ ହୃଦୟଙ୍ଗମ କରି ମହାରାଜା ପ୍ରତାପରୁଦ୍ରଦେବ ତାଙ୍କୁ ରାଜଦରବାରରେ 'ଲେଖନାଧିକାରୀ' ରୂପେ ସମ୍ମାନିତା ମଧ୍ୟ କରିଥିଲେ। ମାଧବୀ ଦାସୀଙ୍କର ଓଡ଼ିଆରେ 'ଚଉପଦୀ ଓ ଭଜନ' ପ୍ରଣିଧାନଯୋଗ୍ୟ। ଶ୍ରୀଚୈତନ୍ୟଙ୍କର ଚାରିଜଣ ପ୍ରିୟ ଶିଷ୍ୟ ହୋଇଥିଲେ। ସେମାନେ ହେଲେ ରାୟ ରାମାନନ୍ଦ, ରୂପ ଗୋସ୍ୱାମୀ, ଶିଖୀ ମହାନ୍ତି (ମାଧବୀଙ୍କ ଭ୍ରାତା) ଓ ସ୍ୱୟଂ ମାଧବୀ ଦାସୀ। ନିଜ ଭ୍ରାତା ସହ ଚୈତନ୍ୟଦେବଙ୍କଠାରୁ ବୈଷ୍ଣବ ଦୀକ୍ଷା ଗ୍ରହଣ କରି ନିଜକୁ ପରମ ବୈଷ୍ଣବୀ ବୋଲି ପରିଚିତ କରାଇଥିଲେହେଁ ସ୍ତ୍ରୀକୁଳରେ ଜନ୍ମଲାଭ କରିଥିବା ହେତୁ ସେ ଚୈତନ୍ୟ ପ୍ରଭୁଙ୍କ ସିଧାସଳଖ ଶିଷ୍ୟା ହୋଇପାରିନଥିଲେ। ସୁତରାଂ ମାଧବୀ ଦାସୀଙ୍କୁ ସଂପୂର୍ଣ୍ଣ ଶିଷ୍ୟଭାବେ ଗ୍ରହଣ ନ କରାଯାଇ ଅର୍ଦ୍ଧଶିଷ୍ୟା ଭାବେ ଗ୍ରହଣ କରାଯାଇଥିଲା। ତେଣୁ ବୈଷ୍ଣବ ସାହିତ୍ୟରେ ମାଧବୀ ଦାସୀ ଅର୍ଦ୍ଧଶିଷ୍ୟା ଥିବାରୁ ଚୈତନ୍ୟଙ୍କ ଏହି ଶିଷ୍ୟମାନଙ୍କ ଗଣନା ସାଢ଼େ ତିନି ବୋଲି ପରିଚିତ।

ବୃନ୍ଦାବତୀ ଦାସୀ (୧୬ଶ ଶତାବ୍ଦୀ) : କବି ବୃନ୍ଦାବତୀ ଦାସୀ କବି ସମ୍ରାଟ ଉପେନ୍ଦ୍ର ଭଞ୍ଜଙ୍କ ସମସାମୟିକ ବୋଲି ଅନେକ ସାହିତ୍ୟିକ ମତ ଦିଅନ୍ତି। ଏହି ନାରୀକବିଙ୍କ ଜନ୍ମ ପୁରୀଜିଲ୍ଲା ଅନ୍ତର୍ଗତ ମଳିପଡ଼ା ଗ୍ରାମରେ। 'ପୂର୍ଣ୍ଣତମ ଚନ୍ଦ୍ରୋଦୟ' ଗ୍ରନ୍ଥଟି ତାଙ୍କର ୧୬୯୯-୧୭୦୦ ମସିହାରେ ରଚିତ ବୋଲି ଗ୍ରନ୍ଥ ସଂପାଦନାକାର ଉଲ୍ଲେଖ କରିଛନ୍ତି। ୨୦ ଅଧ୍ୟାୟ ବିଶିଷ୍ଟ ଏହି ଅଦ୍ୱିତୀୟ ଗ୍ରନ୍ଥ ପରକୀୟା ପ୍ରୀତି ସଂକଳିତ ଶ୍ରୀ ରାଧାକୃଷ୍ଣ ପ୍ରେମ ତତ୍ତ୍ୱକୁ କାବିକ୍ୟ ରୂପ ଦେଇଛନ୍ତି। ଏହି କାବ୍ୟର ଅନ୍ୟତମ ବୈଶିଷ୍ଟ୍ୟ ହେଲା ନିଜର ସମସାମୟିକ କବିମାନଙ୍କ ପରି ଖଲ ନିନ୍ଦା

ନକରି ଖଳ ସ୍ତୁତି କରିଛନ୍ତି । ଏହା ତାଙ୍କର ନାରୀସୁଲଭ ନମନୀୟତାର ପରିଚାୟକ । ବୈଷ୍ଣବ ଭକ୍ତି ଓ ପ୍ରେମତତ୍ତ୍ୱକୁ ଆଧାରକରି ସହଜ ତଥା ବୋଧଗମ୍ୟ ଭାଷାରେ ବର୍ଣ୍ଣିତ ଏହି କାବ୍ୟ ସାଧାରଣ ପାଠକୀୟ ସ୍ୱୀକୃତି ହାସଲ କରିବାରେ ଅପ୍ରତିମ । ଏତଦ୍‌ଭିନ୍ନ ଭକ୍ତି ରସାତ୍ମକ କବିତା ତଥା ଚଉତିଶା ତାଙ୍କଦ୍ୱାରା ମଧ୍ୟ ରଚିତ । ତାଙ୍କର କେତେକ କବିତା ବସନ୍ତ କୁମାରୀ ଦେବୀଙ୍କ ସଂପାଦନାରେ ପରିଚାରିକାରେ ପ୍ରକାଶିତ ମଧ୍ୟ ।

ନିଶଙ୍କ ରାୟଙ୍କ ରାଣୀ (ଅଷ୍ଟାଦଶ ଶତାବ୍ଦୀ) : ଘୁମୁସର ରାଜସିଂହାସନାରୂଢ଼ ଶ୍ରୀକର ଭଞ୍ଜଙ୍କ କନ୍ୟା ନିଶଙ୍କ ରାୟଙ୍କ ରାଣୀ ବୋଲି କେହି କେହି ମତ ଦେଲାବେଳେ ଶ୍ୟାମସୁନ୍ଦର ରାଜଗୁରୁ 'ଉତ୍କଳ ସାହିତ୍ୟ' ପତ୍ରିକାର ନିଶଙ୍କ ରାୟଙ୍କ ରାଣୀଙ୍କ ସମ୍ପର୍କରେ ଭିନ୍ନ ମତପୋଷଣ କରନ୍ତି । ତାଙ୍କ ମତର ନିଶଙ୍କ ରାୟଙ୍କ ରାଣୀଙ୍କ 'ରାଣୀ' ଗଞ୍ଜାମ ଜିଲ୍ଲା ଅନ୍ତର୍ଗତ ଜରଡ଼ା ଜମିଦାରୀର ରାଜା ବାସୁଦେବଙ୍କର କନ୍ୟା ଏବଂ ସେ ସେହି ଜିଲ୍ଲାର ବୁଢ଼ାରସିଙ୍ଗି କ୍ଷୁଦ୍ର ରାଜ୍ୟର ରାଜା ଗୌରଚନ୍ଦ୍ର ନିଶଙ୍କ ରାୟଙ୍କ ରାଣୀ ଥିଲେ । ବୈଧବ୍ୟ ପ୍ରାପ୍ତ ପରେ ସେ ପିତାଘରେ ଅବସ୍ଥାନ କରି ଅଧ୍ୟୟନ ଓ ସାହିତ୍ୟ ରଚନାରେ ମନୋନିବେଶ କରିଥିଲେ । 'ପଦ୍ମାବତୀ ଅଭିଳାଷ' ତାଙ୍କ ସୃଜନ ସୃଷ୍ଟିର ଶ୍ରେଷ୍ଠ ନିଦର୍ଶନ ।

ସୁଲକ୍ଷଣା ଦେବୀ (୧୮୨୯-୧୯୦୧) : ଓଡ଼ିଶାର ପ୍ରଥମ ଆଧୁନିକ ନାରୀକବି ଭାବେ ସେ ଜଣାଶୁଣା । ସେ ଥିଲେ ଢେଙ୍କାନାଳର ସମ୍ଭ୍ରାନ୍ତବଂଶୀୟା କୁଳବଧୂ ତଥା ଈଶ୍ୱରପରାୟଣା ଭାବବିହ୍ୱଳା କବି । ଢେଙ୍କାନାଳର ଯୁବରାଜା ଦୀନବନ୍ଧୁ ମହୀନ୍ଦ୍ର ବାହାଦୁରଙ୍କ ଅକାଳ ବିୟୋଗରେ ମର୍ମାହତ ହୋଇ ସେ ରଚନା କରିଥିଲେ "ଦୀନବନ୍ଧୁ କୋଇଲି" । ପ୍ରାରମ୍ଭିକ ପର୍ଯ୍ୟାୟରେ 'ଜନନୀ ସୁଲକ୍ଷଣା' ନାମରେ ତାଙ୍କ ସୃଷ୍ଟି ସମ୍ଭାର ପ୍ରକାଶିତ ହୋଇଥିଲା । ମାତ୍ର ପରବର୍ତ୍ତୀ ପର୍ଯ୍ୟାୟରେ ସେ ସୁଲକ୍ଷଣା ଦେବୀ ନାମରେ ଆଦୃତ । 'ଶ୍ରୀବଡ଼ଦେଉଳ ରଚନା' କବିତାଟି ତାଙ୍କର ବହୁଚର୍ଚ୍ଚିତ 'ପାରିଜାତମାଳା' ପୁସ୍ତକରୁ ଉଦ୍ଧୃତ, ଯାହା ତାଙ୍କୁ ଜଣେ ଗୃହିଣୀରୁ ନାରୀକବିର ପ୍ରତିଷ୍ଠା ଦେଇଥିଲା । ରାୟବାହାଦୁର ରାଧାନାଥ ରାୟ ସୁଲକ୍ଷଣା ଦେବୀଙ୍କ ସମ୍ପର୍କରେ ମତ ଦେବାକୁ ଯାଇ କହିଛନ୍ତି– " 'ପାରିଜାତମାଳା'ର ସ୍ଥଳେସ୍ଥଳେ ଏପରି ରଚନା ଅଛି ଯାହାକି ପ୍ରାଚୀନ, କି ନବ୍ୟ କୌଣସି ଉତ୍କଳୀୟ କବିଙ୍କ ପକ୍ଷରେ ଗୌରବାବହ ହୁଅନ୍ତା ।" ୧୮୨୯ ସାଲରେ ତିଗିରିଆ ଗଡ଼ଜାତ ରାଜ୍ୟରେ ଦାଶରଥି ବେବର୍ତ୍ତାଙ୍କ ସୁଯୋଗ୍ୟା କନ୍ୟାରୂପେ ସୁଲକ୍ଷଣା ଦେବୀଙ୍କ ଜନ୍ମ । ସୁଲକ୍ଷଣାଙ୍କ ସାହିତ୍ୟ ସଂଗୀତ ସଂସ୍କୃତିରେ ପୁଷ୍କଳ । ତାଙ୍କ ରଚିତ କବିତାଗୁଡ଼ିକରେ ଗୀତିଧର୍ମିତା ସହ ଗଭୀର ଭାବୋଚ୍ଛ୍ୱାସ, ଭକ୍ତିରସାଣିତ, ସ୍ୱଚ୍ଛନ୍ଦ କାବ୍ୟବିଭାରେ ବିମଣ୍ଡିତ ।

ଅପର୍ଣ୍ଣା ଦେବୀ (୧୮୬୫) : କବି ଅପର୍ଣ୍ଣା ଦେବୀ ଓଡ଼ିଆ ସାହିତ୍ୟରେ 'କବିତା କଳ୍ପଲତା' ନାମରେ ପରିଚିତ । ତାଙ୍କର 'ବନମାଳତୀ', 'ଚିନ୍ତା', 'କବିତାଞ୍ଜଳୀ', 'ଶତଦଳ' ଓଡ଼ିଆ ସାହିତ୍ୟରେ ରାଧାନାଥୀୟ କାବ୍ୟ ପରମ୍ପରାର ଶେଷ ଶିଖା ମଧ୍ୟ କୁହାଯାଇପାରେ । 'ଦେବୀରାଣୀ' ମଧ୍ୟ ତାଙ୍କର ଏକ ପୌରାଣିକ କାବ୍ୟ । ଅପର୍ଣ୍ଣାଦେବୀଙ୍କ ସୃଜନ ସୃଷ୍ଟିରେ

ଐତିହାସିକ, ପୌରାଣିକ ତଥା ନିଜସ୍ୱ ଅନୁଭୂତିର ଚିତ୍ର ସ୍ପଷ୍ଟ ପ୍ରତୀୟମାନ। ପୁରୀ ଜିଲ୍ଲାର ଅନ୍ତର୍ଗତ ବୀରବଳଭଦ୍ରପୁର ଶାସନରେ ଅପର୍ଣ୍ଣା ଦେବୀଙ୍କ ଜନ୍ମ।

ରେବାରାୟ (୧୮୭୬) : ପ୍ରଥମ ଶିଶୁ ସାହିତ୍ୟ ପତ୍ରିକା 'ପ୍ରଭାତ'ର ସୁଯୋଗ୍ୟ/ସଂପାଦିକା ରେବାରାୟ ଏକାଧାରାରେ ଜଣେ କବି, ଗାଳ୍ପିକା, ଶିକ୍ଷାବିତ୍ ତଥା ସମାଜ ସଂସ୍କାରିକା ଭାବେ ମଧ୍ୟ ସୁପରିଚିତ। ତାଙ୍କ ଲିଖିତ ଗଳ୍ପ 'ଶକୁନ୍ତଳା' ଯାହା ୧୯୦୦ ଖ୍ରୀଷ୍ଟାବ୍ଦରେ ପ୍ରକାଶିତ ତାଙ୍କୁ ପ୍ରଥମ ଗଳ୍ପ ଲେଖିବା ଭାବେ ପରିଗଣିତ କରାଏ। ସେ ଥିଲେ ଭକ୍ତକବି ମଧୁସୂଦନ ରାଓଙ୍କ ଝିଆରୀ। ବିମଳ କବିତ୍ୱର ଧାରା ତାଙ୍କ ରକ୍ତଗତ। ଗଭୀର ତାତ୍ତ୍ୱିକ ଚିନ୍ତନ ତାଙ୍କ କବିତାର ମୌଳିକ ଦିଗ। ରେବାରାୟଙ୍କ ବିମଳ କବିତ୍ୱର ଉଜ୍ଜ୍ୱଳ ଦୃଷ୍ଟାନ୍ତ ହେଉଛି ତାଙ୍କର ଏକମାତ୍ର କବିତା ସଂକଳନ 'ଅଞ୍ଜଳି'।

ଅନ୍ନପୂର୍ଣ୍ଣା ଦେବୀ (୧୮୮୩-୧୯୪୮) : ୧୮୮୩ ଖ୍ରୀଷ୍ଟାବ୍ଦ ମେ ୨୫ ତାରିଖରେ ଗଞ୍ଜାମ ଜିଲ୍ଲାର ଚକିଟି ଠାରେ ନାରୀକବି ଅନ୍ନପୂର୍ଣ୍ଣା ଦେବୀଙ୍କ ଜନ୍ମ। ଅନ୍ନପୂର୍ଣ୍ଣା ଦେବୀଙ୍କ ସାହିତ୍ୟ ସାଧନାର ପରିପକ୍ୱତାକୁ ଲକ୍ଷ୍ୟକରି ଅନେକ ଗବେଷକ ତାଙ୍କୁ ବିଂଶ ଶତାବ୍ଦୀ ପ୍ରଥମ ଓଡ଼ିଆ ନାରୀକବିର ଆଖ୍ୟା ଦେଇଛନ୍ତି। 'ପଦ୍ୟମାଳା - ୧ମ ଭାଗ, ପଦ୍ୟମାଳା - ୨ୟ ଭାଗ, ପକ୍ଷୀଘରା, ଭକ୍ତି ପ୍ରାର୍ଥନା' ଆଦି ତାଙ୍କ ରଚିତ ପୁସ୍ତକ। ତାଙ୍କ କାବ୍ୟଜଗତ ଆବେଗ-ଅନୁଭବରେ ଛଳଛଳ। ବ୍ୟକ୍ତିଗତ ଜୀବନର ଅନୁଭୂତି ପୁଞ୍ଜି ସହ ସମାଜ ଜୀବନର ସଂଗୃହୀତ ଅନୁଭୂତିରେ ଏକାକାର ହୋଇଛି ଅନ୍ନପୂର୍ଣ୍ଣା ଦେବୀଙ୍କ କାବ୍ୟଜଗତ।

କୁନ୍ତଳା କୁମାରୀ ସାବତ (୧୯୦୦ ଖ୍ରୀଷ୍ଟାବ୍ଦ) : ମଧ୍ୟପ୍ରଦେଶରେ ଅବସ୍ଥିତ ବିଚ୍ଛିନ୍ନ ଓଡ଼ିଆ ଅଞ୍ଚଳ ପୂର୍ବତନ ଦେଶୀୟ ରାଜ୍ୟ ବସ୍ତରରେ ୧୯୦୦ ଖ୍ରୀଷ୍ଟାବ୍ଦରେ ଫେବୃଆରୀ ୮ରେ କୁନ୍ତଳା କୁମାରୀଙ୍କ ଜନ୍ମ। ୧୯୨୧ ମସିହାରେ ମେଡ଼ିକାଲ ଶିକ୍ଷା ସମାପ୍ତ କରି କଟକ ରେଡ଼କ୍ରସ ସଂଗଠନର ସଚାଳିକା ରୂପେ ୭ବର୍ଷ କାର୍ଯ୍ୟ କରି ସ୍ୱାଧୀନଭାବେ ଡାକ୍ତରୀ ସେବା ନିମନ୍ତେ ଦିଲ୍ଲୀକୁ ପ୍ରତ୍ୟାବର୍ତ୍ତନ କରିଥିଲେ। କର୍ମମୟ ଜୀବନ ଛଡ଼ା ଆଉ ଏକ ଜଗତର ମୋହରେ ସେ ବନ୍ଧା; ତାହା ହେଉଛି ସାହିତ୍ୟର। ସେଠି ତାଙ୍କର ଅବାଧ ବିଚରଣ। ସାହିତ୍ୟ ସାଧନାର ପରିଣତି ସ୍ୱରୂପ ସୃଷ୍ଟ ସୃଜନ ହେଉଛି– 'ଅର୍ଚ୍ଚନା' 'ଅଞ୍ଜଳି', 'ପ୍ରେମ ଚିନ୍ତାମଣି (ଗୀତିକାବ୍ୟ)', ଉଚ୍ଛ୍ୱାସ, ସ୍ଫୁଲିଙ୍ଗ, 'ଆହ୍ୱାନ', 'ଗଡ଼ଜାତ କୃଷକ', 'ଆହୂତି' ଇତ୍ୟାଦି। କବିଙ୍କ ଅଧିକାଂଶ କାବ୍ୟ ରଚନାଗୁଡ଼ିକ ଦେଶପ୍ରେମ ତଥା ଭଗବତ୍-କେନ୍ଦ୍ରିକ। ଏତଦ୍‌ଭିନ୍ନ ତାଙ୍କୁ ପ୍ରକୃତି କବି ମଧ୍ୟ କୁହାଯାଇପାରେ। ପ୍ରକୃତିର ସୁଷମାକୁ ଦାର୍ଶନିକ ମନୋଭାବରେ ସିଞ୍ଚିତ କରି ବିଭିନ୍ନ କବିତା ରଚନା କରିଛନ୍ତି ଯାହା ପାଠକର ହୃଦୟଗ୍ରାହୀ ହୋଇପାରିଛି। ତନ୍ମଧ୍ୟରୁ 'ଶେଫାଳି ପ୍ରତି', 'କମଳପ୍ରତି' ଇତ୍ୟାଦି। ଏତଦ୍ ଭିନ୍ନ ସେ ଜରାଜୀର୍ଣ୍ଣ ନାରୀ ସମାଜର ସଂସ୍କାରିକା ମଧ୍ୟ। ସମାଜର ପାରଂପରିକ ବନ୍ଧନକୁ ଛିନ୍ନ କରି ଚାଲି ଆସିବାକୁ ନାରୀ ଜାତିକୁ ସେ ଆହ୍ୱାନ ଦେଇଛନ୍ତି। ଯାହା 'ସ୍ଫୁଲିଙ୍ଗ' କବିତା ସଂକଳନର ଉତ୍ସର୍ଗପତ୍ରରେ କବିଙ୍କ ନିଜସ୍ୱ ସ୍ୱୀକାରୋକ୍ତି–

"ଶତ ତରୁଣ ତରୁଣୀ କୋମଳ ଅନ୍ତର
ଦେଶପ୍ରେମ ଗୁଣ୍ୟ ଫଲ୍‌ଗୁ ବହେ ନିରନ୍ତର
ଲାଜେ ଲୁଚି ରହିଛନ୍ତି ନିବାସେ
ଦେଶପ୍ରେମୀ କର୍ମବାରୀ ନୈରାଗ୍ୟ ଉଦାସେ।

XXX

ଯାଅ ତେବେ ଗୋ ସ୍ଫୁଲିଙ୍ଗ କ୍ଷୁଦ୍ର ଅଗ୍ନିକଣା,
ଆଣ ଜୀବନେ ଅନନ୍ତ ଅନଳ ପ୍ରେରଣା।"

ଦେବହୂତି ଦେଈ (୧୯୦୧-୧୯୭୮) : 'ଉତ୍କଳ ଗୀତି', 'ମାଳା' ଆଦି କବିତା ସଂକଳନର ରଚୟିତା କବି ଦେବଦୂତି ଦେଈଙ୍କ ସଂପର୍କରେ କବି ଗୋଦାବରୀଶ ମିଶ୍ର 'ମାଳା' ସଂକଳନର ମୁଖବନ୍ଧରେ ଲେଖିଛନ୍ତି– "ପୁରୁଷପ୍ରାଣ ଅପେକ୍ଷା ନାରୀପ୍ରାଣରେ କବିଭାବ ବିଶେଷ ମାତ୍ରାରେ ଯେ ନିହିତ ଅଛି, ସନ୍ଦେହ ନାହିଁ; ... ନାରୀମାନେ କବିତା ଲେଖି ଚର୍ଚ୍ଚା କଲେ ସାହିତ୍ୟରେ କବିତାର ଉତ୍କର୍ଷ ବଢ଼ିବା ନିଶ୍ଚିତ।" 'ମାଳା' ସଂକଳନ ଅନ୍ତର୍ଗତ ଅନେକ କବିତା 'ଉତ୍କଳ-ସାହିତ୍ୟ' ଓ 'ସହକାର'ରେ ମଧ୍ୟ ପ୍ରକାଶିତ। ଶ୍ରୀମତୀ ଦେବଦୂତି ଦେଈଙ୍କ 'ଉତ୍କଳଗୀତି' ସଂକଳନର ଅନେକ କବିତା ମଧ୍ୟ ଦେଶପ୍ରୀତିର ଭାବ ବିଜଡ଼ିତ ତଥା ଅନେକ କବିତା ମଧ୍ୟ '୧୯୩୬ ପାଟନା ସ୍ୱତନ୍ତ୍ର ଉତ୍କଳ ଓଡ଼ିଆ ସମ୍ମିଳନୀ', 'ପାଟନା ଦେଶ ମିଶ୍ରଣ ଓଡ଼ିଆ ସମ୍ମିଳନୀ'ରେ ପଠିତ ତଥା ବିଛିନ୍ନ ଓଡ଼ିଆଙ୍କ ପ୍ରତି ସମର୍ପିତ। କବିତା 'ତାଜମହଲ' ତାଙ୍କର 'ମାଳା' କବିତା ସଂକଳନରୁ ଆନୀତ। ଏ ହେଉଛନ୍ତି ବିଂଶ ଶତାବ୍ଦୀର ପ୍ରଥମ ପାଦରେ ଆବିର୍ଭୂତା ସୁଲେଖିକା ସୁଚିତ୍ରାଦେବୀଙ୍କ ସୁଯୋଗ୍ୟା କନ୍ୟା।

ସରଳା ଦେବୀ (୧୯୦୪-୧୯୮୬) : ପ୍ରାରମ୍ଭିକ ପର୍ଯ୍ୟାୟରେ ତାଙ୍କ ସୃଜନ ସୃଷ୍ଟିଗୁଡ଼ିକ ସରଳା ସୁନ୍ଦରୀ ଦେଈ ନାମରେ ପ୍ରକାଶିତ। ଏପରିକି 'ଉପହାର' କବିତାଟି ମଧ୍ୟ ସରଳା ସୁନ୍ଦରୀ ଦେଈ ନାମରେ 'ପରିଚାରିକା' ପତ୍ରିକାରେ ପ୍ରକାଶିତ। ଯଦିଓ ସରଳା ଦେବୀ ସାହିତ୍ୟର ବିଭିନ୍ନ ବିଭାଗରେ ଲେଖନୀ ଚାଳନା କରିଛନ୍ତି ମାତ୍ର ତାଙ୍କର ସ୍ରଷ୍ଟା ଜୀବନର ଉତ୍ତରଣ ଘଟିଥିଲା କବିତାରୁ। ସରଳା ଦେବୀ ଥିଲେ ପ୍ରଥମ ମହିଳା (ଓଡ଼ିଆ) ଯେ ୧୯୨୧ରେ ଅସହଯୋଗ ଆନ୍ଦୋଳନରେ ଯୋଗ ଦେଇଥିଲେ। ଓଡ଼ିଶା ବିଧାନସଭାକୁ ୧୯୩୬ ଏପ୍ରିଲ୍ ୧ରେ ପ୍ରଥମ ମହିଳା ଭାବେ ମଧ୍ୟ ମନୋନୀତା। ପ୍ରଥମ ମହିଳା ବାଚସ୍ପତି ଭାବେ ମଧ୍ୟ ଓଡ଼ିଶା ବିଧାନସଭାର ଶୋଭାବର୍ଦ୍ଧନ କରିଛନ୍ତି। ୩୦ଖଣ୍ଡ ପୁସ୍ତକ ଓ ୩୦୦ରୁ ଊର୍ଦ୍ଧ୍ୱ ପ୍ରବନ୍ଧର ସ୍ରଷ୍ଟା ସରଳାଦେବୀ 'ବିଶ୍ୱ ବିପ୍ଳବୀନି', 'ଉତ୍କଳ ନାରୀ ସମସ୍ୟା', 'ନାରୀର ଦାବି', 'ଭାରତୀୟ ମହିଳା ପ୍ରସଙ୍ଗ' ଆଦି ରଚନା କରି ସ୍ୱତନ୍ତ୍ର ପରିଚୟ ହାସଲ କରିଛନ୍ତି। ଜଣେ ସୁଲେଖିକା ଓ ସମାଜସେବୀ ଭାବେ ଜଣାଶୁଣା ସରଳା ଦେବୀ ଭାରତୀୟ ଜାତୀୟ କଂଗ୍ରେସରେ ପ୍ରତିନିଧିତ୍ୱ କରିଥିବା ପ୍ରଥମ ଓଡ଼ିଆ ନାରୀନେତ୍ରୀ ଥିଲେ। ସ୍ୱାଧୀନତା ଆନ୍ଦୋଳନର ବିଭିନ୍ନ ସତ୍ୟାଗ୍ରହରେ ଭାଗନେଇ କାରାବରଣ କରିଥିଲେ। ଏତଦ୍‌ଭିନ୍ନ ଓଡ଼ିଶାର

ନାରୀମାନଙ୍କୁ ଏକଜୁଟ୍ କରିବା ସହ ସମାଜରେ ନାରୀମାନଙ୍କର ଉନ୍ନତିକଳ୍ପେ 'ଉତ୍କଳ ମହିଳା ସମ୍ମିଳନୀ' ନାମକ ସଂଗଠନ ମଧ୍ୟ ଗଢ଼ିଥିଲେ। ଭାରତୀୟ ତଥା ଉତ୍କଳୀୟ ଜାତୀୟତା ଭାବନାକୁ ନେଇ ତାଙ୍କ ସାହିତ୍ୟ ସୃଷ୍ଟି ସମୃଦ୍ଧ।

ନିର୍ମଳା ଦେବୀ (୧୯୦୭-୧୯୮୭) : ନିର୍ମଳା ଦେବୀ ଏକାଧାରାରେ ଜଣେ କବି ଓ ଗାଳ୍ପିକା। ତାଙ୍କର ସୃଜନ ସୃଷ୍ଟି 'ଦିନାନ୍ତେ', 'ସୀମାନ୍ତେ' ଓ 'ବର୍ଣ୍ଣରାଗ' ପ୍ରକାଶିତ। ମାତ୍ର ତାଙ୍କର ସଂଖ୍ୟାଧିକ କବିତା ଅଦ୍ୟାବଧି ଅପ୍ରକାଶିତ। 'ପଥପ୍ରାନ୍ତେ', 'ରକ୍ତକରବୀ', 'ସେଦିନ', 'ପ୍ରକୃତି କନ୍ୟା', 'ଅନାଥ', 'ସ୍ପନ୍ଦନ', ବନ୍ଦୀ ଆଦି ତାଙ୍କର ଗଳ୍ପ ମଧ୍ୟ ପ୍ରକାଶିତ। ମୋଟ ୨୦ଟି ଗଳ୍ପର ସ୍ରଷ୍ଟା ନିର୍ମଳା ଦେବୀ ହେଉଛନ୍ତି 'ସରଳା ଦେବୀ'ଙ୍କ ଭଉଣୀ। ନିର୍ମଳା ଦେବୀଙ୍କ କବିତାଗୁଡ଼ିକରେ ମୁଖ୍ୟତଃ ମାନବପ୍ରୀତି, ପ୍ରକୃତିପ୍ରୀତି ଓ ଈଶ୍ୱରପ୍ରୀତି ପରିଲକ୍ଷିତ। ନିର୍ମଳା ଦେବୀଙ୍କର ଅଧିକାଂଶ କବିତାରେ ପ୍ରଣୟିନୀ ହୃଦୟର ଅନ୍ତର୍ବ୍ୟଥା ଓ ବେଦନାର ଚିତ୍ର ପ୍ରକଟିତ। ଗୋଟେ ସାଧାରଣ ନାରୀ ହୃଦୟର ଆବେଗ-ଉଚ୍ଛ୍ୱାସ-ଉନ୍ମାଦନାରେ ଛଳଛଳ।

ହରିପ୍ରିୟା ଦେବୀ (୧୯୧୫) : ଐଶ୍ୱରୀୟ ଚିନ୍ତା-ଚେତନାକୁ ମୂଳଧନ କରି ପ୍ରକୃତିର ସାମ-ସଂଗୀତ ଗାନ କରିବାରେ କବି ହରିପ୍ରିୟା ଦେବୀଙ୍କ କବିତା ସ୍ୱତନ୍ତ୍ର। ତାଙ୍କ ବିମଳ କବିତ୍ୱର ପରିଚୟ ସ୍ୱରୂପ ପ୍ରକାଶିତ 'ମଳୟ କୁମାରୀ' ନାମକ କାବ୍ୟ। ଏତଦ୍ ଭିନ୍ନ 'ଜାଗରଣୀ', 'ଗୀତି ପୁଷ୍ପାଞ୍ଜଳି', 'ବହ୍ନିଶିଖା' ଆଦି କେତେକ ସମକାଳୀନ ଚର୍ଚ୍ଚିତ କବିତା।

ବିଦ୍ୟୁତପ୍ରଭା ଦେବୀ (୧୯୨୬) : ପ୍ରତିଭାଶାଳୀ କବି ବିଦ୍ୟୁତପ୍ରଭାଙ୍କ ଜନ୍ମ ୧୯୨୬ ମସିହାରେ। ବିଦ୍ୟୁତ ପରି କବି ବିଦ୍ୟୁତପ୍ରଭାଙ୍କ କବିତାର ଛନ୍ଦ ମାଧୁର୍ଯ୍ୟ ପ୍ରାଣର ପ୍ରତିଟି ତନ୍ତ୍ରୀରେ ସୃଷ୍ଟିକରେ ସ୍ପନ୍ଦନ। ଭାଷା ଯେମିତି ସରଳ, ସୁନ୍ଦର, ସାବଲୀଳ ଅନୁରୂପ ଭାବେ ସଂଯୋଜନାରେ ତାଙ୍କ କାବ୍ୟଶିଳ୍ପ ବିମଣ୍ଡିତ। ଆଧୁନିକ ଓଡ଼ିଆ କବିତା ରଚନାରେ ଯେଉଁ କେତେଜଣ ନାରୀ କବି କୃତିତ୍ୱ ଅର୍ଜନ କରିଛନ୍ତି ତନ୍ମଧ୍ୟରୁ ବିଦ୍ୟୁତ୍‌ପ୍ରଭାଙ୍କ ସ୍ଥାନ ସ୍ୱତନ୍ତ୍ର। ପ୍ରକୃତି ପ୍ରେମ, ଗଭୀର ଜୀବନବୋଧ ତଥା। ମାନବିକ ମୂଲ୍ୟବୋଧରେ ରସାଣିତ ତାଙ୍କର କାବ୍ୟଜଗତ। ବିଦ୍ୟୁତପ୍ରଭାଙ୍କ କବିତାବଳୀ ଅଧ୍ୟୟନ କରେ କବିଙ୍କର କଳ୍ପନା ବିଳାସ ଓ ସୁସଂଯତ ଶବ୍ଦ ସଂଯୋଜନା ପାଠକଙ୍କୁ ଯେପରି ବିମୁଗ୍ଧ କରେ; ସେହିପରି ଭାଷାର ସରଳତା ତଥା ଛନ୍ଦର କମନୀୟତା ପାଠକର ହୃଦୟକୁ କ୍ଷଣିକରେ ଇନ୍ଦ୍ରିୟରୁ ଅତିନ୍ଦ୍ରିତ ଅନୁଭୂତିରେ ରଞ୍ଜିତ କରେ। କବିଙ୍କ ସାରସ୍ୱତ ସୃଷ୍ଟି ମଧ୍ୟରେ ରହିଛି। 'କନକାଞ୍ଜଳି', 'ମରୀଚିକା', 'ଉତ୍କଳ ସାରସ୍ୱତ ପ୍ରତିଭା', 'କହାୟସୀ', 'ବନ୍ଦନିକା', 'ସ୍ୱପ୍ନଦୀପ', 'ଝରାଶିଉଳି', 'ଯାହାକୁ ଯିଏ', 'ଗଛ ପତର', 'ସଞ୍ଚୟନ', 'ପୁଷ୍ପାଞ୍ଜଳି', 'ଜ୍ୟୋତିଶିଖା', 'ସୂର୍ଯ୍ୟମୁଖୀ', 'ମାଟି ପାଣିପବନ' ଇତ୍ୟାଦି।

ତୁଳସୀ ଦାସ (୧୯୨୭) : ପ୍ରଗତିବାଦୀ ମନ୍ତ୍ରରେ ଅଭିମନ୍ତ୍ରିତ ନାରୀ ତୁଳସୀ ଦାସ ଜଣେ ସାରସ୍ୱତ ଶିଳ୍ପୀ ଭାବେ ପ୍ରତିଭାତ। ବୟସର ସାୟାହ୍ନରେ ଆଧ୍ୟାତ୍ମିକ ଚିନ୍ତାଧାରାର ଅନୁଗାମୀ

ହୋଇଛନ୍ତି ସତ; ମାତ୍ର ତାଙ୍କର ଉନ୍ମେଷ କାବ୍ୟିକ ବ୍ୟକ୍ତିସତ୍ତା ସାମ୍ୟବାଦୀ ଚେତନାର ନୀତି ଓ ଆଦର୍ଶରେ ପରିପୁଷ୍ଟ। ତାଙ୍କ ସାମ୍ୟବାଦୀ ଆଦର୍ଶବୋଧର ନିଦର୍ଶନ ରୂପେ ପ୍ରକାଶିତ ସୃଷ୍ଟିଗୁଡ଼ିକ ହେଲା 'ଝଡ଼ର ଝଙ୍କାର', 'ଅର୍ଘ୍ୟ', 'ଆଦ୍ୟରଶ୍ମି'।

ରମାଦେବୀ (୧୯୨୮) : ପଣ୍ଡିତ ନୀଳକଣ୍ଠ ଦାସଙ୍କ ସୁଯୋଗ୍ୟା କନ୍ୟା 'ରମାଦେବୀ' ପିତୃତ୍ୱର ସାର୍ଥକ ଉତ୍ତରାଧିକାରୀ ଭାବେ ଓଡ଼ିଆ ସାହିତ୍ୟକୁ ଭେଟି ଦେଇଛନ୍ତି ଅନେକ ସାରସ୍ୱତ ସୃଷ୍ଟି। ମାଧୁର୍ଯ୍ୟମଣ୍ଡିତ ଛନ୍ଦୋବଦ୍ଧ ଶୈଳୀ ତାଙ୍କ କାବ୍ୟଶିଳ୍ପର ଅନ୍ୟତମ ବୈଭବ। ଜଣେ ଜୀବନବାଦୀ କବି ଭାବର ମହାନ୍ ଜୀବନବୋଧର ନିଦର୍ଶନ ସ୍ୱରୂପ। ପାଠକକୁ ଭେଟି ଦେଇଛନ୍ତି, 'ସକଳ ତୀର୍ଥ ତୋ ଚରଣ', 'ବଦ୍ରିକା ଯିବି କି କାରଣେ', 'ସେଦିନ ଜ୍ୟେଷ୍ଠ ଶେଷ', 'ଜୀବନପାଲି', 'ଆଉ କେବେ ଫେରିନି ବସନ୍ତ', 'ସୁଦୂର ସଂଗୀତ', 'ଅତୀତର ଅନ୍ତରାଳେ', 'ଯୁଗରୁ କଳ୍ପ' ଆଦି ୩୧ଟି ସାର୍ଥକ କବିତା ସଂକଳନ।

ଶରତ କୁମାରୀ ଦେବୀ (୧୯୨୯ ଆନୁମାନିକ) : କବିଙ୍କ ସଂକଳନରେ ପ୍ରକୃତିର ବିଭିନ୍ନ ବସ୍ତୁ ସଜୀବ ହୋଇ ଉଠିଛନ୍ତି। ଯେଉଁମାନେ ଆଖି ଆଢୁଆଳରେ ରହିଯାଇଛନ୍ତି; ଯେଉଁମାନେ ବାଲ୍ୟ ବୟସର ଚିହ୍ନାମୁହଁ; ସେମିତି ପିଲାଦିନ ସ୍ମୃତିକୁ ସଂଜୀବିତ କରିପାରିଛନ୍ତି ତାଙ୍କ କବିତାରେ। କୁହୁକପେଡ଼ି ତାଙ୍କର ଏକମାତ୍ର କବିତା ସଂକଳନ।

ନନ୍ଦିନୀ ଶତପଥୀ (୧୯୩୧) : କାଳିନ୍ଦୀ ଚରଣ ପାଣିଗ୍ରାହୀଙ୍କ ସୁଯୋଗ୍ୟା କନ୍ୟା ତଥା ଭାଗବତୀ ଚରଣ ପାଣିଗ୍ରାହୀଙ୍କ ବଂଶଜ ଶ୍ରୀମତୀ ନନ୍ଦିନୀ ଶତପଥୀ ଜଣେ ସୁପ୍ରଶାସିକା, ଦକ୍ଷ ସାହିତ୍ୟିକା ତଥା ବିଶିଷ୍ଟା ଅନୁବାଦିକା ରୂପେ ବେଶ୍ ପ୍ରସିଦ୍ଧି ଲାଭ କରିଛନ୍ତି। ଏତଦ୍ ଭିନ୍ନ 'କଳନା' (୧୯୬୪) ପତ୍ରିକାର ସଂପାଦିକା ଭାବେ ମଧ୍ୟ କିଛି କମ୍ ସୁଖ୍ୟାତି ଅର୍ଜନ କରିନାହାନ୍ତି। ଜୀବନବ୍ୟାପୀ ସାହିତ୍ୟ ସାଧନା ନିମିତ୍ତ ସେ ଲାଭ କରିଛନ୍ତି, ୧୯୯୮ ମସିହାରେ ସମ୍ମାନ ଜନକ ସାହିତ୍ୟ ଭାରତୀ ସମ୍ମାନ, ୧୯୫୫ ମସିହାରେ କେନ୍ଦ୍ରସାହିତ୍ୟ ଏକାଡ଼େମୀ ତଥା ପ୍ରଜାତନ୍ତ୍ର ପ୍ରଚାର ସମିତି ପୁରସ୍କାର। ସାରସ୍ୱତ ସାଧକ କାଳିନ୍ଦୀଚରଣ ପାଣିଗ୍ରାହୀଙ୍କ ଉତ୍ତରାଧିକାରୀ ସ୍ୱରୂପ; ଜଣେ ଗାଳ୍ପିକା ଭାବେ ବେଶ୍ ପରିଚିତି ହାସଲ କରିଥିବା ଶ୍ରୀମତୀ ନନ୍ଦିନୀ ଶତପଥୀ ବିମଳ କବିତ୍ୱର ନିଦର୍ଶନ ପୂର୍ବକ ସେ ଭେଟି ଦେଇଛନ୍ତି ଓଡ଼ିଆ ସାହିତ୍ୟକୁ 'ଅଞ୍ଜଳି' ଓ 'ଉତ୍ତରପୁରୁଷ' ନାମର ଦୁଇଟି କବିତା ସଂକଳନ। ଏତଦ୍ ଭିନ୍ନ ଗଳ୍ପ 'ଅନାଥ', 'କେତୋଟି କଥା', 'ସପ୍ତଦଶୀ', ଉପନ୍ୟାସ 'ଟିକି ସୁନା ହଜିଗଲା', ଏତଦ୍‌ଭିନ୍ନ ଅନୁବାଦ 'ଗାନ୍ଧୀ କଥାମୃତ', 'ରସିଦ୍ ଟିକଟ', 'ଲଜ୍ଜା' 'ଜମିଯେବେ ଜାଗିଉଠେ' ଆଦି ପୁସ୍ତକ।

ସ୍ନେହଲତା ତ୍ରିପାଠୀ (୧୯୩୪-୧୯୯୭) : କବି ସ୍ନେହଲତା ତ୍ରିପାଠୀଙ୍କ କବିତାଗୁଡ଼ିକ ସରଳ, ସୁନ୍ଦର ଓ ହୃଦୟଗ୍ରାହୀ। ବିଶେଷତଃ ନାରୀ ଜୀବନରେ ପାରିବାରିକ ଦୁଃଖ ଦୁର୍ଦ୍ଦଶାର ଚିତ୍ର ସ୍ନେହଲତା ତ୍ରିପାଠୀଙ୍କ କବିତାରେ ପ୍ରାଞ୍ଜଳ। ତାଙ୍କର 'ମିନତି', 'ଅଶରୀରୀ ବାଣୀ ଡାକେ', 'ଅଭିଶପ୍ତା' ଆଦି ସୃଷ୍ଟିଗୁଡ଼ିକରେ ଏହି ସ୍ୱର ତୀବ୍ର ପ୍ରତୀୟମାନ। 'ଧରାକୋଟ'

ହେଉଛି ସାହିତ୍ୟ ସାଧନାର ପୀଠ। ତାହାର ମାଟି-ପାଣି-ପବନରେ ମନ୍ତ୍ରିତା କବି ସ୍ନେହଲତା। କେବଳ ଦେବାଦେବୀ, ପୌରାଣିକ ଘଟଣାବଳୀ ଆଧାରିତ କବିତା ସ୍ନେହଲତା ଲେଖିନାହାନ୍ତି; ବରଂ ଜାତୀୟତାର ଉଦ୍‌ବୋଧନ ମଧ୍ୟ ତାଙ୍କ କବିତା 'ଜାତୀୟ ସଙ୍ଗୀତ', 'ଜନ୍ମଭୂମିର ମମତା' ଆଦି କବିତାରୁ ସ୍ପଷ୍ଟ ବାରିହୁଏ।

ବ୍ରହ୍ମୋତ୍ରୀ ମହାନ୍ତି (୧୯୩୪) : ରହସ୍ୟବାଦ ମଧ୍ୟଦେଇ ଅବଚେତନ ମନର ପ୍ରୟୋଗବାଦୀ ଚେତନାକୁ ସଫଳ ଭାବେ କାବ୍ୟଜଗତରେ ସାଧନାରତ ଜଣେ ଭିନ୍ନ ଧରଣର କବୟିତ୍ରୀ କବି ବ୍ରହ୍ମୋତ୍ରୀ। ଜୀବନର ନିଗୂଢ଼ କୌତୁହଳପୂର୍ଣ୍ଣ ରହସ୍ୟକୁ ବୌଦ୍ଧିକତାର ପରିପାଟୀ ଦେଇ ତାଙ୍କ କାବ୍ୟିକ ଯାତ୍ରା। ତାଙ୍କର ଜଞ୍ଜାଳଗ୍ରସ୍ତ ଜୀବନ ମଧ୍ୟରେ ରହିଛି ପ୍ରେମର ଉଦ୍ଦାମତା; ଅଥଚ ମୋହଗ୍ରସ୍ତ ଜୀବନକୁ ଜଳାଞ୍ଜଳି ଦେଇ ପ୍ରିୟତମଙ୍କ କରୁଣା ଉପରେ ଆସ୍ଥା ପ୍ରକଟିତ। ତାଙ୍କ କବିତାରେ ଆବେଗତାର ନିବିଡ଼ ଆଶ୍ଳେଷ ସହିତ ସୂକ୍ଷ୍ମ ଆତ୍ମବିଶ୍ଳେଷଣ ମଧ୍ୟ ରହିଛି। କବିଙ୍କ ସୃଜନ ସୃଷ୍ଟି ମଧ୍ୟରେ ରହିଛି 'ଅବତରଣ', 'ଦୃଷ୍ଟିର ଦ୍ୟୁତି', 'ସ୍ତବକ', 'ସ୍ରୋତସ୍ୱତୀ', 'ସେତୁବନ୍ଧ', 'ଦାଗ୍ନିତ', 'ପ୍ରଦକ୍ଷିଣ', 'ଉତ୍ତରଣ', 'ନିରୀକ୍ଷଣ', 'ଚିରନ୍ତନ' ଆଦି।

ମନୋରମା ମହାପାତ୍ର (୧୯୩୪) : ସ୍ୱଚ୍ଛନ୍ଦତାବାଦୀ କାବ୍ୟଧାରା ଅନ୍ୟତମ କାବ୍ୟିକ ଦ୍ୟୋତନା ହେଉଛନ୍ତି କବି ମନୋରମା ମହାପାତ୍ର। ଆଧୁନିକତାର ଦୁର୍ବୋଧ କାବାଶୈଳୀରୁ ମୁକ୍ତ କବି ମନୋରମାଙ୍କର କାବ୍ୟଜଗତ ସହଜ, ସରଳ ଓ ଭାବପ୍ରକାଶନର ଶୈଳୀ ବେଶ୍ ସ୍ୱଚ୍ଛନ୍ଦ। ତାଙ୍କ ସୁଲଳିତ ଓ ଛନ୍ଦୋବଦ୍ଧ କବିତାର ପସରା ତାଙ୍କୁ କବି ରାଧାମୋହନ ଗଡ଼ନାୟକଙ୍କ ଉତ୍ତରଦାୟାଦ ରୂପେ ପରିଗଣିତ କରେ। ସମାଜସେବୀ-ସାହିତ୍ୟିକା-ସଂପାଦିକା ଭାବେ ପରିଚିତା କବି ମନୋରମା ମହାପାତ୍ର 'ଓଡ଼ିଶା ସାହିତ୍ୟ ଏକାଡେମୀ ପୁରସ୍କାର' 'ସାରଳା ପୁରସ୍କାର' ଆଦିରେ ମଧ୍ୟ ସମ୍ମାନିତା। 'ବୈଦେହୀ ବିସର୍ଜିତା', 'ଏକଲା ନଈର ଗୀତ', 'ଜହ୍ନରାତିର ମୁହଁ', 'ସାତ ସମୁଦ୍ର ତେରନଈ' 'ଟିକି ବଗିଚାର ଟିକି ଚଢ଼େଇ', 'ବନ୍ଦ ଘରର କବାଟ', 'ଆମେ ସବୁ ନୀରବ ଦର୍ଶକ', 'ଝଡ଼ପରେ ସୂର୍ଯ୍ୟୋଦୟ', 'ମାନସୀ ମୋ', 'ବନହଂସୀ', 'ପାହାନ୍ତି ତାରର ଲୁହ' 'ରୂପମ୍ ରୂପମ୍ ପ୍ରତିରୂପମ୍', 'ସଂହତିର ସଂହିତା', 'ସମୟ ପୂରଣ', 'ସ୍ମୃତି ଚନ୍ଦନ', 'ଅଛିଣ୍ଡା ମାସ ଛିଣ୍ଡା ଦଉଡ଼ି' ଆଦି ତାଙ୍କ ସ୍ରଷ୍ଟାମାନସର ଉତ୍କୃଷ୍ଟ ନିଦର୍ଶନ।

ସ୍ୱର୍ଣ୍ଣପ୍ରଭା ଦେବୀ (୧୯୩୬) : ନାରୀ ଜୀବନର ଅଧୀରତା ତଥା ମାନବିକତାବୋଧର ନିବିଡ଼ ଆଶ୍ଳେଷରେ ଭରପୁର କବି ସ୍ୱର୍ଣ୍ଣପ୍ରଭା ଦେବୀଙ୍କ କବିତାଜଗତ। ନିବିଡ଼ ସହାନୁଭୂତି ଓ ଶ୍ରଦ୍ଧାଶୀଳ ମନୋଭାବ ସହିତ ଗୀତିମୟତା କବି ସ୍ୱର୍ଣ୍ଣପ୍ରଭାଙ୍କ କବିତାକୁ ଆତ୍ମୀୟ କରି ଗଢ଼ିତୋଳେ। 'ଭାସିଯାଆ ମୋର କାଗଜ ଡଙ୍ଗା' ପରି ପିଲାଦିନକୁ ମନେ ପକାଉଥିବା ପରି କବି ସ୍ୱର୍ଣ୍ଣପ୍ରଭାଙ୍କୁ ସଭିଙ୍କ ପ୍ରାଣରେ ସ୍ୱତନ୍ତ୍ର ସ୍ଥାନ ଦଖଲ କରେ। 'ଚଢ଼େଇ ଚହଲ' ଓ 'କାଗଜ ଡଙ୍ଗା' ଦୁଇଟି କବିତା ସଂକଳନ ତାଙ୍କ ବିମଳ କବିତ୍ୱର ପରିଚୟ ବହନ କରେ।

ସୁଜାତା ପ୍ରିୟମ୍ବଦା (୧୯୩୭) : ସ୍ୱକୀୟ କଳପାଟବତାରେ ମହିମାନ୍ୱିତ ଭାବମଗ୍ନ କାବ୍ୟ ଶିଳ୍ପୀ କବି ସୁଜାତା ପ୍ରିୟମ୍ବଦାଙ୍କ କବିତ୍ୱର ରହିଛି ଭିନ୍ନ ଏକ ପରିଚୟ। ଭାବ ପ୍ରକାଶନର ସ୍ୱତନ୍ତ୍ରତା ତଥା ଶୈଳୀଗତ ଭିନ୍ନତା ତାଙ୍କ କବିତାର ଶ୍ରେଷ୍ଠ ସମ୍ପଦ। ଭାବତନ୍ମୟ କାବ୍ୟିକ ଦ୍ୟୋତନାର ଅଭିବ୍ୟକ୍ତି ସ୍ୱରୂପ ଆତ୍ମପ୍ରକାଶ କରିଛି କବିତା ସଂକଳନ 'ପ୍ରଥମ କବିତା' ଏବଂ 'ବେଳା ଓ ସମୁଦ୍ର'।

ପୂଣ୍ୟପ୍ରଭା ଦେବୀ (୧୯୩୮) : ସହଜ ଓ ସାଧାରଣ ଜୀବନର ଉପଲବ୍ଧି ହେଉଛି କବି ପୂଣ୍ୟପ୍ରଭା ଦେବୀଙ୍କର କାବ୍ୟିକ ପରିଚୟ। ଶତାବ୍ଦୀର ଜଣେ ଶ୍ରେଷ୍ଠ ଶବ୍ଦଶିଳ୍ପୀ ରୂପେ ସେ ଉତ୍କଳର ବାଣୀଭଣ୍ଡାରକୁ ସମୃଦ୍ଧ କରିଛନ୍ତି। ଶିଶୁ ସାହିତ୍ୟରୁ ବୌଦ୍ଧିକ ଜଗତ ପର୍ଯ୍ୟନ୍ତ ପରିବ୍ୟାପ୍ତ ତାଙ୍କ ସାହିତ୍ୟ ଯାତ୍ରା। ତାଙ୍କ ଲେଖନୀ ଅଜସ୍ରସ୍ରାବୀ। କଥାଜଗତରେ ବେଶ୍ ପ୍ରସିଦ୍ଧି ଅର୍ଜନ କରିଥିବା କବି ପୂଣ୍ୟପ୍ରଭାଙ୍କ କବିତା ମଧ୍ୟ ବେଶ୍ ପାଠକୀୟ ସ୍ୱୀକୃତି ହାସଲ କରିଛି।

ବନଜ ଦେବୀ (୧୯୪୧) : ପିତା ବିଶ୍ୱନାଥ ପଟ୍ଟନାୟକ ମାତା ସୁନ୍ଦରମଣି ପଟ୍ଟନାୟକଙ୍କର ସୁଯୋଗ୍ୟା କନ୍ୟା ବନଜ ଦେବୀଙ୍କ ଜନ୍ମ ୧୯୪୧ ମସିହା ଶ୍ରାବଣମାସରେ ଡେଲାଙ୍ଗ ନିକଟସ୍ଥ ପୋସଲ ଗ୍ରାମରେ। ୧୯୫୨ ମସିହାରେ ସ୍ୱଳ୍ପବୟସୀ ବନଜଦେବୀଙ୍କୁ କବି ଭାବ ପ୍ରତିଷ୍ଠିତ କରିବାର ପହିଲି ସୁଯୋଗ ମିଳିଥିଲା ଦୈନିକ ପ୍ରଜାତନ୍ତ୍ରର ମୀନାବଜାର ବିଭାଗରେ। ଯାହା ପରବର୍ତ୍ତୀ ପର୍ଯ୍ୟାୟରେ ଅନ୍ୟାନ୍ୟ ପତ୍ରପତ୍ରିକା ତାଙ୍କ କବି ପ୍ରତିଭାର ବିକାଶରେ ସହାୟକ ହୋଇଥିଲା। ଖୁବ୍ କମ୍ ବୟସରେ ବୈବାହିକ ବନ୍ଧନରେ ଆବଦ୍ଧ ହୋଇ ମଧ୍ୟ ସୃଜନଜଗତରୁ ବିମୁଖ ହୋଇନଥିଲେ କବି। ସାଂସାରିକ ଜଞ୍ଜାଳଗ୍ରସ୍ତ ବନଜଦେବୀ ରାତି ରାତି ବିନିଦ୍ରହୋଇ ସୃଜନସାଧନାରେ ମଗ୍ନ ହୋଇ ଓଡ଼ିଆ ବାଣୀ ଭଣ୍ଡାରକୁ ଭେଟି ଦେଇଛନ୍ତି କବିତା ପୁସ୍ତକ "ବର୍ଷାର ବଳାକା', 'ଭୂମିଲଗ୍ନ', 'ଦୂର ନକ୍ଷତ୍ରର ଦୀପ', 'ସୁନାରେ ଭରିଛି ନାଆ', 'ଅବିଶିଷ୍ଟ କବିତା', 'ବନହଳଦୀ', ଉପନ୍ୟାସ – "ରାଧା', 'ବେଳାଭୂଇଁ, 'ମରୁଝରଣା', ବିଦଗ୍ଧ ବସନ୍ତ', 'ବସୁନ୍ଧରା କହେ', 'ମନ ଭଉଁରୀ' ତଥା ଅନେକ ପୁସ୍ତକ। ବନଜ ଦେବୀଙ୍କ କବିତାର ଭାବଧାରା ହେଉଛି ଜୀବନ ବଞ୍ଚିବାର ଏକ ମହାର୍ଘ ଅନୁଭବ। ସାହିତ୍ୟର ସକଳ ବିଭାଗରେ ଲେଖନୀ ଚାଳନାକରି ୨୦୦୧ ମସିହାର ଓଡ଼ିଶା ସାହିତ୍ୟ ଏକାଡ଼େମୀ ତରଫରୁ ପୁରସ୍କୃତି ହେବାର ଗୌରବ ମଧ୍ୟ ଅର୍ଜନ କରିଛନ୍ତି।

ବିଜୟିନୀ ଦାସ (୧୯୪୪) : ସମକାଳୀନ ଓଡ଼ିଆ କବିତାରେ ଅନ୍ୟତମ ନାରୀ କବି ହେଉଛନ୍ତି ବିଜୟିନୀ ଦାସ। ନୀରବତାର ଗାଥା କବି ବିଜୟିନୀଙ୍କ ଅନନ୍ୟତା। ହୃଦୟାବେଗର ସ୍ୱଚ୍ଛନ୍ଦ ପରିପ୍ରକାଶରେ ଭରପୂର କବିଙ୍କ କଳାଜଗତ; ଯେଉଁଠି ନିକ୍ୱଣିତ ଅନାହତ ହୃଦୟରେ ନିବିଡ଼ ଉଚ୍ଚାରଣ। 'ଭଙ୍ଗା ଆଇନା', 'ସୂର୍ଯ୍ୟୋଦୟ', 'ମଧ୍ୟରାତ୍ରିର କବିତା', 'ତିନିଦଶକରେ କବିତା' 'ଈଷତ୍ ଈଶ୍ୱର' ଆଦି ତାଙ୍କର ଉଲ୍ଲେଖନୀୟ କାବ୍ୟକୃତି।

ସୌଦାମିନୀ ନନ୍ଦ (୧୯୪୪) : ସମକାଳୀନ ଓଡ଼ିଆ ସାହିତ୍ୟର ଅନ୍ୟତମ ନାରୀକବି

ହେଉଛନ୍ତି କବି ସୌଦାମିନୀ ନନ୍ଦ, ଜୀବନ ଚରମ ସତ୍ୟକୁ ଉପଲବ୍ଧି କରି, ନିବିଡ଼ ଦୁଃଖମାନଙ୍କୁ ବିମୁଗ୍ଧ ଆଭୂଷଣରେ ଅଭିଷିକ୍ତ କରି ତିଳତିଳ କରି ଜଳିବାର ଅସହ୍ୟ ଦହନରେ ସିକ୍ତ, କବି ସୌଦାମିନୀଙ୍କ ଭାବଜଗତ। 'ଅବାକ୍ ସୁନ୍ଦରୀ' ଓ 'ସ୍ୱାର୍ଥାଭିଳାଷ' ତାଙ୍କର ସ୍ୱର୍ଣକାତର ବେଦନାବୋଧ ଜୀବନର ଜ୍ୱଳନ୍ତ ନିଦର୍ଶନ।

ଶକୁନ୍ତଳା ଦେବୀ (୧୯୪୫) : ରୋମାଣ୍ଟିକ୍ କାବ୍ୟଧାରର ଅନ୍ୟତମ ନାରୀପ୍ରତିଭା ହେଉଛନ୍ତି ଶକୁନ୍ତଳା ଦେବୀ। ଓଡ଼ିଆ କବିତାଜଗତକୁ କବି ଶକୁନ୍ତଳାଙ୍କର ରହିଛି ଏକ ବିଶେଷ ଅବଦାନ। କବିତ୍ୱର ଶ୍ରେଷ୍ଠ ନିଦର୍ଶନ ରୂପେ ପ୍ରକାଶିତ 'ବିପରୀତ ଲୋଟଣି', 'ଶତାଭିଷେକ', 'ଅମୋକ୍ଷ ଇନ୍ଦ୍ରିୟ', 'ଅବିଚ୍ଛିନ୍ନ ମନ', 'କାଚ ଝୁଲଣା', 'ଭିଜା ଗୟସ', 'ଅନନ୍ତ ଶୟନ' ଆଦି। ସୃଜନର ସମ୍ମାନ ସ୍ୱରୂପ ସେ ଲାଭ କରିଛନ୍ତି ଓଡ଼ିଶା ସାହିତ୍ୟ ଏକାଡ଼େମୀ ପୁରସ୍କାର।

ସୀମା ମିଶ୍ର (୧୯୪୫) : ନାରୀବାଦୀ ଚେତନାର ଜଣେ ପ୍ରତିଶ୍ରୁତି ସଂପନ୍ନ କବି ହେଉଛନ୍ତି କବି ସୀମା ମିଶ୍ର। ନାରୀ ମୁକ୍ତିର ପ୍ରଖର ସ୍ୱର ଅହରହ ନିକ୍ୱଣିତ ତାଙ୍କ କାବ୍ୟିକ ଚେତନାରେ। ପୁରାଣର ପୃଷ୍ଠଭୂମିଠାରୁ ଆରମ୍ଭ କରି ସାଂପ୍ରତିକ ସାମାଜିକ ସଂଘାତରୁ ଉତ୍ପନ୍ନ ପ୍ରତିକ୍ରିୟା ତାଙ୍କ 'କବିତା'ର ମୌଳିକ ଭାବଭୂମି। 'ସବୁଜ ଧରିତ୍ରୀ', 'ତୃଣର ତୃଷ୍ଣା', 'ତଥାପି ଆକାଶର ଦୂର' ଆଦି ତାଙ୍କ କାବ୍ୟିକ ଦ୍ୟୋତନାର ଉଜ୍ଜ୍ୱଳ ସ୍ୱାକ୍ଷର। ତାଙ୍କ କବିତାରେ ଅନ୍ତରଙ୍ଗ ଭାବାବେଗ ଓ ଅନୁଭୂତି ମଧ୍ୟ ସୁହୃଦ୍ୟ।

ପ୍ରତିଭା ଶତପଥୀ (୧୯୪୫) : ଓଡ଼ିଆ କବିତାଜଗତରେ କବି ପ୍ରତିଭା ଶତପଥୀ କେବଳ ନାମ ନୁହେଁ ଏକ ପରିଚିତି। ବିଶେଷ କରି ପ୍ରୟୋଗବାଦୀ କବି ଭାବେ ତାଙ୍କର ସ୍ଥାନ ସ୍ୱତନ୍ତ୍ର। ବସ୍ତୁତଃ ମିଥ୍‌କୁ ଆଧାର ବା ପ୍ରୟୋଗ କରି ତାଙ୍କ କାବ୍ୟଜଗତ ଗତିଶୀଳ। ଏହି ମିଥ୍ ମାଧ୍ୟମରେ କବି ଶୁଣାଇଛନ୍ତି ନାରୀର ଯନ୍ତ୍ରଣାକ୍ତ ବ୍ୟଥାର ଗାଥା। ନାରୀବାଦର ସ୍ୱର ତାଙ୍କ କବିତାରେ ପ୍ରଖର। କବିତାରେ ବିଭିନ୍ନ ଆଙ୍ଗିକ ବୈଶିଷ୍ଟ୍ୟର ପ୍ରୟୋଗ ସତ୍ତ୍ୱେ ତାଙ୍କ କାବ୍ୟଜଗତ ବୌଦ୍ଧିକତାରେ ପରିପୂର୍ଣ୍ଣ ଅଥଚ ବୋଧଗମ୍ୟ। ସାହିତ୍ୟର ଅନ୍ୟାନ୍ୟ ବିଭାଗ ଯେପରି 'ସମାଲୋଚନା', 'ଅନୁବାଦ', 'ସମ୍ପାଦନା' ଆଦି ଜଗତରେ ସମଭାବେ ନିଜର ପାରଦର୍ଶିତା ପ୍ରଦର୍ଶନ କରିଥିବା ପ୍ରତିଭା ଶତପଥୀ ନିଜସ୍ୱ ସାରସ୍ୱତ ପ୍ରତିଭା ନିମନ୍ତେ ଲାଭ କରିଛନ୍ତି ଅନେକ ପୁରସ୍କାର ଓ ସମ୍ବର୍ଦ୍ଧନା। 'ଅସ୍ତଜହ୍ନର ଏଲିଜି', 'ଗ୍ରସ୍ତ ସମୟ', 'ସାହାଡ଼ା ସୁନ୍ଦରୀ', 'ନିୟତ ବସୁଧା', 'ନିମିଷେ ଅକ୍ଷର' (୧୯୮୬ରେ ଓଡ଼ିଶା ସାହିତ୍ୟ ଏକାଡେମୀ ପୁରସ୍କାର ପ୍ରାପ୍ତ), 'ମହାମେଘ', 'ଶବରୀ' (୧୯୯୨ରେ ଶାରଳା ପୁରସ୍କାର ପ୍ରାପ୍ତ), ଅଧା ଅଧା ନକ୍ଷତ୍ର (୨୦୦୧ରେ କର୍ଣ୍ଣାଟକର ଏନ୍.ଏନ୍. ଥିରୁମଲାମ୍ବା ଜାତୀୟ ପୁରସ୍କାର ପ୍ରାପ୍ତ), 'କହି ନହେଲେ', 'ତୁମ ପାଇଁ ଥରେ, ସବୁଥର...', 'ଜବା କୁସୁମ ସଂକାଶଂ', 'ଅଜରାମର' ଆଦି ପ୍ରତିଭାମାନସର ଉର୍ବର ସୃଷ୍ଟି। ଏତଦ୍‌ଭିନ୍ନ ବିଭିନ୍ନ ଭାରତୀୟ ତଥା ବିଦେଶୀ ଭାଷାରେ ତାଙ୍କର ପୁସ୍ତକ ଅନୂଦିତ ଓ ପ୍ରକାଶିତ ମଧ୍ୟ।

ମମତା ଦାଶ (୧୯୪୭) : ଦାର୍ଶନିକ ଚେତନାକୁ ମୂଳ ଆଧାର କରି ନାରୀତ୍ୱର ଏକାନ୍ତପଣକୁ କବିତାରେ ମାର୍ମିକଭାବେ ଫୁଟେଇ ପାରିଥିବା ପରିପକ୍ୱ ମାନସିକତାର ବରେଣ୍ୟ କବି ମମତା ଦାଶ। ପ୍ରେମର ଭିନ୍ନ ଚେତନା, ନାରୀତ୍ୱର ଗରିମା ମଣ୍ଡିତ ଦରଦ ଓ ଉଦାରତାରେ ପରିପୂର୍ଣ୍ଣ ମାନବୀୟ ମୂଲ୍ୟବୋଧର ଅନ୍ତରଙ୍ଗ ଆତ୍ମପ୍ରତ୍ୟୟର ଅନ୍ୟତମ ପରିଭାଷା କବି ମମତାଙ୍କ କାବ୍ୟିକ ଅଭିଳାଷା। 'ନୈମିଷାରଣ୍ୟ', 'ଏକତ୍ର ଚନ୍ଦ୍ର ଶୂର୍ଯ୍ୟ', 'ଅବାକ୍ ସୂର୍ଯ୍ୟ', 'ଉଜ୍ଜ୍ୱଳ ଉପବନ', 'ନୀଳ ନିର୍ବାପନ', 'ହିରଣ୍ୟବର୍ଣ୍ଣା', 'ଶୁଭ୍ରଧାରା', 'ମାୟାନ୍ଧକାର', 'ରାଗ ଲଳିତ', 'ଶୂନ୍ୟ ଚିତ୍ରାୟନ' ଅଦ୍ଧି ତାଙ୍କ କାବ୍ୟିକ ଦ୍ୟୋତନାର ଅନନ୍ୟ ସ୍ଫୁରଣ। 'ଏକତ୍ର ଚନ୍ଦ୍ର ସୂର୍ଯ୍ୟ' ପାଇଁ ସମ୍ମାନଜନକ ସାହିତ୍ୟ ଏକାଡ଼େମୀ ପୁରସ୍କାର କବିଙ୍କ କାବ୍ୟିକ ପ୍ରତିଭାକୁ ଅନନ୍ୟ ଉପହାର।

ଗିରିବାଳା ମହାନ୍ତି (୧୯୪୭) : କବିତାଜଗତରେ ଜଣେ ପରିଚିତ କାବ୍ୟଶିଳ୍ପୀ ହେଉଛନ୍ତି ଗିରିବାଳା ମହାନ୍ତି। ସମାଜର ଭିନ୍ନ ଭିନ୍ନ ସମସ୍ୟା ତାଙ୍କ କାବ୍ୟଜଗତର ପରିଧିରେ ପୁଷ୍ପିତ। ବିଶେଷ କରି ନାରୀବାଦୀ ଚେତନାର ସେ ଜଣେ ଉଦ୍ଦାତ୍ତ କଣ୍ଠସ୍ୱର। ତାଙ୍କ କବିତାରେ ନାରୀମୁକ୍ତିର ସ୍ୱର ଯେତିକି ପ୍ରଖର ପାରଂପାରିକ ଚିନ୍ତାଧାରାରୁ ମୁକ୍ତ ସମାଜ ନିର୍ମାଣର ଆହ୍ୱାନ ମଧ୍ୟ ସେତିକି ଶାଣିତ। ତାଙ୍କ କାବ୍ୟିକ ଯାତ୍ରା ଏକ ନିର୍ଦ୍ଦିଷ୍ଟ ବିନ୍ଦୁରେ ସୀମାବଦ୍ଧ ନହୋଇ ପ୍ରସାରିତ ହୋଇଛି ବିଭିନ୍ନ ବଳୟରେ; ଯାହା ପ୍ରତିଟି ପ୍ରାଣସ୍ପନ୍ଦନକୁ ଆଲୋଡ଼ିତ କରିବାର କ୍ଷମତା ରଖେ। 'ତୋ ପାଇଁ ରୂପବନ୍ତ', 'ତୁମ ନ ଆସିବା ନେଇ', 'ସ୍ତ୍ରୀଲୋକ', 'କାଳିଝିଅ', 'ମା' ହେବାର ଦୁଃଖ', 'ମତେ ଆକାଶ କଥା ପଚାରନା', 'କାତି କାତିଆ କାତ୍ୟାୟନି' ତାଙ୍କ ସୃଜନ ସୃଷ୍ଟିର ସ୍ୱାକ୍ଷର।

ମନୋରମା ବିଶ୍ୱାଳ ମହାପାତ୍ର (୧୯୪୮) : ନାରୀପଣକୁ କେନ୍ଦ୍ର କରି ଅତି ସନ୍ତର୍ପଣତା ସହ ମାଟିର ମହିମା, ସାମାଜିକ ଚେତନା, ପଲ୍ଲୀ ଚେତନା, ଜାତୀୟତାବାଦ ଆଦି ଅଙ୍ଗୀକାରତ୍ୱ ସମ୍ବେଦନଶୀଳ ପ୍ରସଙ୍ଗରେ ଗଢ଼ା କବି ମନୋରମା ବିଶ୍ୱାଳ ମହାପାତ୍ରଙ୍କ କାବ୍ୟଜଗତ! ଅନେକ ବିସଙ୍ଗତିକୁ ସୂକ୍ଷ୍ମକଳାରୂପ ପ୍ରଦାନ ମନୋରମାଙ୍କ କାବ୍ୟଜଗତକୁ କରିଥାଏ ବେଦନାସିକ୍ତ। ସହଜ ସରଳ ଭାଷାରେ ତାଙ୍କ କବିତାରେ ନିନାଦିତ ମଣିଷପଣର ଆତ୍ମଦହନ। ଶତାବ୍ଦୀର ଜଣେ ଶ୍ରେଷ୍ଠ କାବ୍ୟସ୍ୱର ରୂପେ ଉତ୍କଳର ବାଣୀ ଭଣ୍ଡାରକୁ ସମୃଦ୍ଧ କରିଛି ତାଙ୍କର "ଆଜି ଖାଲି ଚିତ୍ର ଆଉ ଚିତ୍ର", 'ବିଶ୍ୱାସର ପଦ୍ମବନ', 'ଫାଲଗୁନ ତିଥିର ଝିଅ 'ଶବ୍ଦର ପ୍ରତିମା', 'ଜହ୍ନରାତିର ମୁହଁ', 'ସ୍ୱାତୀଲଗ୍ନ', 'ସ୍ମୃତିଶ୍ରାବଣ ଓ ପ୍ରତିବିମ୍ବ' ଫୁଲଫୁଟା ମୁହୂର୍ତ୍ତ, ବ୍ରତତୀ, 'କିଶଳୟ' 'ସଜଳ ମେଘର ଚିଠି', 'ମିଥୁନ ଚମ୍ପୁ', 'ରାଗ ମହ୍ଲାର' ଆଦି। ସୃଜନର ଶ୍ରେଷ୍ଠତ୍ୱ ନିଦର୍ଶନ ରୂପେ ସେ ଲାଭ କରିଛନ୍ତି ସମ୍ମାନ ଜନକ 'ଓଡ଼ିଶା ସାହିତ୍ୟ ଏକାଡେମୀ ପୁରସ୍କାର', ଓ 'ଝଙ୍କାର ପୁରସ୍କାର'।

ସରୋଜିନୀ ଷଡ଼ଙ୍ଗୀ (୧୯୪୮) : କବି ଡାକ୍ତର ସରୋଜିନୀ ଷଡ଼ଙ୍ଗୀ ପେଷାରେ ଡାକ୍ତର ହେଲେ ମଧ୍ୟ ନିଶା ତାଙ୍କର ସାହିତ୍ୟ ସାଧନା। ଉଭୟ ବୃତ୍ତିଗତ ଜୀବନ ଓ

ସାହିତ୍ୟିକ ମହଲରେ ସମଭାବେ ସେ ପ୍ରଶଂସିତା। 'କନ୍ୟାଭ୍ରୁଣ ହତ୍ୟା' ବିରୁଦ୍ଧରେ ସ୍ୱର ଉତ୍ତୋଳନ କର୍ତ୍ତୃକ ପ୍ରକାଶିତ ତାଙ୍କର 'ଆତ୍ମଜା' ଭାରତ ସରକାରଙ୍କ ସ୍ୱାସ୍ଥ୍ୟ ଓ ପରିବାର ନିୟୋଜନ ବିଭାଗ ତରଫରୁ ମନୋନୀତ ହୋଇ ୧୩ଟି ଆଂଚଳିକ ଭାଷାରେ ପ୍ରଦର୍ଶିତ ଓ ପ୍ରଶଂସିତ ମଧ୍ୟ। ଯାହା ପରବର୍ତ୍ତୀ ପର୍ଯ୍ୟାୟରେ ହିନ୍ଦୀ ଭାଷାରେ ଶଙ୍କରଲାଲ ପୁରୋହିତଙ୍କ ଦ୍ୱାରା ଅନୁବାଦିତ। ଜଣେ ସଫଳ ଚିକିତ୍ସକ ଭାବେ ବିଭିନ୍ନ ସମ୍ବାଦପତ୍ରର ପୃଷ୍ଠା ମଣ୍ଡନ କରିଥିବା କବି ସରୋଜିନୀ ଜଣେ ଲୋକପ୍ରିୟ ବିଜ୍ଞାନ ଲେଖିକା ମଧ୍ୟ। କନ୍ୟା ଭୃଣହତ୍ୟାଠାରୁ ଆରମ୍ଭ କରି ନାରୀ ନିର୍ଯାତନାର କାହାଣୀ ସରୋଜିନୀ କାବ୍ୟଜଗତର ମୁଖ୍ୟ ସ୍ୱର। ଏତଦ୍‌ଭିନ୍ନ ସରୋଜିନୀଙ୍କ କବିତାରେ ଆବେଗତା ସହ ନିବିଡ଼ ଆତ୍ମୀୟତାର ଚିତ୍ର ମଧ୍ୟ ବେଶ୍ ସଜଳ ଓ ଛଳଛଳ। ସେହିପରି ଏକ କବିତା ହେଉଛି 'ଶୋଣିତ ହସ୍ତାକ୍ଷର'। ଯାହା ତାଙ୍କର 'ମା' ନୁହେଁ ପତିତା' ପୁସ୍ତକରୁ ସଂଗୃହୀତ। ପ୍ରାୟ ୫୦ରୁ ଊର୍ଦ୍ଧ୍ୱ ସମ୍ମାନରେ ସମ୍ମାନିତା କବି ଡାକ୍ତର ସରୋଜିନୀ ଷଡ଼ଙ୍ଗୀଙ୍କ କଲମରୁ ଝରିଆସିଛି 'ସୂର୍ଯ୍ୟସ୍ନାନ', 'ଆଖିକଥାକହେ', 'ଶ୍ୱେତାମ୍ବରୀ', 'ଆତ୍ମଜା', 'ଅସବର୍ଣ୍ଣା', 'ମନସ୍ୱିନୀ', 'ତନ୍ମୟ ତଥାସ୍ତୁ', 'ମା' ନୁହେଁ ପତିତା' ଆଦି କବିତା ପୁସ୍ତକ।

ଅମିୟବାଳା ପଟ୍ଟନାୟକ (୧୯୪୯) : କବି, ଗାଳ୍ପିକା, ଅନୁବାଦିକା ଅମୀୟବାଳା ପଟ୍ଟନାୟକ ସମସାମୟିକ ସମୟର ଜଣେ ଚର୍ଚ୍ଚିତ କାବ୍ୟସ୍ୱର। ନିର୍ଦ୍ଦିଷ୍ଟ ସ୍ୱରର ପ୍ରତିଷ୍ପର୍ଦ୍ଧା ରଖିବାର ସାମର୍ଥ୍ୟ ବହନ କରେ ତାଙ୍କ କବିତାର ସୁବିସ୍ତୀର୍ଣ୍ଣ ଭାବଭୂମି। ନାରୀ ମନଗହନର ଗୋପନ କଥା ମଧ୍ୟ ଅତି ପ୍ରାଞ୍ଜଳ କବିଙ୍କ କବିତାରେ। ଆକୁଳତା-ବ୍ୟାକୁଳତାର ମୁଗ୍ଧ ମନ୍ତ୍ରିତ ଶେଷ ଶ୍ଳୋକର ଉଚ୍ଚାରଣ। ମାନବୀୟ ଚେତନାରେ ଭରପୂର ତାଙ୍କ ସୃଜନ ସୃଷ୍ଟି। କବିତା ସଂକଳନ ନୀରବର ସ୍ୱରଲିପି, ଅମୃତାକ୍ଷର, ହୃଦୟ ଗଙ୍ଗା, ଚିତ୍ରିତ ଶାମୁକା, ଏକତ୍ର, 'ଶେଷ ଶ୍ଳୋକ' ଆଦି।

ପ୍ରତିଭା ପଣ୍ଡା (୧୯୫୦) : ନିଛକ ବାସ୍ତବତାକୁ ପ୍ରଚ୍ଛଦ କରି କବିତାର ଚିତ୍ରକଳ୍ପ ନିର୍ମାଣ କରିବାରେ କବି ପ୍ରତିଭାଙ୍କର ଅବଦାନ ନିଶ୍ଚୟ ଗ୍ରହଣୀୟ। ନିବିଡ଼ ଆତ୍ମିକତାରେ ରମଣୀୟ ଶବ୍ଦର ମାୟାଜାଲ ବୁଣି କ୍ଷଣିକ ଭିତରେ ପାଠକଙ୍କୁ ବିମୁଗ୍ଧ କରିପାରିବାର ସାହସ ରଖେ ତାଙ୍କ ମନ୍ମୟାଲେଖ୍ୟ। ଜୀବନ ଜିଜ୍ଞାସାର ଜଟିଳ ଭାବବୋଧକୁ ପାଥେୟ କରି ପରିପୁଷ୍ଟ ତାଙ୍କ କଳାତ୍ମକ ସାମ୍ରାଜ୍ୟ। 'ପତ୍ରପୁଷ୍ପା' ହେଉଛି କବି ପ୍ରତିଭା ପଣ୍ଡାଙ୍କ ସାମର୍ଥ୍ୟ ବହନର ପରାକାଷ୍ଠା।

ବିନୋଦିନୀ ପାତ୍ର (୧୯୫୧) : ରୋମାଣ୍ଟିକ୍ ଭାବଧାରାର ଅନ୍ୟତମ ନାରୀ କବି ହେଉଛନ୍ତି ବିନୋଦିନୀ ପାତ୍ର। ଆବେଗିକତାର ନିସର୍ଗ ଉଚ୍ଚାରଣ ଯାହାଙ୍କ କବିତାର ସ୍ୱତିସ୍ଫୂର୍ତ୍ତ ଉଚ୍ଚାରଣ। ନାରୀ ମନର ବ୍ୟଥା ତଥା ନାରୀ ସୁଲଭ ଭାବପ୍ରବଣତା ସ୍ୱରୂପ ପ୍ରକାଶିତ ତାଙ୍କର ଏକମାତ୍ର କାବ୍ୟିକ ଦ୍ୟୋତନା ହେଉଛି 'ତୁମ ପ୍ରତୀକ୍ଷାରେ ନିଶିଦିନ'।

ଅପର୍ଣ୍ଣା ମହାନ୍ତି (୧୯୫୨) : କବି ଅପର୍ଣ୍ଣା ମହାନ୍ତି ସାଂପ୍ରତିକ ସମୟର ଜଣେ ସ୍ୱର୍ଦ୍ଧିତ ନାରୀ ସ୍ୱର। ନାରୀ ମନର ସ୍ଥିତି ଓ ଅନ୍ତର୍ବେଦନାକୁ କବିତାରେ ଅତି ସଫଳତାର ସହିତ ରୂପାୟିତ କରିଛନ୍ତି କବି ଅପର୍ଣ୍ଣା ମହାନ୍ତି। ତାଙ୍କ କବିତାରେ ବିଶେଷତଃ ନାରୀର ଆଭ୍ୟନ୍ତରୀଣ ସ୍ୱଚ୍ଛନ୍ଦ ସତ୍ତାର ନିରଙ୍କୁଶ ନରବଧି ପ୍ରବାହ ସହ ତଥା କଥିତ ପ୍ରଥା ଓ ପରମ୍ପରା ବିରୋଧରେ ବିଦ୍ରୋହର ଅଗ୍ନି ମଧ ପ୍ରଖର। ବାମାବାଦୀ ଚେତନା ତାଙ୍କ କବିତାରେ ସହଜେ ଅନୁମେୟ। 'ଅବ୍ୟକ୍ତ ଆତ୍ମୀୟତା', 'ଅସତୀ', 'ନିଃଶବ୍ଦରେ', 'ଅତିଥି', 'ପୂର୍ଣ୍ଣତମା', 'ଝିଅପାଇଁ ଝର୍କାଟିଏ', 'ନଷ୍ଟନାରୀ', 'ତୀର୍ଥଯାତ୍ରା', 'ମା'ର କାନ୍ଦଣାଗୀତ', 'ନିଜକୁ ଖୋଜିଲା ବେଳେ', 'ତାରାପ୍ରତି', 'ଯୋଗିନୀ ଗୀତ', 'ଅଗ୍ନ କମଳିନୀ', 'ନିଃସଙ୍ଗ ଈଶ୍ୱରୀ ଓ ଅନ୍ୟାନ୍ୟ କବିତା' ଆଦି ତାଙ୍କ କବିତ୍ୱର ସ୍ୱାତନ୍ତ୍ର୍ୟବାହୀ ସ୍ୱାକ୍ଷର। 'ଝିଅ ପାଇଁ ଝର୍କାଟିଏ' ନିମନ୍ତେ ସେ ଲାଭ କରିଛନ୍ତି ଓଡ଼ିଶା ସାହିତ୍ୟ ଏକାଡେମୀ ପୁରସ୍କାର।

ଅନ୍ନପୂର୍ଣ୍ଣା ମହାନ୍ତି (୧୯୫୩) : ରୋମାଣ୍ଟିକ୍ କାବ୍ୟଶିଳ୍ପୀଭାବେ କବି ଅନ୍ନପୂର୍ଣ୍ଣା ମହାନ୍ତି ସମସାମୟିକ ସମୟଖଣ୍ଡରେ ବେଶ୍ ଜଣାଶୁଣା। ନାରୀତ୍ୱର ନିବିଡ଼ ଜୀବନବୋଧ ତାଙ୍କ କବିତାର ଭାବଭୂମିକୁ ସ୍ୱତନ୍ତ୍ରକରି ଗଢ଼ି ତୋଳେ। ଜୀବନକୁ ଭୋଗୁଥିବା ତଥା ତତ୍‌ସଂଲଗ୍ନ ବ୍ୟାକୁଳତାକୁ ଶବ୍ଦଫୁଲ ମାଧ୍ୟମରେ ପାଠକଙ୍କୁ ପରସି ଦେବାର ଆନନ୍ଦରେ ବିଭୋର କବି ଅନ୍ନପୂର୍ଣ୍ଣାଙ୍କ କାବ୍ୟିକ ଚେତନାର ଦୀପ୍ତି ରୂପେ ଉଭା ତାଙ୍କ ସୃଜନ ସଂପଦ 'ପାଦସ୍ପର୍ଶ', 'ରୁଟି ଓ ରତ', 'ପାଦ ସ୍ପର୍ଶ', 'ନୀଳମେଘ', 'ନୀଳ ନଦୀର ଲୁହ', 'ସାରାସ୍ୱପ୍ନ', 'ଏକା ଏକା', 'ଦେହବିଦେହ', 'ଦୀପ କ'ଣ ବେଶି ଜଳେ ନାରୀଠାରୁ ?', 'ମୁହୂର୍ତ୍ତକର ମୋକ୍ଷ' ଆଦି।

ଅନ୍ନପୂର୍ଣ୍ଣା ନନ୍ଦ (୧୯୫୩) : ସୁଲଳିତ, ମାଧୁର୍ଯ୍ୟ ଭରା-ଛନ୍ଦାୟିତ କବିତା ରଚନାରେ ଜଣେ ଅନନ୍ୟ ନାରୀ ପ୍ରତିଭା ହେଉଛନ୍ତି କବି ଅନ୍ନପୂର୍ଣ୍ଣା ନନ୍ଦ। ଗୀତି କବିତା ରଚନାରେ ତାଙ୍କ ଅବଦାନ ଅବିସ୍ମରଣୀୟ। 'ଢଳି ଢଳି ଆସେ କାହ୍ନା ଲୋ', 'ମୋ କଳାଠାକୁର', 'ଆସୁଛି କାଳିଆ ହାତୀ', 'ପ୍ରୀତିପୁଷ୍ପା', 'ନନ୍ଦିଘୋଷରୁ ନୀଳକନ୍ଦର', 'ମହକିତ ଉପବନ', 'ଚିତ୍ରିତ ମୁହୂର୍ତ୍ତ' ଆଦି ତାଙ୍କ ନିରୋଳା କବିତ୍ୱର ପରିଚାୟକ।

କବିତା ପ୍ରତିହାରୀ (୧୯୫୪) : ଜଣେ ଏକନିଷ୍ଠ ସାଧିକାରୂପେ କବିତା ପ୍ରତିହାରୀଙ୍କ ରହିଛି ଏକ ସ୍ୱତନ୍ତ୍ର ପରିଚୟ। ପରିବର୍ତ୍ତନକାମୀ ମନନଶୀଳତା ତାଙ୍କ କାବ୍ୟିକ ପରିପାଟୀର ଏକ ଅନନ୍ୟ ଦିଗ। ପ୍ରଚଳିତ ବ୍ୟବସ୍ଥା ବିରୋଧରେ ନିରବ ବିଦ୍ରୋହରେ କବିପ୍ରାଣ ସତତଃ ଉଦ୍‌ବେଳିତ। ତାଙ୍କ ପାକଳ ହାତର ଅନନ୍ୟ ପ୍ରତିବେଦନ ହେଉଛି 'ତମ ପହଞ୍ଚିବାବେଳ'।

ଶାନ୍ତି ମହାନ୍ତି (୧୯୫୪) : ଯୁଦ୍ଧକ୍ଷତ ପୃଥ୍ୱୀ ଭିତରେ ଶାନ୍ତିର ବାର୍ତ୍ତାବହ ହୋଇଛି କବି ଶାନ୍ତି ମହାନ୍ତିଙ୍କ କବିତା। ଜୀବନର ତିକ୍ତ-ମଧୁର ଅନୁଭବକୁ ସ୍ୱକୀୟ ଚିନ୍ତା ଓ ଚେତନାରେ ଶାଣିତ ଶବ୍ଦ ବ୍ୟଞ୍ଜନା ମାଧ୍ୟମରେ ଉଚ୍ଚକୀତ ତାଙ୍କ କାବ୍ୟଜାତ। କବିତା ତାଙ୍କ ପାଇଁ ଆତ୍ମିକ ଭାବବୋଧର କଳାତ୍ମକ ପ୍ରତିବେଦନ। 'ଆକାଶର ଆନନ୍ଦ' ହେଉଛି ତାଙ୍କ ସୃଜନ ନୈବେଦ୍ୟ।

ରଂଜିତା ନାୟକ (୧୯୫୫) : କବି ରଂଜିତା ନାୟକଙ୍କ ଜନ୍ମ ହୁଏ ୧୯୫୫ ମସିହାରେ କେନ୍ଦ୍ରାପଡ଼ା ଜିଲ୍ଲାର ପାଟକୁରାଠାରେ। ତାଙ୍କ କବିତାର ମୁଖ୍ୟ ଉପଜୀବ୍ୟ ହେଉଛି ନାରୀ ମନସ୍କତା। ଆନ୍ତରୀଣ ଆନନ୍ଦ ଅନୁଭବରେ ରସାଣିତ କବିଙ୍କ କାବ୍ୟଜଗତ। ସାହିତ୍ୟର ବିଭିନ୍ନ ବିଭାଗରେ ସେ ଲେଖନୀ ଚାଳନା କରି ପାଉଁଚିଛନ୍ତି ବିପୁଳ ଶ୍ରଦ୍ଧା ଓ ସମ୍ମାନ। ଏଥି ସହ 'ଝଡ଼ର ଆକାଶ' ପୁସ୍ତକ ନିମନ୍ତେ ତାଙ୍କୁ ମିଳିଛି ଓଡ଼ିଶା ସାହିତ୍ୟ ଏକାଡେମୀ ପୁରସ୍କାର। କବିଙ୍କ ସୃଜନ ଶିଳ୍ପ ମଧ୍ୟରେ ରହିଛି 'ଯେ ଗୀତ ଗାଏ ପକ୍ଷୀ', 'ଏଇ କେତେ ଦିନ ହେବ', 'ଅତଳ ତଳ' 'ପତନର ଛାଇ' 'ପତ୍ରଝରାର ଋତୁ' 'ପଦ୍ମଗନ୍ଧା' ଓ ଏଥି ସହିତ ଅନେକ ଅନୁବାଦ ତଥା ସମାଲୋଚନାତ୍ମକ ଗ୍ରନ୍ଥ।

ପ୍ରତିଭା ପରିଡ଼ା (୧୯୫୫) : ଓଡ଼ିଆ କବିତାଜଗତରେ ଅନ୍ୟତମ କାବ୍ୟିକ ଦ୍ୟୋତନା କବି ପ୍ରତିଭା ପରିଡ଼ା। ରହସ୍ୟବାଦୀ ଚେତନାରେ ଗହଗହ କବି ପ୍ରତିଭାଙ୍କ କଳାଜଗତ। ଆଧିଭୌତିକତାକୁ ପାଥେୟ କରି ମାନବୀୟ ସମ୍ପର୍କରେ ବିମୁଗ୍ଧ ଆକୁଳତାକୁ ପ୍ରକାଶ କରିବାରେ ସକ୍ଷମ କବି ପ୍ରତିଭାଙ୍କ କଲମ। ତାଙ୍କ ପ୍ରତିଭାର ନିଦର୍ଶନ-ସ୍ୱରୂପ ପ୍ରକାଶିତ କବିତା ସଂକଳନ 'ତୁମ ଠିକଣା ମୋତେ କେଉଁ ବା ଜଣା', 'ହଠାତ୍ ଈଶ୍ୱର ପାଲଟିଯିବା ମୋହରେ', 'ଈଶ୍ୱରର ଈଶ୍ୱରୀୟ', 'ବାଜି', 'ଏଇମିତି ଆତଯାତ' ଆଦି।

ମୀନାକ୍ଷୀ ଦେବୀ (୧୯୫୫) : ଗୀତିମୟ କାବ୍ୟଜଗତର ବାଣୀକଣ୍ଠି ହେଉଛନ୍ତି କବି ମୀନାକ୍ଷୀ ଦେବୀ। ବିରହ ବ୍ୟଥା-ବେଦନାର ଅପୂର୍ବ ସମନ୍ୱୟରେ ଗଢ଼ା କବି ମୀନାକ୍ଷୀଙ୍କ ସାରସ୍ୱତ ଜଗତ। ଉଭୟ କଥାଜଗତ ଓ କବିତାଜଗତରେ ନିଜର ସ୍ୱାତନ୍ତ୍ର୍ୟ ବଜାୟ ରଖିଥିବା କବିଙ୍କ ନିଷ୍କପଟ ଆବେଗତାର ନିସର୍ଗ ଉଚ୍ଚାରଣ ହେଉଛି 'ଝରା ପତ୍ରର ଗୀତି', 'ଅମୃତ ଅନୁଭବ' ଆଦି କବିତା ପୁସ୍ତକ।

ଦୀପ୍ତି ଦାସ (୧୯୫୬) : ବିମୁଗ୍ଧ ବିଭୋରପଣର ଏକ ଅନିନ୍ଦ୍ୟ ଉଚ୍ଚାରଣ ହେଉଛନ୍ତି କବି ଦୀପ୍ତିଦାସ। ଗଭୀର ପ୍ରେମାନୁଭବକୁ ନେଇ ଦେହରୁ ଦେହାତୀତ ଯାଏଁ ପ୍ରଲମ୍ବିତ ତାଙ୍କ କାବ୍ୟଜଗତ। ମାନବୀୟ ମୂଲ୍ୟାୟନ ଓ ତଦ୍‌ଜନିତ ନିବିଡ଼ ପ୍ରେମବୋଧର ଉଚ୍ଛ୍ୱାସରେ ଭରପୂର ତାଙ୍କ କଳାକର୍ମର ପରିଧି। କବିତାରେ ଜୀବନକୁ ଆଙ୍କିବାର କଳାନିପୁଣତାରେ ସେ ସିଦ୍ଧହସ୍ତା। 'କହିଲ ବୋଲି', 'ଏକାକୀ କୃଷ୍ଣଚୂଡ଼ା', 'ଏଠି ଏକାଠି', 'ଜହ୍ନର ଝରଣା', 'ତୁମ ଗାଁ', 'ପ୍ରିୟ ପ୍ରିୟତମ', 'ଆଷାଢ଼ୀ ନୂପୁର', 'ଆଖିଏ ଆକାଶ', 'ଋତୁରାଗ', 'ପକ୍ଷୀର ପ୍ରାର୍ଥନା' ଆଦି ତାଙ୍କ କବିମାନସର ପରିଚାୟକ।

ସୁକାନ୍ତି ନନ୍ଦ (୧୯୫୬) : ନାରୀବାଦୀ ଚେତନାରେ ଅଭିମନ୍ତ୍ରିତ କବି ସୁକାନ୍ତି ନନ୍ଦଙ୍କ କାବ୍ୟିକ ଜୟଯାତ୍ରା ସମାଜ ପରିବର୍ତ୍ତନ ପ୍ରତି ପ୍ରଲମ୍ବିତ। ଅହେତୁକ ଦରଦରୁ ଜନ୍ମିତ କବିତାର ଭାବଭୂମି ଦୃଢ଼ ଆତ୍ମପ୍ରତ୍ୟୟ ସହ ଦଣ୍ଡାୟମାନ। ମାନବୀୟ ଆବେଦନକୁ ପୁଞ୍ଜିକରି ଅଶେଷ ସମ୍ଭାବନା ସହ କବିତା ରଚନାରେ ମଗ୍ନ କବି ସୁକାନ୍ତିଙ୍କ ସାରସ୍ୱତ୍ୱ ସୃଷ୍ଟି ମଧ୍ୟରେ ରହିଛି 'କେତେ ଦୂରରେ ସ୍ୱର୍ଗ, 'ଈଶ୍ୱରୀ', 'ଯେତେ ଯେତେ ବଢୁଛି ସମୟ' ଏବଂ 'ସେ ଋତୁ ଆସିଲେ' ପ୍ରଭୃତି କବିତାପୁସ୍ତକ।

ଜ୍ୟୋତିର୍ମୟୀ ସାହୁ (୧୯୫୬) : ଜୀବନ-ଯନ୍ତ୍ରଣା-ପ୍ରତିଶ୍ରୁତିର ଅନନ୍ୟ ପରାକାଷ୍ଠା ହେଉଛି କବି ଜ୍ୟୋତିର୍ମୟୀ ସାହୁଙ୍କ କବିତା, ମନର ସମସ୍ତ ଆକୁଳତା ସହ ଜୀବନବୋଧର ଅନୁସନ୍ଧାନ ହିଁ ତାଙ୍କ କବିତାକୁ ରସାଣିତ କରେ। ନିହାତି ଅପାଂକ୍ତେୟ ବସ୍ତୁଟିଏ ମଧ୍ୟ ତାଙ୍କ କବିତାରେ ଜୀବନ୍ୟାସ ପାଏ। ଅନ୍ତରଙ୍ଗ ବେଦନାବୋଧଟି କେତେ ବାଗରେ କବିତା ହୋଇ ଫେରିପାରେ 'ସମୁଦ୍ର କୂଳ' ତାହାର ଶ୍ରେଷ୍ଠ ଉଦାହରଣ; ଯାହା ତାଙ୍କ କାବ୍ୟିକ ବ୍ୟକ୍ତିସତ୍ତାର ପରିଚାୟକ ମଧ୍ୟ।

ଇନ୍ଦିରା ଦାଶ (୧୯୫୭) : ନାରୀତ୍ୱର ଅହରହ ବ୍ୟଥା ଓ ସମ୍ମୋହନର ପ୍ରତିକ୍ରିୟାରୁ ଉତ୍ପନ୍ନ ଆବେଗିକ ଚେତନା ହେଉଛି କବି ଇନ୍ଦିରା ଦାଶଙ୍କ କବିତାର ଭାବଭୂମି। ନାରୀ ମନର ଗହନ କଥାକୁ ଅତି ସନ୍ତର୍ପଣରେ ବ୍ୟକ୍ତ କରିବାରେ ସେ ବେଶ୍ ସମର୍ଥା। ପ୍ରେମ-ପ୍ରଣୟ, ସଂଘର୍ଷ-ସଂଗ୍ରାମ, ପ୍ରଚଳିତ ବ୍ୟବସ୍ଥା ବିରୋଧରେ ବିପ୍ଳବର ସ୍ୱର ପ୍ରଖର ତ ପୁଣି କେବେ ରୋମାଣ୍ଟିକ୍ ଭାବପ୍ରବଣତାକୁ ଭିତ୍ତି କରି ବଳିଷ୍ଠ ହୋଇଛି କବିତାର କଳେବର। ସାମଗ୍ରିକ ଭାବେ କହିବାକୁ ଗଲେ ସମନ୍ୱିତ ବିବିଧ ଅନୁଭବର ରାଗମହ୍ଲାର ହେଉଛି ତାଙ୍କ କବିତାର କଳେବର। 'ପ୍ରୀତିଲଗ୍ନା', 'ରତ୍ନମୟ', 'ଶୂନ୍ୟସ୍ଥାନ', 'ଅଧା ନକ୍ସା ଘର', 'ନିଖୋଜ ନଈର କୋହ' 'ଛାଇ ଆଲୁଅ', 'ମଲ୍ଲିକା ଏକା ଏକ' 'ତଳପାହାଚର ମଣିଷ', 'ପୁରୁଣା ଗୀତର ଧୂନ୍' ଆଦି ତାଙ୍କ କବିତ୍ୱର ସମୁଜ୍ଜ୍ୱଳ ସ୍ୱାକ୍ଷର।

ସଂଯୁକ୍ତା ମହାନ୍ତି (୧୯୫୭) : କେଉଁଠି ନା କେଉଁଠି ଝିଅଟିଏ, ଭଉଣୀଟିଏ ଅଥବା ନାରୀଟିଏର ଆର୍ତ୍ତ ଚିତ୍କାର ବିରୁଦ୍ଧରେ ସଦା ଦଣ୍ଡାୟମାନ ସେ ହେଉଛନ୍ତି କବି ସଂଯୁକ୍ତା ମହାନ୍ତି। ନିତି ପ୍ରତିଦିନର ଘଟଣାକୁ ପ୍ରତ୍ୟହ ପ୍ରତ୍ୟକ୍ଷ ବା ପରୋକ୍ଷ ଭାବେ ଆତ୍ମସ୍ଥ କରି ତହିଁରୁ ମୁକ୍ତିର ମାର୍ଗଟିଏ ପ୍ରଶସ୍ତ କରିବା ନିମନ୍ତେ ସେ ଦୃଢ଼ପରିକର। ସାଂପ୍ରତିକ ସମୟରେ ମୁଣ୍ଡ ଟେକୁଥିବା ସମସ୍ୟାଜନିତ ବିଦ୍ରୋହ ନିନାଦିତ ତାଙ୍କ କାବ୍ୟିକ ପରିଧିରେ। 'ନୀଳ କୁହୁଡ଼ିର ରାତି', 'ସମାହିତ', 'ଉତ୍ତର ଝର୍କା', 'ମୁହୂର୍ତ୍ତ ମୁହୂର୍ତ୍ତ ନିର୍ଜନତା', 'ନୀଳ ନୀରବତା', 'ଗୋଟେ ବର୍ଷାରାତିର ଅପେକ୍ଷାରେ', 'ସ୍ୱପ୍ନରେ ସଜାଉଥାଏ ନିତି' ଆଦି ତାଙ୍କ ସୃଜନମନସ୍କ ପରିପକ୍ୱତାର ଦୃଷ୍ଟାନ୍ତ।

ଅନିମା ଦାଶ (୧୯୫୭) : ଆଧୁନିକତାର ଦୁର୍ବୋଧ ଶିକୁଳିରୁ ମୁକ୍ତହୋଇ ସରଳ ସାବଲୀଳ ଶୈଳୀରେ ସମଗ୍ର ଜୀବନବୋଧର ସଂଜ୍ଞା ନିର୍ଦ୍ଧାରଣ କରିବା ଖୁବ୍ କମ୍ ସ୍ରଷ୍ଟାଙ୍କ ପକ୍ଷେ ସମ୍ଭବ। ନିଷ୍କପଟ ଭାବେ ଗତାନୁଗତିକ ଜୀବନର ଭଲ-ମନ୍ଦ, ଲହୁ-ଲୁହ, ଜୀବନ-ଯନ୍ତ୍ରଣାକୁ ପାଥେୟକରି ଯେ ଗଢ଼ିପାରନ୍ତି କବିତା କୋଣାର୍କ ସେ ହେଉଛନ୍ତି କବି ଅନିମା ଦାଶ। ଜୀବନକୁ ଅତି ପାଖରୁ ଅନୁଭବି ତଥା ମର୍ମେ ମର୍ମେ ଉପଲବ୍ଧି କରି ଆତ୍ମୀୟ ଦୁଃଖମନକୁ ଭିନ୍ନ ସ୍ୱାଦରେ କବିତାରେ ଆଙ୍କିବାର କଳାକର୍ମ ତାଙ୍କ ମନ୍ମୟଭୂମିକୁ ସ୍ୱାତନ୍ତ୍ର କରେ, ଯାହାର ନିଦର୍ଶନ ହେଉଛି 'ତୁମେ', 'ମହାସତ୍ତା', 'ଅସମ୍ପୂର୍ଣ୍ଣ ପ୍ରତିବିମ୍ବ'।

ଇନ୍ଦୁ ମିଶ୍ର (୧୯୫୭) : ରତ୍ନ ପରି ଅନେକ ରଙ୍ଗ ଓ ରାଗରେ ସ୍ପନ୍ଦିତ କାବ୍ୟ ସତ୍ତାଟିଏ

କବି ଇନ୍ଦୁ ମିଶ୍ର। ଇନ୍ଦୁର ସମସ୍ତ ଗୁଣ ବହନ କରି ବ୍ୟକ୍ତି ସତ୍ତାଟିଏ ରୂପାନ୍ତରିତ କାବ୍ୟସତ୍ତାରେ। ଜୀବନର ସକଳ ଦିଗ ଦିଗନ୍ତକୁ ଆଞ୍ଜୁଳା ଭର୍ତ୍ତି ନୈବେଦ୍ୟରେ ତର୍ପଣ କରି; ଅଶେଷ ପ୍ରତିଶ୍ରୁତିକୁ କବିତାର କାନ୍‌ଭାସରେ ତୋଳି ଧରି ଏକ ସମ୍ଭାବନାମୟ ଆମପ୍ରତ୍ୟୟକରି ପାଠକଙ୍କୁ ଭେଟି ଦେଇଛନ୍ତି 'ଅନ୍ୟସବୁ ପ୍ରତିଶ୍ରୁତି', 'ଆବିଷ୍କାରର ଦୁଃଖ' ନାମରେ ଦୁଇଟି କବିତା ସଂକଳନ।

ପ୍ରବାସିନୀ ମହାକୁଡ଼ (୧୯୫୭) : ଜୀବନକୁ କବିତାରେ ତଥା କବିତାକୁ ଜୀବନରେ ପୁଞ୍ଜିକରି ପରସ୍ପରର ପରିପୂରକତାରେ ସାଧାରଣ ଘଟଣାଟିଏ ବି ରୂପପାଏ ଅତି ନିଛକ ଭାବେ ଯାହାଙ୍କ ହାତରେ, ସେ ହେଉଛନ୍ତି କବି ପ୍ରବାସିନୀ ମହାକୁଡ଼। ନିବିଡ଼ ନାରୀତ୍ୱର ଅନ୍ତରଙ୍ଗ ଆଭାରେ ତାଙ୍କ କବିତା ରସାଣିତ। 'ମୁହୂର୍ତ୍ତ ମୁହୂର୍ତ୍ତ', 'ଆଧାର ଶିଳା', 'ଧାଡ଼ିଏ ଶିମିଳି ଫୁଲ ଓ ଅନ୍ୟାନ୍ୟ କବିତା', 'ନଭେମ୍ବର ମୋ ଜନ୍ମମାସ', 'କେହି ଜଣେ ଶୁଭାଙ୍ଗୀ' ଆଦି ତାଙ୍କ କାବ୍ୟିକ ଚେତନାର ନିବିଡ଼ ଆତ୍ମନିବେଦନ।

ଜ୍ୟୋସ୍ନା ଦାସ (୧୯୫୮) : ଜ୍ୟୋସ୍ନା ଦାସ ସମକାଳୀନ ଓଡ଼ିଆ କବିତାର ଏକ ପ୍ରଖର ସ୍ୱର। ଗତାନୁଗତିକତାର ମୋହକୁ ସଂପୂର୍ଣ୍ଣ ପରିହାର କରିନଥିଲେ ମଧ୍ୟ ଆଧୁନିକ ଚେତନାର ଏକ ଭିନ୍ନ ସ୍ୱରରେ ଉଦାତ୍ତ କବିଙ୍କ କାବ୍ୟିକ ଜୟଯାତ୍ରା। ପ୍ରେମର ସମର୍ପଣ ସ୍ୱଭାବ ସୁଲଭ ସଂବେଗ ଓ ସହାନୁଭୂତିରେ ସିକ୍ତ ତାଙ୍କର ଉଦାର ସୃଜନଭୂମି। ପ୍ରଚାର ଓ ବିଜ୍ଞାପନଠାରୁ ନିଜକୁ ଦୂରେଇ ନେଇ ନିରବରେ ନିରବଧି ଯାହାଙ୍କ କଲମ ଚାଲନା; କବିତାରେ ଅମୃତର ସନ୍ଧାନ କରୁକରୁ କାବ୍ୟିକ ଜ୍ୟୋସ୍ନାମୃତରେ ଭରା ତାଙ୍କ କାବ୍ୟିକ କଳସୀର କୋଳାହଳ। ତାଙ୍କ ସୃଜନ ସମ୍ଭାର ମଧ୍ୟରେ ଅଛି 'ତମେଇ ଆରମ୍ଭ କର', 'ଅମୃତା', 'ମାୟା', 'ଚାଲ ସଖୀ', 'ତମ ସହ ରାସ୍ତା ପାରି', 'ନଈର ନାମ ଭାର୍ଗବୀ' ଆଦି କବିତା ସଂକଳନ।

ବୀଣାପାଣି ପଣ୍ଡା (୧୯୫୮) : ପ୍ରୟୋଗବାଦୀ କାବ୍ୟରୀତିର ଅନ୍ୟତମ କାବ୍ୟିକ ଦ୍ୟୋତନା ହେଉଛନ୍ତି କବି ବୀଣାପାଣି ପଣ୍ଡା। ରୋମାଣ୍ଟିକ୍ ଚେତନାବୋଧ ସହ ଜହ୍ନରାତିର ଭାବମଗ୍ନତା କବି ବୀଣାପାଣିଙ୍କ କବିତାର ବାଙ୍‌ମୟ କୋଳାହଳ। ଏତଦ୍‌ଭିନ୍ନ ସ୍ୱପ୍ନ-ପ୍ରେମ-ବାସ୍ତବତାର ତ୍ରିକୋଣୀୟ ଭିତ୍ତିଭୂମିରେ ଗଢ଼ା ତାଙ୍କ କାବ୍ୟଜଗତ। ନାରୀତ୍ୱର ନିଖୁଣତମ ବିଗ୍ରହର ନିରାଜନା ସହ ନିପୀଡ଼ିତ ଜୀବନରୁ ମୁକ୍ତିର ମାର୍ଗଟି ପ୍ରଶସ୍ତ ହୋଇଛି ତାଙ୍କର କାବ୍ୟ ପରିଧିରେ। କବିତାର ନୈବେଦ୍ୟରେ ଅନୁରଣିତ ତାଙ୍କର 'ନିଜନିଜ ଆକାଶ' 'କିଛି କଥା କିଛି ନୀରବତା', 'କାକର ବୁନ୍ଦାରେ ସୂର୍ଯ୍ୟ' 'ଭୂଲଗ୍ନା', 'ତନୁତୀର୍ଥ' 'ଦ୍ୱିପର୍ଣ୍ଣା', 'ମିତ୍ରାକ୍ଷର', 'ବର୍ଣ୍ଣା', 'ଗୋଧୂଳିଗୀତ', 'ଜହ୍ନ ବଗିଚା' ଆଦି। ବିଭିନ୍ନ ପୁରସ୍କାରରେ ସମ୍ମାନିତା କବି ନିଜ ସାରସ୍ୱତ ସାଧନାର ଶ୍ରେଷ୍ଠତମ ନିଦର୍ଶନ ଭାବେ ଲାଭ କରିଛନ୍ତି ସମ୍ମାନସୂଚକ ଓଡ଼ିଶା ସାହିତ୍ୟ ଏକାଡ଼େମୀ ପୁରସ୍କାର।

ଜୟନ୍ତିକା (୧୯୫୯) : ମଣିଷ ମନର ଅନ୍ତର୍ବେଦନାକୁ କବିତାରେ ସଫଳତାର ସହ ରୂପାୟିତ କରିଛନ୍ତି କବି ଜୟନ୍ତିକା। ମଣିଷର ଅସହାୟବୋଧକୁ ନିଷ୍କପଟ ଭାବେ ଆଙ୍କିବାରେ

ସେ ସ୍ୱୟଂସିଦ୍ଧା । ବଦଳୁଥିବା ପୃଥିବୀର ବାସ୍ତବ ଚିତ୍ର ଅଙ୍କନରେ ସଂକଳ୍ପବଦ୍ଧ କବିଙ୍କ ଲେଖନୀମୁନରୁ ଝରି ଆସିଛି ସଂଘର୍ଷମୟ ଜୀବନର ବ୍ୟଥା ଓ ଗାଥା, ଯାହା ଇଡ଼ିଯାଇଛି କବିତାର କାନ୍‌ଭାସ୍‌ରେ । ଜୀବନ ସଂଗ୍ରାମର ମୃଦୁ ଉଚ୍ଚାରଣ ରୂପେ ଆତ୍ମପ୍ରକାଶ କରିଛି 'ନିଃଶବ୍ଦ ଅନୁଭବ', 'ଶବ୍ଦ ନୈବେଦ୍ୟ', 'ମୋହ ମୁହୂର୍ତ୍ତ', 'ନିଜ ନିର୍ବାସନ', 'ଉଦାସ ଅପରାହ୍ନ' ଭଳି କବିତା ସଂକଳନ । ଏତଦ୍‌ଭିନ୍ନ ଶିଶୁ ସାହିତ୍ୟିକା ଭାବେ ଜଣାଶୁଣା କବି ଜୟନ୍ତିକାଙ୍କ ଦ୍ୱାରା ରଚିତ ହୋଇଛି ଶିଶୁ କବିତା 'ମାମୁଘର ମନେ ପଡ଼େ', 'ସୁଖ ସପନ', 'ଅଭୁଲା ପିଲାଦିନ', 'ଗାଇବା ବସନ୍ତଗୀତ' ଆଦି ।

ପ୍ରଭାତ ନଳିନୀ ମହାପାତ୍ର (୧୯୫୯) : ସମକାଳୀନ ନାରୀ କବିଙ୍କ ଗଣରେ ସ୍ୱତନ୍ତ୍ର ଭାବେ ବାରିହୋଇ ପଡୁଥିବା ସଶ୍ରଦ୍ଧ ନାମ ହେଉଛନ୍ତି କବି ପ୍ରଭାତ ନଳିନୀ ମହାପାତ୍ର । ନାମ ସାର୍ଥକତାକୁ ବହନ କରୁଥିବା କବି କାବ୍ୟିକ ଦ୍ୟୋତନାରେ ମଧ୍ୟ ସେତିକି ସଜଳ ଓ ସ୍ୱଚ୍ଛଳ । ରୋମାଣ୍ଟିକ୍ ଆବେଗ ହୋଇଛି ତାଙ୍କ କାବ୍ୟିକ ଭିତ୍ତିଭୂମି । ପ୍ରେମ ଓ ପ୍ରଣୟର ରୋମାଣ୍ଟିକ୍ ଅନୁଭୂତିଠାରୁ ଆରମ୍ଭ କରି ଆବେଗସିକ୍ତ ପ୍ରାଣର ଉଲ୍ଲାସରେ ରସାଣିତ । 'ଚୈତତ୍ର ଫେରାବାଲି', 'କିଛି କିଛି ମନକଥା', 'ନିଃସର୍ତ୍ତ ସମୟ', 'ଆମ ଗାଁ : ନୂଆଚିତ୍ର', 'ଜହ୍ନରାତିର ଝିଅ', 'ଜୀବନର ଯେତେ ରଙ୍ଗ' ତାଙ୍କ କାବ୍ୟିକ ପରିପ୍ରକାଶ ।

ଭାରତୀ ମହାନ୍ତି (୧୯୫୯) : ନାରୀକୁ ସବୁ ଦୃଷ୍ଟିକୋଣରୁ ମାପି ମଧ୍ୟ ଯଦି କିଛି ଅମାପ ରହିଯାଏ, ତାହାହିଁ କବି ଭାରତୀଙ୍କ କବିତାର ଭାବବଳୟ । ନିରୋଳା ମୁହୂର୍ତ୍ତ ହେଉ କି ନୀରବ ଆଳାପ ସବୁଥିରେ ଥାଏ ଏକ ପ୍ରଚ୍ଛନ୍ନ କୋଳାହଳ । ସେଇ ପ୍ରଚ୍ଛନ୍ନ କୋଳାହଳରୁ ସଂଚରିତ କବି ଭାରତୀଙ୍କ ଭାବନାତ୍ମକ ଆକାଶ । 'ନୀରବ ଆଳାପ', 'ନିରୋଳା ମୁହୂର୍ତ୍ତ', 'ପୁନଶ୍ଚ ରେବତୀ' ତାଙ୍କ ବିମୁଗ୍ଧ କବି ପ୍ରାଣର ସ୍ୱାକ୍ଷର ।

ଜୟନ୍ତୀ ରଥ (୧୯୬୦) : ମାନବିକତାର ନିବିଡ଼ ଦରଦରେ ଦଗ୍ଧୀଭୂତ କବି ଜୟନ୍ତୀ ରଥଙ୍କ କାବ୍ୟଜଗତ । ଉଭୟ କଥା ଓ କବିତାଜଗତରେ ବେଶ୍ ସୁଖ୍ୟାତି ଅର୍ଜନ କରିଥିବା କବି ଜୟନ୍ତୀଙ୍କ କାବ୍ୟିକ ଦ୍ୟୋତନାରେ ସ୍ୱଷ୍ଟ ପ୍ରତିଭାତ ହୁଏ ମାଟି-ମଣିଷ, ଲୁହ-ଲହୁ, କୋହ-କୋଳାହଳ, ମାନ-ଅଭିମାନ ତଥା ଅସରନ୍ତି ବେଦନାବୋଧର ଆକୁଳତା । ନିଜସ୍ୱ ସ୍ୱକୀୟ ପ୍ରକାଶଭଙ୍ଗୀ ତାଙ୍କ କବିତାର ବିଶିଷ୍ଟ ଦିଗ । 'ଶାଳିନୀ', 'ଜୀବନ ପାତ୍ର ମୋ', 'ଅବିମୁକ୍ତା', 'ଜୀବନର ଗୀତ', 'ସାୟଂକାଳ' ଆଦି କବିତା ପୁସ୍ତକ ତାଙ୍କ ସାରସ୍ୱତ କବିତ୍ୱର ସବୁଜ ସ୍ୱାକ୍ଷର । ଏତଦ୍‌ଭିନ୍ନ ୧୯୯୬ ମସିହାର ଗଳ୍ପ ସଂକଳନ 'ଶବ୍ଦଖେଳ' ନିମନ୍ତେ ଲାଭ କରିଛନ୍ତି ସମ୍ମାନଜନକ ଓଡ଼ିଶା ସାହିତ୍ୟ ଏକାଡ଼େମୀ ପୁରସ୍କାର ।

ସୁଷମା ମିଶ୍ର (୧୯୬୦) : କବିତାରେ ଜୀବନର ନିବିଡ଼ ଅନୁଭୂତିକୁ ଅର୍ଘ୍ୟକରି ଯିଏ ଯିଏ ସ୍ୱଚ୍ଛନ୍ଦ ଭାବେ ପ୍ରଦାନ କରିପାରନ୍ତି ଅନନ୍ୟ କାବ୍ୟିକତା, ସେ ହେଉଛନ୍ତି କବି ସୁଷମା ମିଶ୍ର । ସରଳ ଅଭିବ୍ୟକ୍ତିର ପରିପ୍ରକାଶ ହେଉଛି ତାଙ୍କ କବିତାର କଳାକର୍ମ ।

'ଆଦିପୁରୁଷ', 'ବରବର୍ଣ୍ଣନୀ', 'ଅନ୍ତରଂଗ ସମୟ', 'ହାତମୁଠାରେ ସ୍ୱପ୍ନ', 'ମାର୍ଫତ ମାଟି' ଆଦି ତାଙ୍କ ସୃଜନ ସୃଷ୍ଟ। ଏତଦ୍‌ବ୍ୟତୀତ ସାହିତ୍ୟ ସାଧନା ନିମିତ୍ତ ସେ ଲାଭ କରିଛନ୍ତି ଅନେକ ପୁରସ୍କାର ଓ ସମ୍ମାନ।

ସ୍ୱୟମ୍ବରା ପଟ୍ଟନାୟକ: ପୁରାଣରୁ ପରମ୍ପରା, ମିଥ୍‌ର ପୁନର୍ବିନ୍ୟାସ ତଥା ନିବିଡ଼ ଜୀବନାନୁଭୂତିର ଆଧାରରେ ନିର୍ମିତ ଯାହାଙ୍କ ସମୁଦାୟ କାବ୍ୟଜଗତ ସେ ହେଉଛନ୍ତି ଅନ୍ୟତମ ଶବ୍ଦ ବିନ୍ଧାଣୀ କବି ସ୍ୱୟଂମ୍ବରା ପଟ୍ଟନାୟକ। ଜୀବନର ଗଭୀର ଅନ୍ତର୍ବୋଧରୁ ସୃଷ୍ଟିର ରହସ୍ୟକୁ ଉନ୍ମୋଚିତ କରିବାର ଅନୁସନ୍ଧାନରତ ନିବିଡ଼ ଜିଜ୍ଞାସାବୋଧ ତାଙ୍କ କାବ୍ୟିକ ରହସ୍ୟମୟତାର ମୂଳ କାରଣ। 'ଫର୍ଦ୍ଦେ କାଗଜର ମୁହୂର୍ତ୍ତ' ତାଙ୍କ କାବ୍ୟିକ ଭାବଭୂମିର ଶ୍ରେଷ୍ଠ ନିଦର୍ଶନ।

ଶୈଳବାଳା ମହାପାତ୍ର (୧୯୬୦) : ସମସାମୟିକ କବିତାଜଗତର ଅନ୍ୟତମ ପ୍ରୟୋଗବାଦୀ କବି ହେଉଛନ୍ତି ଶୈଳବାଳା ମହାପାତ୍ର। ତାଙ୍କ କଳାତ୍ମକ ପରିପାଟୀରେ ପାଣ୍ଡିତ୍ୟ ପ୍ରଦର୍ଶନ ଅପେକ୍ଷା ଜୀବନବୋଧର ଆକୁଳତା ବେଶ୍ ହୃଦ୍ୟ। ଶବ୍ଦଶିଳ୍ପ ନିର୍ମାଣର ଅଦ୍ଭୁତ ସାମର୍ଥ୍ୟ ବହନ କରେ ତାଙ୍କ କବିତାର ଭାବଭୂମି। ସଂସ୍କୃତି - ମୂଲ୍ୟବୋଧ - ଆଧ୍ୟାତ୍ମିକତାରେ ସେ ଅନିନ୍ଦ୍ୟ ଉଚ୍ଚାରଣ। କାବ୍ୟଜଗତରେ ବାସ୍ତବତାର ବିଚିତ୍ର ବର୍ଣ୍ଣାଳି ହେଉଛି କବି ଶୈଳବାଳାଙ୍କର କାବ୍ୟିକ ଦ୍ୟୋତନାର ଅନ୍ୟତମ ବୈଭବ। ଅଜସ୍ରସ୍ରାବୀ ତାଙ୍କ ଲେଖନୀରୁ ଝରିଆସିଛି 'କବିତା ସମ୍ଭାର', 'ଜୀବନ ବିଚିତ୍ର ଫୁଲ', 'ଆମେ ଦୁହେଁ ସମୟ ସାମ୍ନାରେ', 'ନିଜର ନିର୍ଜନ ପଣ', 'କେତେ ରଂଗର ସମୟ', 'ଅଧା ଅଧା ସ୍ୱପ୍ନ ଯେତେ', 'ଛୋଟ ଛୋଟ କଥାରେ ଈଶ୍ୱର' ବ୍ୟତୀତ ପ୍ରାୟ ଅର୍ଦ୍ଧଶତକରୁ ଊର୍ଦ୍ଧ୍ୱ ସୃଜନ ସମ୍ପଦ।

ଚିନ୍ମୟୀ ମହାପାତ୍ର (୧୯୬୦) : ମିଥ୍‌ର ପୁନର୍ମୂଲ୍ୟାୟନ ତଥା ଆଧ୍ୟାତ୍ମିକତାର ଏକ ସୁମିଷ୍ଟ ସମ୍ମିଶ୍ରଣରେ ପରିପୂର୍ଣ୍ଣ କବି ଚିନ୍ମୟୀ ମହାପାତ୍ରଙ୍କ ସୃଜନଜଗତ। 'ଈଶ୍ୱର ଉବାଚ', 'ଗଙ୍ଗଶିଉଳି', 'ନିସଙ୍ଗ ପଥିକ' ଆଦି ଏହାର ବଳିଷ୍ଠ ଉଦାହରଣ। 'ସୂର୍ଯ୍ୟ ଉଇଁବା ପୂର୍ବରୁ', 'ହାକୁଲୁ' ପରି ଗଳ୍ପ ସଂକଳନର ମଧ୍ୟ ସେ ସ୍ରଷ୍ଟା। ସେ ଯେପରି ଅମାୟିକ ବ୍ୟକ୍ତିତ୍ୱ ତାଙ୍କ କାବ୍ୟପରିଧି ମଧ୍ୟ ଛଳନାରହିତ। ଜୀବନବ୍ୟାପୀ ସାହିତ୍ୟ ସାଧନା ନିମିତ୍ତ ଅନେକ ସାରସ୍ୱତ ସମ୍ବର୍ଦ୍ଧନା ଓ ସମ୍ମାନର ମଧ୍ୟ ସେ ଅଧିକାରିଣୀ।

ପ୍ରମିଳା ଶତପଥୀ (୧୯୬୧) : ସାଂପ୍ରତିକ ଓଡ଼ିଆ ସାହିତ୍ୟଜଗତରେ ପ୍ରମିଳା ଶତପଥୀ ଏକ ସଶ୍ରଦ୍ଧ ଉଚ୍ଚାରଣ। ଦୀର୍ଘ ତିନି ଦଶନ୍ଧିରୁ ଊର୍ଦ୍ଧ୍ୱକାଳ ଧରି ସାହିତ୍ୟରେ ମନୋନିବେଶ କରିଥିବା କବି ପ୍ରମିଳା ଶତପଥୀଙ୍କ କବିତାର ପୃଷ୍ଠଭୂମି ସଞ୍ଚରି ଯାଇଛି ମାନବିକତାର ଉର୍ବର ଭୂମିକୁ। ପୁଣି କେବେ ଯନ୍ତ୍ରଣାକ୍ତ ଜୀବନଟି ବିଭୁଚେତନାର ପ୍ରଦୀପଟିଏ ଜାଳିଛି ଅନ୍ତରାଳରେ। ଉଭୟ ଗଳ୍ପ ଓ କବିତାଜଗତରେ ଚହଳ ସୃଷ୍ଟି କରିଥିବା କବି ପ୍ରମିଳା ଜୀବନର ସୁଖ-ଦୁଃଖ, ଘାତ-ପ୍ରତିଘାତ ତଥା ଅନେକ ବିରୋଧାଭାସର ଜୀବନବୋଧ ଭିତରେ ସହଜ-ସାବଲୀଳ ଶବ୍ଦ ପ୍ରୟୋଗ ମାଧ୍ୟମରେ ଅଭିଭୂତ କରନ୍ତି ପାଠକଙ୍କୁ। କବି ପ୍ରମିଳା ଶତପଥୀଙ୍କ

କାବ୍ୟିକ ଦ୍ୟୋତନାର ଉତ୍କୃଷ୍ଟ ନିଦର୍ଶନ ସ୍ୱରୂପ ପ୍ରକାଶିତ ହୋଇଛି 'ମୁହୂର୍ତ୍ତ ମୁହୂର୍ତ୍ତର ସ୍ୱର', 'ହସନ୍ତିକାର ସୂର୍ଯ୍ୟଯାତ୍ରା', 'ଜୀବନ ଦୋହା', 'ହିରଣ୍ୟଦାର ହିମରଜ', 'ହିମବାଲୁକାର ହିଲ୍ଲୋଳ', 'ହିମରଶ୍ମିର ହିମହାସ', 'ହବିଷ୍ମତିର ହେମଦ୍ୟୁତି', 'ବିଶ୍ୱାସର ଛାଇରେ ବିଶ୍ୱ', 'ସବୁଜ ସ୍ୱପ୍ନର ସକାଳ', 'ଅଶ୍ଳେଷ ନକ୍ଷତ୍ରର ନାରୀ', 'ସ୍ନାତ ସମୟର ସେପାଖେ', 'ଅପରାହ୍ନର ଉପଚାର', 'ନିଷିଦ୍ଧ ନିଶ୍ୱାସର ନୌକା', 'ଦିନ ହେଲେ... ତ', 'ମୋ' ଭିତରେ ମୁଁ', 'ଆମ ପୁଅ ଆମ ଈଶ୍ୱର', 'ଅକ୍ଷରର ଅଗ୍ନି', 'ନୀଳ ନିଃଶ୍ୱାସ', 'ଝିଅର ସ୍କେଚ୍', 'ପଦ ଦି'ପଦ', 'ରାତିର ଋତୁ' ଆଦି ପୁସ୍ତକ।

ସୁଚିତ୍ରା ପାଣିଗ୍ରାହୀ (୧୯୬୩) : ଚଳନ୍ତି କାଳଖଣ୍ଡର ଅନନ୍ୟ ନାରୀ-କବି ଭାବରେ ସୁଚିତ୍ରା ପାଣିଗ୍ରାହୀ ଜଣେ ଆତ୍ମମଗ୍ନ କାବ୍ୟଶିଳ୍ପୀ। ତାଙ୍କ ଏକନିଷ୍ଠ ସାରସ୍ୱତ ସାଧନାର ଫଳଶ୍ରୁତିସ୍ୱରୂପ ଆତ୍ମପ୍ରକାଶ କରିଛି କବିତା ସଂକଳନ 'ଛାଇର କବି', 'କଥା ଅଛି', 'ଚନ୍ଦନବନର ଛାଇ', 'ହାତମୁଠାର ଛବି', 'ଏତେ ଅଭିମାନ ଭଲ ନୁହେଁ', 'ଚିରକାଳକୁ' ଆଦି। ବାସ୍ତବତାର ନିଷ୍ଠୁର ଭାବଭୂମିକୁ ଭିତ୍ତିକରି କବି ସୁଚିତ୍ରାଙ୍କ କାବ୍ୟଜଗତ ହୋଇଛି ଭାବମୟ। ଯେଉଁଠି ପାପ ମଧ୍ୟ ପାଲଟିଯାଏ ଏକାନ୍ତ ବିଶ୍ୱସ୍ତ। ଜୀବନ-ବିଶ୍ୱାସ ପରାର୍ଦ୍ଧର ତ୍ରିବେଣୀ ସଂଗମରେ ସଂଗଠିତ ବିମୁଗ୍ଧ କବିପ୍ରାଣ ପ୍ରସରିଯାଇଛି କବି ସୁଚିତ୍ରାଙ୍କ କାବ୍ୟିକ ଚେତନାର ସମୁଦାୟ ଭାବଭୂମିକୁ।

ମିନତୀ ମିଶ୍ର (୧୯୬୩) : ସମସାମୟିକ କବିତାଜଗତରେ କବି ମିନତୀ ମିଶ୍ର ଜଣେ ଚର୍ଚ୍ଚିତ ନାରୀ ପ୍ରତିଭା। ଅତ୍ୟନ୍ତ ସନ୍ତର୍ପଣତାର ସହ କବିତାରେ ଫୁଟାଇପାରିଛନ୍ତି ଜୀବନର ସାମ-ସଂଗୀତ। ନାରୀମନସ୍କ ଭାବପ୍ରବଣତା ସହ ଦୁର୍ବୋଧ୍ୟତାକୁ ପରିହାର କରି ଅତି ସହଜ-ସରଳ-ସାବଲୀଳ ଭାବନାର ଆତ୍ମପ୍ରତ୍ୟୟରେ ଗଢ଼ା ତାଙ୍କ ଭୂଇଁ 'ମନ୍ମୟ ମୁହୂର୍ତ୍ତ' ହେଉଛି ଏହି ଆତ୍ମପ୍ରତ୍ୟୟଙ୍କ ଜୀବନବୋଧର ଅଭିଲିପି।

ଜୟଶ୍ରୀ ଦାଶ (୧୯୬୩) : ଆଧ୍ୟାତ୍ମିକ ଭାବ ସମ୍ମୋହନରେ ସତତ ପ୍ରଜ୍ୱଳିତ ଯାହାଙ୍କ କବିତା, ସେ ହେଉଛନ୍ତି କବି ଜୟଶ୍ରୀ ଦାଶ। ବିପୁଳ ମାନବୀୟ ସମ୍ବେଦନାରେ ଛଳଛଳ ତାଙ୍କ କାବ୍ୟିକ ପରିଧି, ଯେଉଁଠି ପ୍ରତିନିୟତ ପ୍ରଜ୍ୱଳିତ ମାନବିକତାବୋଧର ନୀରବ ଉଚ୍ଚାରଣ। 'ଛାୟା ଚିତ୍ରଣ', 'ସବୁ ଥାଇ ଖୋଜିବାକୁ ହୁଏ', 'ପ୍ରୀତି ଫଲଗୁ' ଏବଂ 'ପ୍ରେମିକ' ଆଦି କବିଙ୍କ ସୃଜନମନସ୍କତାର ପରିଚାୟକ।

ମୋନାଲିସା ଜେନା (୧୯୬୩) : ଆଞ୍ଜୁଳାଏ ପ୍ରତ୍ୟୟର ପ୍ରତିଶ୍ରୁତି ହେଉଛନ୍ତି କବି ମୋନାଲିସା ଜେନା। ରହସ୍ୟବାଦର ଆଟୋପରେ ବିଡ଼ମ୍ବିତ ମୂଲ୍ୟବୋଧଜନିତ ବ୍ୟଥା ଓ ବେପଥୁ ହୋଇଛି ତାଙ୍କ କବିତାର ସୂକ୍ଷ୍ମକଳା। ବହୁଧା ବିଭକ୍ତ ମଣିଷର ଜୀବନ ଓ ତା'ର ଖଣ୍ଡିତ ବ୍ୟକ୍ତିସତ୍ତାର ଆର୍ତ୍ତି ଗହଗହ କବି ମୋନାଲିସାଙ୍କ କବିତାରେ ଆତଯାତ ଅହରହ। ଆଧ୍ୟାତ୍ମିକତାର କମନୀୟତାରେ ଭରପୁର କବି ମୋନାଲିସାଙ୍କ କାବ୍ୟିକ ସମ୍ଭାର। ଦାର୍ଶନିକତାର ନିବିଡ଼ ଉପଲବ୍ଧି ପ୍ରତିନିୟତ ପ୍ରସାରିତ। ନାରୀ ଚେତନାର ଅନ୍ତସତ୍ତାଟିଏ ଏକାନ୍ତପଣରେ

ପ୍ରଲମ୍ବିତ, ଅଥଚ ଶବ୍ଦ ଯାହାଙ୍କ ପାଇଁ ବ୍ରହ୍ମ କେବଳ ନୁହେଁ; ଅଧିକନ୍ତୁ ଅସହାୟ ଜୀବନବୋଧର ପ୍ରଶସ୍ତ ମାର୍ଗଟିଏ 'ନିସର୍ଗ ଧ୍ୱନି', 'ନକ୍ଷତ୍ର ଦେବୀ', 'ଏସବୁ ଧ୍ରୁବ ମୁହୂର୍ତ୍ତ' ଆଦି ତାଙ୍କ କାବ୍ୟିକ ସତ୍ତାର ଅନନ୍ୟତା। ଏତଦ୍‌ଭିନ୍ନ ଅନୁବାଦ ପୁସ୍ତକ 'ଆଶୀର୍ବାଦର ରଙ୍ଗ' ପାଇଁ କେନ୍ଦ୍ର ସାହିତ୍ୟ ଏକାଡ଼େମୀ ପୁରସ୍କାରରେ ମଧ୍ୟ ସମ୍ମାନିତା।

ସୁନନ୍ଦା ତ୍ରିପାଠୀ (୧୯୬୪) : ପ୍ରେମ - ପ୍ରତାରଣା - ବିଷଣ୍ଣତାର ଅନ୍ତରଙ୍ଗ ଆକୁଳପଣର ମହମହ ଶବ୍ଦସିଦ୍ଧା କବି ସୁନନ୍ଦା ତ୍ରିପାଠୀଙ୍କ କାବ୍ୟିକତା। ଜୀବନର ଅନ୍ତରଙ୍ଗ ଅନୁଭୂତି ଓ ଉପଲବ୍ଧି ସଂଜାତ କାର୍ଯ୍ୟକଳାପକୁ ସମନ୍ୱିତ କରି ସେ ନୀରବରେ ଆଙ୍କିପାରନ୍ତି କବିତାର କାନ୍‌ଭାସ୍। ନିଛକ ଜୀବନବୋଧର ସଫଳ ପ୍ରତିନିଧି ସ୍ୱରୂପ ପ୍ରକାଶିତ କବିତା ସଂକଳନ 'ଲଗ୍ନସ୍ନାନ' ଏହାର ଜ୍ୱଳନ୍ତ ନିଦର୍ଶନ।

ରୁମ୍‌ଝୁମ୍ ନାୟକ (୧୯୬୪) : କବି ରୁମ୍‌ଝୁମ୍ ନାୟକ ଜଣେ ପ୍ରତିଶ୍ରୁତିବଦ୍ଧ କବି ଓ ଗାଳ୍ପିକା ଭାବେ ସୁପରିଚିତା। ତାଙ୍କ କବିତାରେ ଦରଦୀ ମଣିଷର କଥା ଓ ବ୍ୟଥା ଉଭୟ ଛଳଛଳ। ଆବେଗ ପ୍ରବଣତା ସହିତ ଦାମ୍ଭିକ ଭାଷା ପ୍ରୟୋଗ ତାଙ୍କ କବିତାର ମୁଖ୍ୟ ଆଧାର। ବ୍ୟକ୍ତିଗତ ଜୀବନର ଚିତ୍ର ଓ ଚରିତ୍ରରେ ପୁଷ୍କଳ ତାଙ୍କ କାବ୍ୟପରିଧି। ସୁଖ-ଦୁଃଖ, ପ୍ରେମ-ପ୍ରଣୟ, ଆଶା-ନିରାଶା ଆଦି ଜୀବନର ଚରମ ଉପଲବ୍ଧିକୁ ବରଣ କରିଛନ୍ତି କବି ରୁମ୍‌ଝୁମ୍। ସେ ଗଭୀର ଆଶାବାଦୀ। ତେଣୁ ତାଙ୍କର ପ୍ରାୟତଃ କବିତାରେ ପାଠକ ଆତ୍ମପ୍ରତ୍ୟୟର ଛବି ନିଶ୍ଚିତ ରୂପେ ଦେଖିପାରେ। 'ଉର୍ମିର ଉଚ୍ଛ୍ୱାସ' ତାଙ୍କ କବିମାନସର ସବୁଜ ସ୍ୱାକ୍ଷର।

ସୁଚେତା ମିଶ୍ର (୧୯୬୫) : ବଞ୍ଚିତର ଅଧିକାର ତଥା ଅନାଚ୍ଛର ବିରୋଧରେ ଦୃଢ଼ ପ୍ରତିବାଦ ସହ 'ନାରୀବାଦ'ର ସ୍ୱର ବେଶ୍ ପ୍ରଖର କବି ସୁଚେତା ମିଶ୍ରଙ୍କ କବିତାରେ। ସାମାଜିକ ବୈଷମ୍ୟ ତଥା ବିସଙ୍ଗତିର ପ୍ରତିଧ୍ୱନି ତାଙ୍କର ପ୍ରାୟତଃ କବିତା। ପ୍ରଗତିବାଦୀ କାବ୍ୟଧାରାକୁ ପାଥେୟ କରି ଆବେଦନରେ କବିତାକୁ ଦେଇଛନ୍ତି ଏକ ସ୍ୱତନ୍ତ୍ର ପରିପାଟୀ; ଯାହା ତାଙ୍କ କାବ୍ୟିକ ଶୈଳୀର ଅନନ୍ୟତା। 'ଉତ୍ତର ପକ୍ଷ', 'ପୂର୍ବରାଗ', 'ଶିଳାଲିପି', 'ଖଉବ୍ ପାଖରେ', 'ଶବ୍ଦମାନେ ମୋର', 'ନିଜ ନିଜ କୁରୁକ୍ଷେତ୍ର', 'ଅଜନ୍ମା', 'ପ୍ରତିଘାତ' ଆଦି ତାଙ୍କ କାବ୍ୟିକ ଚେତନାର ଅନନ୍ୟ ଇସ୍ତାହାର।

ସୈରିନ୍ଧ୍ରୀ ସାହୁ (୧୯୬୫) : ୧୯୬୫ ମସିହାରେ ଜନ୍ମିତ କବି ସୈରିନ୍ଧ୍ରୀଙ୍କର କବିତାରେ ଜୀବନକଥା ସହିତ ଭରିରହିଛି ଅସରନ୍ତି ବ୍ୟଥାର ମୂର୍ଚ୍ଛନା। 'ସଖା' ପାଇଁ ରହିଛି ହୃଦୟର ଗଭୀର ପ୍ରଦେଶରେ ସୁରକ୍ଷିତ ସ୍ଥାନ। ଜୀବନର ପ୍ରତିଟି ମୁହୂର୍ତ୍ତକୁ ଯେ ପ୍ରେମରେ ରୂପାନ୍ତରିତ କରିପାରେ ସେ ହିଁ ହୋଇପାରେ ସୈରିନ୍ଧ୍ରୀ। କବି ସୈରିନ୍ଧ୍ରୀଙ୍କର ସମଗ୍ର କାବ୍ୟଜଗତରେ ପ୍ରେମର ସୂକ୍ଷ୍ମ ସତ୍ତାକୁ ଅନୁଭବ କରାଯାଇପାରେ, ଯେଉଁଠିକି କାବ୍ୟସତ୍ତାର ଆତ୍ମିକ ଆବେଦନ ଓହ୍ଲାଇ ଆସେ କବିତାର ଏକ ନିଷ୍ପାପ ପୃଥିବୀକୁ। ଯେଉଁ ପୃଥିବୀରେ ପ୍ରେମ ହିଁ ଏକମାତ୍ର ଜିଇଁବାର ସାଧନ। ଓଡ଼ିଆ କବିତାରେ କବି ସୈରିନ୍ଧ୍ରୀ ସ୍ୱତନ୍ତ୍ର ସ୍ଥାନର ଅଧିକାରିଣୀ। ତାଙ୍କ ସୃଜନ ସୃଷ୍ଟି ମଧ୍ୟରେ ରହିଛି 'ସଖା', 'ଅନ୍ୱେଷା', 'ଫେରିଆସିନି', 'ପ୍ରିୟତମେଷୁ',

'ଝିଅପାଇଁ ଝର୍କା' ଆଦି କବିତା ସଂକଳନ। ଗଳ୍ପ ସଂକଳନ ମଧ୍ୟରେ ରହିଛି 'ସ୍ମୃତିର ପାଦଚିହ୍ନ', 'ବାପା ଅଦୃଷ୍ଟ ଓ ଦି' ଟୋପା ଲୁହ' କଥା ଉପକଥା, କଥା କାହାଣୀ, ଜୀବନ ଯେମିତି ଏବଂ ଶିଶୁ ସାହିତ୍ୟ 'କଇଁଚି କାକୁଡ଼ି ନଳିତାପିତା', 'ଆମେ ସିନା ଟିକି!' ଆଦି। ସାହିତ୍ୟ ସାଧନା ନିମିତ୍ତ ବିଭିନ୍ନ ପୁରସ୍କାର ଓ ସମ୍ମାନର ଅଧିକାରିଣୀ କବି ସୈରିନ୍ଧ୍ରୀ ସାହୁ ସଂପ୍ରତି 'ଧ୍ୱନି ପ୍ରତିଧ୍ୱନି' ଓ 'ସାଗରିକା'ର ସମ୍ପାଦନା ଦାୟିତ୍ୱରେ ମଧ୍ୟ ଅଛନ୍ତି।

ଭାଗ୍ୟଲିପି ମଲ୍ଲ (୧୯୬୫) : ବିଶିଷ୍ଟ ସ୍ତମ୍ଭକାର, କବି, ଗାଳ୍ପିକା ଭାବେ ପରିଚିତା ଡକ୍ଟର ଭାଗ୍ୟଲିପି ମଲ୍ଲ ଚଳନ୍ତି କାଳଖଣ୍ଡର ଏକ ନିରପେକ୍ଷ କାବ୍ୟ ସ୍ୱର। ତାଙ୍କ କବିତା ଆତ୍ମମନସ୍କ ଅନ୍ତର୍ବୋଧରେ ଚିର ସମୁଜ୍ଜ୍ୱଳ। ସ୍ମୃତିର ସରହଦରୁ ଅତୀତକୁ ସାଉଁଟି ଆକୁଳ ଆବେଗରେ ସେସବୁକୁ ପ୍ରଜାପତିର ମନ ନେଇ ଉଡ଼ିବାର ଆତୁରତାରେ ବର୍ଣ୍ଣିଳ କବି ଭାଗ୍ୟଲିପିଙ୍କ ସାରସ୍ୱତ କବିତା ସଂକଳନ ହେଉଛି 'ପ୍ରଜାପତିର ରାତିଘର' ଓ ଗଳ୍ପ ସଂକଳନ କାଳ : କାଳାନ୍ତର।

ରୁନୁ ମହାନ୍ତି (୧୯୬୬) : ଅହରହ ବେଦନାକୁ ଆକଣ୍ଠ ପାନ କରି ଯେ ନିଜକୁ ସହଜ କରିପାରେ ସେ ରୁନୁ ମହାନ୍ତି। ଛଳନାରହିତ ଆବେଗ, ଧୂ ଧୂ ବାଲିବନ୍ତ, ମୁଠାଏ ଦୀର୍ଘଶ୍ୱାସ, ସମୁଦ୍ରପରି ଅହରହ ଅବଶୋଷରେ ପୂର୍ଣ୍ଣ ରୁନୁ ମହାନ୍ତିଙ୍କ କାବ୍ୟଜଗତ। ଜୀବନର ଦୋଛକିରେ ଦୁନିଆର ସବୁଠୁ ଖରାପ ଝିଅ ଭାବେ ନିଜକୁ ଅବିହିତ କରିବାର ଅଦମ୍ୟ ସାହାସ ଭିତରେ ପ୍ରେମିକାର ସୂକ୍ଷ୍ମ ଆତ୍ମସତ୍ତାଟିଏ ଚେନାଏ ଆଶ୍ୱାସନା ନେଇ ଅନ୍ୟ ଏକ ଜଗତର ସନ୍ଧାନରେ ସେ ସଦା ପ୍ରୟାସୀ। ତାଙ୍କ ମତରେ "ପ୍ରାଣରେ ପ୍ରେମର ସାଧୁତା ନଥିଲେ ସୂକ୍ଷ୍ମ ଅନୁଭୂତିକୁ ବ୍ୟକ୍ତ କରିହେବ ନାହିଁ।" ଜୀବନର ଅହରହ ଶବ୍ଦଙ୍କ ପଛରେ ଗୋଡ଼ାଇ ଗୋଡ଼ାଇ ଅକ୍ଷର ବ୍ରହ୍ମକୁ ସହସ୍ର ଜୁହାର କରନ୍ତି; ଶବ୍ଦମୟତାରେ ଉବୁଟୁବୁ ହୁଅନ୍ତି। ନିର୍ବିବାଦରେ ଆତ୍ମସତ୍ତାକୁ ସାର୍ବଜନୀନ କରି ନିପୀଡ଼ିତ ନାରୀତ୍ୱର ହଳାହଳକୁ ଆତ୍ମସ୍ଥ କରି ନୂତନ ପ୍ରତିଶ୍ରୁତି ନେଇ ନିଜକୁ ପ୍ରସ୍ତୁତ କରନ୍ତି। ଓଡ଼ିଆ କାବ୍ୟଜଗତରେ ସେ ଡହଡହ ଖରାବେଳ; ଯିଏ ପ୍ରଚଣ୍ଡ ଉତ୍ତାପରେ ଜଳିପାରେ ଆଉ ଅନ୍ୟକୁ ପ୍ରେମର ପ୍ରଚଣ୍ଡତାରେ ଜାଳି ମଧ୍ୟ ପାରେ। 'ରାଧାନୋଳିଆଣୀ', 'ବାଜେଝିଅ', 'ମୋହିନୀ', 'ସହଜ ସୁନ୍ଦର' ଆଦି ସେହି ପ୍ରଚଣ୍ଡତାର ସ୍ୱାକ୍ଷର।

ଚିରଶ୍ରୀ ଇନ୍ଦ୍ରସିଂ (୧୯୬୬) : ଉଭୟ କବିତା ଓ ଗଳ୍ପଜଗତର ଜଣେ ଚର୍ଚ୍ଚିତ ତଥା ପ୍ରଖର ନାରୀସ୍ୱର ରୂପେ କବି ଚିରଶ୍ରୀ ଇନ୍ଦ୍ରସିଂ ବେଶ୍ ଜଣାଶୁଣା। ଅନୁରକ୍ତି ବିଜଡ଼ିତ ଜୀବନବୋଧ ସହ ଅଙ୍ଗୀକାରବଦ୍ଧ ନାରୀତ୍ୱର ଗରିମା ହୋଇଛି କବିଙ୍କ କବିତାର ଶ୍ରେଷ୍ଠ ସମ୍ପଦ। ସକଳ ବିରୋଧାଭାସ ଭିତରେ ପରିବର୍ତ୍ତନହିଁ ଆତ୍ମପ୍ରକାଶିତ ଅନ୍ତରଙ୍ଗ ପ୍ରାଣର ଇପ୍ସିତ ଆହ୍ୱାନ ରୂପେ। ସାମାଜିକ ଜୀବନର ବିଡ଼ମ୍ବିତ ଭାଗ୍ୟ ବିରୁଦ୍ଧରେ ଅହରହ ନୀରବ ବିପ୍ଳବଟିଏ ମଧ୍ୟ ଗୁଞ୍ଜରିତ। ପ୍ରେମ-ଦ୍ରୋହ-ଆତ୍ମପ୍ରତ୍ୟୟର ତ୍ରିକୋଣୀୟ ଭାବଭୂମିରେ ଅଭିମନ୍ତ୍ରିତ ତାଙ୍କ କାବ୍ୟିକ ବ୍ୟକ୍ତି ସତ୍ତା। ଯେଉଁଠି ବ୍ୟାପ୍ତି ଯେତିକି ଗଭୀରତା ମଧ୍ୟ ସେତିକି। ଯାହାଙ୍କ ମୁଖ୍ୟ

ସ୍ୱର ସର୍ବଦା ପାଲଟିଛି 'ନାରୀ ଅସ୍ମିତାର ସଂଗ୍ରାମ ମାନବୀୟ ମର୍ଯ୍ୟାଦାର ଅନ୍ୟନାମ'। 'ପକ୍ଷୀଜନ୍ମ ଓ ଅନ୍ୟାନ୍ୟ କବିତା', 'କେବେ କେବେ ଜହ୍ନରାତି', 'ଶାଢ଼ି' ଆଦି ତାଙ୍କ କାବ୍ୟିକ ସତ୍ତାର ବୈପ୍ଳବିକ ଆହ୍ୱାନ୍। ଏତଦ୍‌ଭିନ୍ନ 'ବେଙ୍ଗବତୀ କଥା', 'ବିଡ଼ମ୍ବନା', 'ଛବି', 'ଉଡିଆଣୀ ସଂଜ', 'ସୁଅ', 'ସର୍ପିଙ୍ଗ', 'କିମ୍ଭୀର ଦେଶ', 'ଅଙ୍କାବଙ୍କା ନଈ', 'ଶୀତରାତିର କୌତୁକ', 'ଶୂନ୍ୟବେଶ' ଆଦି ତାଙ୍କ ସୃଜନଶୀଳତାର ପରିଭାଷା।

ନବଜ୍ୟୋତି ରାୟ (୧୯୬୭) : ଏକାନ୍ତ ଜୀବନ ମନସ୍କତାକୁ ଆତ୍ମିକ ଆକୁଳତାରେ ସାଇତି, ପ୍ରଶଂସା ଓ ଆତ୍ମବିଜ୍ଞାପନଠାରୁ ଦୂରେଇ ଯେ ନିରବଧି ସାହିତ୍ୟ ସାଧନାରେ ମଗ୍ନ ସେ ହେଉଛନ୍ତି କବି ନବଜ୍ୟୋତିରାୟ। ତାଙ୍କ ପାଇଁ ଭାବ ହେଉଛି ବଡ଼କଥା। ତଥାକଥିତ ସମାଜର ଅହଂବୋଧକୁ ଜଳାଞ୍ଜଳି ଦେଇ ନିରୋଳା ଭଲପାଇବାରେ ବିଶ୍ୱାସୀ କବି ନବଜ୍ୟୋତି ରାୟ କବିତା ରଚନାରେ ସଦା ବିଭୋର। ସାମାଜିକ ଅବିଚ୍ଛର ବିରୋଧରେ ସ୍ୱର ଉତ୍ତୋଳନ ତାଙ୍କ କାବ୍ୟିକ ଦ୍ୟୋତନାର ଅନନ୍ୟ ଦିଗ। 'ସାରାଂଶ' ଓ 'ବୃଷରାଶି' ତାଙ୍କ ବିମଳ କବିତ୍ୱର ପରିଚ୍ଛୟକ।

ପ୍ରଜ୍ଞାଶ୍ରୀ ରଥ (୧୯୬୭) : ଉତ୍ତର ଆଧୁନିକ କାବ୍ୟଧାରାର ଅନ୍ୟତମ ପ୍ରଚଣ୍ଡ ତଥା ପ୍ରତିଶ୍ରୁତିସଂପନ୍ନ କବି ହେଉଛନ୍ତି ପ୍ରଜ୍ଞାଶ୍ରୀ ରଥ। ପ୍ରେମ-ପ୍ରତ୍ୟାଶା-ପ୍ରତିଶ୍ରୁତିକୁ ନୈବେଦ୍ୟ କରି ସେ ସଂରଚନା କରିପାରନ୍ତି କବିତାର କମନୀୟ ପୃଥିବୀ। ନାରୀତ୍ୱର ମହିମାଗାନ ସହ ଅନୁରକ୍ତି ବିଜଡ଼ିତ ଜୀବନ ଜିଜ୍ଞାସାରେ ବେଶ୍ ସ୍ୱଚ୍ଛଳ ତାଙ୍କ କବିତାର ଭାବଭୂଇଁ। ନୈତିକତାର ଅବକ୍ଷୟ ଜନିତ ଦ୍ୱନ୍ଦ୍ୱ ତଥା ପରିବର୍ତ୍ତନଶୀଳ ପୃଥିବୀ ବିରୋଧରେ ନିରବ ବିଦ୍ରୋହକୁ ଉଦ୍‌ଘୋଷିତ କରିଥାଏ ତାଙ୍କ 'ପକ୍ଷୀଜନ୍ମ', 'ପାରଦର ପାଦ', 'ମୁଁ ନ ଥିବାବେଳେ', ଉପନ୍ୟାସ 'ଦର୍ପଣ ସୁନ୍ଦରୀ' ଓ 'ବର୍ଗାକାର ହୃଦୟ'।

ରତ୍ନମାଳା ସ୍ୱାଇଁ (୧୯୬୭) : ନାରୀତ୍ୱର ସ୍ୱଭାବସିଦ୍ଧ ଭାବ ସଂବେଗର ନିର୍ମୋକ ଆଢୁଆଳରେ ଶଂକାୟିତ ମନ ଭିତରେ ସଂଭାବନର ଖିଅଟିଏ ଖୋଜୁଥିବା ମଣିଷଟେ ହେଉଛନ୍ତି କବି ରତ୍ନମାଳା ସ୍ୱାଇଁ; ପାପୁଲି ପ୍ରତିଶ୍ରୁତି। ଯେଉଁଠି କବିତାର ମନ୍ତ୍ରିତ ଆହ୍ୱାନ ଆଞ୍ଜୁଳାଏ ସୁଖ, ସେଇଠି ଧାରେ ଜହ୍ନ ଆଲୁଅରେ ଗଢ଼ା 'ନଈର ଘର' ଅଦ୍ଭୁତ କବିତ୍ୱରେ ଜୀବନ୍ୟାସ ପାଏ 'ଫଟୋଫ୍ରେମ୍'। କ୍ଷଣିକ ଜୀବନର ଗରିମା ବଖାଣରେ ସମୃଦ୍ଧ ତାଙ୍କ ସାରସ୍ୱତ ଜଗତ। ବିଧୁରିତ ପ୍ରାଣର ଆକୁଳ ଆବେଗରେ ଭରା 'ଡାଏରୀ କବିତା'ର ଭାବଜଗତ। ପ୍ରେମରେ ପରମାର୍ଥ ପ୍ରାପ୍ତିର ଚରମ ସୁଖର ଉପଲବ୍ଧି କବି ରତ୍ନମାଳାଙ୍କ କାବ୍ୟପରିଧି।

ଅଞ୍ଜୁମନ ଆରା (୧୯୬୭) : ଉଭୟ ହିନ୍ଦୀ, ଓଡ଼ିଆ କବିତାରେ ପାରଦର୍ଶିତା ହାସଲ କରିଥିବା ଅନ୍ୟତମ ନାରୀ ସ୍ୱର ହେଉଛନ୍ତି କବି ଅଞ୍ଜୁମନ ଆରା। ଖୁବ୍ ବେଶି ସୁଖ୍ୟାତି ନଥିବା ସତ୍ତ୍ୱେ ଜଣେ ମଗ୍ନ କାବ୍ୟଶିଳ୍ପୀ। ତାଙ୍କ ନିଷ୍ଠା ଓ ସାରସ୍ୱତ ସାଧନାର ଫଳଶ୍ରୁତି ହେଉଛି ତାଙ୍କ କବିତା। ଯଦିଓ ତାଙ୍କର କଳାଭୂମି ଅତିରିକ୍ତ ଶୈଳୀ ସର୍ବସ୍ୱ ନୁହେଁ ତଥାପି

ସମସାମୟିକ ପ୍ରଚଳିତ ଧାରାର ସେ ଅନ୍ୟତମ ଶବ୍ଦବିନ୍ଧାଣୀ। ବ୍ୟକ୍ତିଗତ ଆବେଦନ ତଥା ଆବେଗସିକ୍ତ ପ୍ରତିବେଦନ ହିଁ ତାଙ୍କ କତିପୟ କଳାକର୍ମର ମୂର୍ଚ୍ଛନା। ଯଦିଓ ଲେଖନୀ ଅଜସ୍ରସ୍ରାବୀ ନୁହେଁ ମାତ୍ର ସମସାମୟିକ ପତ୍ରପତ୍ରିକାର ପୃଷ୍ଠା ମଣ୍ଡନ କରନ୍ତି ନିଜସ୍ୱ ଭିନ୍ନ ଶୈଳିକ ଆବେଦନ ପାଇଁ।

ଅସୀମା ସାହୁ (୧୯୬୮) : ଚଳନ୍ତି କାଳଖଣ୍ଡର ଜଣେ ମଗ୍ନ କାବ୍ୟଶିଳ୍ପି ହେଉଛନ୍ତି କବି ଅସୀମା ସାହୁ। ଜୀବନର ସମସ୍ତ ଅନୁଭବକୁ ଭାବରେ ଭେଦେଇ ସ୍ୱକୀୟ କାବ୍ୟିକ ଚାତୁର୍ଯ୍ୟରେ ଭଲପାଇବାର ବିଭୋରପଣର ସଜଳ ସ୍ୱାକ୍ଷର ହେଉଛି ତାଙ୍କ କବିତା। କବିତା ତାଙ୍କପାଇଁ ନିଃଶ୍ୱାସ ପ୍ରଶ୍ୱାସ। ଭଲପାଇବାର ନିବିଡ଼ ଆଶ୍ଲେଷରେ ଅଭିଷିକ୍ତ ତାଙ୍କ କାବ୍ୟଭୂଇଁ। ବୌଦ୍ଧିକ ଜଟିଳତାରୁ ମୁକ୍ତ ତାଙ୍କ କବିତାର ଆବେଦନ ଆବେଗାୟିତ। କେତେବେଳେ ସେ ରୋମାଣ୍ଟିକ୍ ତ କେତେବେଳେ ମାନବିକତା ମୂଲ୍ୟବୋଧର ମୁଖରିତ ପ୍ରତିଧ୍ୱନି; ପୁଣି କେବେ ନିକ୍ୱଣିତ ନାରୀତ୍ୱର ଅନ୍ତରଙ୍ଗ ଉପଲବ୍ଧି। ଜୀବନକୁ ଅତିପାଖରୁ ଅନୁଭବି ଭାଷା ପାଇପାରୁ ନଥିବା ଦୁଃଖମାନଙ୍କୁ କବିତାର ଆଙ୍କିବାର କଳା କେବଳ କବି ଅସୀମାଙ୍କ ପରି କାବ୍ୟଶିଳ୍ପୀ ପକ୍ଷେ ସମ୍ଭବ। ଅଶ୍ରୁସିକ୍ତ ସମ୍ବେଦନଶୀଳ ବେଦନାବୋଧର ବିମୁଗ୍ଧ ଉଚ୍ଚାରଣ ହେଉଛି ତାଙ୍କ ଭାବଜଗତ। ନାରୀବାଦୀ ଚେତନାର ଜଣେ ଭିନ୍ନ ପ୍ରତିବେଦକ ରୂପେ ମଧ୍ୟ ସେ ସୁପରିଚିତ। 'ପ୍ରିୟତମ ଶୀତଦିନ ଖରା', 'ରାଣ ଯେ', 'ଇସାରାରେ ଡାକେ କିଏ ଦିଗ୍‌ବଳୟ ସେପାରିରୁ' 'ଥାକ ଥାକ ବାହାନା', 'ପୁକାରେ କୋଇ ୠିତିଜ କେ ପାର ସେ' (ହିନ୍ଦୀ ଅନୁବାଦ) ପରି ହୃଦୟ ଛୁଉଁଥିବା କବିତା ସଂକଳନଗୁଡ଼ିକ କବି ଅସୀମାଙ୍କ ଉଜ୍ଜ୍ୱଳତାକୁ ପ୍ରଜ୍ୱଳିତ କରେ। ଏତଦ୍‌ଭିନ୍ନ ବୌଦ୍ଧିକ ସ୍ୱାଦର ଉଚ୍ଚାଙ୍ଗ ସ୍ତମ୍ଭ ରଚନା ପାଇଁ ମଧ୍ୟ ସେ ଜଣେ ଚର୍ଚ୍ଚିତ ଚେହେରା।

ପଦ୍ମଜା ଶରଣ (୧୯୬୮) : ଦେହରୁ ଦେହାତୀତ, ପ୍ରେମରୁ ପରମାର୍ଥ ଯାହାଙ୍କ କବିତାର ଅନନ୍ୟ ବୈଶିଷ୍ଟ୍ୟ ସେ ହେଉଛନ୍ତି ଆମ ସମୟର ଜଣାଶୁଣା କବି ପଦ୍ମଜା ଶରଣ। ଜୀବନପ୍ରତି ନିବିଡ଼ତା ତଥା ଗଭୀର ଆତ୍ମପ୍ରତ୍ୟୟ ତାଙ୍କ କବିତାକୁ ବୁଦ୍ଧିଦୀପ୍ତ କରେ। ରୋମାଣ୍ଟିକ୍ ଭାବାବେଗ ସହିତ ନିଜସ୍ୱ ରଚନାଗତ ବଳିଷ୍ଠ ଆବେଦନ ସମକାଳୀନ ସ୍ରଷ୍ଟାମାନଙ୍କ ମଧ୍ୟରେ ସ୍ୱାତନ୍ତ୍ର୍ୟ କରି ଗଢ଼ି ତୋଳେ। 'ଅଚିହ୍ନା ଆଖି', 'ମୂର୍ଚ୍ଛିତ ମୃଗୟା', 'ଅସରନ୍ତି ଅସ୍ତରାଗ', 'ଦେହ ଦେହାନ୍ତର', 'ଦିନଲିପି', 'କାଶତଣ୍ଡୀ ଫୁଲ', 'କସ୍ତୁରୀକ୍ଷତ' ଆଦି ତାଙ୍କ କବିପ୍ରାଣତାର ପରିଚାୟକ।

ଯୋଗ୍ୟଶ୍ରୀ ସାମଲ (୧୯୬୮) : ସୂକ୍ଷ୍ମଭାବେ କବିତାର ନିରବ ବିଦ୍ରୋହର ବୀଜ ବପନ କରିପାରୁଥିବା ଚଳନ୍ତି କାଳଖଣ୍ଡର ଅନ୍ୟତମ ନାରୀକବି ହେଉଛନ୍ତି ଯୋଗ୍ୟଶ୍ରୀ ସାମଲ। ନାରୀର ଅସ୍ତିତ୍ୱକୁ ନେଇ କବିତାକୁ ଅସ୍ତ୍ର ଭାବେ ବ୍ୟବହାର କରିବାରେ ସେ ପ୍ରବୀଣା ଓ ସିଦ୍ଧହସ୍ତା। ସାମାଜିକ ପରମ୍ପରାଜନିତ ବିସଙ୍ଗତିକୁ ପ୍ରାସଙ୍ଗିକ କରି ଏକ ନିର୍ଦ୍ଦିଷ୍ଟ କାଳଖଣ୍ଡର ଯନ୍ତ୍ରଣାକୁ ଭୋଗୁ ଭୋଗୁ ଆତ୍ମଲୀନ ହୁଅନ୍ତି ନିଜସ୍ୱ ସୃଜନ ପରିଧିରେ। ଯେଉଁଠି ତପସ୍ୱିନୀ ଭଳି ସେ ଧ୍ୟାନସ୍ଥ ଓ ଆତ୍ମସ୍ଥ ମଧ୍ୟ। କବିଙ୍କ ସୃଜନ ମାନସର ଶ୍ରେଷ୍ଠ ପରିଚାୟକ ରୂପେ ପାଠକୀୟ

ଶ୍ରଦ୍ଧାଲାଭ କରିଛି କବିତା ସଂକଳନ।

ମୋନାଲିସା ମିଶ୍ର (୧୯୬୯) : ଗଳ୍ପଜଗତରେ ସ୍ୱତନ୍ତ୍ର ସ୍ଥାନ ଅଧିକୃତ କରିଥିବା କବି ମୋନାଲିସା ମିଶ୍ରଙ୍କ କବିତାର କଳାପାଟବତାକୁ ମଧ୍ୟ ଅସ୍ୱୀକାର କରାଯାଇ ନପାରେ। ନାରୀ ମନସ୍ତତ୍ତ୍ୱକୁ ଭିତ୍ତି କରି ଗଢ଼ିଉଠିଛି କବି ମୋନାଲିସାଙ୍କ କାବ୍ୟଜଗତ। ବ୍ୟଥିତ ନାରୀତ୍ୱର ସତ୍ତା ଓ ଭାବ ସଂବେଗକୁ ଆଧାର କରି ପ୍ରକାଶିତ ତାଙ୍କର ଏକମାତ୍ର କବିତା ସଂକଳନ 'ଉଭାନ ଫେରିବାଲା' ଯଥେଷ୍ଟ ପାଠକୀୟ ପ୍ରତିକ୍ରିୟା ସାଉଁଟିପାରିଛି। ଏତଦ୍‌ଭିନ୍ନ ଗଳ୍ପ ସଂକଳନ 'ବାଘରାତି', 'କେତେଦୂର କୃଷ୍ଣଚୂଡ଼ା' 'ଶିମିଳି ସନ୍ଧ୍ୟା', 'ଦେହ ବର୍ଣ୍ଣାଳୀ', 'ଡାକି ଦେଇ ଯାଏ ସେ ଛାଇ', 'ଖେଳ ଓ ଅନ୍ୟାନ୍ୟ ଗଳ୍ପ' ଓଡ଼ିଆ ଗଳ୍ପଜଗତରେ ସ୍ୱତନ୍ତ୍ର।

ଆଦ୍ୟାଶା ଦାସ (୧୯୬୯) : ଉଭୟ ଇଂରାଜୀ ଓ ଓଡ଼ିଆ ସାହିତ୍ୟ ରଚନା କ୍ଷେତ୍ରରେ ପାରଦର୍ଶିତା ପ୍ରଦର୍ଶନ କରିଥିବା ବ୍ୟକ୍ତିତ୍ୱ ହେଉଛନ୍ତି କବି ଆଦ୍ୟାଶା ଦାସ। ଅଧ୍ୟାପନାରେ ମନୋନିବେଶ କରିଥିବା କବି ଆଦ୍ୟାଶାଙ୍କ ସୃଜନାତ୍ମକ ସୃଷ୍ଟିରେ ରହିଛି ଜୀବନପ୍ରତି ଶାଣିତ ଦୃଷ୍ଟିଭଙ୍ଗୀ। ଉଦ୍ଦେଶ୍ୟ ପ୍ରଣୋଦିତ ହୋଇ ସେ କବିତାଜଗତରେ ହାତ ଦେଇନାହାନ୍ତି ବରଂ ଦାୟିତ୍ୱସମ୍ପନ୍ନ ଅଙ୍ଗୀରକାରବଦ୍ଧତା ତାଙ୍କ କବିତାଜଗତକୁ ଯେତିକି ସ୍ୱଚ୍ଛନ୍ଦ ଓ ସାବଲୀଳ କରିଛି ସମାନ୍ତରଭାବେ କରିଛି ରୁଚିବନ୍ତ ଓ ସ୍ୱତନ୍ତ୍ର। ସୃଜନର ଶ୍ରେଷ୍ଠ ନିଦର୍ଶନ ରୂପେ ପାଠକୀୟ ପ୍ରୀତିଭାଜନ ହୋଇପାରିଛି ତାଙ୍କ କବିତା ସଂକଳନ 'ଅନୁଚ୍ଚାରିତ', 'ଗଳ୍ପ ସଂକଳନ ଭିତରକୁ ରାସ୍ତା', ଇଂରାଜୀ କବିତା ସଂକଳନ 'Nemesis', 'Brass Flower', 'The Yogine Poems', 'Love & Life' ଏବଂ 'The Chausathi Yoginis of Hinapur' from Tantra to Tourism' ଆଦି।

ବୀଣାପାଣି ଦେବତା (୧୯୬୯) : ଉତ୍ତର ସତୁରୀ ଓଡ଼ିଆ କବିତାଜଗତରେ ବୀଣାପାଣି ଦେବତା ଜଣେ ପ୍ରତିଶ୍ରୁତିସମ୍ପନ୍ନ କବି। ମଣିଷ ଓ ତଦ୍‌ଜନିତ ସାମାଜିକ ସଂକଟ ତାଙ୍କ କବିତାର ମୁଖ୍ୟ ଉପଜୀବ୍ୟ। ପରମ୍ପରାର ଶଗଡ଼ ଗୁଳାରୁ ମୁକ୍ତ ହୋଇ କିଛି ନିଆର କରିବାର ମନୋବୃତ୍ତି ତାଙ୍କୁ ସ୍ୱତନ୍ତ୍ର କରେ। ଓଡ଼ିଆ କବିତାରେ ସେ ଏକ ପ୍ରଚଣ୍ଡ ଆହ୍ୱାନ। ମାଟି ଓ ମଣିଷର ପ୍ରଶସ୍ତି ଗାନରେ ଶତ ମୁଖର ତାଙ୍କ କାବ୍ୟିକ ଦ୍ୟୋତନା। 'ବୀଜବପନ' ହେଉଛି ତାଙ୍କ କବିତ୍ୱର ଶ୍ରେଷ୍ଠ ନିଦର୍ଶନ।

ଓଁ ଈଶ୍ୱରୀ କବିକନ୍ୟା : ସ୍ୱଳ୍ପାୟୁ ଓଁ ଈଶ୍ୱରୀ କବିକନ୍ୟା ଆଜି ଯଦି ଥା'ନ୍ତେ ତା'ହେଲେ ଚଳନ୍ତି କାଳଖଣ୍ଡର ସେ ପାଲଟି ଯାଇଥାନ୍ତେ ଜଣେ ପ୍ରଚଣ୍ଡ ପ୍ରତିଭାଦୀପ୍ତ କାବ୍ୟସ୍ୱର। ଶାଣିତ ଭାବବ୍ୟଞ୍ଜନା ତଥା ମିଥ୍‌ର ପୁନର୍ବିନ୍ୟାସ ତାଙ୍କ କବିତାର ମୌଳିକ ଭାବବସ୍ତୁ। ଅତୀନ୍ଦ୍ରିୟ ଚେତନାର ସାର୍ଥକ ରୂପକାର ଭାବେ ମଧ୍ୟ ସେ ସଫଳରୂପେ ନିଜକୁ ପ୍ରତିପାଦିତ କରିପାରିଛନ୍ତି। ସାଂପ୍ରତିକ ବିସଙ୍ଗତି ପ୍ରତି ସଚେତନ କବି ପ୍ରାଣର 'ଅବ୍ୟୟୀଭାବ' ନିଶ୍ଚିତ ରୂପେ ଅଦ୍ୱିତୀୟ। ପୁରାଣର କଥାଭୂମିକୁ ସାଂପ୍ରତିକ ସମାଜ ପରିପ୍ରେକ୍ଷୀରେ ପ୍ରେରିତ କରି ସମାଜକୁ ସଚେତନ କରାଇବାରେ ସେ ସତତ ଚେଷ୍ଟିତ।

ମମତାମୟୀ ଚୌଧୁରୀ (୧୯୭୦) : ସମୟର ଶିଳାବନ୍ଧରେ ସହସ୍ରାବ୍ଦୀ ପାଇଁ ସଂରକ୍ଷିତ ହୋଇ ରହିବା ନିମନ୍ତେ ନିଧାରା ପ୍ରତିଭାମୟୀ ହେଉଛନ୍ତି କବି ମମତାମୟୀ। ଉତ୍ତର କବିତା ଓ କଥାଜଗତର ଧୂରୀଣ ଶବ୍ଦଶିଳ୍ପୀ ମମତାମୟୀ ଚୌଧୁରୀଙ୍କ କଲମରୁ କାଳି ଇଡ଼ିଯାଇଛି ସାଂପ୍ରତିକ ସମୟର ଚିତ୍ରପଟ୍ଟରୁ ପୁରାଣର ପୃଷ୍ଠା ପର୍ଯ୍ୟନ୍ତ। ମିଥ୍‌ର ପୁନର୍ବିନ୍ୟାସ ତାଙ୍କ ସୃଜନଶକ୍ତିର ଅନନ୍ୟ ଧାର। 'ଫିନିକ୍ସ', 'ଅର୍ଦ୍ଧେକ ଜୀବନ', 'ଧୂଆଁର ଜ୍ୟାମିତି', 'ଈଶ୍ୱରୀ', 'ପକ୍ଷିଣୀ', 'ନାରୀ ଓ ଅନ୍ୟାନ୍ୟ କବିତା' ତାଙ୍କ ବିମଳ କବିତ୍ୱର ଶ୍ରେଷ୍ଠ ସମ୍ପଦ। ଏତଦ୍‌ଭିନ୍ନ 'ବୈଶ୍ରାବଣୀ' ପୁସ୍ତକ ନିମନ୍ତେ ସେ ସମ୍ମାନଜନକ ଓଡ଼ିଶା ସାହିତ୍ୟ ଏକାଡ଼େମୀ ପୁରସ୍କାରରେ ମଧ୍ୟ ସମ୍ମାନିତା।

ଦେବଯାନୀ ତ୍ରିପାଠୀ : ଆମ ସମୟର ଅନ୍ୟତମ ବିଚକ୍ଷଣ ନାରୀପ୍ରତିଭା ହେଉଛନ୍ତି ଦେବଯାନୀ ତ୍ରିପାଠୀ। ଜୀବନର ବାସ୍ତବତା ଯେତେ ନିଷ୍ଠୁର ହେଲେ ମଧ୍ୟ ତାଙ୍କୁ ଉପଲବ୍ଧ କରି ଅପୂର୍ବ କଳାପାଟବତାରେ ମଣ୍ଡିତ କରି ପାଠକମାନଙ୍କୁ ପରଶି ଦେବାର ଚରମ ତୃପ୍ତିରେ ସେ ବିଭୋର। ମଣିଷର ଅନ୍ତଃଚେତନାକୁ ସୂକ୍ଷ୍ମାତିସୂକ୍ଷ୍ମ ବିଶ୍ଳେଷଣ କରି କବିତାର ପୃଷ୍ଠାରେ ପୃଷ୍ଠାରେ ସଜାଇବାରେ ତାଙ୍କର କାମକୂଟ କାରୁକଳା ଅତ୍ୟନ୍ତ ପ୍ରଶଂସନୀୟ। ଆତ୍ମଦହନରୁ ଉପଲବ୍ଧ ଭାବନାରାଜି ତାଙ୍କ କାବ୍ୟିକ ଦ୍ୟୋତନାକୁ କରିଥାଏ ମାଧୁର୍ଯ୍ୟମଣ୍ଡିତ। 'ପାହୁ ନଥିବା ରାତିର ଦୁଃଖରେ', 'ଜହ୍ନକୁ ରାସ୍ତା', 'ସାରା ରାତି ନିକର ନଦୀ' ଆଦି ପୁସ୍ତକ ପାଠକୀୟ ସୁପ୍ରୀତିର ଇସ୍ତାହାର।

ସ୍ୱପ୍ନା ମିଶ୍ର (୧୯୭୧) : କବିତ୍ୱର ପ୍ରତିଭାରେ ଦୀପ୍ତିମନ୍ତ ସ୍ରଷ୍ଟା ମାନସ ହେଉଛନ୍ତି କବି ସ୍ୱପ୍ନା ମିଶ୍ର। ନାରୀତ୍ୱର ସହଜାତ ସମ୍ବେଦନା ତଥା କବିତ୍ୱର ମଞ୍ଜୁଳ ବିଭବ ତାଙ୍କୁ ଦୀର୍ଘ ୩୦ ବର୍ଷରୁ ଊର୍ଦ୍ଧ୍ୱକାଳ ଧରି ଓଡ଼ିଆ ସାହିତ୍ୟଜଗତରେ କରିଛି କ୍ରିୟାଶୀଳ। ତାଙ୍କ କବିତାର ମୁଖ୍ୟ ସ୍ୱର ମାନବୀୟ ମୂଲ୍ୟବୋଧ ତଥା ଆଞ୍ଜୁଳା ଭର୍ତ୍ତି ବ୍ୟଥିତ ନାରୀତ୍ୱର ଅନାବିଳ ନୈବେଦ୍ୟ, ଯେଉଁଠି ଅହରହ ନିନାଦିତ ଅନାହତ ହୃଦୟର ଅଖଣ୍ଡ ଉଦ୍‌ବୋଧନ। ଯାହାର ଅନ୍ତସତ୍ତା ସଂଚରିଯାଇଛି ତାଙ୍କ ସୃଜନ ସୃଷ୍ଟିକୁ ଏବଂ ଜନ୍ମ ନେଇଛି କବିତା ସଂକଳନ 'ଶବ୍ଦ ବଂଚିରହେ', 'ବୃକ୍ଷ ଜାତକ', 'ରାତି ପାହିବା ଆଗରୁ...', ଗଳ୍ପ ସଂକଳନ 'ଶୁକ୍ଳପକ୍ଷ', 'ନବଗୁଂଜର', 'ପ୍ରାର୍ଥନାର ନିଆଁ ଘେର' ଉପନ୍ୟାସ 'ଜାଲ', 'ଦାଗ', 'ଫେଟା', 'ନୀରବତାର ଉଚ୍ଚାରଣ' ପରି ସାହିତ୍ୟ କୃତି। ଏଥି ନିମିତ୍ତ ପାଠକୀୟ ସ୍ୱୀକୃତି ସହ ସେ ଅନେକ ପୁରସ୍କାର ତଥା ସମ୍ମାନର ଅଧିକାରିଣୀ।

ମମତାରାଣୀ ବେହେରା (୧୯୭୧) : ନିରୋଳା ଭାବପ୍ରବଣତାରେ ସର୍ବଦା ମହମହ କବି ମମତାରାଣୀ ବେହେରାଙ୍କ କାବ୍ୟିକ ଭାବଭୂମି। ସାଂପ୍ରତିକ ସମସ୍ୟା, ସାମାଜିକ ସଂକଟରୁ ସୃଷ୍ଟ ବୈଚିତ୍ର୍ୟ ତାଙ୍କ କବିତାକୁ ଏକ ବିଶେଷ କଳାତ୍ମକ ପରିପାଟୀ ପ୍ରଦାନ କରେ। ଆତ୍ମିୟାନୁବୋଧରୁ ନିଷ୍ପନ୍ନ 'ନିଃସର୍ଗ ଗୋଧୂଳି' ଓ 'ପ୍ରିୟ ସମୁଦ୍ର' ତାଙ୍କର ଦୁଇଟି କବିତା ସଂକଳନ।

ମାଧୁରୀ ପଣ୍ଡା (୧୯୭୧) : ନିରବଧି କବିତାରେ ଜୀବନକୁ ଖୋଜିବାରେ ଜଣେ କୁଶଳୀ ଶବ୍ଦଶିଳ୍ପୀ ହେଉଛନ୍ତି କବି ମାଧୁରୀ ପଣ୍ଡା । ନାରୀ ଜୀବନର ମାର୍ମିକ ଆବେଦନରେ ନିଖୁଣ ଭାବଚିତ୍ର ପରିବେଷଣ କବିଙ୍କ କବିତାର ମୌଳିକ ଆବେଦନ । ଜୀବନର ବହୁବିଧ ଅନୁଭବ ପରି ତାଙ୍କ କବିତାର କାନ୍‌ଭାସ୍ ମଧ୍ୟ ବହୁବର୍ଣ୍ଣା । ପରିବର୍ତ୍ତିତ ସମୟର ନିଛକ ରୂପକୁ ପ୍ରକାଶିତ କରିବାରେ ସେ ଅଙ୍ଗୀକାରବଦ୍ଧ । 'ମୁଖର ହେବାର ବେଳ', 'କେତେ ଦୂର କେତେ ପାଖେ', 'ଅଧୀର ଆଲୋକ', 'ଅଧା ଅଧା ନୀରବତା' ତାଙ୍କ ଅଙ୍ଗୀକାରବଦ୍ଧତାର ପରିଚୟ ।

ଶର୍ମିଷ୍ଠା ସାହୁ (୧୯୭୧) : ମଣିଷ ଓ ତତ୍‌ସଂଲଗ୍ନ ସାମାଜିକତାବୋଧ କବି ଶର୍ମିଷ୍ଠାଙ୍କ କାବ୍ୟଜଗତକୁ ସ୍ୱତନ୍ତ୍ର କରେ । ଉତ୍ତର ଆଧୁନିକତାର ପରମ୍ପରାରେ ଜଣେ ଟ୍ରେଣ୍ଡ ସେଟର ଭାବେ ସେ ବେଶ୍ ଜଣାଶୁଣା । ରୋମାଣ୍ଟିକ୍ ଭାବବୋଧ ସହ ନିଜସ୍ୱ ଅନ୍ତରଙ୍ଗ ଜୀବନର ଅନୁଭବ ଅତି ଜୀବନ୍ତ ମନେହୁଏ ତାଙ୍କ କାବ୍ୟିକ ଦ୍ୟୋତନାରେ । ମଣିଷ ଜୀବନର ନିଛକ ଚିତ୍ରକୁ ତନ୍ନତନ୍ନ କରି ଉପଲବ୍ଧ କରି ଅତ୍ୟନ୍ତ ଆତ୍ମ-ମଗ୍ନତା ସହ ପାଠକମାନଙ୍କୁ ଭେଟି ଦିଅନ୍ତି ସକଳ କବିତା ସମ୍ଭାର । ଛଳନାରହିତ ଭାବାତ୍ମକ ଆତ୍ମନେପଦୀ ହେଉଛି କବି ଶର୍ମିଷ୍ଠା ସାହୁଙ୍କର କାବ୍ୟିକ ଜୟଯାତ୍ରା । କବି ଶର୍ମିଷ୍ଠାଙ୍କ ସୃଜନ ସୃଷ୍ଟି ମଧ୍ୟରେ ରହିଛି 'ରାତି ଜଗୁଆଳର ଡାକ', 'ସୁଖ ସବୁ', 'ପବନର ପାଚେରୀ', 'ଝଡ଼ପକ୍ଷୀର ଗୀତ' ଆଦି ।

ଅଙ୍ଗୁରବାଳା ପରିଡ଼ା (୧୯୭୨) : ଉତ୍ତର ଆଧୁନିକ ଓଡ଼ିଆ କବିତାଜଗତରେ ସେ ବାରିହୋଇ ପଡୁଥିବା ଏକ ବିମୁଗ୍ଧ ଉଚ୍ଚାରଣ । ତାଙ୍କ କବିତାରେ ଜୀବନାନୁଭୂତିର ଅନ୍ତରଂଗ ଅନୁଭବ ସହ ପ୍ରେମର ସର୍ବୋଚ୍ଚ ପରିଭାଷା ଦେହ-ଦାହ-ଦହନର ତନ୍ମୟ ଅନୁଭବ ବେଶ୍ ସାନ୍ଦ୍ର ଓ ଶାଣିତ । ଦୀର୍ଘ ଦୁଇ ଦଶନ୍ଧିରୁ ଊର୍ଦ୍ଧ୍ୱକାଳ ଧରି କବିତାଜଗତରେ ପରୀକ୍ଷା ନିରୀକ୍ଷା କରିବା କର୍ତ୍ତୃକ ପ୍ରକାଶିତ ହୋଇଛି 'ଅଷ୍ଟମ ସମୁଦ୍ର', 'ପଞ୍ଚମ ଦୃଶ୍ୟ', 'ଊର୍ଦ୍ଧ୍ୱ', 'ମନ ମୃଣ୍ମୟ', 'ରତ୍ନଗର୍ଭା' ଆଦି । ସ୍ଥାନିତ କବିତା 'ଯୁଗାନ୍ତର' ତାଙ୍କର ପଞ୍ଚମ କବିତା ସଂକଳନ 'ରତ୍ନଗର୍ଭା'ରୁ ଆନୀତ । ସାହିତ୍ୟ ସାଧନାରେ ବ୍ରତୀ କବି ଅଙ୍ଗୁରବାଳା ନିଜ ସାରସ୍ୱତ ସାଧନାନିମିତ୍ତ ଲାଭ କରିଛନ୍ତି ପାଖାପାଖି ୨୦ରୁ ଊର୍ଦ୍ଧ୍ୱ ସମ୍ମାନ ଓ ସମ୍ବର୍ଦ୍ଧନା ।

ଶୁଭଶ୍ରୀ ଲେଙ୍କା (୧୯୭୨) : ଉତ୍ତର ଆଧୁନିକ କବିତାଜଗତରେ କବି ଶୁଭଶ୍ରୀ ଜଣେ ସମର୍ଥ ଶବ୍ଦ-ଶିଳ୍ପୀ । ନିର୍ଭୀକ ନାରୀତ୍ୱର କଳାତ୍ମକ ଚିତ୍ରରାଗରେ ବିବିଧବର୍ଣ୍ଣା ତାଙ୍କ କାବ୍ୟିକ ଦ୍ୟୋତନା । ଅନନ୍ତ ଆତ୍ମବିଶ୍ୱାସ ସହିତ ନାରୀତ୍ୱର ଦର୍ପିତ ସ୍ୱର ଅକ୍ଷତ ତାଙ୍କ କବିତାର ଭାବଭୂଇଁରେ । ମାନବୀୟ ଭାବସଂବେଗ ତଥା ସାମନ୍ତବାଦୀ ଆଭିମୁଖ୍ୟ ବିରୁଦ୍ଧରେ କଠୋର ବିଦ୍ରୂପର ଅଭିଲେଖ ହେଉଛି କବି ଶୁଭଶ୍ରୀଙ୍କ ମୌଳିକ ପ୍ରତିବେଦନ । ନାରୀତ୍ୱର ଅସହ୍ୟ ବେଦନାକୁ ନିଜେ ଅନୁଭବି କଳାତ୍ମକ ଭାବେ ପରିବେଷଣ କରି ଆତ୍ମପ୍ରକାଶ କରନ୍ତି କବିତାର ପ୍ରତିଟି ଚରିତ୍ରର ଅନ୍ତରାଳରେ । ନିସର୍ଗ ଜୀବନବୋଧର ନିଷ୍କପଟ ଅଭିବ୍ୟକ୍ତି ହେଉଛି ତାଙ୍କର କବିତା ସଂକଳନ 'ସେଇ ଶବ୍ଦମାନେ', 'ଆକାଶରେ ଆଜି ଜହ୍ନ ନାହିଁ' 'ଚିତ୍ରରାତ୍ରି', 'ଓ', 'ଆସ' ଆଦି ।

ନର୍ମଦା ନୀଳୋତ୍ପଳା (୧୯୭୨) : ଆଞ୍ଜୁଳା ଭର୍ତ୍ତି କୋହର ପ୍ରତିବେଦନରେ ନାରୀତ୍ୱର ସହଜସୁଲଭ ଆବେଗକୁ ସମନ୍ୱିତ କରି ବିଷାଦର ଭୂଇଁରେ ଯେ ନିର୍ମାଣ କରନ୍ତି ନିଜର ପ୍ରେମକ୍ଷେତ୍ର ସେ ହେଉଛନ୍ତି କବି ନର୍ମଦା ନୀଳୋତ୍ପଳା; ନୂତନ ସମ୍ଭାବନାର ଅନ୍ୟତମ କାବ୍ୟିକ ଉଚ୍ଚାରଣ। ଚର୍ଚ୍ଚାଠାରୁ ସଦା ବିମୁଖ କବି ନର୍ମଦା ନୀଳୋତ୍ପଳା ଭଲପା'ନ୍ତି ବଞ୍ଚିବାକୁ ପାଠକର ନିରୋଳା ପ୍ରେମରେ। ଆମ ସମୟର ସେ ଜଣେ ପ୍ରତିଶ୍ରୁତିସଂପନ୍ନ କବି ଭାବରେ ଦୀର୍ଘ ଦୁଇ ଦଶନ୍ଧିରୁ ଊର୍ଦ୍ଧ୍ୱକାଳ ଧରି ସାହିତ୍ୟରେ ମନୋନିବେଶ କରି ପାଠକଙ୍କୁ ଭେଟି ଦେଇଛନ୍ତି 'ଦୁଃଖଦୋଳି', 'ସୂର୍ଯ୍ୟଫୁଲ', 'ନିଜ ନିଜର ପ୍ରେମକ୍ଷେତ୍ର' ଆଦି କବିତା ସଂକଳନ ଓ ଦୁଇଟି ଗଳ୍ପ ସଂକଳନ 'ମୁଁ ନଥିବା ଯାଏଁ', 'ମାଟିପିଣ୍ଡା', ଯାହା ପାଠକୀୟ ଶ୍ରଦ୍ଧା ଓ ସ୍ୱୀକୃତିର ପରିଚାୟକ।

ସସ୍ମିତା ଷଡ଼ଙ୍ଗୀ (୧୯୭୩) : ଉତ୍ତର ଆଧୁନିକ କବିତାଜଗତର ଏକ ସମ୍ଭାବନାମୟ ପ୍ରତିଶ୍ରୁତିବଦ୍ଧ କବି ହେଉଛନ୍ତି କବି ସସ୍ମିତା ଷଡ଼ଙ୍ଗୀ। ବିଶେଷକରି ନାରୀର ବ୍ୟଥା-ବେଦନା-ବେପଥୁର ଇସ୍ତାହାର କବି ସସ୍ମିତାଙ୍କ କାବ୍ୟସମ୍ଭାର। ନାରୀତ୍ୱର ସ୍ଥିତି ଓ ତା'ର ସୂକ୍ଷ୍ମ ସଂବେଗ ହୋଇଛି ତାଙ୍କ କବିତାର ସାରସ୍ୱତ ପୃଥିବୀ। ନାରୀମନସ୍କ ସଂବେଗକୁ ନେଇ ଆତ୍ମପ୍ରକାଶ କରିଛି ତାଙ୍କର କବିତା ସଂକଳନ 'ଉତ୍ତରଣ' ଓ 'ନିଃଶ୍ୱାସ ତମ ବଇଁଶୀର ସ୍ୱର'।

ସାବିତ୍ରୀ କବି (୧୯୭୩) : ନାରୀବାଦ ଚେତନାର ଜଣେ ବିଚକ୍ଷଣ ପ୍ରତିଶ୍ରୁତିସମ୍ପନ୍ନ ଶବ୍ଦ ବିନ୍ଧାଣୀ ହେଉଛନ୍ତି ନାରୀକବି ସାବିତ୍ରୀ କବି। ବିଡ଼ମ୍ବିତ ନାରୀର ଭାଗ୍ୟକୁ ଆଦରି ନନେଇ; ସହଜ ସୁଲଭ ଭାବେ ପ୍ରତିବାଦ ଜଣାଇବା ହେଉଛି କବି ସାବିତ୍ରୀଙ୍କ କବିତାର ଭାବଭୂମି। ନାରୀବାଦର ନିରପେକ୍ଷ ଦୃଷ୍ଟିଭଙ୍ଗୀ କବି ସାବିତ୍ରୀଙ୍କ କବିତାକୁ ସ୍ୱତନ୍ତ୍ର କରି ଗଢ଼ିତୋଳେ। 'ସୁନା ଝିଅ' ଓ 'ଏକାଝିଅର ଗୀତ' ହେଉଛି ତାଙ୍କ ପ୍ରତିଶ୍ରୁତିମୟ କାବ୍ୟକ ପ୍ରତିବେଦନ।

ଲିପିକା ଦାସ (୧୯୭୩) : ଓଡ଼ିଆ ସୃଜନଜଗତରେ ଲିପିକା ଦାସ ଜଣେ ସ୍ୱର୍ଦ୍ଧିତ ଉଚ୍ଚାରଣ। ଉଭୟ ଉପନ୍ୟାସ ଓ କବିତାଜଗତର ସେ ବେଶ୍ ଲୋକପ୍ରିୟତା ଅର୍ଜନ କରିଛନ୍ତି। ମାନବିକ ମୂଲ୍ୟବୋଧର ଗଭୀର ଆତ୍ମପ୍ରତ୍ୟୟାନୁଭବ କବି ଲିପିକାଙ୍କ କାବ୍ୟାନୁଭବ। ପ୍ରକୃତିର ଅପରୂପ ସୌନ୍ଦର୍ଯ୍ୟ, ପଲ୍ଲୀପ୍ରାଣତା ତାଙ୍କ ସୃଜନ ଦୃଷ୍ଟିକୁ ଅଧିକ ପରିପକ୍ୱ କରି ଗଢ଼ି ତୋଳେ। କବିତା ସଂକଳନ 'ହଂସିନୀ', 'ରତ୍ନ ଅନାମିକା', 'ନର୍କର ନକ୍ଷତ୍ର', 'କିଛି ଦ୍ରୋହ ରଙ୍ଗ୍‌ରେ', 'ପବନ ଚୁପ୍ ଥିଲାବେଳେ', 'ରାତିକୁ ଆଉ କିଛି ପଚାରନି' ଆଦି। ଏତଦ୍‌ବ୍ୟତୀତ 'ଅବୁଝା ଚଢ଼େଇର ଡେଣା' ଓ 'ଲୁହର ରଙ୍ଗ ନଥାଏ' ତାଙ୍କର ଦୁଇଟି ଉପନ୍ୟାସ।

ପ୍ରୀତିଧାରା ସାମଲ (୧୯୭୩) : ବିପୁଳ ସମ୍ଭାବନାର ଏକ ଦୀପ୍ତ ଉଚ୍ଚାରଣ କବି ପ୍ରୀତିଧାରା ସାମଲ। କବିତା ସଂକଳନ 'ଡାଏରୀ' ଠୁ 'ଖେଳ' ପର୍ଯ୍ୟନ୍ତ ଯାହାଙ୍କ କବିତାର ଭାବଭୂମି ମାନବୀୟ ସଂବେଦନାରେ ପରିପୂର୍ଣ୍ଣ। ତାଙ୍କ କବିତାରେ କଳ୍ପନା ଓ ଭାବପ୍ରବଣତାର ଆବେଗ ସହିତ ସମାଜବୋଧର ଅଙ୍ଗୀକାରତ୍ୱ ସଚରାଚର ଉପଲବ୍ଧ। ନିର୍ଭୀକ ଭାବେ ସମାଜର ନିଛକ ଛବିକୁ ରୂପାୟିତ କରିବାରେ ସେ ଜଣେ କୁଶଳୀ କାବ୍ୟ-ଶିଳ୍ପୀ।

ପ୍ରୀତିଲେଖା ଦାସ (୧୯୭୪) : ଚଳନ୍ତି ସମୟ ଜଣେ ପ୍ରତିଶ୍ରୁତିସମ୍ପନ୍ନ କବି ହେଉଛନ୍ତି ପ୍ରୀତିଲେଖା ଦାସ ପ୍ରେମ-ପ୍ରଣୟ ବିଜଡ଼ିତ ବେଦନାବୋଧରେ ନିମଜ୍ଜିତ ତାଙ୍କ କାବ୍ୟଭୂଇଁ। ରୋମାଣ୍ଟିକ୍ ଚେତନାର ଏକ ଭିନ୍ନ ପରିଭାଷା ତାଙ୍କ କବିତାର ଅନନ୍ୟତା। ମିଥ୍ ସହିତ ବଳିଷ୍ଠ ଶବ୍ଦ ସଂଯୋଜନା ତାଙ୍କ କବିତାକୁ କରିଥାଏ ଓଜସ୍ୱୀ। ଅତିରିକ୍ତ କଳ୍ପନାବିଳାସରୁ ସର୍ବଦା ପରିହୃତ ତାଙ୍କ କାବ୍ୟିକ ଦ୍ୟୋତନା ପାଠକଙ୍କୁ କ୍ଷଣକରେ ବାନ୍ଧିବା ପାଇଁ ବେଶ୍ ସକ୍ଷମ। 'ଥୁଃ...' ତାଙ୍କ କବିତାମନସ୍କ ବିଭୋରପଣର ଆତ୍ମପ୍ରତ୍ୟୟ।

ପ୍ରତୀକ୍ଷା ଜେନା (୧୯୭୪) : ଉତ୍ତର ଆଧୁନିକ କାଳର ଅନ୍ୟତମ କାବ୍ୟଶିଳ୍ପୀ ହେଉଛନ୍ତି କବି ପ୍ରତୀକ୍ଷା ଜେନା, ଯାହାଙ୍କ ତର୍ଜନୀ କେବେ ଅନାଚାର ବିରୁଦ୍ଧରେ ପ୍ରତିବାଦ କରିଛି ତ କେବେ ଆକୁଳ ଆବେଦନ କରିଛି ମୁକ୍ତି ପାଇଁ। ପ୍ରତିବାଦର ଅନ୍ତରଙ୍ଗ ମୂର୍ଚ୍ଛନାଟିଏ ଅନାହତ ଭାବେ ବାଜୁଥାଏ ତାଙ୍କ କାବ୍ୟିକ ଦ୍ୟୋତନାରେ। ପୁଣି କେବେ ରୋମାଣ୍ଟିକ୍ ଭାବବଳୟର କାଞ୍ଚନିକ ପରିଧିଟିଏ ଗଢ଼ିଉଠେ ଅତି ସନ୍ତର୍ପଣରେ। 'ନିଜ ବିଷୟରେ ଖରାପ କବିତା', 'ନିଆଁର କୋଲାଜ୍', 'ସ୍ତ୍ରୀ ଲୋକର ଶବ୍ଦାର୍ଥ' ଆଦି ତାଙ୍କ ସୃଜନଶୀଳ ମାନସିକତା'ର ସଜଳ ପରିପ୍ରକାଶ।

ମାନମୟୀ ରଥ (୧୯୭୪) : କବି ମାନମୟୀଙ୍କ କବିତାର ପରିଧି ଅନୁଭୂତିର ନିବିଡ଼ତାରେ ଯେତିକି ଜର୍ଜରିତ ସେତିକି ସାନ୍ଦ୍ର ମାନବୀୟ ପ୍ରତିବେଦନାରେ। ଯେଉଁଠି ଜୀବନର ସକଳ ସମ୍ଭାବନାକୁ ପୋଷିତ କରି ପ୍ରତ୍ୟହ ପ୍ରାର୍ଥନାରତ ଦୁଇଆଖି ସ୍ୱପ୍ନ ଓ ସମ୍ଭାବନା ନିମିତ୍ତ ପ୍ରଲମ୍ବିତ ସାଂସାରିକ କଲ୍ୟାଣର କାମନାରେ। ସାଂପ୍ରତିକ ସମୟରେ ସେ ହେଉଛନ୍ତି ଅନନ୍ୟ ପ୍ରତିଶ୍ରୁତି। ଉଭୟ ଚିତ୍ରକଳା ଓ କବିତାର କଳାପାଟବତାରେ ନିପୁଣା କବି ମାନମୟୀଙ୍କ ଏକମାତ୍ର କବିତା ସଂକଳନ 'ନିବିଡ଼ ନକ୍ଷତ୍ର' ଜୀବନବୋଧର ମର୍ମାନ୍ତିକ ଆବେଦନ।

ଈପ୍‌ସିତା ଷଡ଼ଙ୍ଗୀ (୧୯୭୫) : କବିତାକୁ ଜୀବନରେ ଏକାତ୍ମ କରି, ଅନ୍ତରଙ୍ଗ ଆତ୍ମାର ବିଳାପରେ ତଟସ୍ଥ ହୋଇ ଅଶ୍ଳଥ ଆବେଗରେ ଅତିଷ୍ଠ ଜୀବନବୋଧକୁ ସମ୍ବେଦନାର ମନ୍ତ୍ରରେ ପ୍ରାଣସଞ୍ଚାର କରି ଯେ ଗଢ଼ିପାରନ୍ତି କବିତାର କମନୀୟ ଚାରୁକଳା ସେ ହେଉଛନ୍ତି ଆମ ସମୟର ଜଣାଶୁଣା କବି ଈପ୍‌ସିତା ଷଡ଼ଙ୍ଗୀ। ଯେଉଁଠି କବିତାର ନିଷ୍ପାପ ପୃଥିବୀକୁ ଓହ୍ଲେଇ ଆସେ ରହସ୍ୟବାର ଘନ କୁହେଳିକା; ସେଇଠି ଆରମ୍ଭ ହୁଏ କବି ଈପ୍‌ସିତାଙ୍କ ପୁନଶ୍ଚ ନୂଆ ଏକ ଜୀବନଯାତ୍ରା। ବିଦୀର୍ଣ୍ଣ ବେଦନାର ସେ ଚିରୁଡ଼ାଏ ଆଶ୍ୱାସନା। ନାରୀତ୍ୱର ସ୍ୱଭାବସିଦ୍ଧ ଆବେଗକୁ ରୋକ୍‌ଠୋକ୍ ଭାବେ ବର୍ଣ୍ଣିବାରେ ସେ ସ୍ୱୟଂସିଦ୍ଧା। 'ପକ୍ଷୀ ଫେରିନି', 'ଫେରିବା କଥା', 'ପୁନଶ୍ଚ ବୁଦ୍ଧ', 'କେତେବେଳେ କେଜାଣି', 'ଶବ୍ଦ ଆରପାଖ', 'ଏବର' ଆଦି ଦାବି ରଖେ କବିତାଜଗତରେ ବିଶିଷ୍ଟତାର ଅନନ୍ୟ ପରିଚିତ ରୂପେ।

ସୁଶ୍ରୀ ସଂଗୀତା ମିଶ୍ର (୧୯୭୫) : ଉତ୍ତର ଆଧୁନିକ ଚେତନାର ଅନ୍ୟତମ ସଶ୍ରଦ୍ଧ ଉଚ୍ଚାରଣ ହେଉଛନ୍ତି କବି ସୁଶ୍ରୀ ସଂଗୀତା ମିଶ୍ର। ତାରୁଣ୍ୟର ସହଜାତ ଭାବଭୂମି ପାଲଟିଛି ତାଙ୍କ କାବ୍ୟିକ ପ୍ରତିବେଦନ। ପାରିପାର୍ଶ୍ୱିକ ପରିସ୍ଥିତିରୁ ଉତ୍ପନ୍ନ ବିସଙ୍ଗତି ଭାବବୋଧ ସହିତ

ନିବିଡ଼ ନାରୀତ୍ୱର ଆତ୍ମିକ ଅଭିଲିପି ହିଁ ତାଙ୍କ କାବ୍ୟିକ ଦ୍ୟୋତନା। ନାରୀବାଦର ମନ୍ତ୍ରରେ ଉଚ୍ଚାରିତ ତଥା ଅଭିପ୍ରେତ 'ନିରବତାର ଶବ୍ଦ', 'ନିସ୍ତବ୍ଧ ଆକାଶ' ହେଉଛି ତାଙ୍କର ଦୁଇଟି ଉଲ୍ଲେଖନୀୟ କାବ୍ୟକୃତି।

ମାନିନୀ ମିଶ୍ର (୧୯୭୫) : ସାଂପ୍ରତିକ ମଣିଷର ସ୍ଥିତି ଓ ଅନ୍ତର୍ବେଦନ କବିତାରେ ରୂପାୟିତ କରିଛନ୍ତି କବି ମାନିନୀ ମିଶ୍ର। ଅନ୍ତରଙ୍ଗ ପ୍ରେମାନୁଭୂତିଠାରୁ ଆରମ୍ଭ କରି ଜୀବନ ସଂଗ୍ରାମର ମୃଦୁ ଉଚ୍ଚାରଣ କବି ମାନିନୀଙ୍କ କବିତାର କାନ୍‌ଭାସ୍। କବିତାକୁ ଏକ ଭିନ୍ନ ମୋଡ଼ ପ୍ରଦାନ କ୍ଷେତ୍ରରେ ପ୍ରୟାସୀ କବିଙ୍କ କବିତା ଆତ୍ମମନସ୍କ ନିବିଡ଼ ଅନର୍ବେଦନାକୁ ଆୟୁଧ କରି ଭାବଗତ ଚେତନାର ପରିସ୍ଫୁରଣରେ ଜୀବନବାଦୀ। ହୃଦୟର ଅସରନ୍ତି ଆକୁଳତାରେ ସେ ପ୍ରାଣଭରି ଗାଇଛନ୍ତି ମର୍ମନ୍ତୁଦ ବେଦନାର କ୍ଷତ। ନାରୀବାଦର ସ୍ପଷ୍ଟ ସୂକ୍ଷ୍ମ ସ୍ୱରଟିଏ ପ୍ରତ୍ୟୁତ୍ପନ୍ନ ତାଙ୍କ କାବ୍ୟିକ ଦ୍ୟୋତନାରେ। 'ମାଟିମଗ୍ନ', 'ନିଆଁ ନଈ' କବିତା ସଂକଳନ ସହିତ ଉପନ୍ୟାସ 'କାନ୍‌ଭାସ୍‌ର କୁହୁ', 'କାହାଣୀ ବାୟାତରାର', 'ଧୂସର ଦିଗ୍‌ବଳୟ' କବିଙ୍କ କେତୋଟି ଉଲ୍ଲେଖନୀୟ ସାରସ୍ୱତ ସୃଷ୍ଟି।

ସୁନୀତି ମୁଣ୍ଡ (୧୯୭୫) : ପ୍ରତିଟି ମୁହୂର୍ତ୍ତକୁ କବିତା କରି ଯେ ଗଢ଼ିବାରେ କବିତାର କୋଣାର୍କ ସେ ହେଉଛନ୍ତି ଆମ ସମୟର କବି ସୁନୀତି ମୁଣ୍ଡ। ସାଂପ୍ରତିକ ସମାଜ ବ୍ୟବସ୍ଥା ବିରୋଧରେ ନିରବ ପ୍ରତିବାଦ ହେଉଛି ତାଙ୍କ କାବ୍ୟିକ ଚେତନାର ପରିଚାୟକ। 'ପର୍ଦ୍ଦା ପଛରେ ଚର୍ଯ୍ୟାପଦ', 'ଶବ୍ଦଖେଳ', 'ଯେତେ ସବୁ ସକାଳ', 'ବେପଥୁ ବେହାଗ' 'ଦସ୍ତାବିଜ', 'ଝିଅ', 'କୋରୋନା' ଆଦି ତାଙ୍କ ସୃଜନ ସ୍ୱାକ୍ଷର।

ମୌସୁମୀ ପରିଡ଼ା (୧୯୭୫) : କଥାସାହିତ୍ୟରେ ନିଜର ଉଲ୍ଲେଖନୀୟ କୃତି ନିମିତ୍ତ ଚର୍ଚ୍ଚାରେ ଥିବା କବି ମୌସୁମୀ ପରିଡ଼ା କବିତାରେ ମଧ୍ୟ ବେଶ୍ ପାରଦର୍ଶିତା ହାସଲ କରିପାରିଛନ୍ତି। ତାରୁଣ୍ୟର ସ୍ୱଭାବ ସୁଲଭତାକୁ ଉପେକ୍ଷା କରି ବାସ୍ତବତାକୁ ଅତି ନିବିଡ଼ ଭାବରେ ରୂପାୟିତ କରିବାକୁ ଶ୍ରେୟ ମଣିଥିବା କବି ମୌସୁମୀଙ୍କ କବିତା ହୋଇଛି ନିଜସ୍ୱ ଜୀବନବୋଧ ସମ୍ଭୂତ। ତେଣୁ ରୋମାଣ୍ଟିକ୍ ବେଦନାବୋଧର ଭାବସଂବେଗ ହୋଇଛି ତାଙ୍କ କବିତାର କମନୀୟ ଭାବଭୂମି। 'ପ୍ରତୀକ୍ଷାର ଅନ୍ତେ', 'ଅନ୍ତଃସ୍ୱର ଏକ ସ୍ୱପ୍ନ ବିଳାସୀର' ତାଙ୍କ ନିର୍ମଳ କବିତ୍ୱର ଭାବାବେଗ।

ସୁନନ୍ଦା ପ୍ରଧାନ (୧୯୭୬) : ନାରୀର ଗହନ ମନକୁ ଅତି ସନ୍ତର୍ପଣତା ସହ କବିତାର କାରୁକଳାରେ ଯେ ସୃଷ୍ଟି କରିପାରନ୍ତି ଏକ ଭିନ୍ନ ପୃଥିବୀ ସେ ହେଉଛନ୍ତି ଉତ୍ତର ଆଧୁନିକ ଚେତନାର ଅନ୍ୟତମ ଶବ୍ଦବିନ୍ଧାଣୀ କବି ସୁନନ୍ଦା ପ୍ରଧାନ। ତାରୁଣ୍ୟର ଆବେଗାୟିତ ଉଚ୍ଛ୍ୱାସ ତାଙ୍କ କାବ୍ୟିକ ଦ୍ୟୋତନାକୁ କରିଥାଏ ବହୁବର୍ଣ୍ଣୀ। 'ଫିକା ଆଲୁଅର କବିତା', 'ଶେଷକୁ ଈର୍ଷା କଲ ଜହ୍ନକୁ', 'ପରୀ', 'ରାଜକୁମାରୀ ଚିତ୍ରଲେଖା', 'ଯେ ଚତୁରୀ ସେ ଗାଞ୍ଚିକର ପ୍ରେମିକା' ଆଦି ତାଙ୍କ ସୃଷ୍ଟିସମ୍ଭାର।

ସୁଜାତା ମହାପାତ୍ର (୧୯୭୬) : କବିତାର କମନୀୟ କଳାଭୂମିରେ ନିଜସ୍ୱ ପାରଦର୍ଶିତାରେ ପ୍ରସିଦ୍ଧି ଅର୍ଜନ କରିଥିବା କବି ସୁଜାତାଙ୍କର କବିତାରେ ଅହରହ ପ୍ରତିଧ୍ୱନିତ ନାରୀତ୍ୱର ନିବିଡ଼ତମ ପ୍ରତିବେଦନ। ସଂପର୍କର ସୂତାଖିଅରେ ଗଢ଼ା ହୋଇଥିବା ଜୀବନ ଯେତିକି ମାର୍ମିକ ସେତିକି ମାନବୀୟ ସମ୍ବେଦନାରେ ସମ୍ଭାବନାମୟ। ଜୀବନାନୁଭୂତିର ରାଗମହ୍ଲାରରେ ରୂପାୟିତ କବି ସୁଜାତାଙ୍କ କାବ୍ୟପରିଧି ମାନବୀୟ ପ୍ରେମ-ପ୍ରତାରଣା-ଗହନ ମନସ୍ତତ୍ତ୍ୱକୁ ପ୍ରତିକୀତ କରେ। 'ଦେବୀପକ୍ଷ', 'ସୂତାଖିଅରେ ସମ୍ପର୍କ' କବି ସୁଜାତାଙ୍କ ସାରସ୍ୱତ ନୈବେଦ୍ୟ।

ଗୀତାଶ୍ରୀ ପ୍ରିୟମ୍ବଦା (୧୯୭୭) : ସମଗ୍ର ଜୀବନର ଚରମ ଉପଲବ୍ଧିକୁ ନିଜ ପଣତରେ ସାଇତି, ଯୌବନର ସହଜାତ ଭାବପ୍ରବଣତାକୁ ପାଥେୟକରି ଯେ ଦେଇପାରନ୍ତି କବିତାର କନକାଞ୍ଜଳି ସେ ହେଉଛନ୍ତି କବି ଗୀତାଶ୍ରୀ ପ୍ରିୟମ୍ବଦା। ନିରୋଳା ଜୀବନବୋଧରେ ସୁବିନ୍ୟସ୍ତ ଯାହାଙ୍କ ସାରସ୍ୱତ ସାହିତ୍ୟ ଯାତ୍ରା 'ପ୍ରିୟମ୍ବଦାର ଗୀତ' କବିତାର ପରିଧିରେ ଏକ ସଶ୍ରଦ୍ଧ ପ୍ରତିଶ୍ରୁତି।

ଗାୟତ୍ରୀବାଳା ପଣ୍ଡା (୧୯୭୭) : ଉତ୍ତର ଆଧୁନିକ ଓଡ଼ିଆ କବିତାଜଗତର ଦର୍ପିତ କଣ୍ଠସ୍ୱର ହେଉଛନ୍ତି କବି ଗାୟତ୍ରୀବାଳା ପଣ୍ଡା। ଗଭୀର ସାମାଜିକ ମୂଲ୍ୟବୋଧ ସହିତ ଅନ୍ତରଙ୍ଗ ଅନୁଭବର ଆତ୍ମିକ ଉଦ୍‌ବେଳନ ତାଙ୍କ କାବ୍ୟିକତାରେ ବିଦ୍ୟମାନ। ଚଳନ୍ତି କାଳଖଣ୍ଡର କ୍ଷୟିଷ୍ଣୁ ଜୀବନବୋଧର ନିଖୁଣ ଚିତ୍ର ଅଙ୍କନରେ ସୁଦ୍ଧା ସେ ଭୁଲିଯାଇନାହାନ୍ତି ମାଟି ମଗ୍ନତାର ଅଧୀରପଣକୁ। ମଣିଷ ଜୀବନର ଚିତ୍ରକୁ ଅତି ପାଖରୁ ଓ ଅତି ଅନ୍ତରଙ୍ଗ ଭାବେ ଉତ୍ତୋଳନ କରିପାରନ୍ତି ନିଜ ବିମଳ କବିତ୍ୱରେ କବିତାର ପୃଷ୍ଠାରେ ପୃଷ୍ଠାରେ, ଯେଉଁଠି ସାମାଜିକ ସମବେଦନାର ଅଭିବ୍ୟକ୍ତି ଓ ସାମାଜିକ ପ୍ରତିବଦ୍ଧତାର ସ୍ୱର ବେଶ୍ ସାନ୍ଦ୍ର। 'ଆହତ ପ୍ରତିଶ୍ରୁତି', 'ଅସ୍ପଷ୍ଟ ଈଶ୍ୱର', 'ଅଣାୟତ', 'ଯେତିକି ଦିଶୁଛି ଆକାଶ', 'ଆଖି ନାହିଁ କାନ ନାହିଁ', 'ଏ ରାତିର ଯେତେ ତାରା', 'ବାଘ', 'ଦୟାନଦୀ', 'ସତ ଗପ', 'ବିସର୍ଜନ', 'ମହେଞ୍ଜୋଦାରୋ', 'ନିର୍ବାଚିତ କବିତା' ଆଦି ତାଙ୍କ ସୃଜନ ମନସ୍କତାର ଦୀପ୍ତି ଓ ଦ୍ୟୁତି। ଏତଦ୍‌ଭିନ୍ନ 'ଗାଁ' ପୁସ୍ତକ ନିମିତ୍ତ ସେ କେନ୍ଦ୍ର ସାହିତ୍ୟ ଏକାଡ଼େମୀ ଯୁବ ପୁରସ୍କାରରେ ମଧ୍ୟ ସମ୍ମାନିତା।

ବିଜୟଲକ୍ଷ୍ମୀ ପରିଡ଼ା (୧୯୭୮) : ପ୍ରେମ-ପ୍ରଣୟ, ବିରହ-ବିଚ୍ଛେଦ ଆଦିର ଅଭିବ୍ୟକ୍ତିରେ ରସୋର୍ତ୍ତୀନ କବି ବିଜୟଲକ୍ଷ୍ମୀ ପରିଡ଼ାଙ୍କ କବିତାର ଭାବଭୂଇଁ। ନାରୀର ଗହନମନକୁ ଶବ୍ଦର ତୁଳୀରେ ଭେଦେଇ କବିତାର ଚିତ୍ର ଆଙ୍କିବାରେ ସେ ବେଶ୍ ସିଦ୍ଧହସ୍ତା। ଭାବଗତ ଚେତନାସବୁ ଗୁରୁତ୍ୱ ଦେଇ ନିଜସ୍ୱ ଦୃଷ୍ଟିଭଙ୍ଗୀକୁ ଭିନ୍ନ ରୂପରେ ଉପସ୍ଥାପନ କରିବାର ପ୍ରୟାସରେ ମଧ୍ୟ ସଫଳ। ଅନ୍ତରଙ୍ଗ ଜୀବନବୋଧରେ ଗଢ଼ା ତାଙ୍କ କାବ୍ୟିକ ଦ୍ୟୋତନାରେ ବାରିହୋଇ ପଡ଼େ ଆବେଗସିକ୍ତ ହୃଦୟର ସବୁଜ ସ୍ୱାକ୍ଷର। 'ମୋ ଝରକାକୁ ଦିଶେ ନଈ', 'ସେପାଖେ ଆକାଶ ନୀଳ', 'ସଞ୍ଜ ହେଲେ ବର୍ଷା', 'ଆଉ କୁହନି ସେକଥା', 'ଏଠି ଠିକଣାରେ ଘର ନାହିଁ' ଆଦି ତାଙ୍କ କବିତ୍ୱର ପରାକାଷ୍ଠା।

ମୁକୁଲ୍ ମିଶ୍ର (୧୯୭୯) : ଉତ୍ତର ଆଧୁନିକ ଚେତନାର ଅନ୍ୟତମ ଶବ୍ଦଶିଳ୍ପୀ ତଥା ଜଣେ ପ୍ରତିଶ୍ରୁତିମୟୀ କବି ହେଉଛନ୍ତି ମୁକୁଲ ମିଶ୍ର। ନାରୀ ମନଗହନର ନିଖୁଣ କଥାକୁ ପ୍ରକାଶ କରିବାରେ ସେ ସମର୍ଥା। ଏକ ନିର୍ଦ୍ଦିଷ୍ଟ ଶତାବ୍ଦୀର ଯୁଗଯନ୍ତ୍ରଣା, ନିଃସଙ୍ଗତାବୋଧ, ଏକାକୀତ୍ୱବୋଧ, ପ୍ରେମ ତଥା ଅପ୍ରାପ୍ତି ଜନିତ ମନସ୍ତାପର କାନ୍‌ଭାସ୍ କବି ମୁକୁଲ୍‌ଙ୍କ କବିତା ନୀରବ ଆଭାସ। ପରିପାର୍ଶ୍ୱର ପରିସ୍ଥିତିକୁ ଆତ୍ମସ୍ଥ କରି ଭିନ୍ନ ଭିନ୍ନ ଅନୁଭୂତିର ଚରମ ଉପଲବ୍ଧିରେ ସେ ଗଢ଼ିତୋଳିଛନ୍ତି ପ୍ରତିନିଧି ଶ୍ରେଣୀୟ କବିତାର କମନୀୟ କଳାରୂପ 'ଅପୂର୍ଣ୍ଣା', 'ମେଘମନା', 'ମାୟାଲଗ୍ନ', 'ରୂପସୀ', 'ହୃଦବନ୍ଦୀ' ଆଦି ସାରସ୍ୱତ ସୃଷ୍ଟି।

ଶ୍ୱେତା ରାଉତ (୧୯୮୧) : କବି ଶ୍ୱେତା ରାଉତ ଚଳନ୍ତି କାଳଖଣ୍ଡର ଅନ୍ୟତମ କାବ୍ୟିକ ଦ୍ୟୋତନା। ସ୍ୱଭାବସୁଲଭ ଯୌବନର ରୋମାଣ୍ଟିକ୍ ଅଭିସାରର ଏକ ଆହ୍ଲାଦିତପଣ କବି ଶ୍ୱେତା ରାଉତଙ୍କ କବିତାରେ ଦେଖିବାକୁ ମିଳେ। ଗହନ ମନ ତଳର ଆବେଗ ସହ କଳ୍ପନା ଓ ଭାବପ୍ରବଣତାର ସୂକ୍ଷ୍ମ ସଂବେଗ କବି ଶ୍ୱେତାଙ୍କ କବିତାର ଗହନ କଥା। କବିତା ସଂକଳନ 'ସମୟ ସାଥିରେ', 'ଚାଲ ଫେରିଯିବା', 'କିଛି କଥା ବାକି ଥାଉ' ସହ ଫିଚର ଲେଖିକା ଭାବେ ମଧ୍ୟ କବି ଶ୍ୱେତା ରାଉତ ବେଶ୍ ଜଣାଶୁଣା।

ଶୁଭଶ୍ରୀ ଶୁଭସ୍ମିତା ମିଶ୍ର (୧୯୮୨) : ସମଭାବେ ଚର୍ଚ୍ଚିତ ତଥା ଆଲୋଚିତ କବି ଶୁଭଶ୍ରୀ ଶୁଭସ୍ମିତା ବାମାବାଦୀ ଚେତନାର ଅନନ୍ୟ ଉଚ୍ଚାରଣ। ରୁଢ଼ିବାଦୀ ପୁରୁଷ ତନ୍ତ୍ର ମନସ୍ତତ୍ତ୍ୱ ବିପକ୍ଷରେ ତାଙ୍କ କବିତା ଯେତିକି ଭାବାନ୍ତର ସୃଷ୍ଟି କରେ ସେତିକି ସମାଜକୁ ବଖାଣେ। କବିତାର କଳା-କର୍ମକୁ ଅକ୍ଷୁଣ୍ଣ ରଖି ଭାବଭୂମିର ଆବେଦନକୁ ଶାଣିତ ବିଦ୍ରୂପ ମାଧ୍ୟମରେ ତଥାକଥିତ ସମାଜର ପ୍ରଥା ଓ ପରମ୍ପରା ବିରୁଦ୍ଧରେ ସ୍ୱର ଉତ୍ତୋଳନ କରିବାରେ ଦୃଢ଼ପରିକର କବି ଶୁଭଶ୍ରୀ ଶୁଭସ୍ମିତା ଚଳନ୍ତି କାଳଖଣ୍ଡର ଅନ୍ୟତମ ପ୍ରତିଶ୍ରୁତି। ପରିଣତି ସ୍ୱରୂପ ଅବାଞ୍ଛିତର ବେଦନା, ଲାଞ୍ଛିତର ବ୍ୟଥା, ସାମାଜିକ ବୈଷମ୍ୟ ତଥା ଅସହ୍ୟ ନିଷ୍ପେଷଣରୁ ମୁକ୍ତି ନିମନ୍ତେ ପ୍ରଶସ୍ତ ମାର୍ଗଟିଏ ଉନ୍ମୁକ୍ତ କରିବାରେ ସର୍ବଦା ପ୍ରଚେଷ୍ଟାରତ। 'ଅରଣ୍ୟା', 'ଅଗ୍ନିକା', 'ଗର୍ଭାଗ୍ନି', 'ଆୟୁଧା', 'ଅଗ୍ନି ସରସ୍ୱତୀ' ଆଦି କବିତା ସଂକଳନ ତାଙ୍କ ପରିବର୍ତ୍ତନକାମୀ ପ୍ରଗତିଶୀଳ ମନନଭୂଇଁର ପରିଚୟ ବହନ କରେ।

ସଂଘମିତ୍ରା ରାଏଗୁରୁ (୧୯୮୩) : ନବପ୍ରଜନ୍ମର ଜଣେ ସମ୍ଭାବନାମୟ ପ୍ରତିଶ୍ରୁତିସମ୍ପନ୍ନ କବି ହେଉଛନ୍ତି ସଂଘମିତ୍ରା ରାଏଗୁରୁ। ଜୀବନ-ଯନ୍ତ୍ରଣାର କଷଟି ପଥରରେ ମାଜିମୁଜି ହୋଇସାରିଲା ପରେ ଯେଉଁ ମୁଖାବିହୀନ ସତ୍ତାଟିକୁ ଅନୁଭବି ହୁଏ ତାହା ହିଁ ତାଙ୍କ କାବ୍ୟିକ ସତ୍ତାର ପରିଭାଷା। ଅନେକ ଅନ୍ତରଙ୍ଗତାରେ ବିବିଧବର୍ଣ୍ଣା ତାଙ୍କ ମନନଶୀଳ ଚେତନାର ଦ୍ୟୋତନା। ସାଂପ୍ରତିକ ପାରିପାର୍ଶ୍ୱିକ ପରିସ୍ଥିତି ଜନିତ ସମ୍ବେଦନା ଉନ୍ମୁଖ କାବ୍ୟସ୍ୱର ମୁଖରିତ ତାଙ୍କ ତର୍ଜନୀରେ। ଏତଦ୍‌ଭିନ୍ନ ପ୍ରେମ, ସମର୍ପଣ, ଆତ୍ମପ୍ରତ୍ୟୟର ଅନନ୍ୟ ଗାଥା ସଂଘମିତ୍ରାଙ୍କ କାବ୍ୟିକତା। 'ଆଖିରେ ଆଖିଏ ସ୍ୱପ୍ନ', 'ଜହ୍ନରେ ବି ଉଠେ ଝଡ଼', 'ଚାଲ ! ଦୀପଟେ ଜାଳିବା', 'ଯାହା କୁହେ ଆଇନା', 'ତୁମେ ସମୁଦ୍ର ମୁଁ ଶୋଷ', 'ଇସ୍... ଶହେ ଦୁଇ ତାତି' ଆଦି ତାଙ୍କ ସୃଜନଶୀଳତାର ପରିଚାୟକ।

ଲିପ୍‌ସା ପଟେଲ (୧୯୮୩) : ସମଭାବେ କଥା ଓ କବିତାଜଗତରେ ବେଶ୍ ପ୍ରସିଦ୍ଧି ଅର୍ଜନ କରିଥିବା ଅନ୍ୟତମ ନାରୀସ୍ୱର ହେଉଛନ୍ତି ଲିପ୍‌ସା ପଟେଲ ଶବ୍ଦ ବସାଣ ରୀତିରେ ସଂଯମତା ସହ ଆବେଗିକ ଆବେଦନର ଅଙ୍ଗୀକାରବଦ୍ଧତା ତାଙ୍କ ସାରସ୍ୱତ ସୃଜନକ୍ରିୟାର ପରିପକ୍ୱତାକୁ ସିଦ୍ଧ କରେ। ସାଂପ୍ରତିକ ସମାଜ ବ୍ୟବସ୍ଥା ତଥା ତଦ୍‌ଜନିତ ବିସଙ୍ଗତି ବିରୋଧରେ ନୀରବ ବିଦ୍ରୋହର ନିଷ୍କପଟ ପରିପ୍ରକାଶ ତାଙ୍କ କବିତାକୁ କରିଛି ମାର୍ମିକ ଓ ଶାଣିତ। 'ନୀରବ ମୁହୂର୍ତ୍ତ', 'କିଛି ଶବ୍ଦର କାନ୍‌ଭାସ୍' କବିତା ସଂକଳନ ତାଙ୍କ ବିମଳ କବିତ୍ୱର ସ୍ୱାକ୍ଷର। ଏତଦ୍‌ଭିନ୍ନ 'ମୋକ୍ଷ ମୁହାଣ', 'ଲଗ୍ନସିନ୍ଧା', 'ଭିନ୍ନ ବଳୟ', 'ଶବ୍ଦ ମେଧ', 'ଇମୋଜି', 'ସ୍ୱପ୍ନନାୟକ', 'ଅଙ୍କା ଓ ଦିଗ' ଆଦି ତାଙ୍କ ସ୍ରଷ୍ଟା ମାନସର ପରିଚାୟକ।

ନିରୁପମା ବେହେରା (୧୯୮୩) : ଦୈନନ୍ଦିନର ଜୀବନଚର୍ଯ୍ୟାରୁ ଜନ୍ମ ନେଉଥିବା ଘାତ-ପ୍ରତିଘାତରୁ ଉତ୍ପନ୍ନ ଯାଦୃଚ୍ଛିକା ଆବେଗଜନିତ ବିଦ୍ରୋହ ହିଁ କବି ନିରୁପମାଙ୍କ ମୁଖ୍ୟ କାବ୍ୟସ୍ୱର। ନାରୀ ଜୀବନର ନାନା ଦିଗ ଉନ୍ମୋଚନ ସହିତ ନାରୀ ମନସ୍ତତ୍ତ୍ୱର ନିଖୁଣ ଚିତ୍ର ଅଙ୍କନରେ ସେ ସ୍ୱୟଂସିଦ୍ଧା। ସତ୍ୟ ପଛେ ଯେତେ ସାଂଘାତିକ ହେଉ ଠିକ୍ ଭୁଲ୍‌ର ସୀମନ୍ତ ଉପରେ ସଚେତନ ସୈନିକ ପରି ସର୍ବଦା ଦଣ୍ଡାୟମାନ ତାଙ୍କ କଲମମୁନ। ସାଂପ୍ରତିକ କବିତା ଜଗତର ଅନନ୍ୟ ପ୍ରତିଶ୍ରୁତିର ସାମର୍ଥ୍ୟ ବହନ କରୁଥିବା କବି ନିରୁପମାଙ୍କ ପ୍ରକାଶିତ କବିତା ସଂକଳନ 'ପାପୁଲିଏ ଜହ୍ନରାତି' ପାଠକୀୟ ସଂପ୍ରୀତିର ଶ୍ରେଷ୍ଠ ପରିଚିତି।

ତନ୍ମୟୀ ରଥ (୧୯୮୫) : ଜୀବନର ସମସ୍ତ ଉପଲବ୍ଧିକୁ ଆପଣାର ସମସ୍ତ ଅନୁଭବରୁ ମାପି ସୁଦ୍ଧା ଯଦି କିଛି ଅମାପ ରହିଯାଏ ତାକୁ କବିତାରେ ରୂପାନ୍ତରିତ କରିବାର କଳାରେ ବେଶ୍ ସିଦ୍ଧହସ୍ତା କବି ତନ୍ମୟୀ। 'ନାରୀତ୍ୱର ସ୍ୱତନ୍ତ୍ର ପ୍ରତିବେଦନରେ ଦେଦୀପ୍ୟମାନ ତାଙ୍କ ସାରସ୍ୱତ ସୃଜନକଳାର ସୂକ୍ଷ୍ମ ପରିଧି। ନାରୀତ୍ୱର ସ୍ଥିତି ଓ ଭାବ ସଂବେଗକୁ ଭିତ୍ତିକରି ଗଢ଼ିଉଠିଛି ତାଙ୍କର ଏକମାତ୍ର କବିତା ସଂକଳନ 'ନୀଳ ସମ୍ମୋହନ'; ରୋମାଣ୍ଟିକ୍ ବେଦନାବୋଧର ନିରୁତା ଉଚ୍ଚାରଣ।

BLACK EAGLE BOOKS

www.blackeaglebooks.org
info@blackeaglebooks.org

Black Eagle Books, an independent publisher, was founded as a nonprofit organization in April, 2019. It is our mission to connect and engage the Indian diaspora and the world at large with the best of works of world literature published on a collaborative platform, with special emphasis on foregrounding Contemporary Classics and New Writing.

www.ingramcontent.com/pod-product-compliance
Lightning Source LLC
Chambersburg PA
CBHW020519080526
44583CB00013B/660
* 9 7 8 1 6 4 5 6 0 2 6 0 6 *